Comparative Study on the System of Prosecution Service between China and Australia

中澳检察制度比较研究

季美君/著

北京大学出版社
PEKING UNIVERSITY PRESS

图书在版编目(CIP)数据

中澳检察制度比较研究/季美君著. —北京:北京大学出版社,2013.3
ISBN 978 - 7 - 301 - 22090 - 0

Ⅰ.①中… Ⅱ.①季… Ⅲ.①检察制度 - 对比研究 - 中国 - 澳大利亚 Ⅳ.①D929.47 ②D929.49

中国版本图书馆 CIP 数据核字(2012)第 168213 号

书　　　名:中澳检察制度比较研究
著作责任者:季美君　著
责 任 编 辑:朱　彦　王业龙
标 准 书 号:ISBN 978 - 7 - 301 - 22090 - 0/D·3277
出 版 发 行:北京大学出版社
地　　　址:北京市海淀区成府路 205 号　100871
网　　　址:http://www.pup.cn
新 浪 微 博:@北京大学出版社
电 子 信 箱:law@pup.pku.edu.cn
电　　　话:邮购部 62752015　发行部 62750672　编辑部 62752027
出版部 62754962
印　刷　者:北京大学印刷厂
经　销　者:新华书店
880 毫米×1230 毫米　A5　11.875 印张　331 千字
2013 年 3 月第 1 版　2013 年 3 月第 1 次印刷
定　　　价:32.00 元

内 容 简 介

本书在全面、透彻地阐述澳大利亚检察制度的基础上，重点比较研究了检察制度中的组织机构、检察职能、检察官制度和检察制度改革等问题，深入分析了澳大利亚检察制度在移植和借鉴英美法系其他国家检察制度方面的成功之处及其特色，既阐述了澳大利亚检察制度在司法实践中的动态运作过程，又分析了在司法改革全球化的大背景下世界各国检察改革的共同趋向，并结合作者多年来对我国检察制度的历史进程和改革实践的思考和研究，为改革和完善我国当前的检察制度与检察工作机制提出了不少独到的见解和思路。具体内容如下：

第一章分别介绍了澳大利亚检察制度和我国检察制度的历史，对英国、美国检察制度的发展历史也作了概括介绍，着重探讨了我国有关检察制度起源的争论问题，认为我国现代检察制度虽起始于清末的司法改制，但从文化传承角度看，我国古代的御史制度在设置检察职能方面对我国现行检察制度的影响是不可否认的。

第二章探讨了检察机构问题。从世界范围看，目前比较典型的主要有两种模式：一是审检合署模式。此种模式是将检察机关附设于法院之内，但与法院之间不存在任何隶属或者领导关系。检察机关独立于法院，属行政机关，但被赋予司法属性，派驻不同级别法院的检察机关之间具有上下级之间的领导关系。该模式起源于大陆法系国家，目前仍有不少欧洲国家采用，如法国、德国、意大利和比利时等。二是审检分署模式。即检察机关单独设立，自成体系，与法院完全分开，二者分别隶属于不同的权力体系。现在，世界上大多数国家都采用这种模式，尤其是实行当事人主义的英美法系国家，检察官属于纯粹的行政人员，如美国、英国、澳大利亚等。本章在详细介绍澳大利亚联邦检察总署、新南威尔士州检察总署和维多利亚州检察总署及内部机构的基础上，从外部组织机构和内部组织机构两方面进行了比较，认为我国目前在检察机构设置上，存在机构臃肿、运行不畅，缺乏规范、名称混乱，程序繁复、缺乏独立等弊端，重点讨论了内部组织机构的改革思路问题，认为应遵循精简高效、统一规范，因地制宜、依法设立等原则，在未来的机构改革中，应重视检察机关内部组织机构的设置，使各部门之间能够互相协调、统一高效地运作。

第三章重点讨论了检察官制度问题。检察官是检察权行使的主体，其在检察组织体系中的地位直接决定了检察权行使的有效性和充分性。本章在分别阐述中澳两国检察官的地位、资格、选任、等级、培训和职务保障等问题的基础上，对相应的制度进行了深入的分析和比较，如选任制度中的竞争上岗活动、培训制度中的因材施教问题等，并结合目前我国检察官制度中存在的种种问题和缺陷，从有利于发挥检察官的积极性和主观能动性、保障检察职能发挥的充分性角度，提出了相应的改革措施。

第四章主要探讨了检察机关的职能问题。从世界范围看，大陆法系国家检察机关所拥有的职权要大于英美法系国家检察机关所拥有的职权，如不少大陆法系国家的检察机关拥有侦查权、指挥警察调查取证权等，而英美法系国家的检察机关多定位为纯粹的公诉机关。但是，即便属于同一法系国家，每个国家因其文化传统和地理环境等方面的差异，在检察机关的职能配置上也存在着不少差别。尤其是我国的检察机关，由于其起源的复杂性和历史发展的独特性，其所享有的职权更是独树一帜。本章主要通过阐述澳大利亚检察机关在职能配置上的科学性和行使过程中的高效性，比较世界上主要国家在职能配置方面的特色，在深入分析我国现行检察权配置的原因和存在问题的基础上，着重探讨了批捕权、职务犯罪侦查权的合理配置和民事公益诉讼问题，认为在合理配置我国的检察权时，须遵循两个方面的条件：一是应构建以公诉权为主导的刑事司法审查机制，增设对警察机关侦查的指导权，实行检察官负责制等；二是赋予检察官一定的自由裁量权。

第五章主要探讨了在司法改革全球化的大背景下，近几年来，世界各主要国家在检察制度方面的改革动态及其主要趋向，并结合作者多年来对我国检察制度的历史发展与改革实践的思考与研究，在宏观地讨论了目前我国检察改革的指导思想与现实意义、原则与目标、重点与难点以及路径与方式等问题的基础上，在具体改革措施上，重点探讨了侦查监督问题、起诉监督问题、刑事审判监督中的死刑复核问题和刑罚执行监督问题，以期为我国当前检察制度的进一步改革和完善提供一些有价值的经验与启示。

何家弘教授序

2011年10月,我应美国纽约大学法学院亚美法研究所主任科恩教授的邀请去访问讲学。在一个月期间,我除了承担科恩教授给研究生开设的“中国刑事司法”课程的部分教学工作外,还给亚美法研究所的研究人员作了题为“中国刑事错案实证研究”的讲座,给法学院学生作了题为“法学与文学”的讲座。此外,我还应邀在美国著名智库“对外关系委员会”的圆桌午餐会上作了关于中国刑事司法改革的主题发言。面对数十位在美国颇有影响力的政治家、外交家、实业家和法学家,我使用了这样的开场白:

> 大约在20年前,我在美国西北大学法学院的博士学位论文开篇便讲到比较中国和美国,中国就像一个40岁的人,却还在攻读博士学位,而美国就像一个14岁的少年,却已经获得了博士学位。

我获得法学博士学位那一年,正好40岁。

我的博士学位论文题目是《中美检察制度比较研究》,1995年由中国检察出版社出版,成为我的第一部——大概也会是最后一部——英文专著。

比较研究是制度研究的重要方法,因为通过比较,可以发现不同制度之间的相似点和差异点,进而探索制度发展的规律和制度完善的路径。有些比较研究是侧重于相似点的,可以称为“相似比较法”。有些比较研究是侧重于差异点的,可以称为“差异比较法”。有些比较研究着重于整个系统,可以称为“系统比较法”。有些比较研究着重于具体问题,可以称为“问题比较法”。不同侧重的研究方法可以服务于不同的研究目的。

改革开放以来,我国的法律学者进行了大量卓有成效的比较研究,为我国法律制度的改革和完善提供了宝贵的意见和建议。这些年，我也主持了一些比较研究，如“中外司法体制研究”、“陪审制度比较研究”、“检察制度比较研究”等。不过，我们的比较研究似乎集中在少数国家，如美国、英国、法国、德国、俄罗斯、日本等，而对其他国家则关注不够，如澳大利亚。虽然同属于普通法系国家，澳大利亚的法律制度与美国和英国仍有差异，而这些特色也很值得我们研究和借鉴。

我是个北方人。在中国，我的居住地一直是在北方，从北京到黑龙江，又回到北京。几十年来，我间或到南方生活，但时间都不长，多为讲学或开会。对于南方的气候和饮食，我总有些不适应。就世界而言，我也是北方人。我走访过欧美亚的二十多个国家，但是从来没有去过南半球。

季美君博士是个南方人。她出生在江南，后来到北京读书、工作，因此就兼有了南方和北方的品质。因为她的英语很好，所以她走访过许多国家，而且从北半球跨越到了南半球。若干年前，她在中国人民大学法学院攻读博士学位期间，就曾经以学者身份访问澳洲。后来，她又专程到澳大利亚去考察研究其检察制度。这部《中澳检察制度比较研究》就是她访问澳洲的成果。我以为，她已成为国内法学界为数不多的熟悉澳大利亚检察制度乃至法律制度的专家。

在这本书中，季美君博士在全面阐述澳大利亚检察制度的基础上，重点比较研究了检察制度中的组织机构、检察职能、检察官制度和检察制度改革等问题，深入分析了澳大利亚检察制度在移植和借鉴英美法系其他国家检察制度方面的成功之处及其特色，既阐述了澳大利亚检察制度在司法实践中的动态运作过程，又分析了在司法改革全球化的大背景下世界各国检察改革的共同趋向。她还结合自己多年来对我国检察制度的研究与思考，提出了改革和完善我国检察制度的见解与思路。

综上，季美君博士的这部专著填补了我国检察制度比较研究的一个空白，既有学术价值，也有实用价值。

是为序。

何家弘

2012 年春写于北京世纪城痴醒斋

陈建福教授序

我们生活在一个全球化的时代。可以这么说,在这样一个时代,几乎没有任何法律体系能完全不受域外法律发展的影响。中国的法律发展与改革也不例外。“它山之石,可以攻玉”,这是我们祖先早就得出的结论。

实际上,在改革开放的三十多年里,中国法律的发展可以说就是一个逐步走向全球化的过程。建立中国特色的法律体系必然包含对外国法律、国际法规有选择的吸收与引进,对世界法律发展趋向的审视与研究,从而使中国的法律及法律制度既符合自己的国情,又不脱离国际发展的大势。换言之,中国的法律发展及改革离不开比较法的研究。

然而,中外法律比较研究从来就不是件易事,而中澳检察制度的比较研究就更为不易。毕竟中澳属于两大不同的法律体系,加之建立于苏联检察制度基础之上的中国检察制度,无疑给比较研究增添了额外的难度。自季美君博士提出要作这项研究以来,坦率地讲,我一直就持怀疑的态度。本书的完成及出版对我而言是个惊奇,但更是喜悦。

十多年前,我应邀访问了最高人民检察院检察理论研究所。正是在那次访问期间,我认识了季美君博士。她的外语水平当时给我留下了不错的印象,不过我对她的认识更多源于她后来不断发表的论文及作品。应该说,检察理论并非我的重点研究方向,但我对这一理论的发展一直保持着兴趣——毕竟中国人权的保护、正义的捍卫、法治的发展离不开中国检察制度的改革与进步。

季美君博士的这本专著,就其个人而言,是她十几年辛勤耕作的收获。就我而言,它是对中国法律及制度在全球化环境中发展的一个贡献，其广阔深入的研究、认真细致的思考、严肃谨慎的改革建议会对中国检察制度的发展起到推动作用。书中的观点及分析自然该留给读者去作评判，但我可以肯定地说，这是部值得阅读并能提供相当高科研价值的作品。

我已拜读了此书，希望广大读者也会喜欢此书。

陈建福

2012 年 3 月写于澳大利亚拉筹布大学法学院

前　言

检察制度是司法制度的重要组成部分,是司法制度在完善和发展过程中的必然产物。在漫长的历史长河中,当人们认识到权力的集中是导致腐败的最主要根源,即"绝对的权力必然导致绝对的腐败"时,权力的分解与制衡就成了抑制腐败的最有效手段。在西方政治思想史上,分权思想的源头可以追溯到古希腊的亚里士多德,但明确提出分权学说的则是 17 世纪的英国政治思想家约翰·洛克。此后,分权制衡思想经过孟德斯鸠等人的进一步发展与完善,最终在美国首先得以实现,后为绝大多数西方国家所采用,并成为西方国家政治体制的一项主要原则与国家机关组织和活动的基本制度。与国家的管理权需要分权制衡相类似的是,作为国家权力三分之一的司法权也同样面临被滥用而导致草菅人命、刑讯逼供等现象的普遍化。这是因为"一切有权力的人都容易滥用权力,这是万古不易的一条经验。有权力的人们使用权力一直到遇有界限的地方才休止"①。因此,随着司法制度的不断发展,司法权从最初的仅指法官的权力渐渐演变成包括侦查权、控诉权和审判权在内的权力,即"司法权就是惩罚犯罪和裁决私人讼争的权力"②。

从历史的发展轨迹看,审判权在司法权中占据着核心的地位,而侦查权与控诉权相分离的直接动因是为了提高刑事司法的公正性和效率,同时由独立的、受过良好法律培训的人员对警察的起诉工作进行把关,也有利于提高公众对司法机关的信任度。由于"权力不仅

---

① 〔法〕孟德斯鸠:《论法的精神》(上册),张雁深译,商务印书馆 2004 年版,第 166 页。

② 同上书,第 167 页。

能给权力者带来物质上的利益，而且还能产生精神上的满足。人们对权力的追求近乎一种人类的本能，有时甚至到了忘乎所以的痴迷程度，如果不加以约束，便会发展成恐怖的权力”①。因此，侦查权与控诉权相分离也是司法权发展的必然趋势。

尽管早在我国的秦朝，在统一六国后就确立了行使监督职能的御史制度，具有我国目前检察制度中法律监督职能的内质，但从现代意义上解读以控诉权为核心的检察制度，我国的检察制度可以说是借鉴与移植苏联及其他欧洲国家检察制度的结果。因此，从诞生之初，我国的检察制度就被深深地打上了借鉴、移植与融合的烙印。在一百多年的变迁与演进中，比较研究在检察制度的完善与发展中一直发挥着不可忽视的作用。尤其是20世纪中期及1978年恢复重建检察制度以后，形成了两个翻译和研究国外检察制度的高潮，前者以介绍苏联的检察制度为主流，后者则呈现出繁花似锦的景象。特别是近几年来，随着全国各地检察机关对检察理论问题研究的普遍重视与日益繁荣，有关国外检察制度的论文和著作如雨后春笋般勃发。本书也借此强劲的东风成为最高人民检察院检察理论研究所的重大课题，在数年前就已破土培植，直至今日才初长成。

笔者之所以选择澳洲作为比较研究的对象，主要出于以下几个方面的原因：一是数年前，笔者在澳洲学习时，对澳大利亚的检察制度曾作过深度的考察，并结交了几位资深的澳洲检察官，因而在收集运用新颖可靠的第一手资料及随时沟通方面具有独特的优势。二是多年来，澳大利亚司法制度一直是笔者重点关注和研究的领域，在工作中，又对我国检察制度的不少方面作过深入的思考与研究，对检察制度方面的研究成果作一次系统的总结的愿望久埋心底。三是澳洲虽被人们称为“英国的后花园”，不但其司法制度与英国一脉相承，甚至连成立检察机关的时间也紧随其后，但两国的政体根本不同，澳洲是联邦制国家，而英国是典型的君主立宪制国家，因而可以说，澳洲是世界上借鉴与移植法律制度的成功典范，将其作为比较研究的

---

① 樊崇义主编：《检察制度原理》，法律出版社2009年版，第132页。

对象，自然具有独特的借鉴价值。四是这些年来，对域外检察制度的研究虽然热火朝天，但对某一特定国家的检察制度进行深入而系统研究的却不多见，尤其是对检察活动的动态研究更是凤毛麟角。有鉴于此，本书就以澳洲检察制度为重点研究对象，期望最终的研究成果能如太空中一颗闪亮的小星星，让人眼睛为之一亮。

为了让读者对澳大利亚的检察制度有一个全面而系统的了解与把握，本书采用常用的研究体例，将检察制度分为检察制度的历史、组织机构、检察职能、检察官制度和检察制度改革等几个方面加以阐述、分析与比较。与此同时，在写作过程中，为了让读者对英美法系国家的检察制度能有一个概括的了解与认识，笔者在重点介绍澳洲检察制度时，也对英国和美国检察制度中的相关内容作了简要的介绍，有时甚至以世界上各主要国家的检察制度作为比较的对象。因此，本书的比较研究并不仅仅局限于两国之间，而是在更广更深层面上的比较与分析，以便最后的结论具有扎实的依据与基础。

尽管世界各国的检察制度因形成历史时期、社会环境、传统基础和文化背景等因素的不同而异彩纷呈，但检察制度也具有不少的共性，尤其是在当前各国的司法体制改革运动一浪高过一浪的大背景下，探索司法改革的一般规律与检察改革的共同趋向，深入研究独树一帜的澳大利亚的检察制度及其发展方向，对改革和完善有中国特色的检察制度无疑具有重要的借鉴价值和启发意义。

目　录

第一章

检察制度的历史

世界各国的检察制度可谓异彩纷呈，由于不同历史阶段和不同社会结构下的检察制度形成的社会环境、传统基础和文化背景不同，除了其发展过程和形成模式各具特色外，其起源和历史也大相径庭。从纵向看，检察制度的历史远不如审判制度那样悠久绵长。与源自14世纪国王代理人制度的法国检察制度相比（法国被公认为大陆法系检察制度的真正发源地），英美法系国家的检察制度要年轻得多。英国"检察总长"头衔第一次出现是在1461年，源于中世纪的国王代理人和王室高级律师职务。1515年，英国又设立了副总检察长职位，遂逐渐形成了英国的检察制度。随着英国在18、19世纪的殖民扩张，"英国殖民主义把普通法的种子撒在不同的土地上，发芽生长，开出不同的花朵，结出不同的果实，它带给人类法律文化史的，是一个具有共同特征而又纷繁多彩的普通法世界"①。在普通法生根发芽过程中，英国的检察制度也随之逐步流传到马来西亚、爱尔兰、巴拿马、斯里兰卡、澳大利亚、加拿大、巴基斯坦、美国、哥伦比亚等国家或地区，并为这些国家或地区摆脱殖民统治独立后所沿袭和继受，渐渐形成了英美法系的检察制度。但是，美国检察系统直到17世纪中叶才出现。1643年，弗吉尼亚殖民地任命理查德·李为检察长，他是美国历史上第一位检察长——作为英国国王在该殖民地的代

① 钱弘道：《英美法讲座》，清华大学出版社2004版，第105页。

表，其主要职责是在法院审判过程中提供法律咨询。①

古时，英国和威尔士的刑事诉讼向来采取私人追诉主义。从中世纪开始，一旦有侵害国王或政府利益的犯罪，国王便雇用许多律师代替其进行诉讼。后国王任命了两位法律大臣（Law Officers of the Crown）代替此类律师，分别称为"总检察长"（Attorney-General）和"副总检察长"（Solicitor-General），其职责为：一是代表国王及其所属行政机关在法院进行诉讼；二是对国王及其所属行政机关所提出的法律问题提供意见或予以援助。② 他们所享有的职权是：由他们提起的起诉状（information）与大陪审团的起诉状（indictment）具有同等效力，且无须经大陪审团审查就可起诉，同时还可以随时对刑事被告人行使答辩权，并可以撤回任何刑事诉讼。③ 在设立国王法律大臣一百多年后（1655 年），政府又任命了一位财政部律师（Solicitor to the Treasury），其最初的职责是专替财政部处理法律上的事务，后又兼任内务部、外交部、殖民地部、枢密院及其附属机关的律师。④

英美法系检察制度的发展模式是以个人权利优先保护、以公民权利制约司法权力的价值趋向为轴心，其基本特点：一是检察机关在行使职权时的法律地位与公民权利对等，其诉讼地位受当事人主义的平等原则所支配；二是检察机关提起公诉的职权受到很大限制，而不起诉的自由裁量权很大，使检察官有充分的权力与当事人进行"认罪交易"；三是检察机关的组织体系和职业化建设比较松散。随着工业革命的到来，社会组织日益复杂，犯罪案件急速增长，由少数几位法律大臣负责处理大量的刑事案件已捉襟见肘，结果大部分案件不得不由警察机关提起追诉。由于多数警察不懂法律或知之甚

---

① 参见何家弘主编，季美君、毛淑玲、袁经义副主编：《检察制度比较研究》，中国检察出版社 2008 年版，第 4—5 页。

② See Theodore Frank Thomas Plucknett, A Concise History of the Common Law, Lawbook Exchange Ltd., 5 Edition (May 2001), pp.157—158.

③ See Pendleton Howard, Criminal Justice in England: A Study in Law Administration, Buffalo, N.Y.: W.S. Hein Co., 1987, pp.32—37.

④ 参见杨兆龙：《由检察制度在各国之发展史论及我国检察制度之存废问题》，载《杨兆龙法学文集》，法律出版社 2005 年版，第 285—286 页。

少，加上当时的法律异常艰深难懂，提起刑事诉讼的私人一般非请律师不可，巨大的花费导致不少穷人不愿起诉，以致犯罪的人往往因此而逍遥法外，得不到应有的惩罚。

虽然英国国会早在19世纪中叶就开始讨论设立公诉人即检察官制度问题，但直至1875年英国才设立检察长（DPP，Director of Public Prosecutions）一职，[①]规定警察机关将案件移送检察长进行起诉，但仅限于几类案件：十分严重的犯罪案件，如杀人；需要统一起诉的案件，如出版淫秽物品；需要排除地方干扰的案件，如腐败案件等。这三类案件由检察长作出起诉决定，而其职员则在全国各地起诉案件，其他案件都由负责侦查的警察在各地自行起诉。历史流淌至20世纪80年代初，随着犯罪率的增长，人们对欺诈、抢劫、贩卖毒品、滥用武器和恐怖主义等活动日益担心，同时对由从事案件侦查工作的警察行使决定起诉权是否妥当表示忧虑，再加上在Maxwell Confait一案中，上诉法院推翻了对三个年轻人所作的判决，引起人们对警察侦查案件的方式产生极大的怀疑和不安。结果，统一的检察机构即皇家检察总署（the Crown Prosecution Service）应运而生。该署成立于1986年4月至10月间。检察长负责该署的工作，并对总检察长负责。皇家检察总署的成立，有助于增强公众对司法机关的信任。同时，由独立的、受过良好法律培训的人员对警察的起诉工作进行把关，也是提高刑事司法公正性的重要保证。[②]

事实上，无论哪个国家，其检察制度的诞生与成立，都与其特定的历史条件、司法制度的完善和司法权的分离以及社会发展和公众的需求相适应。中国的检察制度如此，澳大利亚的也不例外。

---

① 有关设立检察官制度法案中赞成和反对的具体理由，可参见杨兆龙：《由检察制度在各国之发展史论及我国检察制度之存废问题》，载《杨兆龙法学文集》，法律出版社2005年版，第287—288页。

② 参见英国总检察长戈德斯密斯勋爵（the Lord Goldsmith QC，Her Majesty's Attorney General for England，Wales and Northern Ireland）：《英格兰和威尔士检察官在二十一世纪不断变化的刑事司法体制中的作用》。此为其2002年9月在北京的演讲稿。

第一节　澳大利亚检察制度的历史

澳大利亚虽是欧洲探险者定居的最后一块大陆，但其孕育的人类和文化已有上万年的历史。两百多年前，新来者带着技术、制度和理念在这块古老的大陆上构建自己的梦想，试图用新的一切替代旧的一切。从19世纪20年代开始，伴随着战后英国经济萧条的压力和新南威尔士州肥沃牧场的吸引，一波接一波大规模移民如浪潮涌入澳洲，迅速改变了这个雏形社会的特点和生活。[①] 于是，澳洲大陆慢慢地成为一个多民族、多元文化的大熔炉，并从一个荒岛、英国罪犯的流放地，逐渐发展成为一个朝气蓬勃、自由、富有的新国家。[②] 从1946年至1974年，是澳大利亚发展史上的黄金时期，不但人口增长了一倍，而且经济也翻了三番，人们的生活更加舒适，也有更多的选择和财力进行探险或享受生活。社会经济的持续发展，使人们更有余力从事文学、艺术等精神活动，同时对国家的管理和政治活动也有了更高的要求。[③] 但是，受长期殖民统治的影响，澳大利亚的法律制度被深深地打上了英国式的烙印。直至1986年，澳大利亚与英国政府签署《与澳大利亚关系法》，才成功收回司法终审权。此后，经过二十多年的独立发展和受传统文化及本国国情的影响，虽与其他普通法系国家一样，其法律渊源也由成文法和习惯法组成，但澳大利亚的法律制度在不少方面自成特色，这种特色也体现在检察制度中。

一、设立检察院的社会历史背景

澳大利亚是一个联邦制国家，由新南威尔士州、昆士兰州、维多利亚州、南澳大利亚州、西澳大利亚州、塔斯马尼亚州、首府地区、北

---

① 〔英〕温斯顿·丘吉尔：《英语民族史》（第四卷：伟大的民主），薛力敏、林林译，林葆梅校，南方出版社2004年版，第89页。

② See Stuart Macintyre, A Concise History of Australia (Second Edition), Cambridge University Press, 2004, p. 1.

③ Ibid., pp. 199—200.

部地区六州二区组成，其中最大的州是新南威尔士州。根据《澳大利亚联邦宪法》（以下简称《宪法》）的规定，国家权力划分为立法权、行政权和司法权三部分。立法权由联邦议会行使；行政权由联邦政府行使，即实施法律和执行政府事务；司法权传统上由法院行使，包括刑事审判、解决纷争以及相关的合同纠纷和交通事故等。立法权与行政权之间并没有截然的界限，虽然只有议会才能通过法律，但这些法律又常常授权联邦行政机关制定条例、规则和有关特别法的实施细则。在联邦一级，澳大利亚设联邦议会、高等法院和联邦法院，各州则在法律规定的范围内行使属于自己的立法权、行政权和司法权。

受普通法系传统的影响，澳大利亚的刑事案件起诉权一直由警察行使。从 20 世纪 80 年代初期开始，情况才有所改观。当时，澳大利亚的犯罪率不断增长，抢劫、贩卖毒品、打架斗殴、欺诈、滥用武器和恐怖主义活动等犯罪越来越猖獗，公众由此对政府是如何侦查犯罪、如何起诉以及能否抑制犯罪增长等问题感到茫然和困惑。当时人们的主要忧虑是把决定起诉的权力交给从事案件侦查工作的警察是否妥当，同时对警察侦查案件的方式产生了极大的怀疑。

这些令人不安的因素，不但在澳大利亚存在，就是在普通法系国家的发源地英国也不例外。为了提高刑事司法的公正性和效率，增强公众对司法机关的信任，1986 年，英国成立了专门负责刑事案件起诉工作的机构——皇家检察总署。同时，由独立的、受过良好法律培训的人员对警察的起诉工作进行审查把关，检察官经审查发现证据不足的可以中止诉讼，或考虑到公共利益的需要也可以不起诉。这种将侦查权与起诉权相分离的做法，是当时普通法系国家司法改革的一大趋势，澳大利亚也赶上了这一改革风潮。

二、独立起诉机构的成立

在澳大利亚，除了存在上述令人不安的因素外，最终促使政府建立独立起诉机构的契机是：当时发生的一系列案件表明，政治在决定是否起诉中产生了极其恶劣的影响。为了提高刑事案件的起诉质量，澳大利亚各州在20世纪80年代中期的司法改革中，采取的重大举措之一就是将侦查权与起诉权相分离，成立独立的起诉机构（即检察院）。在澳大利亚，第一个设立独立起诉机构的州是维多利亚州，该州根据凯伊政府（the Cain Government）颁布的《1982年检察长法》（the Director of Public Prosecutions Act 1982）的规定，于1983年设立了检察长（a Director of Public Prosecutions）。维多利亚州政府领导创建独立的检察长一职被认为是澳大利亚司法系统发展史上的重要事件之一。

在设立检察长之前，维多利亚州可起诉犯罪的起诉由皇家律师办公室（the Crown Solicitor's Office）的刑事法律部（the Criminal Law Branch，CLB）负责。当一个人犯了罪，需要审判时，就由该部门准备案件，并向皇家检察官或私人律师作简要介绍。所有的起诉都以总检察长的名义提起，总检察长可以拒绝同意起诉某一特定案件。曾在刑事法律部工作过的约翰·巴克雷（John Buckley，后于1983年成为检察长的大律师）回忆说，他开始在刑事法律部工作时，工作人员20人左右，没有人在法律上是合格的，“询问证人的记录都是手写的”，“案件的陈述或进一步陈述常常在审判的那个早晨赶写出来”。那时，该部门没有女性工作人员，打字的活也是男性干的。为数不多的皇家检察官起诉绝大部分的案件，由外面的律师起诉的案件很少。审判通常很快就结束。尽管从1971年开始，皇家检察官就被赋予上诉权，但上诉的案件很少。[1]

维多利亚州的第一任检察长名叫约翰·哈勃·菲力普斯（John Harber Phillips QC，后来成为维多利亚州的大法官），他于1983年2月任职，由起诉办公室（the Office of Public Prosecutions，下称“维多

---

① See the Department of Justice, the Pursuit of Justice: 25 Years of the DPP in Victoria, the Department of Justice 2008, p. 8.

利亚州检察总署”, the OPP)为他工作。[①] 他在报告中说,由凯伊领导的维多利亚州政府设立检察长一职有两个目的:“第一是将刑事起诉程序从政治舞台中移走,第二是在较高一级的法院创立一个更加高效的起诉运作和执行系统。”由此可见,维多利亚州政府当年创设独立的检察长一职的用意所在。1982 年,该政府在向议会介绍立法时也明确表明其意图:“此议案的主要目的之一是消除一切有关本州的起诉可能成为政治压力对象的任何建议。”[②]换句话说,当年的维多利亚州政府之所以要成立一个独立的起诉机构(检察院),并促使议会以立法形式规定了检察长的职权,其主要目的就是消除刑事起诉工作受到政治的不当影响,而这也恰好迎合了侦诉分离、起诉独立的时代发展潮流。事实上,这一改革措施走在了英国将起诉与政治程序完全分离模式的前面,成为维多利亚州在刑事司法系统改革中里程碑式的一步。

为保证吸引最优秀的人才从事这一工作,同时也为了保障其职位的独立性,《1982 年检察长法》规定:检察长与最高法院法官享有同等的任期、薪水和待遇,而且不能因政府的一时兴起而被免职。但是,当时的立法并没有对皇家检察官或大律师作出规定。在任命检察长后,需要合格的人履行大律师的职能就变得显而易见了,且从一开始,检察长的大律师就被期望着管理检察长的办公室。虽然自 1982 年以来,检察长的权力和运行发生了巨大变化,但普遍认为设立一个独立的起诉机构是维多利亚州刑事司法系统中最重要的变化之一。

---

① 这里需要说明的是,在维多利亚州,其起诉机构的名称与新南威尔士州的有所不同,该州的起诉机构称为: the Office of Public Prosecutions (OPP), 而新南威尔士州的起诉机构名为:the Office of the Director of Public Prosecutions。为免引起译文名称上的误解,笔者将两个州一级的起诉机构都译为“州检察总署”,总署的最高长官“the Director of Public Prosecutions”译为“检察长”,维多利亚州检察总署内的“the Solicitor for Public Prosecutors”译为“副检察长”,“Attorney-General”译为“总检察长”。

② See the Department of Justice, the Pursuit of Justice: 25 Years of the DPP in Victoria (原文为:“a major aim of the Bill is to remove any suggestion that prosecutions in this state... can be the subject of political pressure.”), the Department of Justice 2008, p. 8.

此后,在20世纪80年代和90年代初,澳大利亚联邦政府和其他州、地区都仿照维多利亚州1982年的改革措施,由立法规定设立了检察机构。

随着检察长职权的演变,在这二十多年里,维多利亚州的起诉性质也发生了相应的变化。现代检察官必须熟悉各个领域的法律,如商法、家庭法等。另外,当前也形成了新的起诉领域,包括计算机犯罪和犯罪收入的没收等。身为检察官,还必须紧跟法庭科学的发展步伐,在收集和展示证据时,必须熟练掌握使用技术等。总的说来,案件的性质、范围、规模和复杂性等各方面都变化不少,维多利亚州的起诉服务工作也随之发生了巨大变化,但是存在于检察长作用背后的基本原则却与1982年时的相同,即起诉应独立于当今的政府。这一基本原则仍然是一个有效的司法系统与自由、民主社会的奠基石,它对继续保持维多利亚州民众对一个独立于政治影响或外界干涉的起诉系统的公正性与公平性的信任具有重要作用。

从维多利亚州成立州检察总署以来,已任命过五位检察长,他们卸任后都成为维多利亚州最高法院的法官。现任检察长为吉莱米·雷佩克(Jeremy Rapke QC),他是2007年11月被任命为检察长的。他从1995年开始担任大检察官(a Senior Crown Prosecutor),1999年被任命为女皇法律顾问(a Queen's Council),2005年开始任高级检察官(the Chief Crown Prosecutor)。他从事法律工作已35年,在担任检察长前曾担任过澳大利亚皇家检察官协会(the Australian Association of Crown Prosecutions)副主席及量刑建议委员会(the Sentencing Advisory Council)委员,现为治疗处理委员会(Therapeutic Treatment Board)委员。

新南威尔士州的起诉办公室(the Office of the Director of Public Prosecutions,下称"新南威尔士州检察总署")成立于1987年7月13日。随后,澳大利亚的其他几个州、区也相继效仿。这一司法改革的重大意义可从总检察长(the Attorney General)向议会介绍《1986年检察长法》(the Director of Public Prosecutions Act 1986)时看出,他说:"……这意味着在新南威尔士州起诉严重犯罪的责任将落在一个人身上,此人在政治上是独立的……关键问题是公众对实现司法公正怀有信心。司法不仅是公正的、高效的,而且必须不受政治和个人因素的干涉,同时其实现的过程还必须是看得见的……检察长的高职位和终身制将确保其免受任何意见和政治压力的干扰。”在新南威尔士州,检察长的地位与最高法院法官的地位相当。

为了适应时代发展和现实的需要,澳大利亚联邦检察总署也于1984年成立并开始运作。其依据是《1983年检察长法》(the Director of Public Prosecutions Act 1983,简称为“DPP Act”),其目的是使之成为一个独立的起诉机构,其作用是起诉违反联邦法的犯罪及没收犯罪的收益。尽管在法律上规定联邦检察总署受联邦总检察长的领导,属于其职责范围,但检察总署的运作是独立的,不受总检察长及其他政治因素的影响。该署实行检察长负责制,迄今为止共任命了六位检察长。第一位检察长为艾拉·塔姆比(Ira Temby QC AO),在位时间为1984年至1988年。此前,他曾共同创立了法律咨询局(the Legal Advice Bureau),在伯斯的律师协会工作过,并担任过西澳法律协会、澳大利亚法律委员会和全国律师最高机构主席,1980年7月16日被任命为女皇法律顾问。1984年,他被任命为联邦检察总署第一任检察长。1988年卸任后,他于1989年被任命为新南威尔士州反腐败独立委员会(NSW Independent Commission Against Corruption, ICAC)第一任领导,一直在位至1994年。此后,他在悉尼继续从事律师工作。2004年,他荣获“澳大利亚社团荣誉官员”(Awarded Officer in the Order of Australia)称号。

联邦检察总署的现任检察长为克里斯托弗·克雷吉(Christopher Craigie SC),于2007年10月13日就任。他曾做过事务律师、大律师,1994年被任命为新南威尔士州公设辩护人,2001年被任命为高级法律顾问。他在2002年至2007年期间担任高级副公设辩护人(Deputy Senior Public Defender)。在新南威尔士州律师协会里,他是一位活跃的领导人,在案件的审判和上诉方面具有丰富的经验,尤其是在新南威尔士州刑事上诉法院。

从数十年的历史发展看,随着澳大利亚各州、区及联邦相继成立自己的起诉机构,它们在运作过程中逐渐演化成独立的、统一的、专门的起诉组织,在决定案件是否起诉时不再受政府和政治的影响,尽管其运作的经费仍由政府提供。总之,独立起诉机构的成立,使起诉权最终与侦查权相分离。需要指出的是,时至今日,澳大利亚某些州的警察对部分轻微刑事案件仍享有起诉权。目前,澳大利亚有九个不同的司法辖区,相应地,也有九个不同的检察机关。由于它们之间具有高度的相似性,故本书在阐述检察机关的人事制度、检察官制度、检察官的职权以及检察制度改革方面的相关内容时,在兼顾普遍性的同时,主要以澳大利亚最大的州——新南威尔士州的检察院为代表。

第二节　我国检察制度的历史与沿革

一、有关检察制度起源的争论

有关我国检察制度的起源问题,我国法学界向来分歧颇多。对我国古代是否有检察制度问题,早在20世纪三四十年代法学家们就进行了长达二十多年的争论。学者们以不同的检察制度概念和内容为标准,对检察制度的起源问题展开讨论,其结论自然是大相径庭。因为世界各国的检察制度内容不是"大同小异",而是"小同大异",所以有学者据此认为,以法律监督权为基本内容的检察制度在我国古代就已存在——所谓的广义检察制度最早形成于我国古代的御史制度,该制度自西周至清朝一直存在,并且是国家政治法律制度的重要组成部分。[①] 这种观点是从我国当前检察制度的内容及文化渊源角度看的。但是,也有学者认为,"检察制度"是一个外来的概念,我国在近代以前不存在现代意义上的检察制度,御史制度所体现的行政监察与司法弹劾不分、指控与审判不分等特点,与现代检察制度存

---

① 参见王桂五主编:《中华人民共和国检察制度研究》,中国检察出版社2008年版,第15页。

在着重大区别。①

在笔者看来，这两种观点其实并没有本质性的不同。以侦诉分离的现代检察制度作为参照，“返照”我国古代的御史制度，自然会存在不少差别。但是，借两者之间的不同而否认御史制度作为我国检察制度起源的合理性，却有强词夺理之嫌。任何制度的产生，一般情况下都是受多重因素共同作用和影响的结果，所以其起源不见得就是唯一的。从法律文化传承角度看，以监督官员秉公履行职责为主要职能的御史制度虽与以公诉为主要职能的现代检察制度有着很大的不同，但与我国当前检察制度的法律监督职能却存有不少共性，将其作为我国现行检察制度的渊源未尝不可。当然，如果从不同角度考察一个制度，其渊源就是多方面的，而且人的认识也有一个逐步深入的过程。我国现行检察制度的职能设置无疑借鉴了西方国家和苏联的做法。所以，从现代检察制度的主要职能看，西方检察制度和苏联检察制度无疑也是我国现行检察制度的渊源。

渊源本身是指事物的源头、起源，搞清楚一个制度在历史上的起源，有助于对现行制度的理解和认同，同时也对该制度存在的合理性和必然性会有更加透彻的认识，正如《三国志》所说：“测其渊源，览其清浊，未有厉俗独行若宁者也。”②御史制度作为近代中国检察制度的本土资源，是植根于我国传统政治法律制度中的内在因素，在长达两千多年的封建统治中一直扮演着综合监督各种统治权力的角色，其巩固政权的作用是不容忽视的。这种监督制度具有以下几个方面的主要特征：一是监督的权力十分广泛，与我国古代的高度集权制相适应，其权力随着皇权的加强而不断强化，在适用方式上呈现普遍性、放射性的特点；二是属于高度集权专制下的权力制衡模式；三是监督与行政监察合二为一。这些特点与我国现行的检察制度有着不少的共性。例如，纠察百官、监督制约权力、查处贪赃枉法等犯罪

① 参见孙谦主编：《中国检察制度论纲》，人民出版社 2004 年版，第 5 页。
② 《三国志·魏志·管宁传》。

行为的职权，与我国现行检察制度无疑有一脉相承之处。[①] 所以，虽然清末司法改制时设立的现代检察制度和民国所沿袭的清末检察制度与御史制度并无直接的渊源关系，但我国现行的检察制度在职能上与御史制度有不少相似之处，却是不争的事实。

御史制度可溯源至古代的言官和察官制度。据史籍记载，在虞舜时就有了言官和察官之职，“言官始自虞舜，察官肇自西周”[②]。秦朝以后，御史大夫位列三公，成为中央政权的重要组成部分。此后，御史制度虽几经改变和发展，其职权或大或小，名称也数次更改，但一直延续到清末司法改制时成立检察厅，都察所拥有的诉讼监督职能才分离出来。

二、现代检察制度的建立

在我国法制史上，正式以法制形式确定司法系统的相对独立性，实现审判和检察分离，提出“检察”概念并建立近代意义上的检察制度，肇始于清末的司法改制。此次司法改制的直接动因是清政府欲摆脱不平等条约的束缚，因为1902年清政府与英国签订的《中英续议通商行船条约》（又称《马凯条约》）中有一款：“中国深欲整顿本国律例，以期与各国律例改同一律，英国允愿尽力协助，以成此举。一俟查悉中国律例情形，及其审判办法及一切相关事宜，皆臻妥善，英国即允弃其治外法权。”[③]

清末司法改制将清政府中央官制中的“三法司”即刑部、大理寺、都察院，改为以现代三权分立原则形式出现的新机构即法部、法院、检察厅，基本形成了相对独立的近代司法体制。都察院稽核、监督诉讼审判的职能被划给了检察厅，都察院的机构虽然予以保留，但其职能改为“纠察行政缺失、伸理冤滞”——已由法律监督机构向行

① 参见刘方：《检察制度史纲要》，法律出版社2007年版，第115—125页；孙谦主编：《中国特色社会主义检察制度》，中国检察出版社2009年版，第55—56页。

② 监察院监察制度编纂处编：《监察制度史要》，南京汉文正楷印书局1935年版，第3页。

③ 第12条。

政监督机构方向过渡了，而检察厅则实行以公诉职能为核心的司法监督。

由于个人的原因，司法改制中主持修律的沈家本、伍廷芳等人对日本情有独钟，把日本的改革视为与中国国情相近且便于效仿的榜样，因此在修律中聘任的外国法律顾问大多是日本专家，修律结果也难免被打上了深深的日本烙印。比如，审判机构和检察机构共同属于法部，就是效仿日本的“模板”。

1906 年清政府颁布的《大理院审判编制法》规定，新的审判机构采用四级三审制，各级审判厅附设检察局，检察局各设检察长一人，负责刑事案件的公诉、监督审判和监视判决执行。1907 年颁布的《高等以下各级审判厅试办章程》对检察局作出了具体规定：除法律规定须亲告案件（包括胁迫、诽谤、通奸等罪）外，凡刑事案件，无论因被害者告诉、他人告发、警察移送或检察官自行发觉，都由检察官提起公诉。检察官独立行使的职权包括：对刑事案件提起公诉，需要指出的是，清末实行的是不告不理原则，即“公诉的效力不得及于检察官所指被告人以外之人”①，检察厅可以接受控告或自首并自行进行侦查，侦查结束后决定是否提起公诉；收受诉状，请求预审及公判；指挥司法警察逮捕罪犯，对于司法警察移送的案件，也由检察官负责提起公诉；调查事实，收集证据；民事保护公益陈述意见；监督预审和公判，并纠正其违误；监视判决的执行，对判决执行的监督分一般案件和死刑案件两个方面，“凡判决之执行，由检察官监督指挥之”，“凡死刑经法部宣告后，由起诉检察官监视行刑”②，查核审判统计表等。

1909 年，清政府颁布《法院编制法》，将审判机构依次分为初级审判厅、地方审判厅、高等审判厅和大理院，其中第十一章为检察厅专章，规定在各级审判机构内配置检察厅，分别为初级检察厅、地方检察厅、高等检察厅和总检察厅，管辖区域与各级审判机构相同。总

① 《大清刑事诉讼律草案》第 257 条。
② 《高等以下各级审判厅试办章程》第 114 条、第 115 条。

检察厅首长称“厅丞”；高等以下各级检察厅首长称“检察长”或“检察官”，其属员则称“典簿”、“主簿”、“录事”，仍然是旧衙门称谓的沿袭。1910年，清政府又颁布了《检察厅调度司法警察章程》，规定检察官有调度司法警察以指挥侦查、逮捕人犯、押送人犯、取保传唤相关人员等权力。

清末司法改制所确立的司法制度虽然只停留在法典层面上，没有真正付诸实施就随着清政府的灭亡而寿终正寝了，但其本身的价值却不容否认。它在价值观念上否认了沿袭几千年的司法行政不分、民刑诸法不分、审判检察不分的法制传统，肯定了现代西方司法制度和司法原则的进步意义，并将这些制度和原则引进中国社会，进行了首次尝试。虽然这次尝试并没有完全成功，甚至不能说有多大的成功，但其符合时代潮流的倾向是明显的。也正因为如此，清朝被推翻后，司法改制的许多内容在之后的社会中依然存活——北洋军阀政府、民国政府以及今日我国台湾地区的司法制度和检察制度，都是在这一基础上建立、发展和完善起来的。

北洋政府时期（1912年4月—1928年6月）基本沿用清末司法体制。1915年，北洋政府对《法院编制法》进行修改，改为三级二审制，即大理院、高等审判厅和地方审判厅，在各级审判厅辖区内设检察厅。从这时起，检察厅内的称谓也发生了改变：总检察厅的厅丞改称为“总检察长”，各级检察厅的典簿、录事均改称为“书记官长”、“书记官”。

国民政府建都南京之后，实行的是五权分立政体，设立法院、行政院、司法院、考试院和监察院，其中法院隶属于司法院。1927年，各级检察厅被取消，而只在各级法院内设置检察官执行检察事务。1932年《法院组织法》规定，在最高法院设检察署，其他各级法院仅配检察官。民国期间，检察机关的职权主要包括：实行和指挥侦查；提起和实行公诉；协助自诉；指挥刑事裁判的执行。

1931年11月，中华苏维埃第一次代表大会的召开和中华苏维埃共和国成立，苏维埃检察制度也随之出现。1932年《中华苏维埃共和国裁判部暂行组织及裁判条例》规定，省裁判部设正、副检察员各一人,县裁判部设检察员一人。1934年《中华苏维埃共和国中央苏维埃组织法》规定,最高法院设检察长一人,副检察长一人,检察员若干人。地方各级裁判部的检察院并不直接隶属于最高法院检察长,而是隶属于最高法院。检察机关的任务是管理刑事案件的预审、提起公诉和出庭支持公诉。案件经过两审后,检察员有不同意见的,可以提起抗诉。可见,苏维埃政权检察机关的基本职能是追诉犯罪、司法监督。当时的苏维埃政权已经注意到法律监督实施问题了,并主要由苏维埃工农检察部负责这一工作。

中华人民共和国的检察制度,是随着中华人民共和国的诞生而建立起来的。它是在新民主主义革命根据地的检察制度的基础上,学习借鉴了苏联的检察制度,结合中国国情创制的。1949年9月27日,在中国人民政治协商会议第一届全体会议通过的《中央人民政府组织法》中,明确规定设立国家检察机关。1954年9月,第一届全国人民代表大会第一次会议通过了《宪法》和《人民检察院组织法》,进一步规定了国家设置最高人民检察院、地方各级人民检察院和专门人民检察院,并对人民检察院的职权、组织、活动原则和行使职权的程序作了明确规定。据此,各级人民检察院在全国范围内得以逐步建立、健全和发展。

在新中国检察制度的发展史上,受"文化大革命"中法律虚无主义和极"左"思潮的影响,从20世纪60年代中期开始,检察机关被取消中断达十年之久。1978年3月5日,第五届全国人民代表大会第一次会议通过了修订后的《宪法》,其中第43条对检察机关的职权和领导关系等作了原则性规定,并决定重建各级人民检察院。1979年7月,第五届全国人民代表大会第二次会议修订颁布了《人民检察院组织法》。此后,新中国的检察制度进入了恢复重建的蓬勃发展历程,检察机关也走上了法制化和正规化建设的道路。

第二章

检察机构

检察机构是检察机关行使职权的载体，其设置除了与历史传统、法律制度密切相关外，还与各国的具体国情和当时的现实需要相适应。由于世界各国对检察权性质的认识和检察机关的法律定位不同，在机构设置上也存在明显差别。一国检察机构的设置模式除了体现该机构在国家机构中的地位外，也反映了检察系统内部的管理状况。

从世界范围看，目前比较典型的主要有两种模式：一是审检合署模式。此种模式是将检察机关附设于法院之内，但与法院之间不存在任何隶属或者领导关系。检察机关独立于法院，属行政机关，但被赋予司法属性，派驻不同级别法院的检察机关之间具有上下级之间的领导关系。该模式起源于大陆法系国家，目前仍有不少欧洲国家采用，如法国、德国、意大利和比利时等。二是审检分署模式。即检察机关单独设立，自成体系，与法院完全分开，二者分别隶属于不同的权力体系。现在，世界上大多数国家都采用这种模式，尤其是实行当事人主义的英美法系国家，检察官属于纯粹的行政人员，如美国、英国、澳大利亚等。

但是，同为英美法系国家，其检察机构的设置和特点也各不相同。例如，美国的检察体制具有“三级双轨、相互独立”的特点，联邦、州和市的检察机构互相独立，不存在任何隶属关系，而且在检察机构的内部设置上也是多种多样、五花八门，不但各检察机构的职权范围不同,规模大小各异,甚至连专业化的分工程度也不一样。[①] 美国拥有三千多个在组织框架、政策及运作上差异甚大的检察机关,全美共有两千三百多名郡市级检察长(chief prosecutor)和两万四千多名副检察官或助理检察官,而且州检察系统和联邦检察系统在设置方式、人员组成及业务范围等方面都各不相同。[②]

相比之下,英国的检察机构在设置上就简单多了,从 1986 年成立皇家检察总署(the Crown Prosecution Service)以后,几经调整与改革,根据"格雷德韦尔报告"的建议,于 1999 年 4 月将皇家检察系统重组成 42 个地区检察院,基本上与英格兰和威尔士的警区划分相一致。整个检察系统分为中央和地方两级,即皇家检察总署和地区检察院。皇家检察总署是一个全国性的检察机关,由检察长(the Director of Public Prosecution, DPP)领导,负责全国的政策性问题,办理一些特别重大的案件,如严重欺诈、贪污、贩毒以及恐怖主义等犯罪。地区检察院则由地区检察长负责日常的起诉工作。澳大利亚检察机构的设置虽与英国比较相近,基本上也是按地域划分,但因澳大利亚是联邦制国家,所以在设置上颇具自身特色。

第一节　澳大利亚的检察机构

一、检察机构的设置

澳大利亚是一个联邦制国家,设联邦议会、高等法院和联邦法院。澳大利亚由六州二区组成,由于历史原因,其宪法赋予各州和地区很大的自治权力,而对联邦权力作了较多的限制。

澳大利亚全国共有九个独立的司法辖区,各辖区都有自己的司法机构和行政体制,检察机构的设置与联邦制密切相关。澳大利亚检察机构分联邦和州两个系统,各司法辖区内的检察官在各自辖区

---

① 参见何家弘主编,季美君、毛淑玲、袁经义副主编:《检察制度比较研究》,中国检察出版社 2008 年版,第 8—9 页。

② 参见张鸿巍:《美国检察制度研究》,人民出版社 2009 年版,第 156—157 页。

的法律制度下负责刑事案件的起诉工作。在联邦一级，澳大利亚除设立澳大利亚检察总署外，还在各州及地区的首府设立 AGS（Australian Government Solicitor，澳大利亚政府律师）地方办公室，北部女皇领地的办公室设在著名的旅游胜地维拉镇（Townsville）上。这些地方办公室负责处理辖区内刑事案件的起诉工作及其他法律事务。联邦检察总署法律实践部的大部分工作人员都在地方办公室工作。该署归属于司法部，总检察长兼任司法部长，并由其就国家所有刑事司法事务向议会负责。就这个意义而言，联邦检察院和州（区）检察院的工作均在国家总检察长的领导之下。总检察长拥有民选议员和政府部长的双重身份。作为议员，总检察长须就刑事公诉事务向议会负责；作为部长，他又要充分尊重检察长的决定，确保其不受政治影响而正当地行使职权。

在联邦一级设立的联邦检察总署（the Office of the Commonwealth Director of Public Prosecutions，简称"CDPP"，其组织机构图参见附录一），是一家全国性的机构，总部（a Head Office）设在首都堪培拉，同时在各州设有地方办公室（Regional Offices），如悉尼（Sydney）、墨尔本（Melbourne）、布里斯班（Brisbane）、珀斯（Perth）、阿德莱德（Adelaide）、霍巴特（Hobart）和达尔文（Darwin）。另外，布里斯班地方办公室还在维拉镇和凯恩斯设有分部，负责昆士兰州中部和北部的起诉和财产没收等工作。各地方办公室都由一名副检察长领导其工作。截至 2012 年 4 月 30 日，澳联邦检察总署共有员工 623 名。

在联邦检察总署的总部，主要设立法律实践部、社区事务部、社区保护部及其他服务部门。总部的职责是为检察长提供建议，并协调各地方办公室的工作。与此同时，总部还负责首都地区和新南威尔士州南部地区的案件工作，各地方办公室则在相应的地区内负责起诉和没收等工作。值得一提的是，在规模比较大的地方办公室内（如悉尼、墨尔本和布里斯班），还设有一个高级执行委员会（a Senior Management Committee），定期见面以协助副检察长处理该地方办公室的工作。是否设立这样的委员会，主要视该地方办公室的规模大小而定，并不是非设不可的机构。检察长与副检察长们每年聚见两次，讨论政策和执行问题。另外，行政执行小组（an Executive Management Group），包括来自总部和地方办公室的高级官员们，也会定期聚见，商讨相关问题。

澳大利亚各州设有州检察总署，然后按照地域设立相应的起诉机构。如新南威尔士州，大约有 700 万人口，其中 400 万都居住在悉尼。为了给这些民众提供服务，在新南威尔士州共设有 11 个检察机关，即除了在州首府悉尼设立新南威尔士州检察总署外，还在悉尼的西部地区设有 4 个检察院，另有 6 个检察院设在新南威尔士州较大的城镇。

维多利亚州检察总署设在该州的首府墨尔本，该署设立巡回部（the Circuits Section），准备案件的起诉工作，并为出庭律师的出庭指控提供服务。巡回部的工作人员也去该州的其他城市参加听审，如巴拉莱特（Ballarat）、苯迪哥（Bendigo）、瓦尔纳姆布（Warrnambool）等。当最高法院和地区法院（County Court）在维多利亚州的各个地方进行巡回审理时，由检察总署（the OPP）对案件提出指控。

需要指出的是，州检察总署是州一级的最高检察机关，与澳大利亚联邦检察总署之间并无任何隶属关系，它们根据相关的法律规定，在各自的职责范围内决定起诉事项，基本上是一种合作关系。

二、检察院的内部组织机构

澳大利亚的检察院属于行政部门，其经费由财政拨款。除联邦检察总署和州检察总署外，其他检察院均按地域划分，互相之间平等、独立，不存在上下级关系。检察长作为检察院的首长，负有行政管理的职责，包括管理职员和办公室的资源。检察总署人员组成通常包括：一名检察长、两名副检察长以及法律和行政工作人员；皇家检察官及其行政工作人员；事务律师和法律执行及支持人员；在综合服务部门工作的行政工作人员，他们为检察院提供管理和后勤服务等。

作为起诉机构，州检察总署的目标是为民众提供高质量、高效率的起诉服务，主要包括三部分：起诉部门、为起诉做准备工作的部门和行政管理服务部门。但是，在具体部门设置上，各州的检察总署有所不同，而且也处在不断的改革调整之中。比如，新南威尔士州检察总署刚开始成立时，内设五个部门，分别为：上诉庭——为检察长向刑事上诉法院提起上诉准备案件；研究部——就法律问题向检察院内的起诉律师和皇家检察官提供信息和咨询服务，同时备有一套计算机化的法律研究系统，供全体工作人员使用；顾问部——就各种类型的上诉案件，包括向澳大利亚高等法院提起的上诉案件，为检察长提供专家性的意见；6组（Group 6）——起诉警察和其他公务员的犯罪案件；证人援助部——为暴力案件的被害人和在检察长起诉的案件中被要求出庭作证的弱势证人提供援助。多年来，几经机构改革后，目前该署在检察长下面共设六个部门，分别为：秘书处（Secretariat）、大检察官（Senior Crown Prosecutor）、副检察长（Deputy Directors，不分管任何部门）、大律师（Solicitor for Public Prosecutors）、媒体联络与交流官员（Media Liaison & Communications Officer）、行政事务官（Executive Director），这些部门分担的工作与以前五个部门相似（下文将作详细介绍）。

维多利亚州检察总署则在检察长之下分设四个大的部门：

一是副检察长（the Solicitor for Public Prosecutors）——负责政策建议、上诉工作、巡回工作及各类犯罪的起诉工作等。副检察长由自己的办公室（the Office of the Solicitor）及法律实践主任（Legal Practice Manager）协助其工作，主管七个部门和高等法院上诉部。这七个部门分为第一至第七办公室（Directorate A-G），每个办公室各设一名主任（Directorate Manager），负责本部门的工作。

第一办公室负责复杂犯罪案件（Complex Crime），如警察腐败犯罪、毒品犯罪、有组织犯罪和复杂的商业犯罪及欺诈罪，每一类犯罪都由一名法律起诉专家（Legal Prosecution Specialist）负责指导工作，同时还设有提倡早期纠纷解决方案（Advocacy Early Resolution）的专家。

第二办公室为主要起诉部门（Principal Prosecutions），在地区法院和最高法院起诉大量的可起诉犯罪案件，如杀人罪、严重的攻击罪、严重的交通肇事罪和被告人有心理障碍的案件等，同时设有专家负责巡回运作、外部事务、杀人罪及验尸、心理障碍等方面的工作。这里所说的“外部事务”主要指在各类事情上协助验尸官的工作，并代表外部机构，如维多利亚矫正部（Corrections Victoria）和政府各部门提起诉讼等。

第三办公室负责性犯罪案件（Specialist Sex Offences Unit），在墨尔本和海外起诉所有严重的性犯罪案件，并指导维多利亚州此类犯罪的起诉工作。此部门采取特殊的方法起诉性犯罪案件，将在严重的性犯罪案件方面拥有专业知识的事务律师、辩护律师召集在一起商讨。

第四办公室主管资料服务和上诉工作（Briefing Services & Appeals），下设资料部、地区法院上诉部以及保释与违反部。资料部负责总署内外运作方面的资料，包括总署与私人律师事务所之间的各个方面，还支持律师建议小组（Counsel Advisory Group）的工作，该小组以其专业知识和经验与检察官商讨复杂疑难的案件；地区法院上诉部负责对治安法院所判处的犯罪和刑罚的上诉工作；保释与违反部则代表检察长在最高法院和上诉法院受理保释申请，并将没有被关押的违反者带回最高法院和地区法院。

第五办公室分管犯罪收益事务（Proceeds of Crime），主要是根据《1997年没收法》（the Confiscations Act 1997）提出申请，为没收在犯罪过程中或犯罪收益买卖中使用过的财产制定一套制度。

第六办公室为被害人对策与服务部（Victims Strategy & Services），包括总署的证人援助服务，主要为被害人和严重犯罪的证人提供信息和支持，并加强和参与刑事司法系统中有关改进被害人和证人服务方面的活动。

第七办公室是政策与建议部（Policy and Advice），主要负责为领导们提供与起诉工作有关的立法与法律政策，对影响检察长和总署的政策、实践及工作的问题进行研究并提出建议，积极回应和参与法律改革活动，同时还为外部机构提供相应的建议。

高等法院上诉部则负责准备和指导针对已被判有罪的人的定罪和刑罚的上诉工作,以及检察长就刑罚问题上诉到上诉法院和高等法院的上诉工作。在这些机构设置中,最引人注目的就是每个部门都配置相应的某一领域的专家,负责具体的指导工作。

二是特殊计划部(Special Projects);三是职员发展部(Staff Development),下设签约职员部(Articled Clerks);四是执行管理部(Executive Manager),包括人力资源管理部、没收财产部、图书馆、登记部、影视部、财务部、信息技术部、案件分类部以及证人援助服务部。①

再如,南澳大利亚州设立的检察机构,名称为"the South Australian Office of the Direction of Public Prosecutions"(本书译为"南澳州检察总署",其组织机构图参见附录二),是根据《1991 年检察长法》的规定,于 1992 年 6 月 30 日成立的,其目的是为南澳大利亚公众提供高效的、公正的、独立的刑事起诉服务。总署的主要职能也是提起公诉,其设立的内部机构为:在检察长之下分设六个部门,分别为执行检察官(Managing Prosecutor)一部、二部、三部、四部、政策审议部(Policy/ Org. Review)和总经理(General Manager)。检察长全面负责总署事务,由副检察长协助其工作。各部门分管不同的案件或工作。从职能上看,总署的工作可以分为四个方面,即事务律师部(the Solicitor Section)、起诉部(the Prosecution Section)、证人援助服务部(the Witness Assistance Service)和行政支持部(the Administrative Support Team)。事务律师部为总署提供案卷方面的所有事务性服务;起诉部在审判、上诉及复杂的法律辩护中提供律师服务;证人援助服务部为被害人和证人提供服务;行政支持部为总署提供所有的行政服务,包括秘书服务、法律管理员(Law Clerk)、接待等。行政工作人员通过行政经理向总经理报告工作。②

---

① 资料来源于维多利亚州检察总署网站及笔者实地考察时的了解,具体目录为:Legal Practice-Organizational Chart, 网址为:http://www. opp. vic. gov. au。

② 资料来源于南澳大利亚州检察总署网站,网址为:http://www. dpp. sa. gov. au。

由于各州的地域大小和人口数量不同所导致的案件数量和种类的差异，澳大利亚各州检察总署的内部机构设置并非完全相同，有些复杂一些，有些简单一点。但是，为履行公诉职能所需要的最基本的那些部门，如事务律师部、起诉部、证人服务部以及行政服务部等，各州的检察总署都设立了相应的部门，而且这些部门的设置都有一个核心的服务内容——为起诉工作提供优质服务。因澳大利亚的检察机关定位为公诉机关，因而在所设立的各类部门中，最为重要的是从事出庭起诉工作的皇家检察官所在部门。在治安法院、地区法院、州最高法院和联邦高等法院审理刑事案件时，他们代表检察长出庭指控犯罪，支持公诉。

三、澳大利亚联邦检察总署

澳大利亚联邦检察总署是一个在总检察长兼司法部长领导下的澳联邦政策发布中心和协调机构。自建立以来，它已为公众提供了大量高质量的法律服务和法律政策建议。其服务对象为：检察长、联邦政府各部门和各机构、广大公众和贸易团体。副检察长和一名秘书协助检察长的工作，执行委员会则协助秘书的工作。目前，执行委员会由一名秘书、一名澳大利亚政府律师和两名秘书助理组成。检察总署办理的所有刑事案件在起诉书上必须以检察长的名义起诉。在具体案件处理上，检察长可以授权不同级别的律师决定不同程度的事项，重要的决策权如决定刑事诉讼终止、无罪撤回等则只能由检察长行使。澳大利亚联邦检察总署下设法律实践部、社区事务部、社区保护部和其他部门。

（一）法律实践部

法律实践部是总署的重要部门之一。其宗旨是成为卓越的法律服务者，为广大客户提供国际、国内全方位的法律政策建议和法律服务，同时在政府各方面专家指导下开展法律教育、人员培训和宣传工作。其主要目标涉及以下五个方面：

（1）处理事务方面，以最少的花费为客户们提供高质量的法律服务，并争取最佳结果；

（2）保护个人权利方面，寻求更合适的法律制度和机构，以实现司法公正；

（3）保证公众安全方面，寻求合适的、可接受的刑事审判方式、国家安全政策及法律，以确保公众安全；

（4）知识产权和隐私权方面，特别强调保护公民的知识产权和隐私权；

（5）国际交流方面，通过发展和运用国际法，为澳大利亚法律服务提供国际交流机会，进一步扩大澳大利亚的利益。

法律实践部下设中心实践处、AGS 地方办公室、国际法办公室、立法起草办公室、民法处、刑法处、信息安全法处、协助处八个部门。

（1）中心实践处

该处又分为法律总顾问办公室、诉讼办公室、商业贸易办公室和特殊法律顾问办公室。法律总顾问办公室的职责主要涉及三个方面：一是提供与宪法、公法和制定法的解释与完善有关问题的建议或对策；二是对所有立法动议，包括法律草案的合宪性问题，进行审查并提出意见；三是在没有制定法的情况下，就有关政府的目标能否基本实现问题为大臣和各部门提供法律建议。诉讼办公室的职责是：负责提起和协调涉及总检察长和法律实践部的诉讼，包括与联邦和各机构有关的重要诉讼，尤其是 AGS 介入的上诉案件。在涉及澳联邦及其机构的诉讼中，诉讼办公室维护的是公众的利益。对由联邦提起的诉讼和针对联邦提起的诉讼，诉讼办公室将提供特别指导。同时，该办公室还对税收、习惯法和贸易实践等问题提出建议。因此，该办公室成为检察长和法律实践部的联系纽带。

（2）AGS 地方办公室

该办公室设在各州及地区的首府，昆士兰州北部的维拉镇上也设有分部。AGS 负责处理民事诉讼案件，管理重要的商业事务、财产的取得和处理、土地租借、合同等方面的工作。AGS 地方办公室的服务对象很广，包括许多联邦部门和机构，根据客户的要求提供优质的法律服务。法律实践部 70% 的工作人员在 AGS 地方办公室工作。

(3) 国际法办公室

该办公室提供国际公法领域的专门法律建议,包括国际贸易法及其在澳大利亚的实施问题。它负责涉及国际法方面的诉讼、发展计划和政策问题,以及国际公法在澳大利亚实施时的宪法问题。同时,它还负责与澳大利亚履行国际义务有关的一系列立法问题。1997 年 1 月,该办公室接管了总署其他部门的许多职能。国际贸易法部、国际法律服务顾问秘书处以及国际人权部现都已成为该办公室的一部分。

(4) 立法起草办公室

该办公室为联邦各部门和机构提供专门的立法起草服务,为澳大利亚非自治地区及其他联邦授权立法机构起草法规、准则,为非禁止性法律文件,包括总督、大臣和各机构批准或作出的任命及其他法律文件,提供草案和咨询服务。此外,该办公室还为各代理机构提供制表和公报服务。

(5) 民法处

该处的目标是通过发展合适的国内法、国际法及其相应的机构,确保公民的权利,实现司法公正。该处在婚姻家庭法、行政法、人权法、程序法及司法实施等方面提供建议并系统地提出立法倡议,同时还负责国际法律合作中有关民事程序和家庭法方面的事务。

(6) 刑法处

该处的宗旨是在全国范围内确保刑事审判的高效和公正。其职责与刑法和联邦刑事审判制度的法律体系紧密相连,主要有:① 提供法律政策建议,协助总检察长实施制定法,提高执法水平;② 协助总检察长安排多边和双边的国际事务;③ 协助总检察长进行司法改革,包括完善联邦刑法典和统一模范法典,审查与执法权、刑罚和监管联邦监狱及罚没规定有关的法律。目前,由总检察长执管的有关制定法主要有:《1983 年检察官法》、《1988 年金融市场报告法》、《1971 年犯罪学法》和《1914 年犯罪法》,以及与联邦罪犯有关的规定。

(7) 信息安全法处

该处成立于 1997 年 2 月。其目标是将澳大利亚的安全利益当作实现民主权利和自由的基础加以保护，并保护与知识产权、隐私权和知情权有关的个人权利和自由。其职责是提供隐私权、知情权、知识产权和国内安全问题方面的综合信息建议，以支持总检察长的工作；同时，还提供关于提高法律实施机构的效率和责任方面的法律政策建议。

(8) 协助处

该处的目标是为检察总署提供一系列建议和支持，以充分、高效地运用物资和高质量的成果协助法律实践部的发展。该处以“执行伙伴”的身份为法律实践部提供服务，同时也为检察总署的其他部门提供帮助。该处由实践发展科、资源科和信息技术科组成。

(二) 社区事务部

该部下设家庭法律援助服务处与个人破产和信托服务处两个部门。

1. 家庭法律援助服务处

其宗旨是通过一系列的手段为预防和解决家庭纠纷提供帮助。该处通过法律援助计划，为提高公众实现公正待遇的法律权利意识和责任感，提供一整套高质量的与家庭有关的法律服务办法。

(1) 法律援助

其目标是为法律援助提供合理的途径，特别是帮助那些因联邦法律的规定产生困难而需要帮助的人。这一目标的实现，有赖于各州和地区的配合合作。

(2) 家庭服务

该处提供适当的服务，以帮助建立和保持融洽的婚姻家庭关系，为家庭纠纷提供多种解决方法等。

2. 个人破产和信托服务处

其宗旨是推行个人破产制度，在最大限度内返还债权人财产的同时，使破产的债务人能够重整旗鼓，从而使公众对破产制度充满信心。其主要职能为：

(1) 实施个人破产制度方面

① 提供破产信息，为陷入困境而打算破产的债务人及组织提供

选择方案；

② 接受债务人的申请，发布破产消息，接受偿还债务的协议，保管债务人的资料，制作破产宣传资料；

③ 行使收集信息的法定权力，如对破产财产管理人所作出的变卖财产和收入分配估算方案进行调查；

④ 审查破产财产管理人在法律诉讼中所作出的补偿。

（2）破产财产管理方面

对没有指定注册委托管理人的破产财产进行管理。

（3）政策和法规方面

① 为政府提供破产财产方面的政策建议；

② 规范所有受托管理人的个人管理行为。

（4）犯罪收益方面（Proceeds of Crime）

根据习惯法和犯罪收益法的规定，控制和变卖犯罪收益财产。

此外，该处还为政府机构提供其他委托管理服务。

（三）社区保护部

社区保护部下设澳大利亚保护服务处、安全保护协调中心和法律实施协调办公室三个部门。

1．澳大利亚保护服务处

其宗旨是保护澳大利亚的社区安全和提高社区安全感，其奋斗目标是使澳大利亚的社区保护服务成为世界一流的社区保护服务。

2．安全保护协调中心

其宗旨是在安全保护问题上为部长们和其他客户提供高质量的政策建议，保持强大的反恐怖能力，协调并妥善安排政府要员、高职位来访人员以及外国外交官的安全保卫措施。该中心在全国性安全保护问题上为总检察长提供政策建议。它在安全保护领域内执行政府的决定，采取包括开展体育活动、进行计算机和个人安全知识的培训以及出版和销售安全保护手册等措施，以提高公众的安全意识。在悉尼举办的2000年奥运会上，该中心负责维护澳大利亚的安全利益。

3．法律实施协调办公室

其宗旨是为侦查和预防刑事犯罪制定一整套的联邦法律实施措

施,并进行合作和协调。办公室工作包括:在总检察长职责范围内,负责协调法律实施过程中的普通性争议和政策问题;开展全国性的反暴力和犯罪运动;支持联邦法律实施委员会的工作等。

（四）其他部门

奥斯科利普(Ascript)是检察总署内的一个商业性机构。其服务范围为:为诉讼进行录音和播放;设计法庭、听审室,安装和维修数字录音设备等。在市场竞争中,为维护全国供应者的地位,它必须向联邦司法部门提供上述产品。奥斯科利普提供的相关服务有:提供法庭装修、法庭内的录像设备、文件印刷、手提式录音设备以及对询问进行特殊录制等。

总署其他部门还包括家庭法委员会秘书处、行政审查委员会秘书处、澳泰计算机联合处(以遏制毒品犯罪为目的)三个部门。

（五）各地方办公室的内部机构设置

澳联邦检察总署在各州设立的地方办公室,根据其规模大小和工作的需要,通常会设置数个部门,如起诉部(Prosecutions Branch)、税收部(Tax Branch)、商业起诉部(Commercial Prosecutions Branch)、反恐怖部(Counter Terrorism Unit)、刑事评估部(Criminal Assets Branch)等。由于各州所要处理的案件都差不多,在特定部门内工作的检察官就履行相应的职责。例如,起诉部的职责就是起诉所有违反了联邦法律的犯罪,但不包括公司犯罪。同时,它们还要处理引渡程序,以及外国提出的法庭工作方面的相关要求。为做好起诉工作,检察官要提起诉讼,准备听证的案件,为侦查机构提供建议及其他帮助。这就是起诉部门的主要职责所在。

税收部,是在每个比较大的地方办公室内都会设立的一个部门,通常包括专业律师对税收欺诈案件提起诉讼,但不包括比较轻微的常规犯罪(minor regulatory offences),此类犯罪由澳大利亚税收办公室(the Australian Taxation Office)的内部起诉部(In-House Prosecution Section)负责。该部门的工作包括起诉实施最简化的税收方案、与收入税收及商品和服务税收有关的欺诈所产生的犯罪。另外,税收部的律师还负有起诉《1995年刑法典》(the Criminal Code Act 1995)第十章规定的洗钱犯罪的职责。

商业起诉部，也是比较大的地方办公室常常会设置的特殊部门。该部门负责起诉违反《2001 年公司法》(the Corporate Act 2001)和《2001 年澳大利亚安全投资委员会法》(the Australian Securities and Investments Commission Act 2001)的犯罪。澳联邦检察总署的商业起诉部负责起诉重大的涉及公司因素的欺诈案件，以及违反《1974 年贸易实践法》(the Trade Practices Act 1974)和《1966 年破产法》(the Bankruptcy Act 1966)的犯罪。在澳联邦检察总署的总部也设有一个商业部门，负责全国范围内各地方办公室之间在这一领域内的协调工作，同时还在澳大利亚首府和新南威尔士州的南部负责此类案件的起诉工作。

反恐怖部，主要负责起诉与反恐怖问题有关的犯罪。相比较而言，它是澳检察总署内新成立的一个部门。目前，只有悉尼、墨尔本和总部设立了这一机构。在每一个地方办公室内，也配有专业的反恐怖主义检察官。在这些部门内工作的律师从事在本地区发生的与该问题有关的工作及起诉工作，如在侦查过程中，向联邦警察局提供建议等。

除了上述数个部门外，澳联邦检察总署在规模比较大的地区办公室还设有刑事评估部，处理侦查部门涉及的刑事没收问题。在总署内，自然也设有刑事评估部，负责在全国范围内协调各地区办公室之间与此问题有关的工作。该部门同时还要办理发生在澳大利亚首都地区和南新南威尔士地区的此类案件。

在澳联邦检察总署内，刑事评估律师的职责为：考虑相关侦查机构向他们提出的刑事没收行为的恰当性，如果是恰当的，就启动并进行没收诉讼。在一些重大而复杂的案件中，澳联邦检察总署可能会就侦查过程中出现的刑事没收问题提出建议。

四、新南威尔士州检察总署[①]

（一）州检察总署的设立

根据《1986年检察长法》（下称《检察长法》）的规定，新南威尔士州检察总署于1987年7月13日设立并开始运作。在州检察总署成立之前，主要由司法部雇佣律师出庭指控严重犯罪。随着检察总署的成立，新南威尔士州的日常刑事起诉工作就从总检察长（Attorney General）转移到检察长（the Director of Public Prosecution）手中，这标志着新南威尔士州从此有了一个独立的起诉机构。目前，新南威尔士州有11个检察院，包括设在悉尼市的州检察总署、悉尼西部地区的4个检察院以及设在新南威尔士州乡村中较大城镇里的6个检察院。[②]

（二）州检察总署的机构设置

1. 新南威尔士州检察总署的机构组成

从1995年以来，新南威尔士州检察总署的机构基本保持不变，总部的事务律师分成几个小组，每一小组都设有一位主任律师（Managing Lawyer）。大部分小组都处理综合的法律事务，但也有一些小组负责专门的事务，如第4组主要负责"速决事务"（short matters），如有罪答辩、保释申请、从地方法院向地区法院上诉等；而第6组则负责处理特殊的案件，如起诉警察的案件等。目前，总署的内部组成要素主要包括四部分（组织机构图参见附录三）：

一是检察长、两名副检察长及相关的法律和行政工作人员。在检察长办公室工作的事务律师被称为"专职助理"（Professional Assistants）。同时，还设有秘书处、媒体联络与交流人员（Media Liaison

---

① 有关新南威尔士州检察总署的部分资料由 Nicholas Cowdery QC 检察长和在 Australian Human Rights Commission 工作的 David Robison 先生提供，在此深表感谢；另一来源为该总署的网站，地址为：http://www.odpp.nsw.gov.au。由于在澳大利亚各州检察总署的机构设置及检察官的职权大同小异，本书对州一级检察院的介绍就以新南威尔士州检察总署为代表。

② See David Robinson, Speech on "the Prosecution System in New South Wales, Australia", 2004.

& Communications Officer)以及高等法院研究人员(High Court Research Officer)支持其工作。

二是大检察官办公室(Senior Crown Prosecutor),包括皇家支援部(Crown Support)、高级检察官(Deputy Senior Crown Prosecutors)和皇家检察官(Crown Prosecutors)及其配备的行政工作人员。大检察官配有皇家检察官和专职助理协助其工作。专职助理领导审判准备部门的律师、研究部门的律师以及为大检察官服务的行政助理(手下有三名行政官员)。大检察官领导下的七名高级检察官各自分管悉尼、悉尼西、郊区、刑事上诉法院(两名)、案件准备部门和职业持续发展部,而高级检察官的工作则由数名皇家检察官支持(大检察官组织机构图参见附录四)。

三是大律师办公室(Solicitor for Public Prosecutions),包括大律师、两名高级律师(法律及其业务运作方面的)、三名律师助理(分管法律、业务、悉尼西及郊区)以及为大律师办公室配备的事务律师和行政工作人员。目前,在各级部门工作的事务律师共有320名,在每一个地区办公室都配有皇家检察官、事务律师和行政工作人员,人数视地区大小而定。①

四是行政事务官员领导的服务部,其职责是为检察长、大检察官办公室和大律师办公室提供全方位的管理及服务。服务部包括:总经理和公司支援部管理下的财务部(Financial Services)、人事部(Personnel Services)、信息管理和技术部(Information Management and Technology)、资产及设备管理部(Asset & Facilities Management)和服务提高部(Service Improvement Unit)。

2. 地方检察院

新南威尔士州检察总署的总部(a Head Office)即领导机构,坐落于悉尼市卡斯特勒利弗街(Castlereagh)265号。检察长、两名副检察长及其配备的法律和行政工作人员都在这里办公。

---

① 此资料由新南威尔士州检察总署的检察长 Nicholas Cowdery QC 在2010年9月发邮件提供。

总署在悉尼市的西部设了四个检察院，分别位于帕勒马塔（Parramatta）、苯利斯（Penrith）、堪姆贝勒镇（Campbell town）和毒品法院（Drug Court）；在郊区设有七个检察院，分别在杜波（Dubbo）、康斯福特（Gosford）、里斯满（Lismore）、纽卡斯特尔（Newcastle）、巴酸斯特（Bathurst）、哇咖哇咖（Wagga Wagga）和乌隆宫（Wollongong）。事务律师和皇家检察官负责所在地区巡回法院审理案件时的日常起诉工作。有时，总部的事务律师和皇家检察官也会到边远地区的巡回法院进行起诉。

检察总署下设的每一个地方检察院都配有皇家检察官、事务律师及相应的行政工作人员，他们在相关的地方法院、地区法院和最高法院从事刑事起诉工作。每个检察院都配有一位证人协助人员（通常为社会工作者或心理学家）。证人服务部（the Witness Assistance Service, WAS）为民间的起诉证人提供支持及其他服务、协助和信息等。公司服务部的所有人员都在总部工作。

3. 总署专家部门（Specialist Units）

除了上述主要部门外，新南威尔士州检察总署总部还设有一些专家部门。这些部门并不从事具体的起诉工作，目前由大律师办公室下面的律师助理（法律部）领导，它们为：

（1）刑事上诉法院部（Court of Criminal Appeal Unit），专门负责准备和指导由刑事上诉法院办理的上诉案件（通常设在悉尼市）。

（2）研究部（Research Unit），主要为总署内的事务律师和皇家检察官提供法律事务方面的信息、建议和帮助。该部还出版前沿摘要（Advance Notes），内容多为刑事上诉法院、上诉法院和高等法院重要判决的概要、最新立法以及量刑指南等。同时，它还负责维护和更新总署网页上的全部电子研究系统。

（3）建议部（Advising Unit），主要负责在最高法院、上诉法院、刑事上诉法院和高等法院上诉的大量案件。这些上诉来自地区法院的上诉案件和简易审案件，以及在地区法院和最高法院审理的案件。该部就这些上诉及相关问题向检察长提供建议。

（4）第6组，主要起诉警察、警察廉洁委员会（the Police Integrity

Commission)和反腐败独立委员会(the Independent Commission against Corruption)提交的涉嫌犯罪中属州检察总署管辖的案件,以及其他高官涉嫌犯罪的案件。

(5) 图书馆,作为一个法律图书馆,主要涉及刑事法律方面。图书馆最基本的功能是满足为州总署总部及各地方办公室的律师、皇家检察官和证人协助人员提供信息及研究的需要,同时也为其他政府部门和刑事审判机构中的工作人员提供服务。不过,图书馆并不对公众开放,虽然它也参加了全国图书馆互联网出借服务。公众如想得到有关新南威尔士州法律制度方面的一般信息,或了解提供免费法律咨询服务的相关机构,可以与新南威尔士州图书馆法律信息服务中心联系,该图书馆位于卡斯特勒利弗街265号7层。

第二节　我国的检察机构

一、我国检察机关的外部组织体系

按照我国宪法对检察机关的定位,我国检察机关是"国家法律监督机关"。在我国,检察机关是宪法明文规定的几大国家机构之一,习惯把检察机关与审判机关一起合称为"司法机关"。作为成文法国家,遵循现行《宪法》和《人民检察院组织法》的规定,我国检察机关的设置具体包括:

(一) 最高人民检察院

最高人民检察院是我国的最高检察机关,由全国人民代表大会产生,对全国人民代表大会及其常务委员会负责并报告工作。其主要职责为:领导地方各级人民检察院和专门人民检察院的工作;对全国性的重大刑事案件行使检察权;对各级人民法院已经发生法律效力的判决和裁定,如发现确有错误,按照审判监督程序提起抗诉;依法对监管改造场所的活动实行监督,依法对民事诉讼、行政诉讼实行监督;对检察工作中具体应用法律的问题进行司法解释;

制定检察工作条例、细则和规定；管理和规定各级人民检察院的人员编制。

最高人民检察院设检察长一人，副检察长若干人，检察委员会专职委员两人。其内设机构主要分四部分，即业务部门、政工部门、综合部门及其他部门。其中，业务部门，主要包括公诉厅、侦查监督厅、反贪污贿赂总局、渎职侵权检察厅、监所检察厅、民事行政检察厅、控告检察厅、刑事申诉检察厅、铁路运输检察厅、职务犯罪预防厅等，这些部门有各自的业务范围和相应职权，为检察权的全面落实提供了切实的保障；政工部门，如政治部、纪检组、监察局和机关党委等；综合部门，如办公厅、法律政策研究室、国际合作局、司法体制改革领导小组办公室、死刑复核检察厅等；其他部门，如离退休干部局、机关服务中心、检察技术信息研究中心等。此外，为了加强检察机关执法办案管理、内部监督和统一指导，维护检察一体化，提高执法办案的质量和效率，增强检察工作公信力，2012年年初，最高人民检察院又设立了案件管理办公室，内设案件综合管理处、案件流程管理处、案件质量管理处和案件统计信息管理处四个处级机构。

（二）地方各级人民检察院

地方各级人民检察院包括：省、自治区、直辖市人民检察院；省、自治区、直辖市人民检察院分院，自治州、省辖市人民检察院；县、市、自治县和市辖区人民检察院。

省级人民检察院和县级人民检察院根据工作需要，提请本级人民代表大会常务委员会批准，可以在工矿区、农垦区、林区等区域设置人民检察院，作为派出机构。

（三）专门人民检察院

专门人民检察院是根据检察工作的需要，在最高人民检察院的领导下，在特定的组织系统内设置的具有专署管辖性质的人民检察院。如军事检察院，是国家在人民解放军系统中设置的专门的法律监督机关，对现役军人的军职犯罪和其他刑事犯罪案件依法行使检察权。①

专门人民检察院还有铁路运输检察院,包括在各铁路局所在地设立的铁路运输检察分院和在各铁路分局所在地设立的基层铁路运输检察院。值得注意的是,这一机构目前正在撤销合并之中,这是我国检察机构改革中的一大举措。②

二、我国检察机关的内部组织机构

在我国,各地检察机关的内部组织机构是指检察机关内部的职能分工,基本与最高人民检察院的内设机构相对应设置,主要包括业务机构、政工部门、综合部门等,但也根据各地的特殊情况和具体需要作出相应的调整,目前主要包括检察委员会及其他具体工作机构。

(一) 检察委员会

这是检察机关的决策机构。《人民检察院组织法》第 3 条第 2 款规定:“各级人民检察院设立检察委员会。检察委员会实行民主集中制,在检察长的主持下,讨论决定重大案件和其他重大问题。如果检察长在重大问题上不同意多数人的决定,可以报请本级人民代表大会常务委员会决定。”检察长统一领导检察院的工作。根据《人民检察院检察委员会组织条例》第 4 条的规定,检察委员会的职责主要有:审议、决定在检察工作中贯彻执行国家法律、政策和本级人民代表大会及其常务委员会决议的重大问题;审议、决定重大、疑难、复杂案件;审议、决定下一级人民检察院提请复议的案件或者事项;审议、通过提请本级人民代表大会及其常务委员会审议的工作报告、专题报告和议案;总结检察工作经验,研究检察工作中的新情况、新问题;决定本级人民检察院检察长、公安机关负责人的回避;最高人

① 但是,我国现行《宪法》和《人民检察院组织法》对军事检察院的具体设置、组织和职权没有作出明确的规定。

② 2010 年 12 月 7 日,中央机构编制委员会办公室、最高人民法院和最高人民检察院联合发布《关于铁路法院检察院管理体制改革若干问题的意见》,明确了改革目标,要求铁路两院同铁路运输企业全部分离,一次性整体纳入国家司法管理体系。检察系统的这一改革始于 2012 年 1 月 12 日,山西太原铁路运输检察院划归地方管理,其他铁路检察院也陆续全面移交给地方管理。这无疑是我国司法体制改革的一大进步。

民检察院检察委员会审议、通过检察工作中具体应用法律问题的解释以及有关检察工作的条例、规定、规则、办法等；省级以下人民检察院检察委员会审议、通过本地区检察业务、管理等规范性文件；其他需要提请检察委员会审议的案件或者事项。

（二）具体业务机构

各地检察机关按照法律规定和业务分工设立若干业务机构。

1. 控告申诉检察部门、举报中心：负责受理报案、举报和控告，接受犯罪人的自首；对报案、举报和控告进行分流，对检察机关管辖性质不明、难以归口处理的举报线索进行初查；受理不服人民检察院不批准逮捕、不起诉、撤销案件及其他处理决定的申诉；受理不服人民法院已经发生法律效力的刑事判决、裁定的申诉；受理人民检察院负有赔偿义务的刑事赔偿案件等工作。

2. 反贪污贿赂部门：负责对国家工作人员的贪污、贿赂、挪用公款、巨额财产来源不明、隐瞒境外存款、私分国有资产、私分罚没财物等职务犯罪进行立案侦查等工作。

3. 反渎职侵权部门：负责对国家机关工作人员的渎职犯罪和国家机关工作人员利用职权实施的非法拘禁、刑讯逼供、报复陷害、非法搜查、暴力取证、破坏选举等侵犯公民人身权利和民主权利的犯罪案件进行立案侦查等工作。

4. 侦查监督部门：负责对公安机关、国家安全机关和人民检察院侦查部门提请批准逮捕的案件审查决定是否逮捕；对提请延长侦查羁押期限的案件审查决定是否延长；对公安机关应当立案而不立案、不应当立案而立案进行监督，对侦查活动是否合法实行监督等工作。

5. 审查起诉部门：负责对公安机关、国家安全机关和人民检察院侦查部门移送起诉或不起诉的案件进行审查，决定是否提起公诉或不起诉；对侦查活动实行监督；出席法庭，支持公诉；对人民法院的审判活动实行监督；对确有错误的刑事判决、裁定提出抗诉等工作。

6. 监所检察部门：负责监狱、看守所、拘役所执行刑罚和监管活动，对法院裁定减刑、假释，对监狱管理机关、公安机关、法院决定暂予监外执行活动，对劳动教养机关的执法活动，对公安机关、司法行政机关管理监外执行罪犯活动等是否合法实行监督；对刑罚执行和监管活动中的职务犯罪案件进行立案侦查，开展预防职务犯罪工作；对罪犯又犯罪案件和劳教人员犯罪案件审查批捕、起诉，对立案、侦查和审判活动是否合法实行监督；受理被监管人及其近亲属、法定代理人的控告、举报和申诉等工作。

7. 民事行政检察部门：负责对民事审判活动、行政诉讼活动实行法律监督；对符合法定条件的法院生效民事、行政判决及裁定依法提出抗诉；对在办理民事、行政申诉案件过程中发现的审判人员、执行人员职务犯罪案件线索进行初查、立案侦查等工作。

8. 职务犯罪预防部门：负责研究分析典型职务犯罪的特点、规律，提出防范对策，并协助有关单位落实；开展预防咨询和警示教育；管理检察机关行贿犯罪档案查询系统并受理查询等工作。

9. 检察技术部门：负责检察院有关业务部门送检案件的检验鉴定和文证审查工作；对有关案件的现场进行勘验，收集、固定和提取与案件有关的痕迹物证并进行科学鉴定；承办检察院讯问职务犯罪嫌疑人同步录音录像工作；负责检察院鉴定机构、鉴定人登记工作；负责检察机关信息化工作的规划、指导与管理等工作。

10. 纪检、监察部门：负责受理群众和社会各界对检察人员利用职权进行违法办案、越权办案、刑讯逼供、吃请受贿等违法违纪行为的举报和控告，并进行查处；通过执法监察、巡视、检务督察、经济责任审计等形式，加强对检察官执法办案活动的监督等工作。

第三节　检察机构设置之比较

检察机关的机构设置，往往与检察机关的性质、地位、职能和管理模式相适应，同时也与社会政治环境相联系。从我国检察机构设置的历史变迁看，检察机构的设置一直处在不断完善和变化之中。目前，最高人民检察院的内部机构设置是2000年改革的结果：业务机构设有公诉厅、侦查监督厅、反贪污贿赂总局、渎职侵权检察厅、控告检察厅、刑事申诉检察厅、监所检察厅、民事行政检察厅、铁路运输检察厅、法律政策研究室、职务犯罪预防厅11个厅、局、室;综合管理机构设有办公厅、政治部、纪检监察局、计划财务装备局、机关党委、外事局和离退休干部局7个厅、局,共计18个职能部门。随后,省一级人民检察院和地方各级人民检察院也按照这一模式进行了内部机构改革,但根据各地的经济发展水平及案件受理情况,具体的设置及名称稍有不同,内部机构的数量也不完全相同。

一、外部组织机构之比较

如前如述,世界各国检察机构的设置方式主要有审检合署和审检分署两种模式,而模式的选择又与各国的法律传统和司法制度等因素密切相关。澳大利亚与我国都属于审检分署模式。从司法实践看,这种模式有利于避免检察机关受审判机关的影响和干扰,同时也有利于检察机关的自身发展。

但是,中澳两国的检察机构在具体的设置上还是存在着较大的差别,主要表现在以下两个方面:(1)划分的标准不同。我国的检察机构分为三个等级,与行政区划相对应;而澳大利亚的检察机构主要依地域划分,不存在等级关系。(2)组织体系不同。我国的检察机构属于一个统一的系统,自上而下形成一个不可分割的整体,上下级之间存在领导与被领导的关系。澳大利亚由于属于联邦制国家,其检察机构也分联邦和州两个系统,且互不隶属。在联邦一级,设联邦检察总署及其驻各州、区首府的办公室,在自己辖区内从事刑事起诉工作。在州一级,也设有州检察总署及其驻各地的办公室,起诉属于州管辖范围内的刑事案件。但是,联邦检察总署和州检察总署之间并不存在任何上下级领导关系,而且由检察总署派出的办公室只是总署下属的一个部门,这些部门之间也是互相独立平等的。通常情况下,涉及案件管辖权的重合或交叉时,联邦与州之间都是通过平等协商的方式解决,两者之间是一种互相合作的关系。这与我国的检察院分三个等级、上下级的检察院之间是垂直领导关系大不相同。

二、内部组织机构之比较

中澳两国检察机关除了外部设置上的差别外，在内部机构设置上也存在明显差异。例如，澳大利亚检察总署内部设置的部门有：法律实践部、社区事务部、社区保护部和后勤保障部门，与我国的最高人民检察院的内部设置相比，要简单得多。导致这一差别的主要原因是两国检察机关所履行的职能大不相同，澳大利亚检察机构的主要职能是审查提起公诉；而我国的人民检察院是国家的法律监督机关，承担着法律监督、批准逮捕、直接受理案件的侦查、提起公诉等重要职能，其内设机构相应地也比较复杂，总的来说具有一定的合理性。但是，从履行检察权的充分性、运作的高效性和权力的制约性等几个方面进行考察，目前我国检察机关的内部机构设置仍存在以下几个方面的问题：

（一）机构臃肿，运行不畅

检察权是国家权力的重要组成部分，该权力的行使须依靠检察机关内部各部门的具体运作实现。因此，检察机关的内部机构设置是否科学、合理，直接影响检察权能的有效发挥。十几年来，我国检察改革的力度虽在不断加大，但对检察机关内设机构的改革却很少触及。这与国家司法体制改革的总体形势及强化法律监督、维护公平正义的需要不太协调，在一定程度上也制约了检察工作的有效开展，影响了检察机关整体效能与机构活力的发挥。

如上所述，我国检察机关通常要设置十几个业务部门、数个综合部门。且不说将业务部门划分得如此细致有无必要，如将控告、申诉分设成两个部门，反贪与职务犯罪也分设等，单单综合管理部门就让一个检察机关不堪重负。从职能上说，这些综合部门都是为检察业务部门服务的，如技术部门、人事部门、纪检部门、监察部门、服务中心等，因部门繁多，在实际工作中就需要经过多头审批、层层请示，极大地影响了工作效率，同时也使后勤保障部门的职责不明确。在澳大利亚，这些后勤保障部门通常由统一的服务部门，即资质不错的公司提供，进行商业化运作。这一公司不仅为检察机构提供后勤服务，也为其他司法机构提供类似的服务。这样不仅节约了成本,而且也使提供的产品质量具有可靠性。从澳联邦检察总署、新南威尔士州检察总署以及维多利亚州检察总署的机构设置看,它们的共同点是检察总署内设立一个综合服务部门。如联邦检察总署中的奥斯科利普,它是一个商业性机构,为了自己的声誉、利益及在市场竞争中的胜出,必须根据商业的运作规则妥善经营,除了能够为总署内的其他部门及所有派出的地方检察院提供优质服务外,还会自觉地、最大限度地节约成本,避免不必要的开支和浪费,从而获得最大限度的利润。

另外,在联邦系统内或州内的所有起诉办公室都由统一的部门提供后勤服务,其产品质量及各种服务水平都能得到充分的保障。联邦检察总署的奥斯科利普还向联邦的其他司法部门提供后勤服务,其覆盖面更广。我国当前号召建设节约型检察机关,这种统一后勤服务部门的做法对我们来说或许是一种不错的启示。如果在未来的检察改革中,能将我国检察机关内的综合管理服务部门进行整合,使之统一化,不但能够极大地提高服务质量,而且其节约的成本也将十分可观。

(二) 缺乏规范,名称混乱

我国检察机关从上到下分为三个等级,由于幅员辽阔,各地经济发展不平衡,检察机关的人、财、物控制在当地政府手中,这就导致了各检察机关能够支配的财力差异很大,再加上最高人民检察院并没有明文规定各级检察院需设立哪些部门及相应的名称,结果各地检察机关在机构设置和名称上就出现了五花八门的情况。

1. 划分标准不统一。全国各检察机关在内部业务机构划分上,既有按法律监督职能划分的,如侦查监督科、监所科;也有按刑事诉讼程序划分的,如公诉科、控申科等;还有按案件性质划分的,如反贪局、反渎局;甚至有按案件来源划分的,如林检科等。

2. 业务分工不平衡。目前,由于划分标准上的随意性,在不少基层检察院出现了各部门之间的严重不平衡现象,如有的业务部门因管辖范围过宽,人员庞大,多至好几十人,如反贪局;有的部门业务单一过窄，人员很少，仅一两人而已，如研究室。另外，还出现了职能分散现象，如有些本须统一行使的职能却被分散到数个部门，导致部门之间互相扯皮、推诿等。这一现象在最高人民检察院也同样存在。

3. 缺乏统一的名称。在检察系统内，因无明文规定须设立哪些部门及相应的名称，结果不少地方检察院在部门设置和称谓上均带有随意性，如在基层检察院业务机构称“科”或“局”，市级、省级检察院称“处”或“局”，最高人民检察院则称“厅”、“局”或“办公室”，名称上缺乏一致性，实际上沿用的是行政机关的称谓，没有体现出检察机关是法律监督机关的司法属性。①

（三）程序繁复，缺乏独立

尽管《人民检察院组织法》规定，检察机关的内部机构设置应当由检察机关根据工作需要确定，但现实却并非如此。一个基层检察院要想设立某个业务机构，不仅其自身无权决定，其上级检察机关也难以决断，必须报本级“编办”审查批准方可。“编办”往往不考虑检察机关的业务需要，而是以政府各部门之间需要平衡为理由予以否决。这自然很难满足检察机关开展业务的实际需要，有些在检察机关看来非设不可的业务部门，往往却很难得到及时批准。法律规定与实际操作的脱节，在一定程度上也制约了检察机关业务工作的顺利开展。

三、内部组织机构设置的改革思路

（一）完善内部组织机构的意义

检察机关的内部组织机构是具体检察职能实现的组织载体。内设机构的改革是我国当前检察制度改革的一项重要内容，也是检察改革最后是否能取得实效的关键环节。没有应有的相配套的组织机构的改革，检察改革的成果必将会大打折扣。但是，迄今为止，人们多关注权能配置、诉讼程序等技术性问题的改革和完善，而对组织机

① 参见陈文盛：《检察机关基层院内部机构设置需加以完善和改造》，http://news.xinhuanet.com/legal/2009-02/11/content_10799994.htm，2009年12月17日访问。

构、人员管理机制等制度性问题的改革则较少触及。在推进检察体制改革过程中，最后必然要涉及组织机构的改革与完善，尽管目前还未引起决策层的足够重视。

（二）内部组织机构的改革思路

古罗马著名学者塔西陀曾说："要想认识自己，就要把自己同别人进行比较。"比较是认识事物的基础，也是分清一个制度优劣的最常用的思维方法。由于性质、职能、地位的不同，世界各国检察机关内部的机构设置也各不相同。但是，总的说来，国外检察机关的内设模式通常是业务机构和非业务机构分设。有些国家业务机构的划分主要根据案件的种类，如德国；多数国家则采用职权加案件种类的标准进行划分，以职权为主，同时考虑案件的种类，如俄罗斯、韩国、日本等。

借鉴国外检察机关内设机构的划分标准和经验，并结合我国检察机关的具体情况，笔者认为，总的改革思路是应遵循以下几个方面的原则：

1. 精简高效，统一规范

从机构设置的科学化出发，在改革我国检察机关的内部机构时，应遵循精简高效、统一规范的原则。各职能部门的设置应具有合理性，裁撤重合的部门，精化综合行政管理部门，充实、加强业务部门，同时还要使各部门的名称在上下级检察院之间基本统一、相互对应，明确职责和隶属关系，使职能部门内部、职能部门之间、上级检察院及职能部门与下级检察院及职能部门之间形成一个相互制约的内部监督机制工作系统。如澳大利亚，尽管在全国范围内有九个相互独立的检察院，自成系统，互不隶属，但各检察院系统内部，无论是名称、组织形式、任务还是地位、职权等，都具有绝对的统一性。正因这一特点，再加上整个司法制度的相似性，各州检察系统之间虽彼此独立，但在法律统一实施及司法协作方面十分和谐，少有冲突。

2. 因地制宜，依法设立

由于我国幅员辽阔，各地经济发展相差悬殊，在司法实践中，各地检察机关所面临的业务和问题也大不相同。因此，在考虑检察机关内部机构的设立时，除了要强调上下级内部检察机构的统一性和规范性外，还应根据当地业务的实际需要进行相应的调整，案件少的业务部门可以合并，案件繁重的部门可以多分设几个处室并配备必要的人员。

另外，在改革内部机构的设立时，还应遵循《人民检察院组织法》中的有关规定，“应当根据建设社会主义法治国家的要求，内部机构的设置要遵循法治的原则，提出新的设计方案，以法律形式固定下来”。因此，内设机构的改革必须有利于我国检察制度的长远发展，同时又不能违背现行《人民检察院组织法》的规定。

因此，根据以上原则，在改革时，各级检察机关内部机构的设置应根据检察机关所拥有的不同职能划分，同时完善内部管理体制。具体做法为：在划分标准上，应遵循业务部门与非业务部门分设的原则。在划分业务部门时，应以职能划分为主要标准；在各业务部门内部，则可以根据案件的特殊性设立不同的处室。这样既可以避免业务部门设置上的重合性和繁杂性，又可以在工作中培养各方面案件的业务精英和办案专家。非业务部门则应尽可能地简化、整合，甚至可以借鉴澳大利亚检察机关的做法，通过公司化的方式进行招标管理，以最少的投入提供最佳的服务，从而使各部门之间能够密切高效地配合，以利于检察职能的充分发挥和公平正义的充分实现。

第三章

检察官制度

检察官是检察权行使的主体,其在检察组织体系中的地位直接决定了检察权行使的有效性和充分性。检察官制度是指有关检察官的地位、资格、选任、等级、培训和职务保障等方面的法律规定的总称。法律赋予检察机关的各项职权,最终都是通过检察官的职能活动实现的。检察官制度的科学设置和有效运作,对于发挥检察官的积极性和主观能动性,保障检察职能的充分发挥,以及促进检察机关各项工作任务的完成,都具有十分重要的意义。检察官制度是检察制度的重要组成部分。澳大利亚的检察制度虽然建立的时间不长,但在检察官制度方面却颇具自己的特色,在不少方面值得我们学习借鉴。

第一节　澳大利亚的检察官制度

检察官选任制度是检察官的入门制度,是确保检察官高素质、精英化、专业化的最关键门槛,对实现检察官队伍的职业化、正规化建设具有重要意义。无论在理论研究上,还是在实践操作中,世界各国都非常重视这一制度的规定与完善,建立检察制度才十多年的澳大利亚也不例外。尽管各个国家规定的具体选任条件和程序存在不少差异,但总的说来,有关检察官的资格条件和选任程序都比普通的公职人员更加严格。下面就以新南威尔士州为例,具体阐述澳洲检察官的选任制度。

一、检察官的选任制度

(一) 检察长的任职资格

在新南威尔士州,根据《1986 年检察长法》的规定,检察长、副检察长和大律师(Solicitor for Public Prosecutions)都是法定的职位,而且是终身任职制。另外,根据《皇家检察官法》的规定,皇家检察官也属于终身任职制的法定职位。这些法定职位都由新南威尔士州的州长根据政府的提议任命,被任命者一直任职到 65 岁,只有在极少数的情况下,如精神错乱、无能力、刑事犯罪、放弃任职或破产时,才可被解雇。一旦出现职位空缺,就公开招聘,符合任职资格的人都可以申请。申请皇家检察官职位的,一般至少应有 10 年的律师从业辩护经验,既可以为控方辩护,也可以为被告方辩护,或者两者兼而有之。

(二) 其他人员的任职资格

检察院内,在大律师手下工作的高级律师(Deputy Solicitor)和助理律师(Assistant Solicitor,分管数个部门)以及综合服务部的经理等都是通过合同的形式招聘的,期限为五年。检察院的其他职员则根据《公共部门管理法》(the Public Sector Management Act)招聘。此法对所有在公共机构工作的人都有效,要求对候选人的选择只能在择优录取的基础上进行,试用期为 12 个月。一旦转为正式工作人员,雇员只有在下列情况下才能被解职:被证明行为不当、犯了严重的罪行或者其职位被撤销而成了多余的工作人员。所谓的“行为不当”包括疏忽、不能胜任以及不服从合法的命令等。因行为不当被解雇是最严厉的处罚方法,其他的处罚方法有惩戒、降级和调任。

(三) 招聘程序

检察院内的空缺都是公开招聘的,能够胜任工作的任何人都可以申请。申请人必须是新南威尔士州承认的或被认为是合格的法律工作者。通常情况下,在刑事辩护工作中有经验的事务律师或出庭律师比较容易得到检察院的聘用。拥有指控和辩护两方面经验的人更受欢迎，特别是在申请较高职位时，如皇家检察官，就更具竞争优势。

择优录用的目的是挑选最合适的人做这一项工作。录用委员会由三人组成，他们根据申请人的能力、学历、经验、技能、工作表现和个人素质选择最适合工作要求的申请人。在看过书面申请、面试并与推荐人谈话后，委员会才作出录取决定。

检察院也为法律院校的毕业生提供临时实习机会，以便他们获得成为事务律师所需要的实践经验。对这些毕业生，也是择优录取，他们被雇佣后作为准律师工作六个月。一旦他们被任命为事务律师，其中最优秀者就成为检察院中的一级事务律师。

（四）处罚程序

目前，新南威尔士州检察长已发布了《行为准则》（Code of Conduct），规定了适用于检察院内所有官员的道德水平和原则，违反者可能会受到纪律处分，包括被开除。《行为准则》要求所有检察院的官员在执行公务时实现如下目标：（1）职业化；（2）独立性；（3）公平；（4）在起诉程序中维护公众的信任。

针对事务律师或大律师的投诉，可能被转给法律协会（如果是事务律师）或律师协会（如果是大律师）进行调查。投诉可能导致处罚，包括被禁止执法。在合适的时候，检察院也会将法律执业者的不道德行为报告给法律协会或律师协会。

所有员工对其受到怀疑的腐败行为，都有责任向新南威尔士州反腐败独立委员会报告。《1988 年独立委员会反腐败法》对腐败行为作了规定，其范围非常广，但核心原则是滥用职权或违反职责。反腐败独立委员会可以对有嫌疑的腐败行为进行调查和询问，并要求证人参加，以了解事实真相。

以上介绍的是新南威尔士州检察官的选任和招聘程序。总的说来，澳大利亚各州检察官的任职资格和招聘程序都大同小异，但也有一些特殊的规定。例如，联邦检察总署在规定其职员的任职资格时，首先强调被聘用者必须是澳大利亚公民，例外情况下，必须经检察长行使自由裁量权特殊批准。另外，根据《澳联邦总署安全政策和安全保护手册》（the Commonwealth Director of Public Prosecutions' Security Policy and the Commonwealth's Protective Security Manual）的规定，还要求被聘用者通过安全和性格测试。申请资深行政职位及其他相同职位者，其安全许可证必须到达最高保密级别（Top Secret）。同时，如果申请者是一直受雇佣的，在开始到总署工作前或工作后的一个月内，被要求参加体检，并有一段时间的试用期。规定试用期的目的是确保被聘用者的出勤情况、行为能力和工作表现等能够达到总署规定的要求。

联邦检察总署一旦出现空缺职位，就会发布招聘广告，公布该职位的选拔材料（包括职责和选任标准等）及联络官员。有意参加竞聘的人，在了解这些材料后，可以与指定的联络官员联系见面以了解更多的信息，同时还可以登录总署的网站做一些研究工作以获得有用的资源，如总署的年度报告、工作计划等，并在截止日期前以电子版的形式提交申请书。申请书包括个人的详细情况、教育背景、工作经历、适合该职位的简述、相关的证明以及个人简历等。其中，最为关键而重要的是适合该职位的简述这一部分，即职位的匹配性问题。申请者须根据该空缺职位的选任标准，阐述自己相关的才能和工作经验，包括举例说明、阐述自己的观点等，这些都会得到选拔者的重视和核实。在截止日期前，申请者可以随时修改自己提交的申请书。如果因条件所限，不能发送电子版申请书，申请者可以与联络官员联系，另作安排处理。①

二、检察官的等级制度

（一）检察人员

澳大利亚虽与美国一样属于联邦制国家，其检察机构也分联邦和州两个系统，但其检察机构无论在设置上还是在职权上，都与英国比较相似。在澳大利亚检察院内，其工作人员通常可以分为两大类，

---

① 参见澳联邦检察总署的网站：http://www.cdpp.gov.au。

即法律工作者和行政管理人员。法律工作者根据不同的级别和资历又可分为:检察长、副检察长、皇家检察官、大律师、高级律师、助理律师和事务律师等;检察官按级别分为大检察官、高级检察官和一般的皇家检察官。一般的检察官又可分为出庭的大律师(Barristers)、协助出庭的事务律师(Solicitors)和负责行政工作的检察官。其中,出庭的一部分大律师又被称为“皇家检察官”,由英女皇任命;而事务律师的主要作用是为出庭的大律师提供指导并帮助其准备文件。行政工作人员包括行政管理人员、服务人员和书记员等。如新南威尔士州检察总署,目前共有六百多名工作人员,其中四百多名是法律工作者,两百多名是行政工作人员,每年大约处理1.7万件案子,其年度预算为6300万澳元。

由于澳大利亚的检察官都是律师,也有把法律工作者分为大律师和事务律师的。在刑事诉讼程序中,皇家检察官是主力,案件的起诉工作主要由他们承担。皇家检察官是检察长办公室中的高级辩护律师。皇家检察官作为律师,其独立性受到《检察官法》的保障。例如,该法第5(1)条规定,皇家检察官是代表检察长,以律师的身份出庭进行指控,同时经检察长批准,还可履行作为律师的其他职责。检察长虽可以就案件的起诉工作对皇家检察官提出指导,但不能对某一具体案件提出任何指导意见。因此,在很多方面,皇家检察官就是一位独立的律师,只不过用检察长的名义而已。事务律师为皇家检察官起诉案件做准备工作,他们也是检察长办公室的雇员。

在澳大利亚,检察长、副检察长、皇家检察官和大律师都是法定的职位,各自的职权都是由制定法及其他法律规定或授予的。《检察长法》第21条规定,检察长可以自己或由律师或法律顾问作代表,在应由检察长出庭或检察长是其中一方当事人的任何诉讼中进行指控。在司法实践中,检察长通常由皇家检察官或由法律顾问聘请的律师代表,有时也会由私人律师(Private Counsel)、皇家律师(the Crown Solicitor)或皇家辩护律师(the Crown Advocate)代表。《检察长法》第23条规定,法律顾问是担任检察长的法律顾问,并代表检察长对皇家检察官和其他律师进行指导。法律顾问的作用包括辩护及案件的准备,其中的辩护技巧则由皇家检察官或私人律师提供。

(二) 皇家检察官的历史与现状

在司法实践中,有相当一部分皇家检察官不时地为其他组织担任律师,如全国犯罪局(the National Authority)、反腐败独立委员会(the ICAC)、警察廉政委员会(the Police Integrity Commission)、法律代表办公室(the Legal Representation Office)、大众辩护办公室(the Public Defenders Office)以及隶属于总检察长办公室的刑法评论部(the Criminal Law Review Division of the Attorney General's Department)。最高法院和地区法院中的法官有不少曾是皇家检察官。这些皇家检察官几乎都是新南威尔士州律师协会的成员,并参加其理事会、委员会以及相应的各项活动。

目前,在新南威尔士州检察总署的601名工作人员中,有7名大律师(Senior Counsel)、320名事务律师(Solicitors)[①]和82名皇家检察官(Crown Prosecutor),其中包括12名高级检察官(Deputy Senior Crown Prosecutors)和1名大检察官(a Senior Crown Prosecutor),其余的为行政人员。这些检察官由总督任命,通过公开的竞争选拔程序,择优录取。在司法实践中,每次招聘,检察长都会成立一个选拔小组。总检察长以检察长的建议为依据所作的推荐通常都会被采纳。

在刑事诉讼程序中,大律师通常代表检察长在正式的审判,特别是有陪审团审理的案件中出庭支持公诉。一般律师的工作又分为两个部分:处理法律事务和办理案件。总署内的法律事务部门包括刑事上诉法院部、研究部、建议部、第6组、证人服务部和图书馆等;办理案件部门主要办理刑事案件,是人员集中最多的部门。新南威尔士州按地域分为悉尼城区、悉尼西区和其他郊区三大部分,它们的结

---

① 此数字由新南威尔士州检察总署 Nicholas Cowdery QC 检察长于2010年9月提供。需要说明的是,在澳大利亚,所有的检察官都是律师。为了区分不同级别的检察官和便于理解,笔者将 Senior Crown Prosecutor、Deputy Senior Crown Prosecutor、Crown Prosecutor 分别译为"大检察官"、"高检检察官"和"皇家检察官",从皇家检察官的组织机构图中可以清楚地看出他们之间的上下级关系。

构和工作程序都非常相似。悉尼城区设有五个办案组,每个办案组由二十多人组成,各设有一名主管律师和一名协助管理的律师,成员包括在地方法院和地区法院办理案件的律师、协助大检察官办理案件的律师和书记员等。

在澳大利亚历史上,第一位皇家检察官是弗雷德利克·伽琳(Frederick Garling),他是一名事务律师,是1830年被任命的。被任命为皇家检察官的第一位律师是阿尔弗莱德·曲克(Alfred Cheeke),他是1841年被任命的,后来又于1858年成为新地区法院的奠基法官。在以后的35年中,皇家检察官的数量从15名慢慢地递增到97名。

从20世纪80年代开始,近一半的皇家检察官来自私人律师事务所,如地方的、跨州的以及国外的,还有一半来自负责公诉的事务律师办公室。在此之前,绝大多数的皇家检察官来自律师事务所。目前,有21%的皇家检察官为女性,这一比例高于私人律师事务所。皇家检察官的任职直至退休,其薪水是固定的,由法律和其他报酬裁判所办公室决定,而且他们无权进行私人执业。

皇家检察官虽在检察长之下工作,但仍然是一个独立的法律官员。在履行职责上,皇家检察官根据法律向检察长负责,检察长可以对他们的工作进行分配安排。在司法实践中,大检察官及其专业助手分配案件(distribute briefs)并参加许多行政安排工作。高级检察官和大检察官一般在最高法院和地区法院审理比较复杂的案件时出庭起诉,还有由9名皇家检察官组成的小组被分配去处理刑事上诉法院的工作,这些人员包括大律师和普通律师(有些做这一工作要好几年,有些则只做6—12个月)。上诉案件几乎都由曾参加过审判的不同的皇家检察官指控,在高等法院上诉的案件通常由检察长或副检察长出庭指控。

需要指出的是,在新南威尔士州,皇家检察官是特别令人尊敬的职业。这些检察官以能力强、富有智慧、办事公正、为人正直而著称,在全社会享有极佳的口碑和声誉。一旦被任命为皇家检察官,每个人都会从心底感到无上的光荣。从职业的满意度看,其他行业中也难得有可与皇家检察官在工作中遇到的挑战及日常工作的高质量相比的。律师协会中同行之间的那份和谐友爱,也被皇家检察官协会牢固地予以维护并进一步加以发扬光大。

三、检察官的培训制度

如上所述,在澳大利亚,检察官是令人尊敬和欣羡的职业。为了维护这份荣耀和自身的精英角色,澳大利亚检察机关十分重视检察官的培训工作,为检察官及时更新知识和提高业务能力提供各种机会。无论是任职前的培训还是在职培训的要求,都相当严格。下面以澳新南威尔士州检察总署的培训制度为例,作一概括介绍。[①]

(一) 培训的目标

在新南威尔士州检察总署,其内部的培训目标是完备工作人员的知识,以便胜任其专业工作,同时也使他们能够跟上时代发展的脚步。

(二) 培训机构

为了确保培训目标的实现和培训质量,在新南威尔士州检察总署内,设立了专门的培训部门,被称为"学习与提高部"(Service Improvement Unit)。它主要负责检察总署内部的培训活动,工作人员仅两三人,其职责是负责系统内外的联系工作,安排学习课程、培训项目和研讨会等,为检察总署七百多人提供各类信息和音像资料等。除了学习与提高部外,还有专业持续发展部(the Continuing Professional Development),专门负责大检察官的专业培训工作。

(三) 培训的对象和计划

在新南威尔士州检察总署,检察官的在职培训已成为业绩管理体系的一个重要组成部分,培训对象为总署内的所有检察官及其他人员。每年,管理人员会与检察官共同商量制定一个双方认可的工

① 相关的内容参考了新南威尔士州检察总署的网站:http://www.odpp.nsw.gov.au,以及有关的文章,如冉云梅:《培训因人而异 知识时时更新——澳洲新南威尔士州检察官培训概述》,载《检察日报》2006年11月14日。

作标准和计划，检察官可以根据自己的需要提出培训需求，由管理者作出相应的安排后，填表提交给学习与提高部。学习与提高部根据检察官提出的培训内容、要求、时间和人数，安排相应的集中培训，或者根据个人的不同需求，提供相关的培训信息和机会。

培训部门设有专门的网站，定期公布讲座、研讨会等信息以及报名申请等事项，内容包括不同部门、不同职位的培训需要表，不同级别的律师、管理人员和书记员等应当了解的知识和技能以及如何解决工作中遇到的问题等。学习应是经常性的，知识应时时更新。因此，图书馆和培训部门会随时给每个工作人员发送有关法律修订、新判例方面的信息。

针对培训效果，每半年，每个职员（不仅仅是检察官）要进行一次自我评估，管理者也要进行评估，内容包括培训的需要和计划的进展情况等。培训部门通过这一评估体系，得以了解每个职员的培训需求，据此安排相应的培训，以满足不同层次的需要。

（四）培训的内容和方式

培训部门组织的培训主要以集中培训的形式进行，分常规培训和临时培训两类。常规培训有职业资格继续教育、计算机技能培训等。如计算机技能培训，每月都会有两天培训时间，根据申请的人数作出安排。当案件处理系统、数据库或内网等更新程序时，也会组织相应的培训。临时培训如每年组织城区和郊区研讨会，除了本系统的所有律师外，还邀请法官和专家学者讲授法律问题、讨论疑难案件等。

培训部门提供的培训内容十分丰富，除了法律知识和计算机技能方面的培训外，还有岗位职能培训、行政管理培训等。岗位职能培训包括针对新成员的培训和办公室岗位培训，前者主要由管理者介绍检察总署的总体情况、制度要求等；后者主要讲解有关身体健康和心理健康问题，提供健康知识和缓解工作压力方面的知识等。此外，近年来，交流性的培训越来越受青睐，如提供学历教育机会和资金，与研究机构进行合作和交流讲学，以及接受海外人员的来访、交流和学习等。

总之，由于控辩式诉讼在法庭交叉询问中的残酷性，检察官的工作是非常具有挑战性的，有时检察官要在一夜之间成为某一方面的专家。[①] 因此，在新南威尔士州检察总署内，学习气氛相当浓厚。总署也为其工作人员提供了各种形式的学习机会，以提高他们的专业水平和管理能力，从而不断地提高其在社会上和大众心目中的满意度。在这里，“知识是否及时更新、是否能充分运用法律体系的共享资源、是否能够自我学习和在工作中运用知识已成为衡量检察官办案水平和管理水平的重要标志”[②]。

四、检察官的保障制度

由上可知，澳大利亚的检察官在社会上和民众中享有极高的威信和荣誉，这除了与检察官的高素质相关外，也与检察官享受的完善的保障制度密不可分。该制度主要体现在以下几个方面：

（一）优厚的薪水和福利待遇

在澳大利亚当一名检察官，其薪水是十分丰厚的，而且还有很好的假期。以新南威尔士州为例，其检察官的工资和工作环境与全州其他公共部门适用同样的标准。检察总署内工作人员的工资每年都由独立的机构决定，其工作环境则通常根据总署与工作人员之间签订的企业合同（Enterprise Agreement）确定（通过他们的联合代表）。

总署内设有一位职业健康与安全官员（an Occupational Health and Safety Officer），负责福利事务；同时，还设有 24 小时的保密电话援助热线（雇员援助项目），所有的员工都可以使用。人身保障方面，一旦有需要，如有紧急事件发生，可以拨打警察专线。另外，办公场所受到保护，而检察总署的总部则有自己的安全保障和监听系统。[③]

---

① 参见 Mark Tedeschi：《澳大利亚皇家检察官在刑事司法中的作用》，http://www.criminallawbnu.cn/criminal/Info/showpage.asp？pkID＝12261，2006 年 8 月 2 日访问。

② 冉云梅：《培训因人而异 知识时时更新——澳洲新南威尔士州检察官培训概述》，载《检察日报》2006 年 11 月 14 日。

③ 此资料由新南威尔士州检察总署 Nicholas Cowdery QC 检察长提供。

无疑，上述各项措施都为检察官们秉公执法、忠于职守提供了保障条件，解除了他们的后顾之忧。

（二）终身的职位和权力保障

根据《1986年检察长法》和《皇家检察官法》的规定，在澳大利亚，检察长、副检察长、起诉律师和皇家检察官的职位都是法定的终身职位，一旦被州长任命，就一直任职到65岁才退休，只有当被任命者出现精神错乱、无能力、刑事犯罪、放弃任职或破产等情况时，才可能被免职解雇。这一终身保障的目的是帮助检察官们维护自己的独立性，同时也免除了他们的后顾之忧，在办案时可以不畏政治上的干扰与威胁。事实上，除检察官外，即便是检察院中的其他雇员，试用期满12个月后，一旦转为正式工作人员，也只有在被证明行为不当、犯了严重的罪行或者其职位被撤销的情况下，才有可能被解职。这种职业上的稳定性和保障性自然有利于检察队伍的精英化和专业化建设。

第二节 我国的检察官制度

建设社会主义法治国家，首先要树立司法权威，而司法权威的树立，其关键是提高司法人员的素质，尤其是基层司法人员的素质。在我国，检察官是司法人员的重要组成部分，对树立和维护司法权威有着举足轻重的影响。检察机关的各项权能都是由检察官行使的，检察官的素质和水平直接影响检察职能的发挥和工作的成效。从理论上说，检察官是代表国家行使检察权的国家官员，必须具有良好的综合职业素质，应当是国家工作人员中的精英，是智者，“必须具有哲学家的匠心、科学家的细微、文学家的语言能力、社会学家穿透社会矛盾的眼光，还须具有政治家的包容”[①]。现实中检察官素质的高低，在很大程度上又取决于设置的任职条件和选拔制度是否能客观公正地筛选出真正优秀的人员从事检察工作。因此，法律规定的资

---

① 刘佑生：《司法官的素质与职业培训研究》，载《人民检察》2008年第12期。

格条件合理与否、选任的程序科学与否就成了能否保障高素质检察队伍的关键因素。在法律日益精细化的现代社会，检察官要想做到尽职尽责、严格执法、维护司法公正，除了需要具备较高的政治素质和道德修养外，还必须具备较高的业务水平。

为了精选人才，考虑到检察官行使法律职权的特殊性，世界各国都对其任职资格作了相当严格的规定，因文化传统、司法制度的不同，在具体的选任制度上存在着某些差异。例如，英美法系国家的检察官主要来自律师，其任职资格也等同于律师，且采取任命制与选举制相结合的方式，其政治性与流动性较强；而大陆法系国家的检察官则被看成法官的同行，其成为检察官的路径和培养方式与法官一样，法学院的毕业生通过一至两次的司法考试后，再在司法官学院经过一定期限的培训学习和司法实习，便可根据职位的空缺情况自由选择是做法官、检察官还是律师。但是，其相同之处也是显而易见的，即高标准的资格条件、严格的选任程序以及法律共同体的背景知识等。同时，为了从社会上吸收最优秀的人才为检察事业服务，除了从法学院毕业生中招聘人才外，不少国家还规定了社会上有司法经验的人也可以经过严格的考试和选拔程序成为检察官。这种开放式的选拔制度有利于调动有志于检察工作的人勤奋好学、奋发进取，为实现自己的心愿而奋斗拼搏，为检察队伍输送源源不断的人才。

检察官是检察机关所具有的各项权能的行使者，是实现公平正义的执行者。检察官素质的高低直接影响法律监督的水平和执法的效果。目前，我国有二十多万检察人员，但素质参差不齐。下面就从我国检察官的选任制度、等级制度、培训制度和职权保障制度几个方面予以详述，以便为进一步完善各项相关制度提供一个可靠的基础和比较对象。

一、检察官的选任制度

（一）初任检察官的任职资格

按照我国《检察官法》的规定，除学历必须达到本科以上外，检察官任职还必须具备以下条件：具有中华人民共和国国籍；年满23

岁;拥护中华人民共和国宪法;有良好的政治、业务素质和良好的品行;身体健康。从2001年开始,国家对初任检察官、法官和取得律师资格实行统一的国家司法考试制度,任何人要想成为检察官,必须先通过全国统一的司法考试,获得法律职业资格证书,之后才有可能成为检察队伍中的一员。

我国《检察官法》作出这样的规定,主要理由是:

(1) 无论哪个国家的检察官都是该国家的公职人员,行使公职的前提条件是其必须是这个国家的公民,同时应具备能够为国家服务的健康身体,这是履行职责的基本前提。规定检察官必须具有本国国籍和身体健康是世界通例。对检察官的年龄作出限制,是因为在通常情况下,一个人的年龄与其心智成熟度成正比。在当前的教育体制下,一个人正常读完大学本科,毕业后参加工作就已23岁左右,工作后还有一段时间的实习期,所以实践中很少有人会在23岁前被任命为检察官。

(2) 检察工作政治性比较强。在法治社会,作为一名检察官,必须具备较高的政治素质,才能保证检察工作沿着正确、健康的道路和方向发展。《检察官法》规定成为检察官的政治思想条件是必须拥护中华人民共和国宪法,有良好的政治、业务素质和良好的品行,这也是检察官履行职责所必须具备的条件。检察官在日常工作中必须严格遵守宪法和法律,以事实为根据,以法律为准绳,秉公执法。拥护宪法并遵守根据宪法所制定的各项法律、法规,是检察官应尽的义务,也是其必备的政治条件。在当前国情下,拥护宪法,就是要拥护宪法所确立的政治制度,正确认识人民代表大会制度和检察机关作为法律监督机关的宪法地位,在工作中自觉接受党的领导和人大监督。

(3) 对检察官任职资格的要求越来越高。1995年前,我国对检察官的任命没有规定任何教育背景,也不需要经过考试。1995年《检察官法》生效后,任命初任检察官必须通过全国统一的初任检察官资格考试,同时还须获得大学教育。这无疑提高了对检察官专业素质的要求。但是,这里所指的"大学教育",并不限于本科,也不一定是法律专业。2001年修改的《检察官法》进一步提高了初任检察官的资格标准，初任检察官必须通过全国统一的司法考试，并规定必须具有大学本科学历。作为我国司法改革进程中的一项重大举措，实行国家统一司法考试无疑引人注目。建立统一的法律职业资格考试制度，将法官、检察官、律师的选任标准和方式统一化，有其内在的必然性：

第一，法官、检察官和律师都是法律职业者，他们之间具有内在的共同性，履行职责都必须以法学为基础，且分享共同的知识、技术和理念。无论是居中裁判的法官，还是代表国家利益的检察官，抑或是接受当事人委托代表当事人利益的律师，其终极目标都是实现社会正义。实行统一的司法考试，采取相同的准入方式和程序，有助于三职业人员之间获得认同感和不同法律职业者之间的互相流动，促进法律职业共同体意识的形成。

第二，统一司法考试制度有助于国内法制的统一。法制统一是我国市场经济社会所必需的，也是一项宪法原则。但是，法制统一不仅仅体现在宪法和法律的文本内，更为重要的是，从事法律工作者对法律文本的理解和法律解释方法的把握应当一致。否则，即便是同样情节的案件，适用同一法律，案件审理的结果完全可能千差万别。统一国家司法考试，有助于法律职业者对法律知识、技术、伦理等理解上的一致化，有助于规范司法过程行为。①

第三，对从事法律职业者实行统一司法考试制度，是世界各国的普遍做法。可以说，法官、检察官、律师三职业之间的共同性和紧密关系，是实行统一司法考试的内在客观要求。

我国《检察官法》还规定了不得担任检察官的两种情况：曾因犯罪受过刑事处罚的、曾被开除公职的。

（二）检察官的选任程序

1. 初任检察官的选任

《检察官法》第13条第1款规定："初任检察官采用严格考核的

① 参见贺卫方：《不进一个门 不是一家人——统一司法考试的意义》，载《法制日报》2001年7月9日。

办法，按照德才兼备的标准，从通过国家统一司法考试取得资格，并且具备检察官条件的人员中择优提出人选。”实践中，我国初任检察官的选拔录用工作由最高人民检察院统一领导和组织，一般按下列程序进行：

一是采用一定的形式，面向社会发布招录公告，公布招录的检察官职位、名额及地区分布、报名条件、选拔程序、时间和地点等；二是审查报名资格，除报名条件应基本符合《检察官法》所规定的检察官任职条件外，还可以根据地区和工作岗位的不同，提出某些具体要求，如专业、工作年限、年龄及外语水平等特定要求；三是考核考察，对符合报名条件的人员进行考核，采用笔试、口试、面谈或调查等形式，对报名人员的政治素质、专业知识、道德品质以及从事检察工作的能力等进行全面考察；四是审核录用，对考核合格的申请者进行选拔和审核，择优提出遴选人员名单，报主管机构批准并履行规定的程序后，公布被录用人员名单，发出录用通知。①

从初任检察官招录程序本身看，其中并无多少不合理之处。但是，实际操作中，由于受各种因素影响，尤其是在中国这么一个特别注重人际关系的社会里，招录的各个环节都会受到人为因素的影响，而难以真正实现整个录用过程的公开、透明、公平、合理，结果可能导致那些具有真才实学、品德高尚而无任何背景的优秀人才没有被吸收进检察队伍。

从提高检察队伍的整体素质看，严格把好检察队伍的入口关固然重要，但这只是问题的一个方面，另一方面，我们需要从制度上确保检察队伍中的现有优秀人才能继续保持良好的工作状态，使其具有职业的荣誉感和自身价值的实现感——一套科学、合理的检察官任命和晋升制度尤显重要。检察机关恢复重建三十多年来，检察工作取得了举世瞩目的辉煌成就，但在使用人才方面仍存在不少问题。这主要体现在检察人员的任用和提升上，缺乏制度性的规则，在很大

---

① 参见何家弘主编，季美君、毛淑玲、袁经义副主编：《检察制度比较研究》，中国检察出版社2008年版，第385页。

程度上取决于领导个人的意愿和喜好。例如,有的领导仅凭个人印象破格提拔年轻干部,有的领导过于重视文凭而忽视实际工作能力,有的领导则只看重资历而对年轻干部的培养不够关心,有的领导甚至仅以是否听话和为我所用为标准,重用一些文化程度低、法律知识缺乏的人,而组织部门在考察干部时也往往只是走过场而已,没有真正把好提拔任用关……这些不规范、不合理、不公正的形形色色的“人才观”及多年来形成的一整套用人潜规则,无疑极大地挫伤了一些品德高尚、成绩突出的优秀人才的积极性,给检察官的选拔任用工作蒙上了一层难以抹去的阴影。

2. 各级人民检察院检察长的选任

根据我国《人民检察院组织法》的规定,各级人民检察院检察长的任免实行选举制、任命制或选举与任命相结合的制度。最高人民检察院检察长实行选举制,由全国人民代表大会选举和罢免。最高人民检察院副检察长、检察委员会委员和检察员由最高人民检察院检察长提请全国人民代表大会常务委员会任免。省、自治区、直辖市人民检察院检察长和人民检察院分院检察长由省、自治区、直辖市人民代表大会选举和罢免,副检察长、检察委员会委员和检察员由省、自治区、直辖市人民检察院检察长提请本级人民代表大会常务委员会任免。省、自治区、直辖市人民检察院检察长的任免,须报最高人民检察院检察长提请全国人民代表大会常务委员会批准。自治州、省辖市、县、市、市辖区人民检察院检察长由本级人民代表大会选举和罢免,副检察长、检察委员会委员和检察员由自治州、省辖市、县、市、市辖区人民检察院检察长提请本级人民代表大会常务委员会任免。自治州、省辖市、县、市、市辖区人民检察院检察长的任免,须报上一级人民检察院检察长提请该级人民代表大会常务委员会批准。

3. 检察官的晋升提职程序

检察官的晋升程序对一个检察官的事业来说也是至关重要的。一个具有上进心和奋斗精神的人,总希望通过自己的勤勉努力取得出色的业绩,在事业上能够蒸蒸日上,前途一片光明。科学、合理、公正的检察官晋升程序自然就成了他们实现自己期望和理想的阶梯。

十多年来,为了认真贯彻执行党中央的精神和要求,检察机关已开展了各方面的改革活动。在顺应机关干部群众的期待,深入推进机关干部人事制度改革方面,最为引人注目的是竞争上岗制度。这些年来,最高人民检察院已轰轰烈烈地组织了若干次竞争上岗活动,似乎第一次听说时那激动人心、热血沸腾的感觉犹在,而竞争上岗的实质却似乎有点变味。

竞争上岗,无疑是十几年来最高人民检察院全面深化机关干部人事制度改革的一大重要举措,也是检察官选任制度日趋完善的一个重要标志,其目的是"让机制更科学,让竞争更公正,让过程更透明"。为认真贯彻执行党的干部路线、方针、政策,建立科学规范的干部选拔任用制度,推进干部队伍的年轻化、知识化、专业化,最高人民检察院党组多次开会讨论,并专门派员到中组部等单位学习取经。在深入调研论证、充分酝酿研究、广泛征求意见的基础上,最高人民检察院集中全院干部群众的智慧,多次修改,数易其稿,制定颁布了《最高人民检察院机关厅处级领导干部选拔任用工作办法(试行)》和《最高人民检察院机关厅处级非领导职务晋升工作办法(试行)》(以下简称"两个《办法》"),作为机关干部选拔任用的主要依据,期望通过全面实施这两个《办法》,实现竞争性选拔任用干部的制度化、常态化。

回顾历史,从 2000 年大规模竞争处级领导岗位拉开序幕以后,每隔一段时间都会出现类似的活动,尤其是最近几年,更是频繁。2010 年声势浩大的十多个副厅级干部岗位、数十个处级干部岗位的竞争热潮刚过、余波未静之际,2011 年 4 月底又出乎意料地公布了 35 个副处岗位、25 个处长岗位的竞争上岗方案。① 如此大张旗鼓地选任领导干部,其动作之快、涉及面之广、关注度之深、影响力之大,可以说是前所未有的。但是,在历时一个多月的竞争上岗活动的热

---

① 2012 年 7 月初,最高人民检察院又公布了 29 个正处级岗位进行竞争,大部分是业务厅的业务处长岗位,如渎职侵权检察厅侦查处处长、公诉厅起诉一处处长、反贪污贿赂总局侦查二处处长、民事行政检察厅执行检察处处长等,还包括政治部之干部部机关干部处处长、政治部之干部部检察官管理处处长和办公厅之检察长办公室综合处处长等。

闹过后，结果却是“几家欢喜几家忧”，人们对这一活动褒贬不一，甚至是否定的评论远多于肯定的夸赞。这样的结果似乎有点事与愿违，其原因究竟何在？此处仅从制度完善的角度，对竞争上岗的利弊得失进行客观分析，以期为今后的进一步完善与改革提供一些参考建议。

(1) 两个《办法》的特点

两个《办法》主要是从程序与实体两方面对干部选拔任用的方式、程序、条件、标准等作出详细规定，以使检察官选任制度更加科学、规范、实用。其特点主要表现在以下几个方面：[①]

① 以同种方式选任同级干部

从最高人民检察院的实际情况出发，两个《办法》规定不同级别的干部采取不同的选任方式，同级干部则采用同种方式选任，如正厅级干部采用民主推荐的方式选任，副厅级领导职位采用民主推荐与述职评议相结合的办法选任，而处级领导职务则采用竞争上岗的方式选任。同时，针对领导职务与非领导职务的不同性质，分别制定厅处级领导干部选任和非领导职务晋升两种不同的办法，从制度上保证选拔任用的公正性，以增强制度的科学性、合理性与针对性。

② 加强管事与用人相结合

为改变过去管事与用人相脱节的弊端，切实改变管人的不用人、用人的不管人等情况，在厅处级领导干部和非领导职务选任上，进一步强化用人单位的主体责任感，增强其在用人意见方面的分量，从选任工作启动到确定考察人选和任职建议人选，均由职位所在厅局的领导班子集体研究提出意见，在竞争上岗的面试环节由职位所在部门主要负责人主持。从制度设计初衷看，可谓是用心良苦。

③ 及时调整补充空缺的职位

为提高竞争性选拔任命的效率，两个《办法》规定当竞争人数达不到最低比例 1:3 而取消竞争职位时，可适时采用民主推荐方式提

① 参见徐盈雁：《高检院机关深化干部人事制度改革》，载《检察日报》2011 年 1 月 5 日。

出人选；同时，还规定厅处级领导职位空缺，一般应在半年内补充到位，最迟不超过一年。

④ 实行差额选拔方式

竞争副厅级领导干部岗位的，先按 1∶5 的比例确定述职评议人选，然后按 1∶2 的比例确定考察对象。在处级领导岗位的竞争中，先根据笔试成绩分职位按 1∶5 的比例确定面试人选，再按 1∶2 的比例确定考察对象。每一环节都实行差额选拔方式，通过差额推荐、差额酝酿、差额考察，以实现好中选优、优中选强的目的。这在制度设计上是比较周全的做法。

（2）竞争上岗的优势

如何选拔领导干部，让德才兼备的优秀人才脱颖而出，向来是一个政党和政府最为关注的大事之一。其选拔任命的程序和结果是否公正，更是关系一个政党或政府的兴衰成败，其中理由是不言自明的。要是处在领导岗位上手握大权的干部心术不正、作风腐败，其结果也是一目了然的。通过数十年的摸索、改革，竞争上岗已成为近年来各级党政机关选拔干部的一种通行方式，其初衷是通过这种方式，打破长期以来的论资排辈、任人唯亲等现象。总的说来，竞争上岗的优势主要表现在以下几个方面：

① 一套透明公正的程序

纵观最高人民检察院推行的检察机关竞争上岗，目前的做法通常包括方案设计、职位公布、动员报名、笔试、面试、民意测评和差额录用几个环节。根据两个《办法》的规定，各厅处级领导职位空缺，一般应在半年内补充到位，最迟不超过一年。政治部先公布机关各厅局的部门空缺职位，报名后经资格审查确定可以竞争的岗位，竞争人数不足三人的，该岗位暂时取消。在竞争程序上，分为以下几个环节：

一是笔试。

所有参加竞争上岗的人员参加统一的笔试，目前只考“申论”。在最近的几次厅处级领导岗位竞争上岗中，笔试、面试的题目由中组部领导干部考评中心针对每个职位量身订制，并请职位所在厅级单位拟制相关业务题，主要测试竞争者的岗位实践能力和综合分析能力，确保能力素质与岗位相匹配，做到人适其岗。比如，2011 年 5 月竞争上岗的笔试题就出得相当有水平，考题为根据检察长的报告及人大代表的反应撰写在“当前新形势下，检察机关面临的机遇与挑战”。这样的题目颇能测试出竞争者的政治敏感度、现实关注度以及处理相关材料、分析问题和解决问题的能力，同时还能反映应试者的快速思维能力和语言文字功底。最为重要的，无须事先花大力气、精力复习准备，需要的是平时的积累和对时政大事的关注。这就避免了因工作忙碌程度不同导致复习考试时间不等而产生的不公平，让平时天天忙着干活的同志也能考出能力和水平。最后，笔试的成绩还可以查询。客观地说，笔试这一环节基本做到了公开、公平。

二是面试。

面试是整个竞争上岗程序中最为激动人心的场面，因其是全院现场直播的，所有关心的人都可以通过直播看到考场上每位竞争者的答题情况。最近三次厅处级领导职位竞争上岗中，面试的题目也是请中组部领导干部考评中心针对每个职位量身命制的，既涉及竞争者的个人优势问题，也与做领导需要具备的组织能力、协调能力、处理问题能力等密切相关，从一个人的回答中可以看出其真实水平。尤其是最后的业务题，更能测试出竞争者对该岗位的熟悉或了解程度，从中可以判断出其上任后的工作状况。例如，处级职位竞争上岗中有这样的面试题目：一是用三个词概括自己的优缺点；二是现实中存在领导调研基层时，干部扮群众、群众背台词的现象，请分析其原因，并结合检察工作实际，谈谈如何避免这种现象；三是如何看待“不以规矩，不成方圆”和改革创新的辩证关系；四是谈谈如何做好办公室的领导工作。类似的题目还有：一是谈谈你对处级岗位的认识，结合竞争的岗位，谈谈自己的优势和劣势；二是历史遗留问题越积越多，越来越难解决，结合工作实际，谈谈你对这一问题的看法；三是现在通讯发达了、交通便利了，当官的反而离群众远了，做群众思想工作的水平降低了，结合工作实际，谈谈如何提高群众工作水平；四是谈谈如何充分利用司法协助条约打击跨国犯罪，对有组织犯罪形成高压态势,减少犯罪。

另外,根据某些岗位的特殊性,还要加试相应的考题。如竞争国际合作局岗位的,须加试英语口语,这对竞争者也是一个不小的考验。竞争者要在众目睽睽之下,用英语回答两道加试的业务问题:一是内地与香港在个案协查过程中存在哪些问题?你有什么好的建议?二是现在携巨款外逃到美国、加拿大的犯罪分子越来越多,在引渡、遣返犯罪分子方面存在哪些困难?你有什么建议?这还真不是一般人就能轻易搞定的,英语水平不到家的,就连听懂专家说这么长的英语问题本身都成问题。因此,从面试本身看,无论是考试的题目,还是考试的方式,不可谓不透明、不公正,同时也确实能够测试出竞争者各方面的能力和水平。

三是民意测评。

领导干部需要具备一定的群众基础,在选拔过程中设计民意测评这一环节,也具有合理性。根据笔试、面试的成绩,按 1:2 的比例确定入围考察对象。为了从制度上保证选拔的公正性、公开性,目前民意测评是在被测评者所在的厅级单位内进行,规定达不到 80% 以上同意率的就终止考察。这对竞争者来说也是一个关卡,同时还要在现任的处级以上干部及本部门的同事中进行谈话,考察了解入围者在其单位的综合表现。

② 一个展露风采的平台

由于竞争上岗在程序设计上比较公开、公正,尤其是面试环节实行现场网上全程直播,一个应试者面对整排端坐的业务专家、领导和资深的同行,要想从容不迫地考出自己的真才实学,不但需要较强的心理素质,还要有过硬的业务知识,同时还要有随机应变的现场发挥能力和条理清楚、逻辑严密的语言表达能力。

从前几次竞争上岗的实况看,真正有学识、有才气的竞争者,即便因各种因素的影响,最终结果未能如愿,但那十几分钟的面试无疑成了他们展露自己才学和风采的一个平台。这一做法受到干部群众的充分肯定。“参加面试的同志普遍认为,网上直播提供了一个公平竞争、展示自我、学习锻炼的好平台,消除了对评委作出不公正评判的担忧,让人踏实、放心、服气。没有参加竞争的干部通过观看网上直播,经受了一次生动而深刻的现实教育,不仅感受到公平竞争的良好氛围,而且学到很多知识,发现了自身的不足,表示在今后的工作中要更加注重学习,扬长补短,为将来参加竞争上岗作准备。"①在2010年处级领导干部竞争上岗中,对两个考场的面试同时直播,受到干部群众的充分肯定,两天内点击量达到6225人次。2011年的也不例外。因此,从某种意义上说,这是一个"让金子发光"的机会,这一过程本身就具有其独特价值。

③ 一种高效的选拔过程

从十几年来的竞争上岗活动看,每次从开始公布竞争岗位及资格条件,到最后的任命上岗,通常只需要一个多月的时间,而且走马上任的是一批干部,有时多至数十人。无论从过程还是结果来说,这都是一个高效率、高成就的活动。在这段时间里,人事部门集中时间和精力,从方方面面做好选拔服务工作。例如,面试候考有时要等待四个多小时,充当工作人员的同事们也一直辛辛苦苦地陪着而毫无怨言。另外,在最后的考察阶段,一下子有好几十人入围,需要去各个部门作民意测评、谈话,他们都默默地做好自己的本职工作,而且态度热情、一丝不苟。这种工作精神和高效率的工作方式无疑是值得赞赏的。

总之,从上述选拔环节和优势看,整个竞争上岗在程序上是比较公开、透明、公正的,与此前的用人制度相比,无疑具有历史性的进步。尽管目前还不公开面试的成绩、民意测评的结果,但面试是全院现场直播的,只要评委们客观公正地打分,其结果是完全可以预测的;而民意测评只要不低于规定的同意率,也不影响最后的结果。问题是:这么严格公正的程序为何保证不了选拔结果的基本公正?

(3) 竞争上岗的弊端

多年来,人们都在强调程序的正义,说程序的公正是看得见的。但是,如果只有程序的公正而没有结果的公正,那程序的公正又有何

---

① 徐盈雁:《高检院机关深化干部人事制度改革》,载《检察日报》2011年1月5日。

用？下面分析一下竞争上岗在程序上存在的弊端。

① 面试环节问题

考察竞争上岗的每一个环节，最容易出问题的是面试阶段，尽管有现场直播作为监督方式，但因其结果不公开，就大大减弱了监督的效果。再加上考官的打分是一种主观判断，难免会受到平时印象、好恶喜恨的影响，这都在情理之中，只要是人参与其中的事情，就难以避免。事实上，最大问题是，原本为了体现管事与用人的一致性，让岗位所在部门的领导主持面试，但在操作层面上，这一环节极有可能成为个别部门领导滥用权力的机会，给与自己有关系或喜欢的面试者打高分，或向其他评委打招呼，使面试成为走过场，让现场直播成了“作秀”。有些竞争者在面试时回答得毫无条理或文不对题，甚至在英语口试时连专家提出的专业英语问题都听不懂，也能冠冕堂皇地入围，并最终得到任命。这样的结果无疑是对面试时现场直播方式的无情嘲讽，同时对整个竞争上岗制度的公平性、公信力也是一个致命的打击与损害。

② 二选一问题

在竞争上岗程序的设计中，最后一个环节实现差额选拔，即以2:1的名额入围，经民意测评考察后，用人单位最后从二位入围的竞争者中选择一位上岗。这一差额选拔的本意是保证用人单位能从中好中选优、优中选强，让真正优秀的人才不因考试的偶然失误而遭到淘汰。但是，现实执行的结果却令人失望。某些竞争者凭借自己的某种关系或本领，在二选一时大做文章，因能力水平不济而考试成绩差的反而得到任命，而德才兼备的人才却成了陪衬。这就让原本公正的程序成了一个形式或者说只是一个摆设而已，而一次次结果的不公正对整个竞争上岗制度的危害更是毁灭性的，不但浪费了那么多的人力、物力、财力，而且将一个好端端的用人制度改革措施糟蹋成了“走过场”。这离推行竞争上岗制度的初衷相差岂止是十万八千里！

③ 每一个环节的淘汰问题

目前的竞争上岗采取的是岗位淘汰法，一个岗位是否开考要看报名的人数是否达到最低的 1∶3 的比例,笔试后按 1∶5 的比例确定面试名单。在这种情况下,就会出现热门岗位竞争异常激烈的现象,该岗位没有入围面试的人的成绩可能比其他岗位入围面试的人的成绩还要高。入围的人里面,排在第五位的成绩可能比某个岗位排在第一位的成绩还要高。这与高考时填报志愿相类似,成绩不错的人要是填报志愿不当,就可能被淘汰。在 2011 年 5 月的竞争上岗活动中,采取的弥补措施是:笔试成绩合格者没有入围面试的,可以进行岗位调剂。这是一种补救措施,但仍会出现一些明显的不公平现象。如报名人数恰好为三人的岗位,笔试成绩最差也能入围面试,尔后又因面试时加入其他因素而最终胜出。

尽管竞争上岗制度在比较完美的程序设计下,在执行过程中却发生了这样或那样的问题,甚至让改革的初衷变成了空中漂浮的白云,但我们不能因噎废食,而是要从如何完善这一改革措施角度多思考、多下工夫,让原本相当不错的改革措施尽可能地堵塞漏洞并趋向完美,让德才兼备的优秀人才能够真正得到重用。(相关的完善措施随后将继续讨论。)

(三)我国检察官的任免程序

1. 检察官的任免程序

检察官职务的任免,应当按照宪法和法律规定的任免权限和程序进行。根据《检察官法》第 12 条的规定,检察长由同级的人民代表大会罢免,而副检察长、检察委员会委员和检察员由检察长提请同级的人民代表大会常务委员会任免,人民检察院的助理检察员由本院检察长任免。

多年的实践表明,由权力机关任免检察员这种任免形式有以下几个弊端:一是任免程序繁复,影响效率和工作。我国的人大常委会并非经常性办公,只是定期举行例会而已,有时就会拖延对检察员的任免,导致出现该任命的得不到任命、该免职的免不了的现象。二是国家权力机关对检察人员的个人及工作情况并不知情,任免只是根据有关部门提出的名单举手表决通过而已,并不对被任命者进行实际考察。[1]

为消除这种弊端,建议对现行任免程序进行改革:一是各级检察院检察长由上一级检察院检察长提名,由同级人民代表大会选举和罢免,最高人民检察院检察长由全国人民代表大会选举和罢免,副检察长、检察委员会委员由各级检察长提请同级人民代表大会常务委员会任免;二是国家级检察官由最高人民检察院检察长根据法律规定程序提出,由全国人民代表大会常务委员会批准任免,其他检察官由所在检察院检察长按照法律和制度的规定任免;三是除检察长和法定检察员职位外,其余职位均实行聘用制,规定相应的招聘程序,面向社会招聘,实行合同制。

2. 检察官的任免情形

我国《检察官法》第 14 条规定了以下几种应当免除检察官职务的情形:

(1) 丧失中华人民共和国国籍的。这与该法第 10 条的规定相一致,如果检察官丧失了中华人民共和国国籍,就不具备担任检察官的基本条件。

(2) 调出本检察院的。对于调出本检察院的检察官,即便是在其他检察院工作,也必须先依法免除其原有的检察官职务,至于他是否能在其他检察院继续担任检察官,则依从宪法和有关法律的规定。

(3) 职务变动不需要保留原职务的。检察官是依法行使检察权的检察人员,只要不再承担检察职责,不管是调到非检察系统,还是在检察系统内承担其他行政职务,就应当依法免除其检察官职务。

(4) 经考核确定为不称职的。每年年终时,对检察官都要从德、能、勤、纪等几个方面进行考核。在年度考核中连续两年不称职的,《检察官法》明确规定应当予以辞退。

(5) 因健康原因长期不能履行职务的。在此种情况下,应当依法免除其检察官职务,并根据国家有关规定,安排其他能够胜任的

---

① 参见王桂五主编:《中华人民共和国检察制度研究》,法律出版社 1991 年版,第 653—655 页。

工作。

(6) 退休的、辞职的或者被辞退的。在这几种情况下,自然不再是检察官。

另外,因违纪、违法犯罪不能继续任职的,也应免除其检察官的职务,这与该法第 11 条"曾因犯罪受过刑事处罚的"不得担任检察官的规定相一致。(选任制度的特点及完善措施将在下文探讨)

二、检察官的等级制度

(一) 等级制度的现状

根据 2001 年修改的《检察官法》及相关法规的规定,目前我国检察官的等级分为十二级,最高人民检察院检察长为首席大检察官,二至十二级检察官分为大检察官、高级检察官和检察官。具体说来,大检察官又分为一级、二级,高级检察官又分为一至四级,检察官又分为一至五级。这些等级是根据检察官所任职务、德才表现、业务水平、检察工作实绩和工作年限确定的。当年之所以要规定为十二级,是比照公务员级别的结果,而等级的正常升迁具有相对的独立性,尽管从现实看,检察官等级的提升与其担任的行政职位关系密切。

按职务编制划分等级,具体为:(1) 最高人民检察院检察长:首席大检察官;副检察长:一级大检察官至二级大检察官;检察委员会委员:二级大检察官至二级高级检察官;检察员:一级高级检察官至四级高级检察官;助理检察员:一级检察官至三级检察官。(2) 省、自治区、直辖市人民检察院检察长:二级大检察官;副检察长:一级高级检察官至三级高级检察官;检察委员会委员:二级高级检察官至四级高级检察官;检察员:二级高级检察官至二级检察官;助理检察员:一级检察官至四级检察官。(3) 省、自治区人民检察院分院,自治州、省辖市人民检察院检察长:一级高级检察官至三级高级检察官;副检察长:二级高级检察官至四级高级检察官;检察委员会委员:三级高级检察官至一级检察官;检察员:三级高级检察官至三级检察官;助理检察员:二级检察官至五级检察官。(4) 县、市、自治县、市辖区人民检察院检察长:三级高级检察官至四级高级检察官;副检察长：四级高级检察官至一级检察官；检察委员会委员：四级高级检察官至二级检察官；检察员：四级高级检察官至四级检察官；助理检察员：三级检察官至五级检察官。[①]

（二）等级制度的特点

1. 级别划分细致

与西方国家的检察官等级制度相比，目前我国的检察官等级制度被划分为十二个级别，这样的划分是相当细致的，而且其等级的确定与职务紧密相连，官僚化倾向十分明显。再加上检察官等级的编制至今仍没有摆脱公务员的行政序列，缺乏独立性。因此，为了使检察官的等级制度更加科学化，革除管理体制中的行政化色彩、官僚化问题，就有必要将检察官的等级单列出来，仅根据检察官的工作业绩和工作年限确定等级，规定晋升的标准，而且晋升的程序必须公开、透明，同时还应规定相应的救济措施。

2. 考核标准公务员化

目前，我国《检察官法》对检察官的等级确定、等级编制以及考核的标准和内容等只作了一些原则性的规定。为了落实《检察官法》规定的内容，中共中央组织部、人事部和最高人民检察院于1997年12月15日联合下发了《中华人民共和国检察官等级暂行规定》，对检察官等级的编制、等级的评定和晋升以及等级的降低和取消等作了具体规定。这些年来，对检察官的考核和晋升基本上等同于公务员，如果职务上不去，检察官的工资和待遇都上不去，导致所有的检察官都挤在行政级别提升这一“独木桥”上，既造成了人才资源的浪费，又带来了晋升问题上的难度。如今十多年过去了，以发展的眼光看这些规定是否科学合理，是否有利于人才的培养和脱颖而出，其具体执行措施是否符合科学发展观，仍需要在不断总结经验的基础上，进一步加以修正和完善。在时机成熟的时候，有关检察官的编制、考核、评定和晋升标准等，可以通过国家立法予以规定。

① 参见何家弘主编，季美君、毛淑玲、袁经义副主编：《检察制度比较研究》，中国检察出版社2008年版，第390—391页。

3. 缺乏明确的权限划分

世界上绝大部分国家都规定了检察官的等级制度，并相应地规定了各个级别检察官的权限。如澳新南威尔士州检察总署中的大检察官，法律明确规定其在授权范围内有独立自主地处理案件的权限，包括增加和减少罪名、是否接受被告人的认罪书等。在我国，虽将检察官划分为四等十二级，但除了对检察长的职权作了一些明确规定外，对一般的不同等级之间的检察官的职权并没有作出明确具体的规定，缺乏相应的规范，在实践中导致检察机关内部通常以行政命令的方式安排、分配检察官的工作，办案过程中多采用层层审批或集体讨论的方式，致使检察官缺乏应有的独立性和责任感，既削弱了检察官的个体作用，也限制了其聪明才智的发挥，同时也影响了办案的效率。① 因此，有必要根据目前检察工作的实际情况，对各级检察官的职权作出明确的划分与规定，以便更好地行使检察机关所拥有的各项职能。

三、检察官的培训制度

为了不断提高检察官的业务素质、执业能力和道德水准，确保检察队伍的精英化，世界各国都根据检察工作的实际需要对检察官进行有计划、有组织的培训，向受训者传授法律专业知识及特殊的工作技能等。在深化司法体制和司法工作机制的大背景下，立足国情，深入探讨检察体制改革所面临的前所未有的挑战，研究检察官制度的核心内容之一——检察官培训制度，丰富社会主义检察制度的内涵，为我国当前的检察制度改革提供一个全新的切入点，无疑具有重要的实践意义。

由于检察官培训关系到我国检察队伍建设的长远发展，对推动检察队伍文化专业结构的改善，提高检察官的整体素质，促进检察事业的全面发展至关重要，我国《检察官法》第 29 条规定："检察官应当有计划地进行理论培训和业务培训。检察官的培训，贯彻理论联

① 参见孙谦主编：《中国检察制度论纲》，人民出版社 2004 年版，第 350—351 页。

系实际、按需施教、讲求实效的原则。”这表明我国也十分重视检察官培训工作。

随着我国检察事业在近几十年来的蓬勃发展，为了加快检察队伍建设，以适应新时期检察工作的需要，加强检察教育培训工作，最高人民检察院根据《检察官法》的规定以及《国民经济和社会发展第十一个五年规划纲要》、《中共中央关于进一步加强人民法院、人民检察院工作的决定》和《2006—2010 年全国干部教育培训规划》等，结合检察工作实际，制定了《“十一五”期间全国检察干部教育培训规划》①（以下简称《培训规划》），为今后几年我国检察官的培训确定指导思想、基本原则、培训目标和主要任务，并详细规定了培训原则、培训机构、培训内容和培训方式等。另外，为了进一步提高检察教育培训的科学化水平，培养造就高素质的检察队伍，根据中共中央《2010—2020 年干部教育培训改革纲要》精神，结合检察机关实际，2011 年 9 月，最高人民检察院第十一届第 168 次党组会议又讨论通过了《2011—2020 年检察教育培训改革指导意见》（以下简称《指导意见》），为今后十年的检察官培训确立了新的目标，为进一步完善教育培训体制指明了方向和道路。下面就以这两个文件为依据，结合全国各地检察教育培训工作实践，对我国检察官培训制度作一概述。

（一）培训的指导思想和基本原则

1. 培训的指导思想

由于最近数年来我国检察官培训工作发展迅速，《培训规划》将我国当前检察教育培训工作的指导思想规定为：以马列主义、毛泽东思想、邓小平理论和“三个代表”重要思想为指导，全面落实科学发展观，深入实践检察工作主题和总体要求，以增强法律监督能力为核心，以促进专业化建设为目标，以领导干部和业务一线检察官为重点，大规模开展正规化岗位培训，大力加强基层和西部教育培训，全面提高教育培训质量，强化高层次人才培养，不断优化检察队伍的政

① 详见最高人民检察院制定的《“十一五”期间全国检察干部教育培训规划》。

治素质、业务素质和职业道德素质，为新时期检察事业创新发展提供思想政治保证、人才保证和智力支持。[①] 几年后，随着检察事业的持续发展和教育培训工作的不断完善，《指导意见》在阐述指导思想时，则结合当前检察工作的重点和培训工作的新要求，将其表述为：高举中国特色社会主义伟大旗帜，以邓小平理论和“三个代表”重要思想为指导，深入贯彻落实科学发展观，围绕推进学习型党组织、学习型检察院建设，以建立健全中国特色检察教育培训体系为目标，以提高培训质量为主线，以体制机制改革为重点，不断提高检察教育培训的科学化水平，全面落实大规模培训干部、大幅度提高干部素质的战略任务，为检察工作科学发展提供思想政治保证、人才保证和智力支持。[②]

尽管在具体表述上，《培训规划》和《指导意见》有不少差别，但总的指导思想，即以党的指导思想作为检察教育培训工作的指导思想这一点是完全一致的；同时，根据不同时期检察工作的主题和重点的不同，培训工作的目标不断提升，从“大规模开展正规化岗位培训”到“提高培训质量”，从“强化高层次人才培养”到“大幅度提高干部素质”，使教育培训工作紧密配合检察事业的发展和需要。总的说来，这一指导思想明确、具体，既有宏观上的指导，又有微观上的工作目标。例如，“十一五”期间，将我国检察教育培训工作的具体目标确定为增强法律监督的能力和队伍的专业化建设，同时还将培训的重点界定为领导干部和业务一线检察官，并强调要开展正规化的在职岗位培训，以促进高层次人才的培养，且着重培训基层和西部检察院的检察官，使他们能够跟上先进地区检察院的发展步伐，全面提高教育质量，讲究培训效果，以满足新形势下对检察工作提出的人才挑战。《指导意见》则将未来十年的培训目标定为建立健全中国特色检察教育培训体系，不断提高检察教育培训的科学化水平，全面

---

① 参见《“十一五”期间全国检察干部教育培训规划》，载《检察日报》2007 年 1 月 24 日。

② 详见最高人民检察院《2011—2020 年检察教育培训改革指导意见》。

落实大规模培训干部、大幅度提高干部素质的战略任务。显而易见，数年来，我国的检察官培训工作已取得了长足发展，开始迈向新的征程。

2. 培训的基本原则

在最高人民检察院出台的《培训规划》和《指导意见》中，不但确立了我国检察机关在“十一五”期间和2011—2020年的教育培训工作指导思想，同时也规定了数条基本原则，可以归纳为：

(1) 服务大局，以人为本

教育培训的目标，不仅仅是要提高广大检察干部的业务水平和能力，还要不断提高整个检察队伍的政治理论素质。检察工作的发展要服务国家的大局，要适应经济社会发展的需要。在培训过程中，要以中国化了的马克思主义思想指导培训学习，要围绕党和国家发展的大局谋划推进检察教育培训改革，并将社会主义法治理念融入培训内容，同时还要强调职业道德和职业纪律教育，使我国的检察官队伍具有较高的职业道德素质和自律能力。

另外，还要强调突出检察人员在培训中的主体地位，满足岗位和个人的培训需求，不断提高培训的满意度。检察官的在职培训是为了提高检察人员的办案技能和工作能力，具有很强的目的性和针对性。不同的培训对象，需要提高和学习的知识会有很大不同，培训时必须因人制宜，以人为本，传授合适的专业知识和技能，否则很难收到预期效果。同时，为了确保培训效果，还要使各类培训制度化，规定相应的培训对象和时间，使在职培训成为每位检察官的权利，让他们有权每年享受一定时间的在岗培训或脱产培训。

(2) 整体推进，突出重点

检察干部的在职教育培训要全面提高检察官的整体素质，这就要做到“三个”面向，即面向一线、面向基层和面向西部，还要突出对领导干部和中青年业务骨干的培训，加快高层次人才的培养，加强以办案技能为核心的执法能力培训，做到点面结合、突出重点，协调各级各类的教育培训工作。同时，还要把统筹兼顾、全面发展作为教育培训工作的基本方法贯彻始终，大力推进改革。只有这样，才能促进全国检察机关的协调发展、共同进步。

(3) 与时俱进,改革创新

在现代社会,各个领域的发展都非常迅速,为了适应检察工作的发展和新形势下所面临的挑战,检察官的教育培训工作在继承以往工作中行之有效的制度和成功经验的基础上,也应以检察工作发展的需要和检察人员的实际需要确定培训内容,体现前瞻性;同时,为了增强培训效果,还要以改革创新解决检察教育培训工作中存在的体制性、机制性和保障性问题,在教育方式上要拓宽培训渠道,不断探索新的培训模式和教学方法,以充分调动学员的积极性和主动性,善于学习和借鉴国外先进的教育培训经验,积极稳妥地推进教育培训工作的改革和创新,促进培训工作科学发展。

(4) 质量为先,注重效益

检察官培训不同于工业产品的大批量生产。要想真正取得实效,必须重视教学质量,培养品牌教师和精品课程,使课堂教学既具有知识性,又具有生动性,同时还要具有针对性和丰富性。学员的岗位不同、阅历相异,其对培训内容的需求也会有所不同,甚至差别很大。要想让学员们在短时间的集中培训后学有所获、学有所用,必须在课程安排和教学内容上量身订制。总之,教学质量是培训工作的生命,是树立好口碑的关键因素,否则只会造成人力、物力和财力的巨大浪费。另外,在强调教学质量的同时,还要注重效益,全面落实大规模培训干部的任务。

(二) 培训机构和主要目标

1. 培训机构

《检察官法》第30条明确规定,我国检察官的教育培训工作由国家检察官院校和其他检察官培训机构负责。为了适应我国幅员辽阔、检察官人数多、培训任务重的特点,具体的培训机构可以划分为国家和地方两级。目前,国家一级的培训机构是由最高人民检察院主管的国家检察官学院,主要培训有领导职务的检察官和检察业务骨干。地方一级的培训机构主要是指地方设立的检察官培训机构,如省检察官培训中心、省检察官学院等,它们主要负责本辖区内检察官的培训工作。从检察官培训机构的设立和分布情况看,是比较符合我国具体国情的。

2. 主要目标

根据《指导意见》的规定,今后十年培训的主要目标为:建立健全与科学发展观要求相符合,与中国特色社会主义事业相适应的,能够充分发挥基础性、先导性和战略性作用的具有检察特色的教育培训体系,而且是基础牢固、资源充足、体制健全、机制科学的一个培训体系。若是到2020年能够实现这一宏伟目标,那么我国的检察官培训制度就可以跻身世界上最完善的培训制度行列了。

具体说来,在培训机构方面,要建立健全以国家检察官学院及其分院、省级检察教育培训机构为主渠道,以市级检察教育培训机构、高等院校和其他培训机构为补充,网络培训广泛运用的立体化、开放型培训体系。

在运行机制方面,要建立健全以培训需求为导向,培训计划生成、组织实施、考核评价紧密衔接,激励与约束相结合,规范有序、健全高效的教育培训运行机制。

在培训模式方面,要建立健全遵循干部成长规律和教育培训规律,培训理念先进、内容丰富、方式科学,具有针对性、实效性和趣味性的教育培训模式。

在管理体制方面,要建立健全促进检察教育培训科学化,指导与服务相统一,规划与监督相结合,职责分明、制度健全、保障有力、效能显著的宏观管理体制。

此外,在培训对象上,主要面向基层检察人员,同时吸收各类优秀人才参与;在师资方面,要建立科学合理的师资选聘、培养和评价机制。①

值得注意的是,这里的"目标"指的是一整套的培训体系,而不是像澳大利亚新南威尔士州检察总署那样,将培训目标具体定位在完备检察工作人员的知识层面上。

---

① 详见最高人民检察院《2011—2020年检察教育培训改革指导意见》。

（三）培训内容

检察官的培训内容直接决定了培训目标能否实现，同时也决定了培训的实际效果。为了适应不同培训对象的不同需要，培训内容应该是丰富多彩的。同时，要想取得满意的效果，学员自身是否刻苦钻研、努力学习也是至关重要的。因此，《检察官法》第 31 条规定，检察官在培训期间的学习成绩和鉴定，作为其任职、晋升的依据之一。这一方面说明检察官的培训是其得到任职或晋升的必要条件，另一方面也表明这样的培训并不是形式上的走过场，需要学到真知识、真本领才行。同时，这一规定也使检察官培训成为检察官管理的重要组成部分，是检察官培训制度化的具体体现。这对推动检察官的培训工作，健全培训机构，落实培训计划等，都具有重要意义。[①]

由于我国检察官的人数多，且因历史上的原因，检察官的素质和水平参差不齐，相当一部分检察官的文化水平、理论素养和专业知识比较低，在职培训任务尤其繁重。2001 年国家实行统一司法考试后，这一状况逐步得到改善，检察官的整体素质也在不断地提高。检察官培训的内容将从过去的以学历教育为主转变成以岗位培训为主，从基础培训、补课式、应急式培训向专业化、系统化、规范化培训转变，从知识型培训转向素质型、能力型培训等。为了直接提高检察官的办案技能和运用法律解决实际问题的能力，业务技能培训将成为今后我国检察官培训的重点，而理论培训则应着重于与检察业务有关的法律领域的研究动态和前沿问题，以提高检察官的理论素养，加强其运用理论指导实践工作、分析疑难问题的能力，培养既有丰富的实践经验又能开展法学理论研究的专家型人才。

另外，为了配合检察人员分类管理改革，应依据职位管理制度，研究岗位素能标准体系，明确岗位能力要求，并据此制定分类培训大纲，确定领导素能培训、任职资格培训、专项业务培训、岗位技能培训的目标、内容和方式，以便建立健全不同类别、不同层次、不同岗位的

---

① 参见何家弘主编，季美君、毛淑玲、袁经义副主编：《检察制度比较研究》，中国检察出版社 2008 年版，第 395 页。

素能标准体系。

为更好地应对我国检察工作在新时期面临的种种挑战,完善对人才的培养途径,加快以高层次人才为重点的检察人才队伍建设,有必要进一步完善统一规划、分级组织、分工培养、条块结合、优势互补的人才培养工作格局。一方面,要完善培训内容体系,如加强培训课程和教材体系研发,开展精品课程和教学案例库建设等;另一方面,要建立培训内容更新机制,及时将经济社会发展的新理论、国家法制建设的新成就、检察机关实践的新经验转化为培训课程,补充更新已有的内容。为此,《培训规划》针对不同的培养目标,规定了相应的培训内容和培训次数。如对检察领导人才的培养,要围绕检察机关党的先进性建设、思想政治建设和法律监督能力建设,加强对地方三级院领导干部和后备干部的理论教育、专业培训和实践锻炼。规划期内,省级院领导班子成员和地县两级院检察长至少接受一次高检院组织的专项培训,地县两级院其他领导干部至少到省级院接受一次培训。针对检察业务人才的培养,则坚持条块结合,健全业务人才分级培养选拔机制,并通过政工部门统筹协调、宏观指导,各业务主管部门组建专业人才库,加大拔尖业务人才的培养力度。

(四)培训方式

为了实现"十一五"期间检察教育培训工作的总体目标及主要任务,《培训规划》将检察官的培训形式分为领导素能培训、任职资格培训(初任检察官资格培训、晋升高级检察官资格培训)、专项业务培训和岗位技能培训四类;同时,还规定以境内培训为主,实行境内培训与境外培训、"请进来"与"走出去"相结合的形式,正确发挥境外培训的补充作用;此外,还将实行集中培训与在岗培养、课题研究与实践锻炼等多种途径相结合,以便推行个性化培养,突出在实践中培养人才、发现人才、检验人才和提高人才的主渠道作用,充分发挥业务部门培养专业人才的作用。

在基层教育培训方面,为加大基层干警的培训力度,分级轮训基层院领导干部、主要业务部门负责人和业务骨干。规划期内(2006—2010年),每名基层院干警至少在省级以上培训机构接受一次专项业务培训，而高检院则每年在国家检察官学院直接培训基层院领导和业务骨干200人。高检院、省级院要针对基层院的特点，举办基层流动业务讲坛，以送训上门方式，开展业务学习培训与示范指导为一体的基层巡回培训活动；同时，定期选派基层业务骨干参加系统外培训；此外，还要加强网络培训资源开发与建设，依托现有网络，组建检察业务培训站点，扩大优质培训资源的覆盖面。针对基层人才的培养，为加大培养力度，要立足基层工作和人才队伍的实际情况，把上级院指导培养与基层院自主培养、组织培训培养与个人实践成才结合起来，通过业务实践、岗位练兵、业务竞赛等途径，着力培养、发现一大批基层院办案能手和其他急需实用人才。

此外，《指导意见》进一步对创新培训方式方法提出了新要求：要改进培训班次设置方式，推广专题研究、短期培训和小班教学。在完善传统的讲授式教学方式的基础上，推广研究式、案例式、体验式、模拟式教学，探索运用行动学习法、渗透式教学等现代培训方式和教学手段；倡导挂职培训、分段式培训，积极探索跨地区、跨部门的合作培训模式。省级以上检察机关要针对工作需要和基层要求，采取巡讲授课、流动课堂、送教上门等方式，深入基层开展培训。

（五）培训现状

应该说，十多年来，随着我国经济的飞速发展和社会各方面的日新月异，检察官培训制度也处在蓬勃发展和完善时期。尤其是国家检察官学院，近几年的培训力度加大、培训内容丰富，已开始实行分类分层次培训。例如，《国家检察官学院2012年上半年培训计划》中就相继安排了六类培训班，即领导素能培训班、基层检察人员轮训师资培训班、专项业务培训班、人才培养与重点工程班、初任检察官资格培训班以及“西部地区检察官专业培养工程”培训班。

为了提高培训质量和学习时间安排上的方便，每一类培训班又分不同层次、不同班次进行培训。例如，领导素能培训班包括省级院新任检察长培训班和基层院新任检察长培训班，前者的培训对象为省级院新任检察长及副检察长，共30人，学制1个月；后者的培训对象仅为基层院新任检察长，举办2期，每期60人，学制15天。

基层检察人员轮训师资培训班则举办3期，第1期165人，第2期和第3期各99人，学制7天。培训对象：第1期为检察系统内承担基层检察人员轮训任务的省级院教育处长、教育管理人员和公诉业务的专兼职教师，第2期为职务犯罪侦查业务的专兼职教师，第3期为民行业务的专兼职教师。培训分不同的时间段进行。培训主题为：现代培训理念、培训手段与方法、课程研发与培训组织管理。这一类还包括基层检察人员轮训实验示范班，共举办5期，每期120人，学制7天，培训时间从5月初到7月初，培训对象为：基层院检察业务部门负责人，培训类别：第1期为公诉业务，第2期为侦查监督业务，第3期为反贪业务，第4期为渎检业务，第5期为控告业务。

专项业务培训班又细分为高级检察官研修班、刑事诉讼法修改专题研修班，前者举办8期，学制10天，培训对象为检察机关各业务部门的高级检察官，而且每一期又针对不同的类别，如侦查监督业务、公诉业务、监所检察业务、反贪业务、渎检业务、职务犯罪预防业务以及控告检察业务等；后者举办4期，每期120人，学制5天，培训对象为各级检察机关业务部门负责人。

人才培养与重点工程班又分为全国和省级检察业务专家高级研修班、全国青年检察官专题研修班以及全国检察理论研究人才专题研修班。全国和省级检察业务专家高级研修班的培训对象为职务犯罪侦查类全国检察业务专家和省级检察业务专家，全国青年检察官专题研修班的培训对象是35岁以下青年检察业务骨干，而全国检察理论研究人才专题研修班的培训对象则规定为高检院和省级院检察理论研究人才库中的人员。

初任检察官资格培训班针对的是近两年从高校毕业、通过国家统一司法考试且已被检察机关录用并拟任检察官的人员，其培训重点为司法和检察制度与理论、检察人员职业道德与职业纪律、检察机关执法办案规范和实务技能等。

“西部地区检察官专业培养工程”培训班共举办8期，培训对象为西部地区分州市院和基层院检察业务骨干，每期分不同的培训主题，如民行检察业务实训、公诉业务实训、职务犯罪侦查实训等。同时，还专门为新疆和西藏的中青年检察业务骨干分别举办两期培训班，也分不同的类别，如职务犯罪侦查与预防类（反贪、渎职、预防）、刑事检察类（公诉、侦查监督）等。另外，针对西部地区检察机关在信息技术方面比较落后的现状，还特开设一期培训班，学制7天，培训对象为西部地区检察信息技术人员，培训主题为检察信息化相关技术，包括操作系统、计算机网络、同步录音录像技术及网络安全等相关知识。①

（六）培训的特点

由上可见，经过数十年的摸索和发展，我国的检察官培训工作已初具规模，不但培训工作已常规化、分类化和分层次化，而且培训内容开始多样化，培训对象也越来越基层化。总的说来，培训已呈现出以下几个方面的特点：

1. 在培训内容上，从基础转向专业

在《培训规划》执行之前，我国的检察官培训多集中在学历教育方面，注重的是法学基础理论和知识的传授，而今已开始强调岗位技能培养，从原来的补课式培训转向专业化培训，从知识型培训转向素质型培训。与此同时，为了最大限度地提高培训质量，已开始分专题进行培训，将每一期的培训内容限定在某一主题上，如公诉业务、侦查监督业务、反贪业务、控诉业务、信息技术以及检察理论等。这种岗位式、专题性培训，由于培训对象在工作性质和水平方面具有高度相似性，不但有利于学员之间相互讨论与交流，而且有利于增强培训效果。

2. 在培训方式上，从单一转向多元

从某种意义上说，培训方式直接影响着培训效果。传统式的讲授教学方式虽然能在短时间内填鸭式地灌输大量知识，但由于培训对象是在被动地接受知识而缺乏主动性，如果讲授者语调平缓、照本宣科，缺乏讲课的热情与自己的独到见解，那么培训效果就会大打折

① 参见最高人民检察院《关于印发〈国家检察官学院2012年上半年培训计划〉的通知》，2012年2月6日。

扣。数年来,在专兼职教师的共同努力下,讲课方式逐渐开始多样化,如采用小组讨论式、案例教学、录像观摩等。即便采用传统的讲授教学方式,不少教师制作的课件也相当丰富、漂亮,不但能吸引学员的注意力,而且能极大地提高课堂教学的效果。

3. 在培训对象上,从领导转向骨干

在很长一段时间内,不少检察官认为能有机会到国家检察官学院培训是一种待遇,其主要原因是这种学习机会只有做领导的才有。而今,从《国家检察官学院2012年上半年培训计划》中可以看出,作为我国检察官最高培训机构的国家检察官学院的培训规模已大大扩展,除了省级院和基层院新任的检察长有机会得到培训外,各基层院的业务部门负责人、业务骨干也有机会参加培训。由于国家检察官学院实行的分类分层次培训班级多、时间跨度大,受益的群体就相对较广。尽管相对说来,能到国家检察官学院培训的人还是少数,但各基层院的其他检察人员还可以到省级院的分院接受培训,其师资力量也在不断地加强,那些承担基层检察人员轮训任务的省级院教育处长、教育管理人员和公诉业务的专兼职教师还能在国家检察官学院举办的师资培训班中参加学习,从而提高自己的授课水平。总的来说,每年有机会得到培训的人数正在迅速递增,受惠的人员也越来越多。

四、检察官的保障制度

(一)身份保障

从广义上讲,检察官的职务保障包括检察官的职权保障、身份保障和经济保障等。检察官的职权是检察官依法享有的处理职责范围内事务的支配力,是法律赋予检察机关的职权的再分配,是检察权的具体实现。①《检察官法》第4条规定:"检察官依法履行职责,受法律保护。"为了保障检察官能够依法公正地履行职责,国家除了必须赋予检察官相应的职权外,还应提供必要的工作条件,如办公场所、

① 参见孙谦主编:《中国检察制度论纲》,人民出版社2004年版,第349页。

办公用品、技术装备以及交通通讯设备等。更为重要的是,要为检察官配备一定的助手,由检察官独立调配指挥。如澳洲新南威尔士州检察总署按地域划分后的悉尼城区,设有五个办案组,每个办案组里有二十多人,各设有一名主管检察官和一名协助管理的检察官,成员包括在地方和地区法庭办理案件的律师、协助大检察官办理案件的律师和书记员。与此同时,还应保障检察官能够独立履行职责,这也是必不可少的条件。《检察官法》第 9 条规定,检察官"依法履行检察职责不受行政机关、社会团体和个人的干涉"。检察官在履行职责时对外保持独立是其公正地行使职权的前提条件,否则在我国这样一个重人情和关系网的社会中,要做到公正执法,可以说是举步维艰。

检察官的身份保障,主要是指检察官的身份不得被随意改变方面的法律保障,如检察官应严格依照法定程序任命,非因法定事由及法定程序不被免职、降职、辞退或者处分等。在我国,检察官作为从事法律监督的司法官员,在惩治贪污腐败官员的过程中,不但存在着极大的人身危险性,而且其检察官的身份也会面临着被免职、辞退等风险。如果没有足够的人身保障,检察权就会被其他权力操纵或侵蚀。因此,《检察官法》第 9 条规定的检察官应享有的权利包括:非因法定事由、非经法定程序,不被免职、降职、辞退或者处分的权利;人身、财产和住所安全受法律保护的权利;对人民检察院关于本人的处分不服的,享有申诉的权利;对国家机关及其工作人员侵犯检察官合法权利的行为,有权提出控告等。此外,该法第 50 条还规定:"对检察官处分或者处理错误的,应当及时予以纠正;造成名誉损害的,应当恢复名誉、消除影响、赔礼道歉;造成经济损失的,应当赔偿。对打击报复的直接责任人员,应当依法追究其责任。"无疑,这些规定为检察官依法行使检察权提供了必要的条件,也比较符合目前我国检察官职务保障制度的现状和需要。但是,从实践看,《检察官法》实施十几年来,许多规定并没有真正得到落实执行,在不少方面还有待进一步完善。

（二）福利待遇制度现状

为保障我国检察官能够依法履行责任，执法为民，更好地实现公平正义，《检察官法》第 39 条对检察官的工资制度和工资标准作出了原则性规定，要求根据检察工作的特点，由国家规定。同时，在该法第 40 条和第 41 条中还规定，检察官实行定期增资制度；经考核确定为优秀、称职的，可以按照规定晋升工资；有特殊贡献的，可以按照规定提前晋升工资；检察官享受国家规定的检察津贴、地区津贴、其他津贴以及保险和福利待遇。目前，我国检察系统的工资制度基本上比照国家公务员的工资制度执行。

所谓"检察官实行定期增资制度"，是指在规定期限内，检察官的工资应按照相应的规定定期增加的一项基本制度。也就是说，在检察官任职期间，只要符合基本条件，检察官就应当得到定期增加工资的待遇。"津贴"则指由于检察工作的艰巨性和特殊性，以及检察官在不同地区工作的环境不同，所应享受的物质上的补助等。

第三节　检察人事制度之比较

为了更好地发挥检察官的积极性和主观能动性，充分实现我国检察机关的法律监督职能，借鉴国外检察官制度中的合理因素，是当前我国检察官制度改革和完善的重要内容之一。

目前，我国的检察官制度在检察官的地位、资格、选任、等级、培训和职务保障等方面均存在着不同程度的问题和缺陷。在全面深入探讨的基础上，为适应时代发展和实现公平正义的现实需要，笔者认为，我国的检察官制度，在任职资格上，需提高条件并采取公开招聘、择优录取的方式，同时规定相应的救济程序；在等级方面，应实行分类管理，并粗化等级之间的差别；在培训上，需确保培训经费、提高师资水平、充实培训内容、组合培训方式等；在职务保障方面，应细化法律规定、增强可操作性以及提高工资待遇等。同时，为了将我国的检察官制度放在世界的视野内进行考察，这里比较的对象除了澳大利亚外，还将涉及世界上一些主要国家的选任制度、等级制度、培训制度和职务保障制度等，从而为完善我国的检察官制度提出一些切实可行的改革和完善措施。

一、检察官选任制度之比较

检察官作为公权力行使的代表之一，无论是在大陆法系国家，还是在英美法系国家，都是国家工作人员中的精英分子。现实中，检察官素质的高低，很大程度上取决于检察官的任职条件和选拔制度是否能客观公正地筛选出真正的优秀人才。为精选人才，世界各国都规定了比较严格的检察官选任制度。但是，由于文化传统和司法制度的差异，各国在选任条件、资格及程序等方面的规定也有所不同。下面从选任模式角度对主要国家的选任制度予以阐述，进而分析各种选任方式的特点以及我国在检察官选任制度中存在的问题，并提出改进方案。

（一）国外检察官的选任制度

1. 律师制的检察官选任模式

采用这种方式选拔检察官的，主要是英美法系国家。英美法系国家的检察制度特别强调个人的权利和自由以及当事人之间的平等对抗，检察官被视为刑事诉讼中的一方当事人——政府律师。因此，担任检察官的资格条件等同于律师，一旦检察官的职位出现空缺，就从律师中进行招聘。

（1）任职资格

在英美法系国家，检察官的任职资格等同于律师，具体条件为：① 通过律师资格考试。对有资格参加考试的条件，各国规定有所不同，通常是须先获得大学本科文凭。② 经过一段时间的实习。例如，英国法律规定，通过律师资格考试后，要在四大律师协会中实习一年，才可独立办案。③ 检察官职位出现空缺时，从律师队伍中招聘。

上述资格条件是英美法系国家的综合情况，涉及具体规定，各国因国情和文化传统的差异而有所不同。如澳大利亚，所有检察官都是律师，其任职资格与辩护律师相同。在接受四年的法学专业教育并获得法学学士学位后，再在有经验的辩护律师指导下实习六个月以上，经审查，认为申请者已具备了要求的学位、培训及经验，并无任何不良行为和犯罪记录的，就可授予律师资格。至于能否成为一名检察官，则要视检察院内是否有法定的空缺职位。

（2）选任程序

英美法系国家检察官的选任程序并非千篇一律，而是有所差别的。在美国，从事检察工作的前提条件是通过州律师资格考试并取得当地律师资格，但不同检察人员选任的方法并不完全一样。在联邦一级，联邦检察官和检察长经联邦参议院同意后，由总统直接任命。通常情况下，总统任命本政党的人担任联邦检察官，任期为四年。一旦总统换届，整个联邦检察官队伍就有可能大换班。州检察长一般由本州公民直接选举产生，州检察官通常由其所在县或地区的公民直接选举产生。也有例外，如新泽西州和康涅狄格州的州检察长和检察官就由州长任命，还有三个州（阿拉斯加州、特拉华州和罗德岛州）的州检察长即地方检察官。① 城市检察官一般通过选举、任命或聘任三种方式产生。选举分政党竞选和个人竞选，而任命权一般由市长或市议会行使，聘任则通常由市议会或市行政长官实施。选举或任命的城市检察官的任期一般为四年或二年。任命与聘任的主要区别为：前者有固定任期，属政府官员；后者无固定任期，身份为政府雇员。助理检察官一般采用雇佣制，通常由检察官雇用（一个检察署里只有一位检察官，相当于我国的“检察长”），但各地雇用的标准和期限有所不同。在规模较大的检察署中，为保证公平竞争，一般都有一套雇用助理检察官的程序制度，根据申请人的申请，经过数轮由不同人员组成的面试，最后获得雇用的，还须与检察署签订一份协议，经宣誓后才能成为助理检察官。②

在英国，检察官主要从律师中选任，总检察长和副总检察长由首

---

① 参见周振雄：《美国司法制度概览》，上海三联书店 2000 年版，第 229 页。

② 参见何家弘主编，季美君、毛淑玲、袁经义副主编：《检察制度比较研究》，中国检察出版社 2008 年版，第 15—16 页。

相从本党的下议院议员中提名推荐，由女王任命。总检察长是英国政府的首席法律顾问，负责在下议院回答与法律有关的问题，主持召开律师大会。英国检察机关的最高机构为皇家检察署，其最高负责人——检察长由英国首相根据总检察长的推荐任命，他必须具有十年以上从事出庭律师或事务律师工作的经验。[①] 澳大利亚采用的则是招聘制，检察院的空缺职位都要公开招聘，能够胜任工作的任何人都可以申请。

(3) 选任模式的特点

此种选任模式的特点主要有：一是检察官任职资格等同于律师，强调律师与检察官的平等性，检察官被称为"政府律师"；二是从已有多年法律工作经验的律师队伍中选拔检察官，保证检察官队伍的精英化；三是共同的法律职业背景，有助于检察官对律师行业的了解；四是在助理检察官与检察官之间晋升桥梁的阻断，不利于检察人员的职业化建设，而选举制和任命制的产生方式也各有利弊。

2. 会考制的检察官选任模式

此种选任模式以大陆法系国家为主，尤以法国为代表，类似的还有德国、意大利等国家。它为检察官和法官设定相同的资格条件，如先在大学学习四年的法律，通过第一次国家考试；接受统一的一定时间的课程培训，再通过第二次国家考试；之后是担任检察官还是法官，得视职位空缺而定。

(1) 参加会考的资格条件

实行会考制选任模式的国家，首先要具备法律规定的资格条件，即符合一定条件的人才能参加会考，考试通过是取得司法官资格的前提条件。例如，法国 1958 年 12 月 22 日《关于司法官地位之组织法第 58—1270 号条例》第 15、16、17 条规定，担任司法官的先决条件为：取得司法学员的资格。该资格的报考条件分三种情况：

第一种情况，也是最为普及的条件：一是在高中毕业后进行至少为期四年的高等院校学习，并获得毕业文凭。该文凭既可以是法国

---

① 参见英国皇家检察署的网站，http://www.cps.gov.uk。

颁发的，也可以是法国认可的，还可以是由欧盟成员国颁发并由法国司法部长根据最高行政法院一项法令规定的一个委员会之意见承认其同等效力的，如政治学院颁发的文凭和高等师范学院颁发的文凭也被认可；二是具有法国国籍；三是享有公民权利，精神健康；四是具备为国家服务的正常条件；五是具备行使职能所必需的身体条件。具备上述条件的人可以参加会考。

第二种情况是：根据《国家及地方公务员一般规约》第一、二、三、四编所规定的公务员、军人和国家或地方及其公共机构的其他公务员，具有同等水平，在当年 1 月 1 日时已在其工作岗位上工作了四年。

第三种情况是：从事职业活动、在地方政府任民选代表或以非法律职业人员身份从事法律工作的人员，工作时间满八年，具有同等水平，但其所从事的活动、职务或职能必须不是以司法官、公务员、军人或公共代理人的身份进行的。目前，这些会考每年举行，但考生最多只能参加三次考试。

这三种会考虽然水平相当，但根据考生身份的不同，要求的知识也有所不同。

另外，根据《关于司法官地位之组织法第 58—1270 号条例》第 18 条第 1 款的规定，具有法学硕士文凭并满足第 16 条规定的其他条件，且在司法、经济和社会领域工作满四年，具有行使司法职能资格的人员，可以被直接任命为司法学员。在相同条件下，具有博士学位并持有法学以外高等院校学科文凭的人，以及获得法学硕士文凭后在公立高等教育机构从事三年法学教育或法学研究工作，并拥有一项法律学科的高等学习文凭的人，也可以直接被任命为司法学员。但是，直接被任命为司法学员的人数不得超过会考选拔出的总人数的 1/3。

(2) 培训条件

通过会考取得司法学员资格的人还须经过一定期限的培训才有资格成为检察官。法国规定，取得司法学员资格的人必须在国家司法官学院进行培训，培训时间从过去的 24 个月延长到了 31 个月。

根据2007年3月5日第2007—287号法律的规定，司法学员在培训学习期间必须至少实习六个月。延长培训时间，目的是促使司法学员掌握社会学、生物学、管理学、会计学和心理学等知识，使这些未来的司法官能与财会、行政、工业和商业机构人士及各种司法助理人员进行广泛接触。[①] 培训结束时，评议委员会必须对司法学员是否适合行使司法职能进行评议，并根据每一个学员的能力提出任职建议或保留意见。国家司法官学院每年举行一次选拔考试，招收新的司法官候选人，招收名额由司法部长根据实务部门的编制空缺确定。

（3）选任检察官的范围

法国选拔录用检察官的范围：一是国家司法官学院毕业生；二是在一定期间内行使行政、司法或大学教育职能的特定人员，通过直接选拔的方式进入司法官队伍。这种选拔的程序、适用的条件都十分严格，如只有法律明文规定的几类人才有资格，如律师、诉讼代理人、书记官、法学教授等。这些候选人经选拔委员会筛选后，还必须参加国家司法官学院举行的培训，并在法院实习。培训结束后，必须经司法学员评级委员会面试，合格的才被录取。这种辅助性的选拔方式近年来呈扩大的趋势，如2005年，有27名候选人通过这种方式成为司法官，主要原因是法国立法者希望能吸收更多的有经验的司法官。有意思的是，法国的检察官一律经司法部长推荐，由总统任命。

（4）选任模式的特点

会考制选任模式的特点主要有：一是将检察官与法官统称为“司法官”，检察官是法官的同行，其成为检察官的路径和培养方式与法官一模一样。法学院的毕业生通过一至二次的司法考试后，再在司法官学院经过一定期限的培训学习和司法实习，便可根据职位的空缺情况选择做法官、检察官还是律师。二是选任资格和程序相同。检察官和法官之间具有一致的职业认同感，这便于两种职业之间的流动和交换。例如，德国的检察官享有较高的社会地位，对法律

---

① See Guinchard, Serge, Institutions Juridictionnelles. Paris: Dalloz 2007, p. 786. 参见魏武著：《法德检察制度》，中国检察出版社2008年版，第135页。

专业毕业生具有很大的吸引力。三是这一选拔制度有利于吸收社会上有司法经验的人进入检察队伍,成为检察官,使那些有志于从事检察工作的人可以通过勤奋学习、奋发进取实现自己的夙愿。

(二)我国检察官选任制度的特点及完善措施

1. 我国检察官选任制度的特点

由于检察官行使法律职权的特殊性,世界各国都对其任职资格作出了相当严格的规定,尽管在具体的选任制度上存在着某些差异,如英美法系国家的检察官主要来自律师,其任职资格也等同于律师,而大陆法系国家的检察官,其任职资格和选任程序与法官一样,但其相同之处也是显而易见的,即高标准的资格条件、严格的选任程序以及法律共同体的背景知识等。同时,为了从社会上吸收最优秀的人才为检察事业服务,除了从法学院毕业生中招聘人才外,不少国家还规定了社会上有司法经验的人也可以经过严格的考试和选拔程序成为检察官。这种开放式的选拔检察官制度有利于调动有志于从事检察工作的人的积极性和奋发精神,为检察队伍源源不断地输送人才。相比之下,我国的检察官选任制度存在以下几个方面的问题:

(1)任职的学历条件不够严格

我国2001年开设国家统一司法考试后,初任检察官法律专业知识、业务素质和道德品质等方面的要求已基本上与世界通例“接轨”,但学历要求及考试的筛选程序仍存在一定差距。如《检察官法》第10条所作的变通规定,即对那些适用学历条件确有困难的地方,“经最高人民检察院审核确定,在一定期限内,可以将担任检察官的学历条件放宽为高等院校法律专业专科毕业”。这一规定虽考虑到了我国当前的具体国情,但从长远看,显然不利于检察队伍整体素质的提高。

(2)没有明确规定检察长、副检察长的任职资格

我国《检察官法》对检察官的任职条件作出了明确规定,但对检察长、副检察长、检察委员会委员的任职资格,只笼统地规定“人民检察院的检察长、副检察长应当从检察官或者其他具备检察官条件的人员中择优提出人选”。实践中,不少检察长、副检察长的选任受

政治因素、地方党政部门及人际关系干涉太大，真正符合检察官条件的甚少。现实中甚至不时出现一些检察长、副检察长的专业知识、办案能力及综合素质等都不如下属的现象。

（3）缺乏相应的救济措施

我国《检察官法》没有规定对选任程序中出现不公正现象的救济程序，申请者认为自己受到不公平待遇时可以说是投诉无门。这在一定程度上直接导致招聘录用过程中有些并不太优秀的人通过种种关系进入检察队伍，而那些真正德才兼备的人却遭淘汰。检察机关内部提职升迁中也存在同样问题，那些工作能力强、业务水平高但不会溜须拍马的人长期得不到应有的提升，也无处申诉，而一些工作能力不强、业务水平不高的人却因能说会道、为人处世八面玲珑而得到提拔重用，结果使整个单位蔓延着一股唯唯诺诺之风、歪门邪道之气，好人、能人受压抑排挤、荒废时日，势利小人却飞扬跋扈、神气活现。

尽管我国已有《检察官法》和两个《办法》对检察官的任职资格和选拔程序作了原则性的规定，法律规定严格、合理的任职资格条件固然重要，但规范、科学的选拔任命程序尤其关键。因为前者只是僵硬的法律条文而已，而要真正选拔出德才兼备的优秀人才担任检察官，提高检察队伍的整体素质和工作风貌，就必须依靠一套规范、合理而具体的选拔任命程序。科学的选拔程序既可以节省检察人员初任培训的费用，减少培训的时间，还可以堵塞选拔任命过程中徇私舞弊、假公济私、任人唯亲等腐败现象，同时还能养成一种激励进取、公平竞争、奋发向上的良好风气，有利于调动立志于从事检察工作的人勤奋学习、努力奋斗以实现自己的人生目标，为检察事业的健康发展和壮大源源不断地输送优秀人才，提供切实的人力资源保障。

2. 完善措施

胡锦涛在庆祝中国共产党成立 90 周年大会上提出："我们要以更宽的视野、更高的境界、更大的气魄，广开进贤之路，把各方面优秀干部及时发现出来、合理使用起来。要坚持把干部的德放在首要位置，选拔任用那些政治坚定、有真才实学、实绩突出、群众公认的干部，形成以德修身、以德服众、以德领才、以德润才、德才兼备的用人导向。要坚持凭实绩使用干部，让能干事者有机会、干成事者有舞台，不让老实人吃亏，不让投机钻营者得利，让所有优秀干部都能为党和人民贡献力量。”①检察机关要把这种培养人才、选拔人才、使用人才的思路落实到工作中，就必须从自身存在的问题出发，逐步改革完善检察官选任制度。具体措施有：

（1）适当提高任职条件

世界上多数国家都规定担任检察官的学历条件必须是法律本科毕业。从检察官这一职业在行使职权的过程中需要具备专门的法律知识和独特的法律思维方式看，这一规定具有相当的合理性。从纵向看，我国检察官的任职资格在不断地提高，这也是社会发展的必然趋势。目前，我国高等院校每年的法科毕业生数以万计，将检察官的任职资格提高为法律本科既是必要的，也是完全可行的。

（2）严格选拔程序

为了保证检察官具备履行职责所需要的较高素质，西方国家一般规定了比较严格的选拔任命程序，而且这一程序是公开、透明的，不但程序是公正的，其结果也是公正的。我国各级检察机关在向社会招聘人才或内部选拔任命领导干部时，应制定合理而具体的选任程序，同时必须严格执行，避免以程序公正掩盖事实结果上的不公正，以确保最大限度地选拔出真正优秀的人才。检察官的公正升迁，不但是检察事业的福气，也是展示检察机关公信力的一个关键窗口。以竞争上岗为例，从我国检察机关的实际情况出发，应从以下几个方面进行完善（这也适用于检察官的初选程序）：

其一，加大程序的透明度。

竞争上岗的目的是通过公开、公正的选拔程序，让优秀的人才脱颖而出，被提拔到更能发挥其才能的领导岗位上。既然面试时已经可以做到现场直播，为何不能将面试的结果公开或者允许查阅分数？

① 胡锦涛：《在庆祝中国共产党成立90周年大会上的讲话》，新华网，2011年7月1日。

还有民意测评的结果,为何不能公开?这样做的目的和理由是什么?所有程序都走完后,最后拟任命的名单迟迟不能公布。这一切让人不能不猜想其中会有什么猫腻。要是为了避免应试者对某个考官的打分心生不满,可以只公布最后的总成绩并允许查分。这一结果与面试的公开过程是相辅相成的,结果的公开有助于对考官打分的制约和监督,同时也可以让失败者输得心服口服。事实上,应试者在面试时的表现是有目共睹的,要是其所得的分数相当离谱,就表明某些考官在打分时有失公正,这也有利于纪检部门的查证监督。这样无疑可以大大地增加整个程序的透明度,由此也能增加最终结果的可信度和说服力。

其二,尊重考试结果。

俗话说:“不以规矩,不成方圆。”既然选择以考试作为选拔人才的衡量标准,从理论上说,就必须以考试成绩决定最终的结果。同时,在考试这一过程中,应尽可能地减少人为因素的掺和。因为只要是人参与其中的事情,就会牵涉到人情、关系和亲疏远近,在选择时就很难做到公平、公正。因此,在2011年的那场竞争上岗中,高检院党组强调原则上要录用考试成绩第一名是十分明智的做法。但是,为了弥补原则性规定存在的缺陷,又说要录用第二名的需附书面说明。这就为个别人大大降低了原则性规定的权威性,为某些人的“操作”留下了绝好的借口。因为要用谁或不用谁,都可以找到一番冠冕堂皇的理由。事实上,最简单的做法,就像高考一样,是凭成绩说话,这相对还是比较公正的。

其实,在这一方面,目前高检院机关已做得相当不错。不但笔试的考题很见水平,面试的题目也是根据岗位的需要定制的,突出了岗位的特点,基本上做到了“干什么考什么”,增强了考试的科学性和针对性,涵盖了担任相应职位所需要的各方面能力,而且还请职位所在厅级单位拟制相关的业务题,像国际合作局等特殊部门,还要用英语回答业务题,以便测试竞争者的岗位实践能力和综合分析能力,从而确保能力素质与岗位相匹配,做到人适其岗。因此,考试的成绩,尤其是面试时的回答,完全能够体现竞争者对相关业务的熟悉程度、处理问题的能力、组织协调能力和语言表达能力等。尽管在面试打分时考官不能做到百分之百的公正,但面试时有纪检组和机关党委负责人担任常设评委,进行现场监督,考官们是不会做得太离谱的,而且还有现场直播,有全院干部群众雪亮的眼睛盯着,可以说基本上还是比较公正的。如果将这么费心费力在程序上已做得相当完美公正而得到的考试成绩弃之不顾,直接录用第二名而不对第一名作出一个合理公正的解释,那么完美的程序有何用?又有何必要?

其三,考官组成应秘密化、陌生化。

也许有人认为单凭一次考试就决定最终上岗的胜负有时会有失公正,也有人会说面试时考官们的打分不一定客观公正,这些都有一定道理,在现实中也能找到相关的例子。因此,笔者认为,除了在考试题目上下工夫,让考试者能够考出真才实学外,还要对考官的组成进行改革,最关键的一点是保证考官组成的秘密化、陌生化,更不应让用人单位的领导参加主持面试,这样竞争者就不可能在事先打招呼。因为在同一单位上班,抬头不见低头见的同事之间,相处多年后,总会受感情因素和印象好坏的影响。人是社会动物,从同一单位选择考官,就很难保证考官们能绝对公正地评分,因交情好、关系铁而给的分数高一些就在所难免,也在情理之中。因此,为了避免这一不利因素的影响,在考官的组成上应作相应的调整和改革,尽可能聘请外单位的陌生面孔做考官。这样,只要考题出得到位,再根据考官们的客观评分,以考试结果选拔出来的就应该是相对优秀的人才,人们完全可以作这种预期。事实上,用人单位的领导是否参加主持面试根本就无关紧要,如果不参加,既可以减少现场人为因素的干扰,有利于其他考官客观公正地打出成绩,而且也让平时与单位领导关系密切的竞争者失去腐败的机会,使整个竞争上岗过程显得清清爽爽、明明白白。作为用人单位,要想选拔到自己满意的竞争者,可以在业务题上做文章,让不熟悉业务或业务能力一般的人在面试时就被淘汰,而各方面都相对优秀的人可以脱颖而出;同时,也可以避免有些能说会道而实际工作能力一般的竞争者占了优势。这一做法执行起来并不太难,却可以收到事半功倍的效果。

其四,真正发挥监督的作用。

如今的社会,似乎出现了一个怪现象:无论做什么事,都需要监督,而所谓的监督又是那么的乏力,常常是做做样子而已。按理说,竞争上岗在程序上已相当完备了,而且为防止竞争中发生违法违纪行为,确保竞争公正、有序、有效,纪检监察部门和机关党委全程参与选拔任用的整个过程,对每个环节、每个程序都实行同步监督。例如,考试前,由政治部、纪检组派专人领取试卷。面试时,由纪检组、机关党委的负责人担任常设评委,进行现场监督。计票时,由政治部、纪检组、机关党委派人统一负责验票、统计。另外,高检院还专门下发了《关于在高检院机关干部选拔任用工作中加强监督认真治理拉票行为的通知》,严禁拉票行为,并公布监督电话,及时调查核实群众反映的各种问题。但是,让人百思不得其解的是:竞争上岗的公信力为何越来越低?忙着做台下功夫的人越来越多?事先盛传内定的人落马的概率越来越小?也许须质问的是:每一个环节的监督都真正发挥作用了吗?是否存在碍于领导、同事的面子而睁一只眼闭一只眼的现象?或者监督者原本在心中就不相信天底下会有真正的公平、公正?不过,也有可能是前面所有的环节都是相对公正的,只是在最后入围人员可以二选一时出了问题。

从旁观者的角度看,不管具体的原因何在,作为竞争上岗的监督部门或人员,理应忠于职守,充分发挥自己的监督作用,让企图在竞争上岗中谋取不正当的利益或实行腐败行为者心有顾忌,而不是让在面试时考得一塌糊涂、出尽洋相的竞争者还能肆无忌惮地将岗位谋取成功,造成“一粒老鼠屎坏了一锅粥”的负面效应,给整个竞争上岗制度抹黑。

其五,设立投诉救济委员会。

在我国当前的检察体制下,建议设立专门受理选拔工作的投诉救济委员会,负责处理招聘提职中出现的不公平现象。也许从人性的角度看,只要是人参与其中的事情,就很难做到完完全全的公平、公正。在用人制度上,无论是过去的重点培养还是现今的竞争上岗考试,人际关系都占了相当的分量。但是,历史在不断地进步,社会在不断地发展,人类的聪明才智是无止境的。要是真想做事,是完全可以把事情做得相当到位的。比如,目前的竞争上岗制度,从程序上看,还真是无可挑剔。如推行"阳光竞争",把能公开的信息全部公开,不但及时公布选拔任用方案,将空缺职位及职位的相关要求、任职资格、选拔程序等信息在机关局域网上公开,而且还实时更新报名情况,及时公告进入笔试、面试、调剂名单及差额考察对象入选名单。在确定拟任人选后,还及时进行任前公示。另外,在这一过程中,对提出的政策性问题,及时在网上公告解答。同时,在处级领导干部竞争上岗中,还开放笔试成绩查询,尽可能地加大信息开放力度。

客观地说,这一切都做得相当不错,但最大的缺陷是缺乏一个投诉救济程序。那些在竞争上岗过程中受到不公正对待而遭淘汰的人可以说是投诉无门。目前,虽有现成的纪检部门可以接受投诉或提意见,但因是常设部门,与其他部门的领导和同事们多年朝夕相处,要做到秉公处理投诉问题谈何容易?因此,为了完善这一程序,设立一个独立的投诉救济委员会是很有必要的。如德国法律规定,为了确保检察官晋升的公正性,在司法部公布初步结果后,每个参加报名的竞争者都有权向行政法院提出异议,主张自己更能胜任这一职位。检察官经常会对晋升决定提出异议,通过行政程序进行审查。① 澳大利亚也有类似的做法,检察官在招聘、晋升过程中,如果感觉自己受到了不公正对待,就可以向这样的委员会投诉而不必有任何顾虑。澳大利亚有时甚至会对实行了不公正提升的检察长进行调查,如2011年年初启动的对维多利亚州检察总署检察长吉莱米·雷佩克(Jeremy Rapke QC)的调查,因他在2010年年底提拔了一位资历相对较浅的女性同事而引起公愤。② 正因为有这么严格的监督制约程序,澳大利亚百年来还没有发现一起法官、检察官收礼受贿等违法犯罪案件。③ 一个人在事业上的起步和每一步的晋升提拔都是公正的

① 参见魏武:《法德检察制度》,中国检察出版社2008年版,第268—269页。

② See "Inquiry Looks at Rapke Furore by Richard Willinham", the Age, Jan. 11, 2011.

③ 参见刘佑生:《澳洲检察官何以保持百年清廉》,http://jcrb. com. cn/xueshu/mzzx/dbzp/200806/t20080614_25911. html,2008年3月31日访问。

结果，这无疑有助于其从业的廉洁和对职业道德的遵守。

事实上，合理的投诉救济程序是整个程序设计中一个不可缺少的环节，否则此前在程序上所花的心血和努力就会化为泡影，腐败者可以为所欲为地拉关系、“走后门”而根本不必顾忌或担心自己的不法行为会受到追查、惩处。事情是否公正，只有竞争者心里最清楚，旁观者可能只知一些表面现象而不了解内幕。要是接到投诉的机构能展开调查，真相很容易就会水落石出。因为笔试的成绩是明摆着的，面试时又有同步的现场录像作为证据，是否存在腐败现象、录用结果是否公正，可以说轻而易举就能泾渭分明。这可能比每一次干部选拔任用工作结束后的谈话活动更有实际意义，也更见成效。

尽管上述各项措施的完善都是为了使程序的公正能够确保结果的公正，但整个操作过程都是有血有肉、有爱有憎的人参与其中，要做到绝对的公正、公平是不可能的。任何制度都不可能是完美无缺的，关键要看执行制度者是否具有公心。不过，从制度上、程序上尽可能地杜绝腐败、违法违纪行为，有利于优秀人才脱颖而出，形成富有生机活力的选人用人机制，还是可以努力为之的。在干部选拔任用过程中，努力提高选人用人的透明度与公信度，将公开透明贯穿于选人用人的全过程，充分运用网络、视频、电视电话等信息化建设成果，并加强外部力量的监督，增设投诉救济程序等。这些措施都将有利于选拔任用干部工作的公正和公平。大到一个国家的兴旺发达，小到一个部门的和谐发展，从某种程度上说，用人的腐败是最大的腐败，若考试只是一种形式，或者成了某些人腐败的“挡箭牌”，那么最终就会导致腐败之风的蔓延、公信力的丧失和整个改革措施的坍塌。

为了保证检察官具备履行职责所需要的较高素质，西方国家一般规定了比较严格的选拔任命程序。在法国，司法学员在司法官学院培训结束后，要接受评议委员会的考核。评议委员会必须根据学员的能力，对其是否适合行使司法职能提出任职建议或保留意见。在德国，只有第二次通过国家司法考试的合格者才能成为候补高级官员；具备《德国法官法》第 5 条规定的履行法官职务资格的，才有资格申请成为法官或检察官。根据《德国法官法》第 122 条第 1 款的规定，只有具备履行法官职务资格的人才能被任命为检察官。至于能否成功，要看考生两次考试的成绩，只有中等以上水平的考生才有希望成为法官或检察官，而这一比例一般只占考生的15%。具体的选拔任命程序由州司法行政部门负责。不少州设有法官选任委员会，同时也从事检察官的选任工作，目的是保障所选拔出来的检察官与法官具有同等水平。有些州是由司法部或州高等法院负责选任检察官的工作，也有些州是由法官选任委员会和司法部共同负责。但是，不管由哪个部门负责检察官的选任工作，都要对候选人作出一定的评价，其评价标准一般都从执业资格、道德水准、社会能力等几个方面考虑，并作出最终是否录用为实习检察官或法官的决定，尽管具体的评价程序可能有所不同。① 对这些机构作出的所有决定，申请人都可以根据《德意志联邦共和国基本法》第33条的规定，即"公共机构负有雇佣最胜任空缺职位之人员的义务"，对选拔机构提起司法审查。实习检察官至少从事工作三年后，才可以被任命为终身法官或检察官，但至多不超过五年。在实习期间，他们与终身检察官具有完全相同的权利和义务。② 在联邦层面，德国规定的选任程序也相当严格，联邦检察长、联邦检察官的任命须经过四道程序：由联邦司法部长提名，并向联邦总理建议，总理同意后提交上议院讨论通过，最后由联邦总统批准。③

最后必须指出，一个国家应采用何种方式任命检察官，并不是随意选择的，而是与该国的国家权力结构方式、检察机关的性质以及在国家体制中的地位等因素密切相关。在检察机关属于行政系统、检察权被明确界定为行政权的国家，由行政管理机关任命检察官是顺理成章的事；而在检察官传统上属于司法官序列的国家，由国家元首任命检察官也是一种习惯做法。从上述世界各国选任检察官的方式和程序看，主要有选举、任命、聘任以及混合等几种方式。其中，任命

---

① 参见魏武：《法德检察制度》，中国检察出版社2008年版，第263—264页。

② 同上书，第265页。

③ 参见宋英辉、陈永生：《英美法系与大陆法系国家检察机关之比较》，载《中央检察官管理学院学报》1998年第3期。

制是产生检察官的最主要方式，尽管因各国对检察机关的定位和性质不同，其任命的机关和方式也有所不同，有的国家由总统任命，如美国的联邦检察官、法国的检察官等；有的国家则由内阁或司法部长等行政长官任命，如澳大利亚由州长根据政府的提议任命检察长和副检察长。采用选举制的，也有直接选举和间接选举之分。例如，美国大多数州的州检察长一般由本州公民直接选举产生，州检察官也通常由其所在县或地区的公民直接选举产生。

在我国人民代表大会制度的政治体制下，根据宪法的规定，检察机关是"一府两院"制的组成部分之一，由人民代表大会产生，受人民代表大会监督，并向人民代表大会负责和报告工作，其性质是国家的法律监督机关。这就决定了我国的检察机关应由人大组织、检察人员应受人大任免的方式，"人大对检察机关的组织和任免权是在社会主义民主制度下和权力结构之下我们所必须坚持而不能动摇的"①。

另外，我国法律规定，省、自治区、直辖市人民检察院检察长和人民检察院分院检察长由同级人大选举和罢免，省级检察长的任免须报最高人民检察院检察长提请全国人民代表大会常务委员会批准。也就是说，省级检察院检察长的产生一方面须经同级人大选举，同时又须报最高人民检察院提请同级人大常委会批准。显然，这一规定混淆了选举产生与上级批准两种不同权力之间的界限。从实践看，我国宪法规定检察机关实行"双重领导"，即地方各级人民检察院既要对促其产生的国家权力机关负责，又要对上级人民检察院负责。但是，事实上，法律关于地方检察院受上级检察机关领导的规定几乎成了一纸空文，地方检察院实际上是对地方党政负责——因为地方检察长的任命权和提名权在地方党委手中，且当上级检察院与地方党委的意见不一致时，一般尊重地方党委的意见。再者，地方检察机关的经费来源于地方财政，检察机关地位的"附属化"和检察权的

---

① 卞建林主编：《〈中华人民共和国人民检察院组织法〉修改专家意见稿》，中国检察出版社 2006 年版，第 197 页。

“地方化”也就难以避免了。为了实现上级检察机关对下级检察机关的真正领导，避免地方检察机关受制于地方党政领导，最有效的方法是赋予最高人民检察院和上级人民检察院对下级人民检察院检察长人选的提名权。

二、检察官等级制度之比较

（一）国外检察官等级制度之概况

在实行检察官制度的国家中，为了便于对检察官的指挥、监督、管理，通常情况下，都会将检察官划分成几个等级，等级的高低也是确定检察官工资待遇的基本依据之一。检察官在级别上的差异，一方面可以体现年限、能力之别，另一方面也为低级别检察官的努力指明了奋斗的方向。世界上大多数国家设立的检察官等级与其机构的设置密切相关，主要通过检察官职务确定等级。下面就对世界上几个主要国家的检察官等级制度作一概述。

1．粗放式的检察官等级制度

受行政体制等级制度的影响，各国的检察官也分为不同的等级。在不同文化理念下的检察制度中，划分检察官的等级模式也大不相同。相比较而言，大陆法系国家实行的是粗放式的等级制度，如法国、德国。法国的检察官属于司法官范围，受尽力减少和简化司法官等级观念的影响，其等级制度近年来经多次修改。目前，法国的司法官从低到高共分为三个等级，即二级司法官、一级司法官和特级司法官。原来在一级和二级内又区分出不同的层次，但2001年时通过法律规定取消了这些层次。从二级司法官到特级司法官，其人数的比例呈金字塔结构。从二级司法官晋升为一级司法官，要以级别晋升表为依据，符合条件的司法官先经过选择在该晋升表上注册。为保证晋升的公正性和透明度，晋升表由晋升委员会制作。此委员会由20名司法官组成，成员包括最高法院院长、庭长和检察长等。在制作晋升表时，晋升委员会须了解每个司法官的个人履历，尤其是同级司法官对其职业活动的评价和评分。晋升表制作好后，要发给每一位入选的司法官，并在各法院内公告，未入选的司法官可以再次要求将自己的名字注册到晋升表中。此程序十分透明，以防止入选晋升过程中的专断性。同时，法律还对晋升的条件作了严格的限制，如规定任职的年限、在不同法院任职等。[①]

因法国的检察机关设立在各级法院之内，与法院的设置相对应。在最高法院和上诉法院内设立的检察机构，称为“驻最高法院总检察院”和“驻上诉法院总检察院”，其首长为驻最高法院总检察院——总检察长、驻上诉法院检察院——总检察长，他们的级别一般属于特级司法官；在初级法院内设立的检察机构，通常称为“检察院”，一般只有一名共和国检察官，按照法院的不同规模，由一名或数名代理共和国检察官协助其工作。但是，在初级法院工作的检察官的级别并不是一定低于在最高法院工作的检察官。

德国的检察机构分联邦和州两个系统，其设置与普通法院相对应。联邦检察机关受联邦司法部领导，州级检察机关受州司法部领导，两者之间没有任何隶属关系。联邦总检察院与州级总检察院之间也没有隶属关系。州级总检察院负责本辖区内所有检察院的管理工作，一般设在州级高等法院内。初级法院的检察事务由州级检察院负责。在州一级内，分州高等法院检察院和地方检察院两级，前者也称“州总检察院”。州总检察长领导本级及地方检察院，检察长领导本级检察院，他们都可以在其职责范围内发出命令，下级服从上级。德国的检察官之间没有等级之分，只有职级之别。例如，巴登符腾堡州设立了两个总检察院，其中的卡尔斯鲁厄总检察院由 1 名检察长、1 名副检察长、7 名检察官、1 名行政主管、1 名财务主管和 6 名服务人员组成。[②]

在检察机关内工作的人员，除了检察官外，还有助理检察官、司法辅助人员和服务人员（包括业务员、书记员和传达员）。这些工作人员之间是有等级之分的，有的被称为“检察官”，有的被称为“助理检察官”、“司法辅助人员”等。检察官的工资待遇、等级标准由《联

---

① 参见魏武：《法德检察制度》，中国检察出版社 2008 年版，第 137—139 页。
② 从弗莱堡检察院的人员结构看，检察官人数只是全部工作人员人数的 1/4 左右。

邦公务员保障法》、《工资法》作出规定，各州有所不同，其待遇高低取决于职级、年龄、工作年限和工作业绩等。从这一点看，尽管没有领导职务的检察官之间没有等级之分，但他们在工资待遇上还是分等级的。

2. 精细化的检察官等级制度

与大陆法系国家粗放式的检察官等级制度相比，英美法系国家的检察官等级制度可以称为“精细化的检察官等级制度”，尽管这种精细也只是稍加分类而已。如美国，无论是联邦还是地方，其检察人员可以分为检察长、检察官、助理检察官和辅助检察人员。从检察官的等级分，无论是联邦一级的还是州一级的，仅分检察官和助理检察官两个级别。检察官在政策上把关并领导助理检察官；助理检察官是美国各级检察机构中的主要力量，承担具体案件的办理，负责处理日常的刑事案件和民事案件。州检察长与州检察官之间只是一种顾问性质的关系。① 助理检察官大多为法学院的毕业生，通过公开招聘程序进入检察机构，成为检察官的雇员，一般至少要工作四年。这是根据双方签订的聘用合同确定的。由于在助理检察官与检察官之间没有晋升的阶梯，再加上工作任务重、报酬低，助理检察官一般工作四五年后就转去从事律师或其他法律工作，担任助理检察官只是为了获得诉讼经验而已。州检察长、州检察官一般都是由其所在的州或县、地区的公民直接选举产生的，并不是通过资格和工作业绩的考核晋升上去的。因此，美国的各级检察长、检察官和助理检察官都是“临时性的”检察人员，其流动性特别大，这在一定程度上成了其检察人员职业化建设的最大障碍。② 需要指出的是，美国的检察机构分联邦和州两个系统，联邦的检察机构对州一级的检察机构没有任何领导权，两者相互平行，互不干扰。

相比美国，英国的检察机关是个年轻的部门，其检察机构成立于

---

① 参见何家弘主编：《中外司法体制研究》，中国检察出版社2004年版，第109页。

② 参见何家弘主编，季美君、毛淑玲、袁经义副主编：《检察制度比较研究》，中国检察出版社2008年版，第15—17页。

1986年,在伦敦设立了皇家检察总署,是一个全国性的机构,最高负责人为检察长,对总检察长负责,通过总检察长向议会提交年度工作报告。总检察长由首相任命,是女皇的首席法律顾问,对女皇负责,并不对政府负责;作为上议院的议员,对立法机构负责,在是否作出起诉决定时,不受内阁的管辖,也不受政治的影响。[①] 在英格兰和威尔士,按地域的划分设立了42个地区检察院,基本上与42个警区相对应。每个检察院设一名首席检察官,负责该区的检察工作。皇家检察总署监督每个检察院的工作。

英国的检察官除了总检察长、检察长、首席检察官(Chief Crown Prosecutor)这些领导职务外,还分为高级检察官(Senior Prosecutor)、皇家检察官和助理检察官三个等级。皇家检察官是主要的办案力量,根据《皇家检察官准则》(the Code for Crown Prosecutions)处理各类刑事案件,独立作出起诉或者不起诉的决定。

3. 国外检察官等级制度的特点

(1) 级别层次少

从上述世界上几个主要国家对检察官等级的划分看,无论是大陆法系国家的法国、德国,还是英美法系国家的美国、英国、澳大利亚,它们对检察官等级的划分都是粗线条的,一般将检察官划分为二至四个等级。两大法系之间的区别是:在大陆法系国家中,低级别的检察官可以通过自己的工作业绩和工作年限,升迁到高一级别,如法国的晋升表;而英美法系国家的检察官虽然也分为助理检察官、检察官或高级检察官,但在助理检察官与检察官或高级检察官之间并没有直接的晋升阶梯,当检察院内出现职位空缺时,是面向社会进行招聘的,符合条件的人都可以应聘,而且有律师执业经验的人更容易胜出,这与其"检察官是受聘于政府的律师"这一观念密不可分。无论是公开的招聘还是直接的选举,其最大的好处是能够广开才源,可以

---

① 参见英国总检察长戈德史密斯勋爵(the Lord Goldsmith QC)在北京的演讲稿:"the Role of the Prosecutors in England and Wales in the Changing Criminal Justice System of the 21st Century",2002年9月。

物色到有志于检察事业的最优秀的人才;其弊端是因检察官的流动频繁,有碍于检察队伍的职业化、精英化建设。

(2) 趋向无差别

两大法系在检察官等级制度方面的共同点是设立的级别都不多,甚至还有意消除检察官之间的层次差别。例如,德国在检察官之间没有任何等级之分;法国多年来也一直致力于消除司法官之间的层次,努力减少和简化司法官的等级。这种做法是符合人性特点和检察官职业特性的。之所以要这样做,其主要原因是:等级的划分虽然有助于对检察官的科学管理与开展工作,同时也有助于增强检察官的责任心和荣誉感,激发检察官的上进心和奋斗精神,但是如果等级划分得过于细致,就难免会产生一些副作用,如不利于对检察官工作业绩的考核管理,因判断各个检察官彼此之间的细微差别有时并不容易;同时,也有可能使检察官们对级别问题过于敏感,因等级与工资是直接挂钩的,严重的级别意识容易导致检察工作中出现不和谐因素。

(二) 我国检察官等级制度中存在的问题及完善措施

为了便于对检察官的指挥、监督和管理,大多数国家都会将检察官划分成几个等级,而等级的高低也成为确定检察官工资待遇的基本依据之一。在我国,检察机关之间存在上下级之间的领导和隶属关系。与此相对应,检察官官职结构也呈现出科层制的特点,以最高人民检察院检察长为顶点,形成金字塔式的检察官职务等级制。这种等级制是根据检察官所任职务、德才表现、业务水平、工作实绩和工作年限确定的。

1. 存在的问题

我国的检察官等级制度过于琐细,而且其等级的确定与职务紧密相连,官僚化倾向十分明显,再加上检察官等级的编制至今仍没有摆脱公务员的行政序列,缺乏独立性。事实上,检察官的等级与担任领导职务的级别是两个不同的序列,不应该混为一谈。担任领导职务的检察官的等级并不一定比从事检察业务的检察官高,两者考核的标准并非完全一致。有领导能力的人的办案能力不一定就强,而办案的行家里手也不一定非要做官不可。

另外,多年来,以公务员的考核标准考核检察官,也是一个急需解决的问题。检察官的职责不同于从事行政工作的公务员,其区别是显而易见的。正因为如此,世界各国无论是将检察官视同行政人员,还是将检察官等同于法官,其设立的等级都不太多;同时,在考核检察官的业绩时,都以检察官的办案质量为标准,检察官在办案时享有充分的独立性。数十年来,随着我国检察事业的不断发展,检察队伍日益壮大,而今我们有必要改革检察官管理制度中的行政化、官僚化方式,制定科学合理的管理方式,从而有利于检察人才的脱颖而出。

2. 完善措施

事实上,我国的检察官制度近几年来取得了很大的进步,无论是在初任检察官的任职资格方面,还是在检察官的等级划分上。在《检察官法》实施之前,我国的检察官是参照公务员系列确定级别的,带有浓厚的行政色彩,没有体现出检察官职位的性质和特殊性,使检察官在执行职务时过于注重上命下从的行政特性而缺乏应有的独立性。自从《检察官法》实施以后,虽然在检察官的专业化管理上有了一定的进步,但并没有从根本上摆脱行政化的管理模式。在实践中,对行政级别的重视远胜于对检察官素质的提高,而且检察官等级的提升与行政级别的升迁相一致,使检察系统内的官僚习气蔓延,检察官的独立性无处立足。为改变这一现状,从有利于建设和发展检察官队伍的职业化和精英化角度考虑,同时也从我国检察官队伍十分庞大这一具体国情出发,可以从以下两个方面进行改革:

(1) 对检察官实行分类管理。为了使检察官的等级制度更加科学化,革除管理体制中的行政化色彩、官僚化问题,就有必要将检察官的等级单列出来,仅根据检察官的工作业绩和工作年限确定等级,规定晋升的标准,而且晋升的程序必须公开、透明,同时还应规定相应的救济措施。具体做法是:将检察机关内的工作人员分成检察官和检察工作人员两大类,前者走的是检察官等级序列,后者可以比照公务员序列进行考核、晋升。对检察官的考核侧重于业务上的水平和工作业绩，同时考虑工作年限。让那些业务水平高而无意于做领导的检察官经过一定年限的努力工作，成为受人尊敬的资深检察官，而且其各方面的待遇也会随着等级的晋升而不断提高。

（2）检察官之间应该有等级差别，但这一差别不宜过于细致。笔者认为，仍可以将我国的检察官分为四个等级，具体级别为首席检察官、高级检察官、检察官和助理检察官，而取消各级检察官之间的层次之别。各级检察院的检察长为首席检察官，工作年限长，必须从成为检察官十年以上且业绩突出的高级检察官中择优选任。应将初任检察官的名称改为"助理检察官"，与其担任的工作相匹配，成为检察官的助手，为检察官准备各种事务性的工作。担任助理检察官满五年的，经考核合格，晋升为检察官。检察官的等级升迁与是否担任领导职务没有必然的联系，只有在其当选为检察长时，才被称为"首席检察官"。这种划分主要是为了体现检察官工作的独立性和司法性，消除等级划分上的行政化、官僚化色彩，使有志于从事检察业务工作而对领导职务并不感兴趣的检察官也能通过自己的勤奋努力、出色的业绩在等级上得到提升，以实现自身的价值，并得到同行和社会的肯定与认可，激发他们为检察事业奋斗不息。

三、检察官培训制度之比较

为了不断提高检察官的业务素质、执业能力和道德水准，确保检察队伍的精英化，世界各国都会根据检察工作的需要，对在职检察官实行有计划、有组织的培训，向受训者传授法律专业知识和特殊的工作技能。此类培训具有很强的目的性和针对性，无论是任职前还是任职后，其目的都是以检察工作的要求或发展需要为核心，根据检察官应具备的政治、业务素质和工作能力，因人而异地为检察官提供相应的培训内容，为检察官更好地履行自己的职责提供受训的途径和机会，使检察官能紧跟知识更新、技能发展的步伐，成为称职合格的检察官。由于各国的历史传统、司法制度和教育体制不同，在检察官的具体培训措施上各具特色，既有集中型培训，又有分散型培训；既有长期的离岗培训，又有短期的在职培训。通常情况下，各国都会根据检察官的实际需要,综合采用这些培训方式。下面介绍几个主要国家的检察官培训制度。

(一)国外检察官培训制度概述

1. 主要的培训模式

为了能在短时间内最大限度地提高检察官的综合素质和办案能力,拓展视野,熟悉最新法律,掌握新技术,世界各国都会立足本国的具体国情和检察工作的实际情况,不断改革和完善自己的检察官培训制度,采取最合适的方式培训检察官。纵观世界各国的检察官培训模式,主要有以下几种类型:

(1)集中型培训方式

尽管世界各国的检察制度异彩纷呈,但大多数国家都青睐集中型培训方式,尤其是在检察官上任之前或新的法律颁布之后。集中型培训又分短期和长期两种。长期的集中型培训主要是在检察官上任之前。采取这种培训方式的多是大陆法系国家。在这些国家中,由于其成立的检察机构历史悠久,在检察官培训方面的经验也十分丰富。“为了保证法官、检察官的执法水平适应形势发展的需要。法、德两国都很重视司法人员的在职业务培训。法国所有法官、检察官每年都要接受一次培训,他们每次升职之前都必须经过相应的业务培训。国家一有新的法规出台,所有法官、检察官都必须学习领会。”[①]法国检察官的培训机构为国家司法官学院,集中培训由该学院组织进行。检察官不但在任职前必须在该学院接受两年至两年半的集中培训,而且为了不断提高处理各类案件的业务水平,任职后也必须经常接受继续培训。这对检察官来说,不仅是一项权利,更是一项义务。由于法国的检察官和法官都被称为“司法官”,在任职资格上也具有互换性,无论是法官还是检察官,都在其唯一的培训学校——国家司法官学院接受培训。

从20世纪70年代开始,法国司法官在学院的培训时间被缩短,

① 何家弘主编:《刑事司法大趋势——以欧盟刑事司法一体化为视角》,中国检察出版社2005年版,第520页。

但规模却迅速扩大，目前每年大约有60%的司法官至少接受一项培训课程。在90年代前，法国还规定了强制培训制度，即刚毕业的司法学员在四年内每年必须接受一个月的教育培训。后因在学院学习时间的延长，法国取消了强制培训制度。1992年2月25日颁布的第92—189号法令规定，继续培训是司法官的一项权利，每年有权接受至少五天的培训。近年来，随着司法官工作量的加大，培训时间出现浪费的现象。2007年3月5日颁布的《组织法》将接受继续培训规定为司法官的义务。①

英国的检察机构虽然成立很晚，但在检察官培训制度方面却十分完善。英国检察官的集中培训由皇家检察总署统一组织，根据工作需要或检察官的要求设置培训课程，培训对象为全国各地新录用的人员，包括助理检察官和各检察机构的部门负责人。如2005—2008年有关全国性的国内暴力犯罪的培训项目，就是面向所有的检察官，取得了相当不错的效果。事后，皇家检察总署还对此培训的结果进行了评估，认为像这样的培训应扩大范围，如邀请外面的合作者参加等。②

美国的集中型培训也颇具特色，主要是离岗的短期培训。此种培训是将受训的检察官集中在某培训基地学习，如华盛顿培训基地等，时间为3—4周，由法学教授或资深检察官讲授与检察工作有关的法学理论知识，以及取证、起诉、法庭辩论的方法和经验等，培训内容十分丰富。③

另外，日本为了提高检察官的法律专业知识及处理业务的水平，也十分重视对检察官的在职培训。如检察官研修制度，由日本法务省所属的法务综合研究所专门负责，设立检事一般研修、专门研修、经济犯罪研修、管理者研修、副检事研修、事务官研修等项目。任职

---

① See Loi organique n 2007-287 du 5 mars2007 relative au recrutement, a la formation et a la responsabilite des magistrats publiee au Journal Officiel du 6 mars 2007.

② See the CPS: Evaluation of the National Domestic Violence Training Programme, 2005—2008, http://www.cps.gov.uk.

③ 参见于萍主编：《检察官管理制度教程》，法律出版社2003年版，第183页。

2—3 年的检事参加一般研修,时间为 40 天。任职 7—10 年的检事参加专门研修,时间为 26 天,目的是培养骨干检事应有的工作经验和业务能力。参加管理者研修的人员为工作 12—14 年的检事,时间为 1 周,主要是为了解决复杂问题,并培训作为组织监督者应具有的管理知识和工作能力等。[①]

(2) 分散型培训方式

分散型培训方式也是一种较为常用的培训方式,是为了弥补集中型培训的不足和不方便而产生的,主要是为了满足各地检察官的不同需求,尤其是对在职检察官来说。如法国,除了由国家司法官学院组织的集中型培训外,还采取分散型的方式培训各地的检察官。这种分散型培训由国家司法官学院资助,根据法国最高法院和 35 个上诉法院的提议,在各地区组织培训。英国的分散型培训则由各地区检察院自己组织,以短期集中学习为主,时间为一周左右,通过观看录像、专题讨论等形式,学习专业知识、庭审辩护技能以及最新的计算机网络技术的运用等。因培训对象不同,培训的内容会有所区别,其设置的课程有法律专业培训、管理与技巧培训、发展课程培训等。[②]

美国的检察官常被人称为当地执法系统的首长,不仅负责刑事案件的起诉工作,而且对官员腐败案件享有直接侦查职能,同时还可以指导甚至直接指挥警方对犯罪的侦查活动。[③] 再加上在法庭上辩护律师经验丰富、口若悬河、善于挑战,要做一名称职的检察官,除了应精通相关的刑事法律和证据法外,还必须具有良好的综合素质,如谈判的能力、书写法律文书的水平、语言表达能力以及管理能力等。因此,美国检察官的培训方式灵活多样,除了集中型的短期离岗培训

---

① 参见童建明、熊少敏、张巍:《日本检察人员管理的主要特点》,载《人民检察》2004 年第 2 期。

② 参见何家弘主编,季美君、毛淑玲、袁经义副主编:《检察制度比较研究》,中国检察出版社 2008 年版,第 392—393 页。

③ See He Jiahong with Jon R. Waltz, Criminal Prosecution in the PRC and in the USA-A Comparative Study, the China Procuratorial Press, 1995, pp. 242—244.

外，还有分散型的岗位培训，并以此类培训为主。培训的内容为：一是举办讲座，由业务能力较强的检察官讲授相关的法律知识和诉讼技巧等；二是由资历较高的检察官与助理检察官一起观摩法庭审判实况录像，共同探讨案例或协同解决一些较小的案件，予以直接帮助和指导，达到言传身教的效果。

（3）轮岗制培训方式

在日本，除了集中型培训、分散型培训外，还实行轮岗制培训。这是日本检察官培训制度的一大特色。其具体做法为：检察官在初次任职的检察厅工作1年后，必须轮换到其他同级检察厅任职，满3年后再次轮换。轮换从区检察厅开始，经地方和高等检察厅5—7年的轮换后，再选拔出优秀者到最高检察厅任检事。这一制度有助于协调全国检察工作的统一性和公平性。同时，为了开阔检察官的视野和眼界，日本还开展国际交流项目，其法务省定期选派检察官赴美国、英国、法国和中国学习。此外，日本法务省和人事院每年还进行短期（一般1—6个月）或长期（有的长达2年）的研究工作。

2. 国外检察官培训制度的特点

从上述世界主要国家的检察官培训情况看，各国由于具体国情的不同，在培训举办的主体、方式、时间和内容上有所差异。但是，总的说来，这些培训具有以下几个方面的共同特点：

（1）培训的目的性明确、针对性强

无论是任职前的培训还是任职后的在职培训，其目的都是使检察官能够更好地胜任本职工作，履行好自己所担负的职责，尤其是在职的继续培训教育。由于现代社会发展非常迅速，知识更新很快，检察官们想要跟上时代的步伐，不断提高办案的水平和技能，就必须不断地学习新知识、新方法。特别是在新的法律法规颁布以后，为了把握法律的精神和要义，以便在实践中准确地予以适用，法国规定所有的司法官都必须学习领会，只有在执法者对法律条文的理解相一致的情况下，才能进一步做到公正地适用法律。

（2）培训的方式灵活多样

与检察官的培训目的相适应，为了使培训的效果最大化，各国都会根据自己的国情考虑最合适的培训方式。集中培训具有规模大、受益者广的优势,但也因人员太集中,一方面会对培训的场地和师资提出更高的要求,另一方面因检察官需要远离自己的工作单位而造成工作积压、费用增加等问题。有些检察官甚至因担心自己的职务被替代而不愿意长时间地离开自己的工作岗位。例如,法国因司法官们不太愿意参加集中培训而在2007年3月5日颁布的《组织法》中规定,接受继续培训是司法官的义务。分散培训具有灵活性和务实性等特点,恰好可以弥补集中培训的缺点,能做到因地制宜、灵活机动、按需设班,以满足各地的不同需要,解决当地的特有问题。最为重要的是,检察官们可以就近参加培训学习,并与当地的其他司法界人士一起探讨法律和社会问题,既不耽误工作,又能及时地为自己充电。

目前,大多数国家在培训方式上多采用集中式与分散式相结合的形式,建立起一套以国家最高培训机构或院校为中心的培训体系,或者在国内各相关职业间如法院和检察院系统内进行规范化的轮换、交流制度,或者与国外相应的机构或院校进行交互培训。同时,根据不同的培训对象、内容和时间,选择合适的方式。如日本的轮岗制培训方式,特别有利于检察官工作水平和业务素质的提高及全面发展,也体现了检察系统内工作机会的公平性。

(3)培训的内容丰富多彩

由于检察官培训是为了满足检察官在日常工作中的需要而设立的,随着现代社会的飞速发展、科技的日新月异,发生的刑事案件五花八门,犯罪中涉及专业知识领域的情况越来越普遍,检察官要想提高自己的办案能力,就必须时时注意学习新生事物,如计算机网络知识、新颁布的法律、新出现的犯罪等。对来自不同部门、不同岗位、不同职务的检察官,出于不同的培训目的,其培训内容互不相同、各具特色,既有法律理论的传授和法律前沿问题的研究,又有实践经验的探讨和交流,还有职业道德、伦理观念的培训以及他国先进经验的学习等。

(4) 培训的对象具有普遍性

世界上绝大多数国家都非常重视对检察官的初任培训和在职培训,不但在初任时,每一位检察官都要接受一定时间的培训,在工作一定年限后,也要不时地接受在职教育和培训,以便检察官能够进行知识更新和补充,了解最新的法律、技能,不断提高自己的办案能力,做到与时俱进。无论是短期培训还是长期培训,也不管采用什么样的培训方式,其时间都是明确固定的,但最长不超过两年。

(二) 我国检察官培训制度存在的主要问题及出路

1. 存在的主要问题

从数量上看,我国的检察官人数居于世界之最,达 13 万多。但是,由于历史原因,如资格条件偏低、缺乏法律专业背景以及行政化和官僚化色彩浓厚等,目前我国检察官的素质和水平参差不齐,相当一部分检察官文化水平、理论素养和专业知识比较低,检察官的在职培训任务相当繁重。从 2001 年国家实行统一司法考试以来,这一状况正在逐步得到改善,检察官的整体素质在不断提高,检察官的培训内容也发生了巨大变化,目前主要以岗位培训、能力培训和素质培训为主。但是,与发达国家相比,我国的检察官教育培训制度尚处在发展成熟时期,从实际培训情况看,主要存在以下几个方面的问题:

(1) 培训方式比较单一,内容缺乏实用性

目前,我国对检察官的在职培训多采用集中统一授课的方式,而少采用分散型的培训方式。不管是什么级别的检察官、什么类型的培训,培训时多集中在一起上几天课就结束,不但授课内容多为书本上的知识,缺乏实用性和针对性,而且讲课的方式也以填鸭式为主,很少采用观看录像、小组讨论、实地模拟等灵活生动的方式。接受培训的检察官往往感到课堂气氛压抑、内容枯燥乏味,学习的效果难尽如人意,很难达到预期目标。事实上,在现代社会,各方面的发展都非常迅速,资讯发达,刑事案件也朝着技术化和智能化方向发展,新的法律法规不断出台,为了提高检察官的办案能力和技能,就很有必要定期接受不同内容的培训。同时,由于不同的培训对象本身所具有的素质和受教育的背景不同、岗位不同、要求不同,这就决定了培

训内容的丰富性。不同的培训目标也决定了培训内容的相异性，如为了提高检察官的法学理论修养，其授课内容就偏向于介绍法学界的前沿问题和观点；若要提高检察官的政治思想觉悟，那就要多讲授党和国家的方针、政策及最新的党中央的报告等。但是，目前，在我国的检察官培训过程中，不但形式上缺乏多样化和吸引力，而且在内容上也显得单调、乏味，使检察官培训的效果大打折扣。

（2）部门之间缺乏沟通，培训质量有待提高

自从实行全国统一司法考试以来，我国的检察官素质虽有了普遍提高，但与发达国家的精英检察官相比仍有很大的差距，如日本、韩国等。尤其是落后的西部地区，每年能通过统一司法考试的比例很少，即便是经过千辛万苦考上了，也因单位的待遇太差而离开。近几年来，贫困地区检察院的人才流失相当严重。尽管国家检察官学院已开始特意针对西藏和新疆开设特定的培训班，但毕竟接受培训的人数有限。只有当地的省级院也开始大规模地、常规地培训不同级别的检察官，那些地区检察人员的素质才会明显地提高。

另外，从最近几年的培训情况看，在高检院一级举办的培训班不可谓不多，但各业务部门举办的培训班与国家检察官学院常规化举办的班训班之间常会出现冲突现象，这无疑会造成培训资源的浪费。比如，2012 年 3 月我国《刑事诉讼法》修改后，针对修改的专题研修班自然是全国各地检察官培训的重点。但是，如果各部门之间能多一些沟通，将相关的培训内容整合在一起，或许会收到更好的效果。

（3）培训经费短缺，培训师资不足

《培训规划》提出，要加强经费保障，希望把教育培训经费列入检察经费总体预算，并争取得到党委和政府的支持，努力将检察干部教育培训经费列入本级政府年度财政预算，确保及时足额拨付，并随着经济发展逐年增长，也希望拓宽教育培训经费的来源，积极争取重要培训项目能得到专项经费。《指导意见》也建议各级检察机关将培训经费列入检察业务经费预算，并按照不低于同期检察业务经费 5% 的比例单独开支，确保满足检察教育培训工作的需要；同时，还提倡加大检察官教育基金对检察教育培训的扶持力度，逐步推行对财

政困难基层检察院人员减免培训费制度。

但是,由于地区经济发展不平衡,东南沿海省份基本上已把检察官的教育培训经费列入了检察经费总体预算,而那些经济不发达的西部地区省份连办案经费都远远不够,怎么可能还有经费支持培训工作?

另外,在培训的师资方面,在最高的国家检察官学院一级有不少的教授和法律专业人才,而且还有京城各大高校法学院教授作为后备力量,师资队伍庞大。但是,涉及具体的省份和地方,有些检察官培训中心的师资就比较短缺,聘请外面的教授讲课又缺少经费,且由于旅途奔波劳顿,知名教授们对去外地讲课热情不高,因而有些省级院在经费有保障的情况下却出现了请教师难的问题。这自然会影响培训班的常规化。不少基层院的检察官多年来从无机会接受任何形式或内容的培训,其知识水平以及对法律的把握和领悟等就有可能跟不上工作的需要和时代发展的步伐。

(4) 对培训工作不够重视

尽管最高人民检察院专门设立了教育培训部,对检察官的教育培训工作十分重视,但各个省和地方的情况不太一样。有些省份和地方的领导对培训工作缺乏足够的重视,这就直接导致该检察院的培训经费无着落,继而使培训师资的水平和检察官的培训机会难以得到保证。即便有了一两位教师,也因领导的不重视而缺乏工作的热情与干劲,无心花大功夫准备授课内容,在授课方式上也只是“唱独角戏”而已。

另外,从近几年高检院各部门组织的各类培训看,在整体上缺乏统一的规划与部署,通常是各个部门根据自身工作的需要,针对特定的对象(而不是检察官根据自身知识提升的需要作出选择),举办培训班。各地选择培训对象时,并不是按照工作的需要,而是将外出培训当作一种待遇,安排相应的领导参加,培训的效果自然可想而知。同时,由于培训缺乏总体上的规划,有时不但内容重复,而且聘请的授课老师水平参差不齐,这无疑也影响了培训的效果。

2. 解决问题的出路

检察官培训关系到我国检察队伍建设的长远之计，对推动检察队伍文化专业结构的改善，提高检察官的整体素质，促进检察事业的全面发展至关重要。我国《检察官法》第29条规定："对检察官应当有计划地进行理论培训和业务培训。检察官的培训，贯彻理论联系实际、按需施教、讲求实效的原则。"这表明我国也十分重视检察官的培训工作。《培训规划》为2006—2010年确定的培训目标和主要任务为：教育培训正规化建设和基础建设深入发展；组织管理和教学水平不断提升；教育培训的针对性、实效性进一步增强，整体质量、效果全面提高；基层和西部教育培训不断强化，各项教育培训工作持续协调全面发展；队伍文化专业结构和素质能力得到进一步改善；教育培训对检察工作和检察事业的基础性保障作用得到更加充分的发挥。《培训规划》还详细规定了培训原则、培训机构、培训内容和培训方式等。在《培训规划》实施后，2011年底通过的《指导意见》对2010—2020年的培训工作又作了进一步部署，有针对性地对完善教育培训体制、改进教育培训内容和方式、加强师资队伍建设、改进宏观管理和加强组织领导等方面提出了指导性意见。同时，《指导意见》还规定了今后十年检察官的培训目标和主要任务。

根据《培训计划》的部署，在规划期内，高检院将培养选拔100名全国检察业务专家，各省级院培养选拔20名左右省级检察业务专家，各地市级院培养选拔30名左右地区检察业务尖子，县级院着力培养一批办案能手。与此同时，为促进检察理论创新繁荣和中国特色社会主义检察理论体系的完善发展，采取组织重大课题攻关、参加高水平培训或学术交流等方式，加强对检察理论人才的培养，以期培养出一批拔尖的检察理论研究人才。另外，为了继续提高人才的学历学识水平，除了有计划地吸收引进法律专业本科毕业生充实基层外，还要扩大引进法学专业硕士和博士的比例，并鼓励、支持和选送中青年领导骨干、优秀业务骨干在职攻读硕士、博士学位，以进一步改善检察人才队伍的文化专业结构。[①]

从《培训规划》和《指导意见》的规定看,我国的检察官培训看起来鼓舞人心、令人振奋,在内容上丰富多彩,在形式上花样繁多。遗憾的是,在纸面上描述的这一幅绚丽的蓝图,要将之付诸实施,还有很长的路要走。但是,这些规定也表明了我国政府已经意识到检察官职业的特殊性,为适应时代发展的需要,要求检察官们不断地更新、充实新的法律知识,提高执法技能和办案水平。实行系统化的、规范化的、强制性的职业培训教育制度,已成为社会的共识。

有些问题确实不是写写文章、动动嘴皮子就能够解决的,比如经费问题和师资问题。但是,有些问题如果能做一些切合实际的工作,还是可以通过现有资源的整合和充分利用得以解决或者有所提高的。根据我国各级检察院的具体情况,笔者认为,可以在以下几个方面进行完善:

(1) 在指导思想和工作思路上予以真正的重视

通过国家检察官学院的核心培训,扩大培训的影响力和受训面,让培训教育工作的重要性深入各级检察院领导的心里,使其在工作思路上得以重视。国家检察官学院是培训担任领导职务的检察官的,除了在业务知识上对他们进行培训外,还要在法律理念、伦理观念和职业道德上进行培训。只要各级领导开始重视检察官的培训工作,相关的经费短缺问题、师资问题都会迎刃而解,即便是请不到有名气的法学教授,也可以请本院内有丰富实践经验的检察官担任教师,这样更能做到理论与实践相结合。在这一方面,国家检察官学院已时不时地开始聘请业务部门的领导和理论研究专家为相应的培训班授课,因其讲课内容具有实用性和前瞻性,颇受学员们的青睐。

另外,由于全国各地经济发展不平衡,相对说来,东南沿海地区的省级院在检察官培训方面更加重视一些。例如,国家检察官学院上海分院早在2010年就制定了"套餐式"培训计划,将当年的课程

---

① 参见《"十一五"期间全国检察干部教育培训规划》,载《检察日报》2007年1月24日。

安排、时间、培训人数、授课人等制作成一本小册子，培训的课程涉及检察工作的方方面面，如法警培训、行装培训、政治部培训、办公室培训、控申培训、侦监培训、监所培训、未检培训、公诉培训、反渎培训、预防培训、反贪培训、民检培训、研究室培训以及纪检监察培训等。每一培训班都根据其工作特点设计相关的授课内容，如政治部培训课程在五天的学习时间内，授课内容包括：检察职业纪律、社会主义法治理论、保密教育、思想政治工作热点问题分析、干部人事制度改革评析及讨论、检察人才工作问题研究及讨论、常见公文写作及讨论、检察业务工作现状、网络时代的思想政治教育、人际沟通和交流、离退休人员工作基本程序以及政治工作服务保障业务研讨等，同时聘请相关专家授课，其培训效果自然非同一般。事实上，在我国检察机关目前的工作机制下，领导的重视是做好一切工作的关键所在。

（2）在教学环节上，适时调整充实教学内容，探索变换教学方法

检察官培训是为了提高其办案能力和技能以及对法律适用的把握等，因此培训的内容必须具有很强的针对性，要讲究实效性，而培训对象的一致性越高，其培训效果就会越好。这一点在国家检察官学院的培训中已做得相当不错，但在不少省级院的培训中还有待进一步完善。

首先，在培训时，要对检察官实行分类培训，对不同背景和工作性质的检察官应适用不同的培训内容和方式。例如，从事职务犯罪侦查工作的检察官，其培训内容应该与职务犯罪有关，如职务犯罪的特点、侦查的技巧以及犯罪心理学等；而从事起诉工作的检察官，其培训内容要侧重于刑事法律、证据法和国家刑事政策方面的知识，对这些方面的了解、把握及准确适用无疑有助于提高其工作的能力和水平，如日本针对不同级别的检察官，适用不同的培训内容和形式。在我国，分类培训方式目前在国家检察官学院和一些省级院分院正在实行和完善之中，但在培训形式上仍有待多样化。

其次，应建立一支全面的师资队伍，其中不仅应包括精通法律的法学专家，同时还应邀请一些经验丰富的检察官；除了一定数量的专职教师如精通法律的法学专家外，还可以实行兼职教师的做法，邀请

社会上在某些方面有专长的大学教授、高级公务员或者经验丰富的检察官和法官等做兼职教师，或临时聘请他们在培训中心或学院讲课，使培训的内容兼顾理论与实践两方面。这样，既解决了培训师资不足问题，又能使教有所长、学有所得，有助于提高培训的影响力、知名度和效益等。在教学方式上，因不同的教师的讲课风格不同，教师成分的丰富性在一定程度上也体现了教学方式的多样性。但是，这种变化毕竟是有限的，还应该根据时代和检察工作的发展，探索创新教学方式，如综合采用讲授式、启发式、研究式、互动式、情景模拟和体验式等教学方法，推行公开课、示范课和观摩互评等，大力推进案例教学，建立案例库，以案析理明理，强化实践性教学环节，研究开展个性化“菜单式”培训，如运用网络培训、电化教育等现代培训手段。同时，应利用系统内外的培训资源，摸索集中培训与在岗学习、系统培训与社会化自主选学相结合的弹性培训学习制度，积极开展自主选学、在线学习、在岗自学和团队学习等。这样，有助于做到教学相长、学学相长，不但可以调动教师与学员的积极性，而且还能大大地提高教学质量。

(3) 构建统一的司法官培训制度

目前，我国的法官、检察官教育培训在法院系统、检察系统内部各自独立地进行。在最高人民法院设有国家法官学院，在最高人民检察院设有国家检察官学院，而在省、市级一级，既有法官培训中心，又有检察官培训中心，分别负责在职法官和检察官的教育培训。实行统一的司法官培训制度，如法国的做法，既可以整合节约教育培训的司法资源，解决培训经费紧张匮乏问题，又可以促进法官、检察官之间的互相学习和交流，对法律的理解适用达成共识，还可以合理地搭配教官与司法官，更加有效地实现培训目标。

由于起源的复杂性和历史发展的特殊性，我国的检察机关享有广泛的职权。在构建和谐社会中，若要充分发挥检察官在加强法律监督、维护公平正义中举足轻重的作用，检察官培训制度的完善将是检察制度改革中的关键环节。《管子 · 权修》说：“一年之计，莫如树谷；十年之计，莫如树木；终身之计，莫如树人。”要培养一支具有深厚的法学理论功底、良好的人格修养、高尚的职业操守以及丰富的实践经验的检察官队伍，并不是制定几个培训规划、高喊几声口号就能实现的。为了更好地应对我国检察工作在新时期所面临的种种挑战，完善对人才的培养途径，加快以高层次人才为重点的检察人才队伍建设，有必要进一步完善统一规划、分级组织、分工培养、条块结合、优势互补的人才培养工作格局；同时，还应制定具体细致的培训方案，将那些大而空的培训规划一步步落实到培训实践中，使定期定时的培训学习从少数检察官的特权转变成所有检察官的权利，甚至有朝一日也如法国的规定那样，成为检察官的义务。只有这样，检察队伍的精英化建设才能指日可待，既具有丰富的实践经验，又能开展法学理论研究的专家型人才才能“遍地开花”。

在现有国情下，采取上述各方面完善措施，既有利于建设一支素质优良、结构合理、专兼结合、特色鲜明的师资队伍，又能加强检察教育培训工作的力度，提高检察官的教育培训效果，同时还能有力地推动检察队伍的文化专业结构和整体素质的改善，最终有助于加快培养、造就一支政治坚定、业务精通、作风优良、执法公正的高素质专业化检察队伍。

四、检察官保障制度之比较

为了使检察官能够更好地依法履行职责，实现司法公正，国家必须为检察官提供身份上的保障和经济上的保障，使检察官在行使检察权时享有应有的独立性，不必听命受制于他人的指挥或受其他因素的干扰，同时还能够体面地生活，有足够的抵抗力拒绝物质上的引诱而避免步入腐败的深渊。为此，第八届联合国预防犯罪和犯罪待遇大会有关文件规定：“检察官的服务条件、充足的报酬、其任期、退休金及退休年龄，均应由法律或者颁布法规或条例加以规定。”[①]因此，世界上多数国家都为检察官履行职责提供身份上的保障和必要的经济条件。

---

① 转引自于萍主编：《检察官管理制度教程》，法律出版社 2003 年版，第 256 页。

（一）国外检察官保障制度

1. 身份保障制度

（1）超强型的保障条件

由于各国检察制度存在诸多差异，在身份保障方面的规定也各不相同。相比之下，为检察官提供的保障条件最好、最强的国家是俄罗斯。苏联解体后，俄罗斯的犯罪一度非常猖獗，使检察工作人员的生命、财产处于极大的危险境地。为此，《俄罗斯联邦检察机关法》规定了检察工作人员的人身和物质保障措施。该法第45条规定了检察长和侦查员的法律保护机构与措施，在联邦一级的检察机关内设立检察机关工作人员人身保护和个人安全保障局，在联邦主体一级设有分支机构，为检察长和侦查员提供特殊的保护。这种保护还包括他们的近亲属和财产。同时，为了使这种保护落到实处，在《法官、护法机关和监察机关公职人员国家保护法》及其他规范性法律文件中，对检察长和侦查人员的国家保护规定了具体的程序和条件，如人身保护、住宅保护、改变工作单位、迁徙外地居住，而且还有权持有、携带、使用枪支和特种武器等。[①]

与俄罗斯相类似的还有白俄罗斯，该国在人身安全和物质财产方面也为检察官提供了相当优厚的条件。《白俄罗斯共和国检察官法》第44条规定：在人身安全方面，检察院必须为检察官提供个人保险，保险事项为因执行公务而发生的身故、伤害、残疾和疾病。保险程序和获保条件由白俄罗斯共和国政府作出规定。另外，有关检察官的诉讼，只有白俄罗斯总检察长或副总检察长可以提出，并依法追究检察官的行政责任。检察官有权保存、携带和使用枪支弹药。在物质财产方面，如果检察官在执行公务时死亡，或因受伤、身残、患病而最终导致死亡，检察机关在取消其职务后一年内向死者家庭或其扶养人发放一次性补助，金额为死者15年生活费总额。检察官在职期间或离职后一年内因执行公务致残，检察机关向其发放一次性

① 参见何家弘主编，季美君、毛淑玲、袁经义副主编：《检察制度比较研究》，中国检察出版社2008年版，第240—241页。

补助,金额按残废一类、二类或三类等级分为五年、四年半或四年生活费补助。检察官因执行公务而导致财产损失的,由国家财政预算全额补偿。①

(2) 普通型的保障条件

除俄罗斯和白俄罗斯外,建立检察制度最早的法国在检察官的身份保障方面也比较到位。在法国,司法官在履行职责时受《法国刑法典》和特别法的保护。例如,1958 年 12 月 22 日条例第 11 条规定,司法官在履行职务时不受威胁和袭击,对司法官因威胁和袭击而遭受到的直接损害,国家必须予以赔偿。另外,《法国刑法典》第 434-24 条规定了危害司法权威罪,即对正在履行职责的司法官以言语、动作或威胁或者以各种未公开的文字或形象,寄送任何物品,对其进行侮辱,旨在侵犯其尊严或侵犯对其所担负之职责之尊重的,处一年监禁并处 15,000 欧元罚金。② 法国是通过立法规定维护检察官的尊严和形象,并确保检察官能够依法履行职责,其保障也是非常到位的。

2. 福利待遇制度

(1) 高薪养廉制

检察官的福利待遇制度也是检察官保障制度的重要组成部分。一个国家检察官待遇的高低也可以从一个侧面反映出该职业的受重视度和欢迎度。在俄罗斯,检察官是一个受人尊敬的职业,待遇也相当高。根据《俄罗斯联邦检察机关法》第 44 条的规定,检察机关工作人员的工资由六部分组成,具体为:职务工资(应当征收所得税);衔级、工龄、特殊工作条件津贴;劳动复杂性、劳动强度和劳动成果津贴;学位和学术称号津贴;每季度和年度工作总结奖金;食品价格补贴(不包括食物补贴)。检察官的工资待遇相当高,并可得到免费的全套制服。“每年享受一次在俄罗斯境内连续 30 天的带薪休假;有权免费乘坐除出租车外的交通工具;房租、水费、电话费等享受减半

---

① 参见《白俄罗斯共和国检察官法》第 22 条。

② 参见罗结珍译:《法国新刑法典》,中国法制出版社 2003 年版。

优惠;家属的退休费支付、医疗费用报销等诸多保障。”①

俄罗斯联邦总检察长的职务工资相当于联邦最高法院院长职务工资的98%,检察机关工作人员的工资远远高于其他机关和机构相应人员的工资。国家还为检察官提供人身保险,保险金由国家预算支付,保险金额相当于180倍的月平均工资。在艰苦和恶劣地方工作的检察官每年可休假45个连续日。另外,根据工龄的长短,检察官每年还享受一定的附加假期。检察官退休后可领取退休金,工龄满20年、未获得任何退休金的检察长、侦查员、科研和教育工作人员每月可以得到相当于退休金额50%的补贴。检察官去世后,其家属可享受政府给予的物质保障。

此外,根据《俄罗斯联邦检察机关法》第44条第4款的规定,在职的检察长和侦查员有权得到由各联邦主体的执行权力机关和地方自治机关提供的独门独户、设备齐全的住宅,而且这一住宅无须排队等待,必须在开始任职的6个月内提供,或者经检察长和侦查员同意,也可以提供与房租金额数量相同的国家预算资金,以便他们能够自己购买住宅或用于住宅建设,条件是在检察机关内至少工作10年。②

这些高福利待遇在白俄罗斯也有类似的规定。另外,白俄罗斯还规定了优厚的退休待遇。《白俄罗斯共和国检察官法》第44条规定:检察官可以按照劳动法规定中止劳动合同,也可以根据退休条件自行决定退休,即男性总工龄满25年,女性总工龄满20年,其中从事检察官工作至少15年;或者男性满55岁,女性满50岁,同时要求男性总工龄满35年,女性总工龄满25年,其中从事检察官工作至少8年。

在白俄罗斯,检察官离休时,国家给予其依法离休时平均工资额的60%作为养老金。如果检察官到达退休年龄后退休,养老金依照

① 参见吴玲:《俄罗斯司法体制概述》,载《中国司法》2004年第4期。

② 参见何家弘主编,季美君、毛淑玲、袁经义副主编:《检察制度比较研究》,中国检察出版社2008年版,第242页。

法律特殊规定，金额不少于离休时的养老金额。检察官离退休时，给予其6个月的职务工资作为退职金。职务工资包括附加津贴，根据检察官的级别确定。检察官离休后，有权受聘工作，领取养老金和全额工资。当检察机关撤销或减员时，检察官在从事检察工作两年以上的条件下，可获得6个月工资作为退职金，并按照法律规定的程序和条件获得平均工资额作为失业救济。

在韩国，检察官的福利待遇也相当高，同时还考虑到子女的入学问题。根据韩国《检察厅法》的规定，检事的地位应受到尊重，其报酬应与其职务和品味相适应。检事的工资分为四个等级：(1) 检察总长；(2) 高等检察厅检事长、大检察厅次长检事；(3) 大检察厅检事、地方检察厅检事长、高等检察厅次长检事；(4) 一般检事。一般检事又分为若干等级，分别规定具体的工资标准。检事的工资标准需要调整变化时，要严格以法官的工资标准为基准进行调整。另外，韩国还为检察官规定了一些灵活的福利制度，如规定"对于有子女在中学或高等学校就学的检事，在预算范围内支付子女学费补助津贴"，以及"为了改善检事的待遇，必要时可以在预算范围内支付工资调整津贴"等。[①]

(2) 公务员制

在法国，检察官与法官一样都属于司法官，其工资待遇也相同，其工资起点相当于高级公务员的工资起点，实行单独的工资等级和标准。检察官的工资由级别工资和津贴组成。根据工作年限，检察官每1—3年晋升一次工资等级。津贴根据所在岗位确定，约占工资总额的30%，但不计入退休金。检察官的工资比一般公务员高，刚刚任职的检察官月薪约为2万法郎。到退休时，一般检察官月薪可达到4万法郎，其待遇相对较高。法国规定检察官的退休年龄为65岁，而普通公务员的退休年龄为60岁。[②]

① 参见马相哲：《韩国检察制度简介》(下)，载《国家检察官学院学报》2006年第2期。

② 参见周理松：《法国、德国检察制度的主要特点及其借鉴》，载《人民检察》2003年第4期。

德国的检察官也与法官采用同一的工资标准,高于同级公务员的工资水平,其原因是在法律工作部门任职的公职人员所受的教育程度较高,准入条件更加严格。德国检察官的工资完全按照职位和年龄确定,共分 9 个级别,在每个级别中又根据年龄分成不同的层次。工资级别最高的是驻联邦法院总检察长,其月工资为 8,457 欧元,而驻高等州法院总检察长的月工资在 6,821 欧元至 7,207 欧元之间,驻州法院检察长的月工资在 3,771 欧元至 6,412 欧元之间。检察官的工资由基础工资、年龄工资和职务工资组成,每两年晋升一次,较低等级的工资依工龄晋升,较高等级的工资依职务晋升,实行基本工资与补贴相结合的挂钩工资制,基本工资体现职务等级、工龄长短、职务轻重等,而津贴则体现地区和家庭状况的差异。检察官的退休年龄与公务员一样,无论男女,其法定的退休年龄都是 65 岁。退休工资取决于工作年限和退休前 3 年内的级别,最高为原工资的 75%。检察机关的经费和检察人员的工资全部由州政府拨款予以保障。①

（二）检察官职务保障制度评析

从上述世界上几个主要国家的职务保障制度看,鉴于检察工作的艰巨性、复杂性、专业性和重要性,这些国家对检察官的职务保障制度都十分重视,给检察官提供了切实的人身安全保障和丰厚的物质条件。一般情况下,检察官的工资都要高于同级别的公务员。尤其是俄罗斯,不但通过立法从组织上、法律上规定国家应为检察官提供特殊的保护,而且为防止检察官的人身安全受到犯罪分子的威胁,规定了一套具体的措施保障检察官及其家属的安全,并在各方面为检察官履行职责提供方便,如可以携带枪支、更换工作单位、居住地点或改容易貌等;同时,还为检察官提供优厚的待遇,如住宅待遇、医疗待遇、社会保障和继续教育保障等。② 因此,俄罗斯的检察官在社

---

① 参见魏武:《法德检察制度》,中国检察出版社 2008 年版,第 274—275 页。

② 关于具体的待遇和保障措施,可参见何家弘主编,季美君、毛淑玲、袁经义副主编:《检察制度比较研究》,中国检察出版社 2008 年版,第 240—244 页。

会中享有极高的职业荣誉感和威信。无疑,检察官的福利待遇制度在一定程度上体现了该职业的专业性和重要性。

与国外的检察官福利待遇制度相比,我国在检察官职务保障方面存在的主要问题及出路为:

1. 工资福利待遇比较低

由于受经济发展水平的制约,我国检察官的工资和福利实行财政分级负责制,各级检察机关工作人员的工资由当地财政支出。这在客观上造成了检察机关的工作受制于当地的政府部门,缺乏应有的独立性。同时,也由于各地的经济发展不平衡,造成不同地区检察官之间的待遇差别悬殊,导致经济落后地区的检察人才流失严重。且不说"高薪养廉"这种有助于检察官抵制腐败的做法在近期内无法实现,有些地方的检察院甚至连办案经费都成问题,更不用说为检察官提供较高的工资福利待遇了。

事实上,从国际上的一般做法看,为了维护司法的独立性、公正性和统一性,检察官履行职责所需的经费均应由国家财政统一拨付,逐级下达到每个地区法院、检察院,如法、德两国。各级法官、检察官唯一需要思考的就是如何依法公正地办理案件,以自己的实际行动维护国家、公众和当事人的合法权益,而不必为自己所在的部门利益或本人的体面生活而费神伤脑地谋利生财。

相比之下,我国的检察官非但享受不到比较优厚的工资待遇,有些地方的检察官甚至都不能按时领到那份微薄的工资,他们怎么能全身心地投入到工作中,又怎么能抵挡得住贿赂的诱惑?尽管中央已明确规定政法机关的经费必须由财政全额拨款,但事实上,因各个地方的经济条件不同,长期以来,这个问题在不少基层院并没有得到落实(目前已开始采取分层承包的方式解决经费问题,较以往稍有改善),导致有些基层院的检察长为了保证运转,将90%的精力放在搞"创收"上,而不是考虑如何有效地执行法律,实现司法公正。在基本的物质条件都难以保障的情况下,检察官如何能依法履行职责,做到公正执法?如何能拒绝各种物质上的利诱?我国《检察官法》虽已明确规定,检察官的工资制度和工资标准,根据检察工作特点,由国家规定,但实际上是比照公务员的规定执行的。与其他公务工资的水平相比,检察官工资水平总体偏低。虽说该法还规定了检察官实行定期增资制度,但对于“定期”的界定,以及每个级别增加多少工资等,仍缺乏细致的规定。事实上,在现有国情下,给检察官以较高的工资福利待遇,并不是可望而不可即的,只要在观念上得以重视,在现实中就完全可以实现。工资待遇是一种地位的象征,比较优厚的待遇不但有利于保障检察官独立公正地履行检察权,也有利于吸引社会上的优秀人才加入检察队伍,并避免人才流失,最终有利于检察人员素质的提高和队伍的专业化建设。

2. 福利规定缺乏可操作性

由上可知,大多数国家的检察官除了工资以外,还有与检察工作岗位相适应的津贴,工资和津贴标准都是明确、公开的,而且由立法加以保障,并比照法官的工资水平,享受高薪待遇,其福利普遍高于同级行政官员的薪金水平。另外,有些国家还规定定期晋级增薪,检察官享受工龄、地区津贴及优厚的养老金等。有些条件特别优厚的国家还规定必须提供住房、交通等方面的优惠,如俄罗斯。还有一些国家对检察官的津贴规定得非常具体,贴近实际情况。例如,韩国的法律规定,对于有家庭的检察官,支付家计支援费;对于有子女在中学或高等学校学习的检察官,在预算范围内需支付其子女学费补助津贴等。这些具体规定无疑体现了韩国检察官所得福利津贴的合理性。因此,在韩国,检察官的社会地位非常受尊崇,享有极高的威信。

虽然我国也在《检察官法》中对检察官的福利待遇问题作了全面规定,但并不具体,且多属委任性条款。例如,第 39 条规定:“检察官的工资制度和工资标准,根据检察工作特点,由国家规定。”第 40 条规定:“……经考核确定为优秀、称职的,可以按照规定晋升工资;有特殊贡献的,可以按照规定提前晋升工资。”还有关于检察官应享受检察津贴、地区津贴、其他津贴以及保险和福利待遇等规定,都没有进一步规定具体的标准和办法予以落实,而且在全国检察系统内也缺乏统一的标准。在实践中,有些经济落后、条件差的地方检察院就很难真正兑现。事实上,对从事公职的检察官来说,工资和福利待遇是其生存的物质基础,也是其履行职责的前提条件,没有健康的体魄和良好的心态是不可能公正地执行法律的。

世界上最为典型的国家穷困而检察官待遇不错的是白俄罗斯。尽管独立后的白俄罗斯因经济发展缓慢,国库并不殷实,但该国十分重视检察机关的建设,突出表现在检察机关的经费及物质技术保障均由国家财政预算承担。检察机关支付检察官的基本工资、交通费用和住房费用,有关专家、翻译和其他专业人士的劳动报酬也由国家预算支出。同时,《白俄罗斯共和国检察官法》还规定:地方执行机关和管理机关应当为当地检察院租用办公场所和通讯设备;检察机关的交通工具和技术设备由白俄罗斯政府集中保障,费用由国家预算担负。因此,作为国家机构之一的检察机关,各级检察长们根本无须为本单位的办案经费短缺、办公场所拥挤和技术设备落后而担忧,更无须为筹集相关的资金而绞尽脑汁、四处求助,再加上各级检察长的任命也无须经过地方官员的点头同意,因而其检察权的行使就不必受制于地方政府和那些领导们,检察权的独立才真正有了物质上和权力上的双重保障。白俄罗斯的检察权可以说是世界上最大的权力之一,享受广泛的一般监督权、案件起诉权、案件侦查权、批准逮捕权和参加会议权等,而且在实践中运行良好,这不能不值得我们深思。

可是,在白俄罗斯,要成为一名检察官,与世界上其他国家相比,其要求并不是最高的。通常情况下,只要是白俄罗斯公民、高等院校法律专业毕业、具备必要的业务素质和道德素质,通过相关的考试和实习即可。但是,论及检察官所享受的社会物质条件、法律保护和社会保护,白俄罗斯却是世界上最为优厚的国家之一。在白俄罗斯,作为一名检察官,既享有高工资待遇,又享受完善的保障措施,可以说工作生活中的方方面面,大至住房保险,小至电话出行,国家都为其安排得妥妥帖帖,眼前无生活之虑,身后无后顾之忧。无疑,检察官的福利待遇制度在一定程度上体现了该职业的专业性和重要性,这也是白俄罗斯检察官在社会中享有极高的职业荣誉感和威信的关键因素之一。

事实上，由于检察工作具有艰巨性、复杂性、专业性等特点，且对维护整个国家的司法统一和社会的公平正义具有至关重要的作用，世界上多数国家都非常重视检察官的职务保障制度，除了采取“高薪养廉”方式以确保检察官公正执法、免受污蚀外，还为检察官提供切实的人身安全保障，解决子女入学等后顾之忧。因此，在检察官的福利待遇和保障方面，我国亦应根据目前的具体国情和检察工作的特殊性，参考国际上的一般做法，规定较高的工资福利待遇和较好的身份保障机制。

第四章

检察机关的职能

检察机关的职能，指的是检察机关能够行使的职权。世界各国的检察机关，由于历史传统和司法体制不同，法律所赋予的职权差异很大。总的说来，大陆法系国家检察机关所拥有的职权要大于英美法系国家检察机关所拥有的职权。例如，不少大陆法系国家的检察机关拥有侦查权、指挥警察调查取证权等，而英美法系国家的检察机关多定位为纯粹的公诉机关。但是，即便属于同一法系国家，每个国家因其文化传统和地理环境等方面的差异，在检察机关的职能配置上也存在着不少差别。尤其是我国的检察机关，由于其起源的复杂性和历史发展的独特性，其所享有的职权更是独树一帜。本章主要通过阐述澳大利亚检察机关职能配置上的科学性和行使过程中的高效性，比较世界上主要国家在职能配置方面的特色，为完善我国检察机关的职能配置提出一些合理可行的建议。

第一节　澳大利亚检察机关的职能

在澳大利亚，检察院的主要职能是对刑事案件提起公诉，因而检察官的角色是法庭律师。可以说，所有的检察官都是公诉律师，在刑事诉讼中代表国家起诉，其职责是发现案件事实。在控诉过程中，检察官必须具有公正无私的形象。在作出决定的过程中，检察官要排除一切其他因素的影响,如个人感情偏见、被追诉人的具体地位、政治因素等,他必须对案件中的证据、被告人等作出客观的评价。①

由于澳洲存在联邦和州两套检察系统,其起诉的范围是有明确分工的:在联邦一级,澳检察总署的作用是起诉违反了联邦法的犯罪以及没收相应的犯罪收益。近十年来,犯罪的范围有所扩大,包括反恐怖主义犯罪、洗钱犯罪、人口贩卖犯罪、苦役和性奴役犯罪、剥削儿童罪、在线性剥削罪以及危害环境和安全罪等。违反联邦法的犯罪常常涉及许多复杂的证据问题,不但要花费大量的时间,而且还需要专家们的确认。从这一角度说,提起公诉又不仅仅局限于起诉本身,它还包括一系列的其他工作,如评估证据、起草指控书、提供法律咨询以及给侦查者提供指导帮助等。另外,联邦检察总署还负责查维斯湾(Jervis Bay)和海外领地的犯罪,而州和地区检察院则负责违反各州和地区法的犯罪。

澳联邦检察总署只有起诉或没收犯罪收益的权力,由侦查机构负责犯罪的调查工作。它没有任何侦查职能,但有不少联邦机构拥有侦查权。它只是从这些机构接受证据目录,并为它们提供法律建议。②

在刑事诉讼中,检察官的作用主要有四个方面:一是开始指控和结束指控;二是向法庭提供控方证人,陈述案件的相关事实和证据,以及控方的观点等;三是进行交叉询问;四是向法官出示证据。③ 但是,不同级别的检察官在刑事诉讼程序中享有的职权不同。以新南威尔士州检察总署为例,根据该州相关法律的规定,检察总署负责的是严重犯罪的起诉,而比较轻微的犯罪则由警察起诉到地方法院。因此,检察总署的主要职能就是在新南威尔士州的地区法院和最高法院起诉严重的刑事犯罪,如果认为法院判处的刑罚太轻,也可以提

---

① 参见宋远升、闵银龙编著:《最新国外刑事司法制度研究》,东南大学出版社 2007 年版,第 321 页。

② See Commonwealth Director of Public Prosecutions: Annual Report 2009—10, pp. 2—3.

③ 参见 Mark Tedeschi:《澳大利亚皇家检察官在刑事司法中的作用》,http://www.criminallawbnu.cn/criminal/Info/showpage.asp? pkID = 12261,2006 年 8 月 2 日访问。

出上诉。除刑事审判外,检察官还要参加预审听证程序(Preliminary or Committal Hearings)。法院举行听证的目的是决定案件是否应该进行审判,其依据是案件提交审判的证据是否充足。需要特别指出的是,虽然警察与检察官的作用完全不同,前者负责刑事案件的侦查并逮捕犯罪嫌疑人,而后者是在侦查结束以后向法院提起诉讼,但两者之间的分工也存在例外的情况。即在地方法院,一些比较轻微的犯罪仍然由警察起诉。这些警察不但负责案件的侦查,同时也负责起诉,他们被称为"警察局的检察官"(Police Prosecutors)。另外,不同级别的检察官在处理刑事案件时,其可以行使的职权大小不等,尽管在具体工作中,出于办案的需要,在不少情况下,经授权,上一级检察官的职权可以由下一级别的检察官代为行使。具体分工如下:

一、职权的划分

(一)检察长的职权

检察长是新南威尔士州检察总署的最高长官。根据《检察长法》第4条的规定,检察长由总督任命,其职权来自于该法或其他法律的规定。例如,《1989年犯罪收益没收法》(the Confiscation of Proceeds of Crime Act 1989)授予检察长一些与没收有关的权力。检察长在正确履行职责方面向总检察长负责。但是,这并不意味着在准备、提起和进行刑事指控方面,总检察长可以转移或影响检察长的职权。

检察长的主要职能和职责在《检察长法》第7条(1)中作了规定,内容为:一是根据新南威尔士州法律的规定,在最高法院和地区法院,代表国家,对可起诉犯罪提起并进行指控;二是在任何法院,代表国家,对此类案件提出指控并进行上诉;三是在任何法院,代表国家,对此类指控提出的上诉进行指控。另外,该法第20条(1)还进一步强调检察长的职能为:履行以上所规定的职能,以及处理任何偶发的或有益于履行检察长职责的事。

除了上述职能外,在以下几个方面,检察长履行与总检察长相同的职能:一是在某人犯了可起诉犯罪应提交审判的情况下,审查刑事起诉书或决定不审查刑事起诉书;二是对犯了罪应审判或判刑的人提出不再继续进行诉讼的指导;三是在某人没有犯应提交审判的可起诉犯罪的情况下,审查刑事起诉书(如依职权审查刑事起诉书)。

此外,《检察长法》还赋予检察长以下权力:代表国家提起、指导或终结任一刑事起诉(包括由警察提起的简易起诉案件);为已提交审判的当事人起草起诉书;接管由他人提起的刑事诉讼;就犯罪起诉问题向副检察长、皇家检察官、起诉律师和警察总署发布指导方针;向警察总署发布命令,要求其提供有利于检察长考虑起诉或进行诉讼所需要的特殊材料;指导研究所的工作;下放自己的权力等。此外,根据与联邦检察总署签订的协议,在某些案件中,检察长也可对违反联邦法律的犯罪进行起诉。根据需要,检察长还可对来自州的诉讼向澳大利亚的终审上诉法院联邦法院和澳大利亚高等法院(设在堪培拉)提起上诉。最后,作为检察总署的行政领导,检察长还担负着行政上和管理上的职责。

需要强调的是,检察总署办理的所有刑事案件,在起诉书上必须以检察长的名义起诉。至于具体案件的处理,检察长可以授权不同级别的检察官办理相应的案件。但是,重要的决策只能由检察长作出决定。

(二)副检察长的职权

《检察长法》第5条规定了副检察长的任命、职权及责任。副检察长也由总督任命,其职权由《检察长法》和其他法律作出规定,并就是否正确履行职责向检察长负责。根据《检察长法》第22条的规定,副检察长应协助检察长的工作,并按照检察长的要求,与皇家检察官行使相同职权。根据该法第33条的规定,检察长可以委托被推荐的人行使其职权。该条第2款规定了可以委托副检察长履行以下职责:一是在相关人已犯了应审判之罪的情况下,决定不审查与可起诉犯罪有关的起诉书;二是对犯了罪应审判或判刑的人提出不再继续进行诉讼的指导;三是在某人没有犯应提交审判之罪的情况下,审查刑事起诉书;四是根据《1912年刑事上诉法》第5条(D)的规定,针对刑罚向刑事上诉法院提起上诉。

事实上，副检察长经常代表国家在高等法院和其他受理上诉的法院出庭。当检察长空缺时，副检察长行使检察长的职权。另外，在检察长的委托下，副检察长也要承担一部分行政和管理上的职责。

新南威尔士州检察总署有两名副检察长，他们并不具体分管哪些部门，其主要工作是在高等法院、州最高法院和审理刑事上诉案件的法院中代表控方出庭应诉。

（三）皇家检察官的职权

皇家检察官是根据《1986年皇家检察官法》(the Crown Prosecutors Act 1986)任命的。该法第5条规定，皇家检察官的职权有：一是代表检察长，以律师的身份出庭进行诉讼；二是审查可起诉犯罪的起诉书；三是应检察长的要求，对某些事情提供建议；四是经检察长批准，履行作为律师的其他职责。

需要强调的是，作为皇家检察官，没有职权决定不审查起诉书。如果出现皇家检察官审查起诉书的情况，则肯定是代表检察长并以检察长的名义行使这一职权的。

根据新南威尔士州相关法律的规定，一般检察官行使的职权主要有：一是代表国家对所有的刑事犯罪提起诉讼（比较严重的犯罪在区法院和最高法院由一名法官和陪审团共同审理）；二是在地方法院对由治安法官审理的案件进行听审；三是在地方法院起诉部分轻微的即决犯罪案件；四是代表国家对刑事案件提起上诉；五是处理与刑事起诉有关的其他诉讼事务，并为警察和其他侦查机构提供法律建议（如控告是否恰当、支持起诉的证据是否有效等问题）。此外，检察官在推进法律改革方面还起着积极的作用。

目前，在新南威尔士州共有97名皇家检察官，是该州出庭律师中的主要成员。根据《1986年检察官法》的规定，皇家检察官是法定的正式职位，在由陪审团审判或在最高法院和地区法院及其他上诉法院中，以及在由法官单独审理的刑事案件中，他们是精通案件的律师。在新南威尔士州，由陪审团审理的大量刑事案件都由皇家检察官起诉,并在继续还是终结诉讼方面经常为检察长提供建议。

(四) 大律师的职权

根据《检察长法》第6条的规定,为公诉服务的大律师(Solicitor for Public Prosecutors)也是法定的职位,其职权由《检察长法》或其他法律赋予,在正确履行职责方面向检察长负责。《检察长法》第23条规定,大律师享有以下职权:一是在检察长行使检察长职权时担任法律顾问;二是代表检察长指导皇家检察官和其他律师。为各自履行职责的需要,该法还规定,检察长和大律师可以根据《公共事务管理法》的规定聘用工作人员。

以前,在新南威尔士州(其他州和地区也一样),由治安法官审理的轻微刑事案件由警察负责起诉,较重的刑事案件才由检察总署负责起诉,再交法官和陪审团一起审理。目前,警察局仍保留着简易起诉权。但是,在澳大利亚,侦查权与起诉权是截然分开的。因此,新南威尔士州检察院没有侦查权,检察长也无权指导警察的侦查工作。

(五) 皇家检察官与事务律师之间的职责分工

根据《皇家检察官法》的规定,尽管皇家检察官是专门为检察长工作的,但具有一定的独立性。皇家检察官是检察长办公室中的高级辩护律师。当检察长没有合适的皇家检察官时,通常会定期从私人律师事务所中雇佣出庭律师起诉一些案件。事务律师也是检察长办公室的雇员,他们为皇家检察官起诉案件做准备工作。事务律师的职责通常有:(1) 审查由警察提交的新案件;(2) 在地方法院起诉案件;(3) 为审判做准备工作;(4) 在被告人作有罪答辩或经审判后,发现被告人有罪时提起量刑听证;(5) 在审判中帮助皇家检察官;(6) 在轻微的刑事案件中针对地方法院所作出的判决提起上诉。作为皇家检察官,其职责通常有:(1) 审查提交审判的案件,并对将要审判的被告人的指控作出决定;(2) 起诉案件;(3) 向最高法院提起上诉。

二、检察官的独立性

在澳大利亚,无论是联邦检察官还是州检察官,都具有很强的独立性。这种独立性又必须从检察长的独立性说起。作为检察长,其职位的一个重要特征是独立性,即独立于行政机关。这意味着政府不能在检察长作出是否起诉案件时指手画脚。这种独立性被认为是保证起诉公正,且仅需考虑公共利益的重要保障。这样,检察长在作出起诉决定时,只需以案件本身为依据,可以免除政治上的压力、既得利益的压力以及媒体的压力等。

从新南威尔士州检察院的历史看,检察长的职位曾有过变动。以前,这一职位是由总检察长担任的,而总检察长又是行政机关的一名成员。如今,这一职位是法定的,由行政机关之外的人担任,这自然有利于在起诉过程中减少政治方面的干涉与影响。

检察官在行使自己的职权时也是独立的,作为一个整体,他代表的是社区而不是某一个人的利益,如被害人、证人等。他必须在其他不正当的影响面前保持独立(如媒体或社会游说团体等),同时也不受政治家们的干涉。可以说,检察官是一位司法大臣,他的职责是确保审判对所有相关的人都是公正的,包括被告人。检察官必须根据法律及检察院制定的起诉准则行使自己的职权。在法庭上,检察官必须依法公正地呈现与起诉案件相关的所有证据,绝不允许隐藏对被告人有利的任何材料。①

三、检察官的具体职能

(一) 案件的范围与类型

所谓“具体职能”,这里主要指检察总署负责办理案件的范围与类型。根据新南威尔士州法律的规定,州检察总署负责处理的刑事案件主要有:一是在地区法院(the District Court)和最高法院(the Su-

① See David Robinson, Speech on “the Prosecution System in New South Wales, Australia”, 2004.

preme Court)审理的可起诉犯罪案件;二是在地方法院(the Local Court)举行预审程序的可起诉犯罪案件(Committal Proceedings);三是在地方法院审理的与某些特殊案件有关的简易审案件(Summary Hearings),如警察是被告人,或者被告人被指控犯了针对儿童的性攻击罪,或者是根据《检察长法》中有关权力移交的规定,已移交给检察长的案件;四是在地区法院上诉的与简易审有关的案件;五是在刑事上诉法院(the Court of Criminal Appeal)和高等法院(the High Court)上诉的案件;六是在州最高法院和上诉法院(the Court of Appeal)上诉的案件。

由此可见,一般说来,总署只在地区法院和最高法院负责起诉比较严重的犯罪案件,大量比较轻微的犯罪案件则由警察局内负责起诉的人在地方法院起诉。由总署起诉的犯罪主要为:毒品罪、攻击罪、性攻击罪(包括儿童和成年人)、武装抢劫罪、盗窃罪、欺诈罪、危险驾驶罪、过失杀人罪和谋杀罪。

总署中的一小部分事务律师也在地区法院担任案件的辩护律师,参加审理工作。但是,大多数案件都由皇家检察官在地区法院参加审理工作。目前,最高法院仅审理涉及谋杀和过失杀人的案件。但是,根据《刑事诉讼法》(the Criminal Procedure Act)的规定,大法官也允许皇家检察官提交其他案件的起诉书。

通常情况下,事务律师会指导帮助皇家检察官在地区法院和最高法院的审理工作。事务律师也会在地方法院和地区法院从事辩护工作,这种辩护包括案件的预审、简易审的听证等。在地区法院的辩护包括所有有理由的上诉(All Grounds Appeals)、重判的上诉(Severity Appeals)以及量刑的上诉(Sentence)。还有一部分特殊的事务律师,每天在最高法院从事最高法院的保释申请工作。在总署中,这一小组被称为"第4组"。该组每天也在地区法院从事量刑和上诉工作。[①] 此外,还有一小部分事务律师指导帮助大约七名皇家检察官在刑事上诉法院开展工作,另有几名事务律师专门在最高法院、上诉法院以及高等法院从事上诉工作。

必须指出的是,总署确实没有侦查职能,也没有这样的能力。不过,在司法实践中,可以在特定的侦查中就证据方面的问题给警察和其他侦查机构提供建议。与此同时,总署还可以为刑事审判改革机构,如刑法修改委员会以及总检察长办公室中的立法与政策部门,提供建议或进行评论。

（二）起诉政策与准则

根据《检察长法》第 13 条的规定,检察长可以为副检察长、法律顾问和皇家检察官就犯罪起诉问题提供《检察长起诉政策与准则》(DPP Prosecution Policy and Guidelines,以下简称《起诉准则》),包括行使特殊职权方面的准则。但是,这样的准则可能并不针对某一特定的案件。顾名思义,《起诉准则》是由有关起诉方面的政策性文件和相关的准则两部分组成的。政策性文件主要为检察官设立基本的要求,而准则则针对特殊情形制定具体的适用标准。因此,起诉政策主要涉及以下几个主题:一是检察官的作用和职责;二是影响决定起诉与不继续诉讼的因素;三是指控协商;四是审判的模式(包括对案件的简易处理);五是线人及豁免问题(《刑事诉讼法》规定的赔偿及承诺问题)(Indemnities and Undertakings under the Criminal Procedure Act);六是犯罪的被害人;七是由皇家检察官提起的针对量刑的上诉;八是判决理由的出版等。

---

① 有关总署的机构及各小组从事工作的情况,可参见总署的检察长 Nicholas Cowdery 先生在 2010 年 9 月 28 日给笔者回复的邮件,内容为:“The ODPP has not changed its organisation since 1995, so I'm not sure what is meant by this. In Head Office the solicitors are divided in groups, each with a Managing Lawyer. Most are general groups, doing a mix of work. Group 4 does ‘short matters’ mainly (ie pleas of guilty, bail applications, appeals from the Local Court to the District Court), there is no Group 5 and Group 6 specialises in high profile matters, prosecution of police and prosecution of matters referred from bodies such as the Independent Commission against Corruption and the Police Integrity Commission-and any Royal Commissions from time to time. There are specialised groups for the Court of Criminal Appeal and for Advisings.”

准则是具体细化并反映政策中提到的主题，如公正问题、迅速审判问题、指控实践问题，案件筛选、基于起诉书的审判选择、无议案申请（No Bill Application），不继续进行诉讼、给警察的建议、诉讼移交、证据开示、线人、豁免以及犯罪的被害人等。所有这些方面，都会在准则中作出详细规定。

最近几年，世界各国对刑事诉讼中被害人的权益越来越重视。新南威尔士州检察总署在修改《起诉准则》时，对这一问题也给予了高度关注，认可被害人的需求是其工作职责中不可忽视的内容之一。如果被害人有知晓起诉工作全过程的愿望，就会得到相应的满足。如果涉及实在的或威胁性的暴力犯罪（包括性攻击犯罪），或者死亡，或者对某人的身体造成了实质性的伤害，在定罪以后，被害人有机会参加量刑程序，可以将书面的被害人声明递交给法庭。但是，需要强调的是，检察总署是代表国家的，而不是代表被害人个人的。因此，有时候，检察总署在考虑被害人要求的同时，为了公众利益所作出的决定，被害人可能并不赞同。

根据《检察长法》第14条的规定，在修改完善《起诉准则》时，检察长可以与警察局长商讨与可起诉犯罪或规定的简易审犯罪有关的起诉问题。但是，检察长必须先与总检察长进行商讨。当然，《起诉准则》的修改不会针对某一特定的具体案件。

1. 对《起诉准则》的修改

在1987年7月新南威尔士州检察总署开始运作时，第一任检察长就曾颁布过一个《起诉准则》。此后，根据犯罪情况、社会环境及相关法律的变化不断地进行修订，以便起诉工作能够适应时代发展的需要。新近的一次修订是在2003年，最突出的表现是新南威尔士州检察总署接受了退休法官萨缪尔斯（Samuels）的建议，在《起诉准则》中将原来的“指控交易”（Charge Bargaining）正式更名为“指控协商”（Charge Negotiation and Agreement），以便突出在协商过程中被害人和警察的地位及作用。萨缪尔斯于2001年9月18日，受新南威尔士州检察长的委托，开始全面调查指控交易问题，并重新审视新南威尔士州检察总署制定的相关政策和准则。[①] 经过半年多的调查、考察、问卷、面谈之后，2002 年 5 月，萨缪尔斯在其提交的正式报告中，回顾了指控交易的历史及初衷，并对当时指控交易的内涵和实践提出了质疑。与此同时，他还对指控交易的名称提出了批评，认为“指控交易”一词会引起人们的误解，往往也会导致对指控的讨价还价。使用“指控协商”（Charge Negotiation）一词，是因为协商的结果是控辩双方经过商讨，对案件中的事实和证据达成一致的意见，最后形成双方都同意的指控协议（Charge Agreement）。该名称的改变，有助于消除人们对这一做法的误解和蔑视，因为澳洲的民众认为“bargaining”一词隐含着为了方便甚至更坏的目的而无原则、不合情理地交易（deal）的含义，而“Plea Bargaining”就更易引起误解，因为“plea”一词本身就隐含着有罪的意思。[②]

2. 有关指控协商的指导原则

澳大利亚的检察官在行使职权时，除了必须遵守相关的制定法和判例法的规定外，通常还要依据专门为起诉工作制定的政策和指南办理案件。为此，各州都根据自己的实际情况制定了相应的起诉政策。在 SJK v. the Queen 一案[③]中，澳大利亚高等法院对有关辩诉协议问题（维多利亚州的表述）作出了原则性的规定，其内容为：

（1）对被告人提出指控决定是检察官独有的职责。

（2）被告人有权决定是否对指控作出有罪答辩。

（3）量刑法官的职责是决定量刑问题。为了实现这一目的，法官必须找到相关的事实。在有罪答辩案件中，与犯罪行为有关的任何事实都必须得到证据的证明，不管是正式承认的（合意的事实声明所包括的）还是非正式承认的。

（4）在控辩双方讨论证据或作出承认时，可能存在互相理解的

① See Nicholas Cowdery QC, Negotiating with the Director of Public Prosecutors, Especially under the Samuels Report, Speech on 15 March 2003.

② See Nicholas Cowdery QC, Negotiating with the Director of Public Prosecutors, Especially under the Samuels Report, Speech on 15 March 2003.

③ See SJK v. the Queen (2004) HCA 22.

成分，但对法官不具有任何约束力（除非在司法实践中，法官发现事实的证明能力受到该证据或承认的影响）。同理，在适用法律时，控辩双方之间也有可能存在互相理解的成分，这对法官也不具有任何约束力。

从这些原则性规定中可以看出，控方、被告人和法官的职责是泾渭分明的。指控协商所达成的结果是控辩双方根据自己的意愿共同商讨作出的，而且对量刑法官不具有任何约束力。在司法实践中，法官通常会按原先的协商结果处理案件。因此，在指控协商过程中，有些时候，被告人撤回自己的有罪答辩，或者皇家检察官取消接受有罪答辩，都是允许的。新南威尔士州检察院也认可这种做法。[①] 同时，检察官在指控协商过程中，在思想上还应从以下几个方面指导自己的工作：

有罪答辩能显而易见地为刑事审判制度带来不少好处，无论是对被告人来说，还是从社区利益的角度看，有罪答辩越早，各方的受益就会越大。因此，作为检察官，在指导思想上应将有罪答辩这一事实在量刑时予以减轻考虑。同时，检察官还应积极与代表被告人利益的辩护律师进行协商，并鼓励被告人进行指控协商，主动提出合适的指控。根据《1999 年犯罪法》第 22 条的规定以及 R v. Thomson and Houlton 一案[②]的结果，检察官须告知被告人有罪答辩后将会得到的好处以及承认有罪时机的重要性。但是，如果接受被告人的有罪答辩会歪曲犯罪事实并为量刑创造假依据，或者没有以构成犯罪行为严重性的重要事实为依据，或者被告人明确表示自己是无罪的，就不能接受选择性的有罪答辩。在刑事案件审理过程中，任何阶段都可以进行指控协商，但指控协商必须以原则和合理为基础，而不能仅考虑办案方便。特别需要强调的是，为了保证程序上的透明和公正的需要，检察官必须保存指控协商的书面记录，而且这种协商的结果即便是合适的，最终也只能由法庭作出决定。

---

① See R v. Filioemaha [2003] NSWCCA 37.

② See R v. Thomson and Houlton (2000) 49 NSWLR 383.

此外,在指控协商过程中,应引起注意的是,指控协议中有关合适的量刑部分对法官不具有约束力,因量刑是量刑法官单独决定的问题。在 R v. Ahmad 一案①中,法庭批评了这样的商议。在该案中,皇家检察官和辩护律师都认为没有假释的刑期是合适的。法庭认为,在任何情况下,指控协议对法官都不具有任何约束力,且检察官和辩护律师都应服从法庭的决定。② 此观点不仅适用于对案件事实的认定,也同样适用于对被告人的量刑。因此,有检察官认为,比较合适的做法是在提交给法庭的材料中对有关量刑的协议不作任何记录。③

3. 指控协商的条件和程序

20 世纪 80 年代中期以来,新南威尔士州检察总署在制定起诉工作的政策与准则、把握起诉工作的方向、保障司法公正的实现等方面作出了巨大贡献。2003 年,根据萨缪尔斯报告中提出的建议及问题,《起诉准则》作了进一步的修改和完善,特别是有关指控协商方面的规定。现行《起诉准则》第 20 条对指控协商的条件、程序以及协商时应注意的问题等都作出了全面而具体的规定,内容如下:

(1) 指控协商的条件

新南威尔士州的检察官根据不同的级别和职位,可以决定同意接受不同程度的有罪答辩,同意不再指控某一项罪名,或者只指控被告人作有罪答辩时作出承诺的罪名。在保护公共利益的基础上,检察官考虑到以下几种情况时,可以接受被告人的有罪答辩:

① 所选择的指控能够充分反映犯罪行为的严重性,且接受有罪答辩时也充分考虑到了量刑的范围;

② 从各方面的材料看,能收集到的支持案件起诉的证据显得薄弱;

③ 如果审判进行下去,与可能出现的结果相比,能够节约大量

---

① See R v. Ahmad [2006] NSWCCA 177.

② See R v. GAS (2004) 217 LR 198.

③ See Nicholas Cowdery AM QC, "Negotiating with the DPP", Speech on Legal Aid Commission of NSW Criminal Law Conference, 3 August 2006.

的时间和金钱;

④ 为了免除证人,特别是案件中的被害人或者其他弱势证人,在审判中出庭作证时的压力,或者被害人明确表示希望原有的指控不再继续下去。

(2) 指控协商的程序

新南威尔士州的《起诉准则》除了规定指控协商的指导思想和条件以外,还对指控协商的程序作出了具体规定,内容为:

① 在正式讨论开始时,必须知晓办案警察和被害人的观点,而且与辩护方的任何正式沟通都必须记录在案。在地方法院,如果负责案件的警察或被害人不同意,代表被告人的律师和皇家检察官可以考虑选择另外的指控罪名。在地区法院和最高法院,如果负责案件的警察或被害人反对协商后的指控,皇家检察官应当与资深的皇家检察官或其助手进行商讨;如果合适,也可以与检察长或副检察长进行商讨。如果出现了这种情况,案件的辩护律师(a Trial Advocate)应将此案提交给检察长办公室(the Director's Chambers)。上述所有的商讨都必须以书面的形式记录在案。

② 如果经商讨后双方都同意案件的事实,代表控方的律师或皇家检察官必须准备或得到一份同意事实的书面申明,并经双方代表签字,其复印件以及有关如何达成协议、形成协议时间的解释也必须存档。此外,双方在对合意的事实作出声明前,必须考虑负责办案的警方及被害人对这些事实的看法。在作出最终决定前,应考虑被害人对接受有罪答辩及合意的事实声明的内容的看法。但是,这些看法不具有决定性,因为在作出决定时,需要考虑大众的利益,而不仅仅是某个人或某一部分人的利益。

③ 在整个协商过程中,通常情况下,不可能由一个检察官完成所有的事情。因此,出于透明和公正的需要,对所发生事情的记录可以得到其他检察官的帮忙。有关协商的进程及相关的要求都必须一步步地进行录音,同时由涉案检察院的律师和皇家检察官如实记录在案。指控协商的案件也必须进入案件管理库,以便对案件的进程进行跟踪。被告方的任何提议都必须被清楚地记录下来,包括任何

被拒绝的提议。

④ 辩护方提出的任何书面建议或请求都必须存档。在许多案件中，对辩护方来说，可能不需要任何书面记录。但是，由于案件的复杂性和敏感性，作为检察官，还是应不带任何偏见地要求辩护方将有罪答辩的建议以及认为这样做的合适理由以书面的形式写下来，或者照抄控方的文件记录。在某些案件中，检察官有时甚至可以告诉辩护方，若其不把这些内容以书面的形式清楚地写下来，控方将不会接受其提供的建议。这种做法也未尝不可。事实上，此类交流和沟通的内容及时间的选择，对辩护方来说也是至关重要的，有助于尽早达成合适的有罪答辩协议。

⑤ 如果先前提供的建议被律师或者皇家检察官拒绝了，在情况不变的情境下，随后又提出要推翻这一决定的提议，该提议应分别提交给主管律师（a Managing Lawyer）或者高级大检察官（Deputy Senior Crown Prosecutor）审阅把关。

⑥ 如果检察官正在考虑接受杀人罪的有罪答辩，其依据是根据《1990 年犯罪法》第 23A 的规定，该案的证据受到了来自潜在的精神变态条件的实质性损害，那就应依照第 23 条 A（1）的要求，考虑社区固有的价值问题。①

从上述规定可以看出，《起诉准则》对检察官如何进行指控协商、如何办理此类案件作出了全面而详细的规定，既有原则性的指导思想，又有具体的要求，而且还根据不同的犯罪制定了具有可操作性的表格，以便检察官可以根据案件的不同情况及辩护方提出的不同建议和要求进行有效的协商，从而尽早达成合理的协议。在此过程中，检察官首先要考虑社会公众利益的需要，而不能只是为了办案的迅速和方便。与此同时，在控方和辩护方对任何案件的事实作出同意或接受辩护方提供的有罪答辩等任何决定前，还应考虑办案警察及被害人对这些合意的事实及有罪答辩的内容的看法；如果后者有不同意见，检察官就会重新进行慎重的考虑，并提交级别较高的检察

① 参见澳新南威尔士州检察总署制定的“Prosecution Policy and Guidelines”。

官决定,而不单单为了某一方的利益作出决定。此外,《起诉准则》还对具体的协商条件和操作程序作出了详细的规定,如控方与辩护方之间的任何交流和沟通都必须记录在案,辩护方提供的任何建议和请求最终也必须以书面的形式存档等。由此可见,澳大利亚的指控协商制度与发源地美国的辩诉交易制度,不仅仅是名称上的不同而已,在某些方面还存在着实质性的差别,尤其表现在对办案警察及被害人的意见和权利的重视上。①

4. 指控协商制度的特点

从以上阐述中可以看出,澳大利亚的指控协商制度具有不少特色,归纳起来主要表现在以下三方面:

(1) 名称上的不同

尽管辩诉交易制度起源于美国,但在20世纪80年代后期随着澳大利亚各州公诉机关的设立,这一制度也被移植到了澳洲。受澳洲本土传统文化和民众司法观念的影响,民众对商业味浓厚的"指控交易"(bargaining)这一名称并无好感,且容易让人引起误解,以为在这一过程中会无原则性地进行交易而可能会置司法公正于不顾。这种可能性并不是无中生有的,而是在萨缪尔斯进行实地调查以后得出的有根据的结论。因此,新南威尔士州检察总署在2003年修改《起诉准则》时采纳了萨缪尔斯的建议,将"指控交易"改为"指控协商"。这一名称的改变,不仅仅是字面意思上的不同,它还意味着新南威尔士州的检察官在进行指控协商过程中,其指导思想也与以往有很大的不同。该过程是一个控辩双方在案件事实和证据的基础上进行协商,形成合意的事实,最终达成双方都同意的协议。

(2) 重视被害人和警察的观点和意见

新南威尔士州的指控协商制度除了在名称上与其他国家不同外,其最显著的特点是在指控协商过程中特别重视案件中被害人和办案警察的意见。根据《起诉准则》的规定,被害人和办案警察享有

① 参见何家弘、龙宗智:《辩诉交易与证据制度》,载何家弘主编:《证据学论坛》(第七卷),中国检察出版社2004年版,第113页。

如下权利：

① 知情权。即对指控协商的全过程，被害人和警察都享有知情权。例如，在指控协商开始时或开始考虑时，检察官就应告知被害人。除此之外，检察官还要告知被害人指控协商所隐含的基本原理及应遵守的基本原则，以及所涉案件要进行指控协商的理由，让被害人对指控协商制度有一个比较全面、深切的了解。与办案的警察相比，身为普通民众的被害人对那些原理和原则的理解有时会更加困难一些。

② 发表意见权。在指控协商过程中，控辩双方在作出任何正式决定前，都应知道被害人和警察的意见。对任何有关指控协议的决定，被害人和警察都可以发表自己的观点和意见，而且这些意见尤其是不同的意见都会受到足够的重视。例如，对有关指控协议作出任何实质性的决定前，都应该先征求被害人和办案警察的意见；如果他们有异议，必须报请上一级检察官进行讨论后作出决定。

③ 签名权。在指控协商过程中，控辩双方就案件中的事实经协商达成的合意的事实声明，除了应告知被害人和警察外，被害人如果对所提议的事实声明没有反对意见，应在文件的复印件上签字表明没有反对意见。被害人如有反对意见，也应在文件的复印件上签字并写明要反对的事实。同时，警察也应以确认的方式在合意的事实声明上签字。

④ 受尊重权。在世界各国都强调在刑事诉讼中应注重保护被害人权益的浪潮下，澳大利亚各州也越来越重视对被害人权益的保护。根据新南威尔士州《起诉准则》的规定，检察官在指控协商过程中，应对被害人充满热情、礼貌相待，同时还应尊重被害人的权利和利益。这不是一句空话，而是落实到每个细节上。例如，将指控协商过程中的每一个环节都告知被害人，获知被害人对任何有关协议决定的意见。

（3）强调协商程序的透明性和公正性

指控协商制度作为一种刑事案件可供选择的解决方法，在司法实践中用以快速处理的案件越来越多的情况下，其本身的公正性至关重要。在新南威尔士州，为了增强公众对指控协商制度的了解和信任感，检察官在与辩护方的律师进行协商时，其程序是公开、透明的，除了协商过程的每一环节或每一个有关协议的决定都必须告知办案的警察和被害人以外，还须知晓他们对这些决定的意见。办案警察和被害人对指控协商过程的充分了解，是该过程透明性的重要体现；同时，他们的局外参与也有助于避免检察官与辩护律师之间进行不合理的交易，促进司法公正的实现。除此之外，如前所述，出于程序透明和工作的需要，《起诉准则》规定，对有关协商的过程及相关的要求，都必须进行录音并记录在案。这无疑使整个指控协商过程具有高度的透明性，也使在该过程中发生的任何细节都有据可查，其实现公正的过程让人们看得见、感觉得到。这样做不但让案件中的被害人和办案的警察对指控协商过程及结果有个全面透彻的了解，有助于在特定案件中获得他们的理解和同意，使案件最终以有罪答辩的形式结案，同时也增强了普通民众对指控协商制度的信任感，赢得了全社会对适用该制度的广泛支持，从而极大地发挥出该制度可以大量节约司法资源、提高司法效率的优越性。

5. 对我国适用相关制度的启示

（1）建立辩诉交易制度的名称问题

无论是美国的辩诉交易制度，还是澳大利亚的指控协商制度，在达成协议的过程中都存在着控辩双方讨价还价的因素。尽管这种较量是以案件中的事实和证据为基础的，但是由于每个国家的传统和文化不同，以及公众对词语含义的不同理解，往往会给一种制度的推行带来阻力或起推动作用。从澳大利亚新南威尔士州检察总署在退休法官萨缪尔斯调查指控交易问题以后，采纳了他的建议，将名称修改成“指控协商”这一做法看，要使一项法律制度获得公众的广泛支持和高度的信任，名称也是不容忽视的问题。尤其是像“交易”这样商业化味道极浓的词语，出现在司法领域，容易造成公众的误解，不利于此项制度的运行及信任度的提高。2012 年 3 月 14 日十一届全国人大第五次会议通过的《关于修改〈中华人民共和国刑事诉讼法〉的决定》（以下简称为“新刑诉法”）在第五编“特别程序”中设专章规定了“当事人和解的公诉案件诉讼程序”。这一修改表明，在多年学术研究和司法改革探索的合力下，我国已开始建立刑事和解制度。这是此次《刑事诉讼法》修改的一大亮点。但是，新刑诉法并没有对与之密切相关的控辩协商制度作出规定。[①] 因此，我国在设立辩诉交易制度时，也可以考虑使用一个更加贴近司法实践、易于为公众所接受的名称，如称为“控辩协商制度”。这无疑有助于减少公众对此项制度的误解，同时也有利于彰显该制度在运作过程中控辩双方的合作和商讨关系。

（2）在适用刑事和解制度时，应充分保障被害人的利益

随着社会的发展和犯罪率的不断增长，刑事诉讼中的私诉制度被公诉制度取代成了历史的必然，将实施犯罪的被告人绳之以法成了国家公权力的一部分。但是，在刑事司法程序的所有参与者看来，任何刑事司法体制都难以调和社会正义以及被告人、证人、被害人及公众等各个方面的利益。尤其是案件中被害人的利益，近几年来越来越受到世界各国的普遍重视和公众的高度关注。澳大利亚新南威尔士州检察总署 2003 年修订《起诉准则》时，在指控协商程序中特别强调检察官应尊重被害人的感受和意见，充分保障被害人的权利和利益。这无疑也是值得我们借鉴的地方。

在我们的实验方案中，在检察机关审查起诉环节适用认罪轻案办理程序的，不但缩短了办案时间，而且提出的量刑建议也基本上得到了法院的采纳，使被告人得到了从宽处罚，同时也使被害人的权益得到了充分保护。例如，某一试点在总结这一程序的社会效果时说，自从试行认罪轻案程序以来，上访的人员明显减少，这是一个意料之外的收获。[②]

---

① 有关刑事和解与控辩协商制度的衔接与协调问题，可以参见汪建成：《刑事和解与控辩协商制度的衔接与协调——基于对刑事诉讼法修正案（草案）第 274—276 条的分析》，载《政法论坛》2012 年第 2 期。

② 这是课题组成员在认罪轻案办理程序试点调研时了解到的情况。有关该程序的全面总结及成功经验，在 2009 年 8 月召开的研讨会上得到了试点单位和与会专家们的充分肯定。

刑事和解制度虽然基本上是辩护方和控方之间的交流和商讨，但案件是否得到公正处理，对被害人的影响是不可估量的。被害人代表的并不仅仅是一个人，而是与其有密切关系的父母、兄弟姐妹、亲戚朋友等一大群人。这些人通过个案对司法公正的理解和看法，一段时间之后，足可以影响公众对整个刑事司法制度的公信力和信任度。因此，结合我国的具体情况，新刑诉法在规定刑事和解程序时，明确规定了刑事和解的前提条件为："犯罪嫌疑人、被告人真诚悔罪，通过向被害人赔偿损失、赔礼道歉等方式获得被害人谅解，被害人自愿和解的，双方当事人可以和解。"这无疑是一个比较明智的做法，也符合当今世界各国刑事诉讼制度的发展趋势。另外，在具体适用刑事和解程序时，还可以借鉴澳大利亚新南威尔士州在指控协商制度中赋予被害人知情权、发表意见权和受尊重权等权利，若能在和解过程中做到最大限度地公正对待被害人，既照顾到公众利益，又不损害被告人获得公正审判的合法权利，那就有可能达到两个目的，即既能最大限度地增加法院对每一起案件作出公正审判的可能性，同时也有利于争取到公众对司法制度的信任。

（三）案件的起诉与管理

1. 起诉程序

在新南威尔士州，绝大多数的起诉都是从警察逮捕被告人开始。被告人被逮捕后，必须被带到地方法院，或者获得保释以后再出现在地方法院。法律明文规定了有关逮捕、搜查、讯问和羁押犯罪嫌疑人问题，如果警察违反了这些法律，其随后收集到的证据就会被法院拒绝采纳。

所有由警察启动的可起诉犯罪（如严重的犯罪）都由检察长负责起诉，而绝大多数的轻微犯罪（Summary Offences）则由警察负责起诉。至于哪些是严重的犯罪，哪些属于轻微犯罪，在法律上有明确规定。如摩托车交通事故罪、轻微的攻击罪以及轻微的毒品罪等，都属于轻微犯罪；而像谋杀、强奸、抢劫、非法的毒品供应等，就属于可起诉犯罪。轻微犯罪由治安法官审理并作出判决，且每一犯罪能判处的最高刑在立法设立这一犯罪时就作了明确规定。在这些犯罪的起诉中，治安法官会确定时间，让警察向被告人提供控方证人证词的复印件。如果是由检察长负责起诉的案件，警察要提供证人证词及其他材料，如讯问被告人时的录像、照片以及专家出具的证书等（如毒品分析、DNA 结论、弹道报告等）。

在收到警察的证据清单后，检察院内的律师会根据《起诉准则》审查起诉。警察提出的指控常会被改变，有时还会被终止起诉。检察长在对可起诉犯罪进行起诉前，会在治安法官面前举行一次预审听证（a Committal Hearing），目的是确认是否有足够的证据将被告人提交给法官和陪审团审判。治安法官在考虑听证会上提出的证据后，必须决定是否存在合理的理由让陪审团确信被告人已犯了可起诉犯罪，如果是，被告人就被提交审判；如果不是，就撤销起诉。在被告人被提交审判后，检察长必须在一个月内向法庭提交起诉状（也可以延长）。起诉状是对被告人提出起诉的正式书面指控。

在此期间，如上所述，皇家检察官会与被告人进行指控协商，如果接受了有罪答辩，就会提出比被告人所犯的罪要轻一些的指控。审判将由法官和陪审团共同进行，除非被告人要求仅由法官审理。

陪审团由 12 名随机抽取的普通民众组成。在听取证据后，陪审团决定针对被告人提出的指控是否排除了合理怀疑。如果陪审团对被告人有罪存在合理怀疑，被告人就会被无罪释放。法官负责处理法律问题，包括向陪审团解释相关的法律以及有关证据可采性问题争议的法令等。在大多数案件中，被告人在被逮捕后的六个月内将被提交审判。一旦启动起诉程序，审理的时间就由法院作出安排，检察院也不能加以控制。控辩双方只能在法院确定的特定时间里参加审判。①

2. 证据审查

根据法律规定，检察官代表全社会对一些涉及公共利益的违法犯罪行为进行起诉。根据《起诉准则》第 3 条和第 4 条的规定，检察

---

① See David Robinson, Speech on "the Prosecution System in New South Wales, Australia", 2004.

官在审查警察侦查完结移送过来的案件时，首先应充分考虑公共利益的要求，此外还应考虑以下几个因素：(1) 可得到的证据是否足以证明犯罪？(2) 是否有合理的理由定罪？(3) 是否存在其他合乎公共利益的自由裁量因素要求不起诉？其中，第(1)项基本上是客观地对案件的证据作出评价；第(2)项则要主观一些，要求对可获得的证据的证明力和弱点作出职业性判断；第(3)项涉及与要求证明指控的证据无关的自由裁量因素。

在法院作出定罪判决前的任何时候，检察官都可以中止起诉。辩护方也可以随时以书面形式向检察官提出中止起诉申请。所有此类的申请都会得到认真仔细的考虑。辩护方的申请通常会提到上述三点中的一点或几点，可能会提供一些与起诉决定有关但检察官还不知道的信息，如无罪辩护的资料等。

另外，检察官在起诉案件的整个过程中，会不断地对证据进行审查，以便决定采取适当程序处理案件。在审查证据时，通常会考虑几个方面的因素，如证人的可靠性、可信度，供词的可靠性，以及证据被法庭否决的可能性等。对证据的审查，主要体现在以下几个阶段：(1) 第一次收到警方提供的证据清单时；(2) 在准备听证时；(3) 在听证后考虑提交起诉书时；(4) 准备审判时；(5) 收到辩护方提交的撤案申请时。

在考虑是否起诉的过程中，自由裁量的因素占比较大的比重。上述第(3)项所说的自由裁量因素包括在起诉时需要考虑的公共利益因素，这一因素包括主、客观两个方面，但不包括政治因素。在考虑一个案子是否需要起诉时，首先要考虑的是前两项，如果前两项在审查时没有获得通过，就必须中止起诉。第(3)项所说的自由裁量因素中，较为常见的有被害人的个人因素，如果被害人不愿作证，起诉也有可能因此而被中止；还有被告人的个人因素，如被告人的年龄、疾病和犯罪程度等。

需要强调的是，检察官不受政治压力的干扰，也不受既得利益集团、媒体的干扰，只是根据公共利益原则和公平原则，依据案件本身的性质作出是否起诉的决定。

3. 程序规则

在刑事审判中，检察官和其他参与人员必须遵守适用于刑事审判的程序规则，主要有以下几个方面：(1) 作为控方，有义务提供所有的证人和证据；(2) 在每一个案件中，被告人在被证明有罪之前应被推定为无罪，并有权享受这一推定的好处，即无罪推定原则；(3) 被告人有权保持沉默，不能要求任何人在任何阶段回答任何指控中的问题（无论是审判前还是审判后），如果什么都没说，也不能从这一情境中作出对被告人不利的推论；(4) 不能要求被告人在其审判中提供证据；(5) 在每一个案件中，控方承担举证责任，并达到排除合理怀疑的标准等。

这些程序规则是澳洲检察官在刑事审判过程中必须严格遵守的，其中包括了人们耳熟能详的“无罪推定原则”、“沉默权规则”、“不能自证其罪规则”、“排除合理怀疑”证明标准等。这些程序规则也是英美法系国家刑事诉讼程序中的共同规则，带有普遍性。

4. 证据可采性问题

在新南威尔士州，证据规则都规定在 1991 年国会通过的《新南威尔士证据法》(the NSW Evidence Act)中。其他州和地区也有自己的证据立法，虽然互相之间会存在一些差异，但基本上还是十分相似的。尽管有立法对证据规则作出了规定，但这些规则并不是绝对的或者准确的，它们具有灵活性。在决定是否采纳时，法官享有较大的自由裁量权决定在特定情境下什么是合理的。

(1) 证据的相关性

在审理刑事案件过程中，法官在判断某一证据是否具有可采性时，首先要考虑的是该证据是否与案件中存在争议的问题有关，即是否与被指控的犯罪有关系，也就是通常所说的“证据的相关性”。这是证据法中一条最基本的原则，也是证据具有可采性要跨越的第一道障碍。普通法中的这一证据基本原则在《澳洲统一证据法》的规定中也得到了充分体现，如该法第 56 条规定：“A. 除本法另有规定外，在诉讼中，相关的证据具有可采性；B. 在诉讼中，不相关的证据不具有可采性。”那么，究竟与什么相关？如果没有具体的对象，就很难说某一事物与之相关与否。

在诉讼中，证据必须与待证的事实相关。具体到刑事案件，待证的事实就是被告人被指控的犯罪。也就是说，在刑事案件中，如果检察官想在审判中获胜，这些待证的事实就是必须由检察官证明的事实，且这些事实是由实体法即刑法而不是由证据法规定的。在这里，必须分清待证的事实与用来证明待证的事实存在或不存在的事实。例如，在一起强奸案中，原告可能会证明她挣扎了并不断地对被告说"不"，但这不是待证的事实，而是用来证明待证的事实，即原告是否同意性交。再如，被告人以不在犯罪现场进行辩护，这也不是被告在某时某地是否曾经出现过的待证的事实，而仅仅是被告人用来否认被指控罪名的一种特别的辩护方法而已。①

那么，何为相关性？其实，"相关性"是一个常用的概念，而不是法律上的概念。简而言之，如果某事有助于我们以理性的方式判断某一问题（争议或疑问），此事就与该问题相关。这一概念在英美法系国家的法律条文中表述为：在诉讼中，相关的证据是指，如果被接受，能够理性地影响（直接或间接）对诉讼中待证的事实存在的可能性的判断的证据。②

"相关的证据"是指能证明某一事实存在的证据比没有这一证据其结果更能够判断某一行为是更有可能存在或更没可能存在的证据。③

尽管各国的表述方式不尽相同，但基本含义是一样的。在实际发生的案件中，证据与案件相关的表现方式虽多种多样，但从其与所争议的事实的关系看，本质上可以分为三大类：① 直接证据（Direct Evidence），即如果采纳了这一证据，就可以确定诉讼中所争议的一个或多个事实存在或不存在；② 情境证据（Circumstantial Evidence），也叫"旁证"，即所争议的事实存在与否可以从该证据推断出来，但

① See Andrew Palmer, Principles of Evidence, Cavendish Publishing Pty Limited, 1999, p. 76.

② See Uniform Evidence Legislation, s55(1).

③ See United States Federal Rules of Evidence, Rule 401(1).

总是非决定性的；③ 可信任证据(Credibility Evidence)，即与所争议的事实没有直接关系的证据，但确实与证据的可信度有关。[①]

(2) 证据排除规则

即便是相关的证据，也有可能存在某些限制因素而不能被采纳，这就涉及证据的排除规则问题。这是证据具有可采性要跨越的第二道障碍。在证据具有相关性的情况下，接着就应考虑证据是否属于传闻证据、意见证据以及认罪证据的范围，如果属于传闻证据或意见证据(除专家意见外)，就不具有可采性；如果属于认罪证据，其情况就相当复杂，需要具体问题具体分析。根据澳洲法律规定，被告人自愿认罪的证据是可以直接用来判定被告人有罪的。此类证据也是司法实践中证明力、说服力最强的证据。因此，为了防止警察采取欺骗、引诱甚至是刑讯逼供等方式获取被告人的认罪口供，澳大利亚各州对认罪的证据作了特别详细的规定。[②]

在刑事审判过程中，作为控方，必须证明认罪证据的可靠性问题，如认罪没有受到任何暴力或压力行为的影响，或某一类行为的威胁；而法庭则必须确认认罪是自愿作出的，是被告人自由选择的结果。在实践中，绝大多数案件的认罪都必须有相应的录音或录像作为证明才具有可采性。如果认罪先是在谈话中随意作出的，必须在事后重新以录音予以确认。

除了通过暴力或强迫等非法手段获得的认罪证据不具有可采性外，采用其他非法手段获得的证据也必须被排除。如没有合适的搜查证搜查住所获得的证据，或者没有遵循合适的程序获得的证据，都属于法庭决定排除的范围。在澳大利亚，法官拥有较大的自由裁量权。在决定某一证据是否属于非法获得的证据，是否应该被排除时，法官会考虑获取证据违法手段的严重性、证据的重要性、获取该证据的难易程度以及犯罪的严重性问题，并在其中取得某种平衡。

---

① See Andrew Palmer, Principles of Evidence, Cavendish Publishing Pty Limited, 1999, p. 86.

② 有关澳洲刑事证据可采性问题，可参见季美君：《澳洲刑事证据可采性规则透视》，载何家弘主编：《证据学论坛》(第12卷)，法律出版社2007年版。

因此,无论是检察官,还是其他涉案人员,在刑事审判中适用证据规则都是一项非常复杂的任务,他们必须考虑到法官的自由裁量权问题,而这个问题本身就范围较广且相当复杂。适用证据规则可以说是一个平衡相互竞争的各种利益的过程:一方面是解决犯罪并使犯罪人得到公正处理的公共利益,而另一方面则是保护个人的权利免受肆意干涉的公共利益。①

5. 案件管理

案件进入检察院通常要经过以下几个流程:信息管理处—审查—准备听审—出庭。警方提供给检察院的材料包括警察获取的证人证词。在为检察长准备案件的听证时,事务律师要会见主要证人,并与证人讨论证词。在此过程中,经常会出现警察忽略的问题,以及在会见证人时才出现的需要进一步调查的问题。如果出现这样的情况,事务律师就会要求警察作进一步调查。如果案情比较复杂,就会安排几个人负责一个案子,有的检察院会派两名皇家检察官和一名或两名事务律师一起处理。每一个案件交给一名事务律师管理,其管理都会得到先进的计算机案件管理系统的帮助,此系统名叫"CASES"。当警方指控某人犯了可起诉罪时,警方的计算机系统就会将案件的详情自动传递给"CASES",而"CASES"就会:(1) 保存完整的案情;(2) 自动给出案件在处理过程中需要完成的任务,并催促事务律师完成这些任务;(3) 提供标准的文件,如传票、通知和信件等;(4) 提供统计数字和案件管理报告。相关的电子材料,如电子邮件等,可附储在"CASES"系统的个案记录中。目前,澳洲检察院接收警方的证据的形式正朝着电子化方向发展,同时还建议以电子形式将材料呈送给辩护方和法庭。"CASES"系统可永久性地保存有关案件的通讯记录,这种高科技管理方式极大地提高了有关案件起诉通讯的真实性和可靠性,同时还确保案件不会丢失,也可让案件管理人员知晓积案的情况及每一起案件的进程。

---

① See David Robinson, Speech on "the Prosecution System in New South Wales, Australia", 2004.

需要指出的是,英美法系国家的检察官拥有的基本职能是指控犯罪,其侦查职能有限或基本上不承担侦查职能。如澳大利亚的检察官,无论是联邦的还是各州的,都不具有侦查职能。检察官对法院判决的上诉和请求再审权也比较有限,他们所承担的客观公正义务主要体现在审查起诉和庭审环节。与之相对应的是,英美法系国家的刑事诉讼比较强调程序正义,在检察官的客观公正义务中侧重于强调"公正义务"。相比之下,大陆法系国家的检察官拥有的职能比较多,除了起诉职能外,还承担着一般指挥或指导侦查的职能,其刑事诉讼程序也较强调实体真实,要求检察官承担积极的客观公正义务,即要求检察官积极地收集有利于或不利于被告人的证据,主动为被告人的利益上诉,在检察官的客观公正义务中侧重于强调"客观义务"。[①] 尽管两大法系检察官所拥有的职能大不相同,所强调的客观义务也各有侧重,但两者的最终目的都是实现司法公正,可谓殊途同归。

第二节 我国检察机关的职能

一、检察制度的特色及职能

(一) 检察制度的特色

我国检察制度是社会主义国家政治法律制度的重要组成部分,是在本国特殊的文化传统和社会环境中形成和发展起来的,它有着自身的历史背景和现实条件,同时也是在深刻总结古今中外历史经验和教训的基础上,经过长期的探索和实践不断发展和完善起来的。因此,与其他国家的检察制度相比,我国检察制度具有丰富的社会主义内涵和许多鲜明的中国特色,主要表现在以下几个方面:

一是检察机关是人民代表大会制度下与政府、法院并行的国家机关,具有独立的宪法地位,由人民代表大会产生,向人民代表大会

---

① 参见朱孝清:《检察官客观公正义务及其在中国的发展完善》,载《中国法学》2009 年第 2 期。

负责。在这种国家权力结构中，检察机关作为与行政机关和审判机关平行的国家机关，在宪政制度中具有独立的法律地位。

二是检察机关是国家的法律监督机关，通过履行公诉、职务犯罪侦查和诉讼监督等职能，维护国家法制的统一。

三是检察机关实行检察院负责制，在系统内实行上级检察院领导下级检察院的体制。在检察机关内部，我国实行的不是单一的检察长负责制（或检察官负责制），而是检察长负责和检察委员会集体领导相结合的检察院负责制。在上下级检察机关之间，实行上级检察机关领导下级检察机关工作、最高人民检察院领导地方各级人民检察院工作的体制。

四是坚持依法独立行使检察权与党的领导相统一的原则。检察机关作为独立的国家机关，必须坚持依法独立行使检察权。在依法独立行使检察权的过程中，必须坚持中国共产党对检察工作的领导。

五是检察机关与公安机关、法院办理刑事案件时分工负责、互相配合、互相制约。分工负责、互相配合、互相制约原则作为刑事诉讼活动的一项基本原则，体现了我国检察机关与公安机关特别是法院之间在履行具体的诉讼职能过程中的特殊要求。

（二）检察机关的职能

由于我国检察制度具有上述几个方面的特色，决定了我国检察机关的职能，即检察权的基本内容。根据相关法律的规定，[①]目前我国检察机关的职能主要包括侦查权、公诉权和诉讼监督权，简要分述如下：

1. 侦查权。检察机关有权对贪污贿赂犯罪，国家机关工作人员的渎职犯罪，国家机关工作人员利用职权实施的非法拘禁、刑讯逼

---

① 1979年颁布的《人民检察院组织法》曾对检察机关的职权作出明确规定。此后，1989年通过的《行政诉讼法》第10条、1991年通过的《民事诉讼法》第14条、2012年修改后的《刑事诉讼法》第8条，以及1979年颁布的《国务院关于劳动教养的补充规定》第5条、1990年颁布的《看守所条例》第8条、1994年通过的《监狱法》第6条、1995年通过的《人民警察法》第42条等，都对检察机关的职权作过规定，授权检察机关对有关事项进行法律监督。这些法律规定明确了检察机关的职权范围，是检察机关进行法律监督的法律依据。

供、报复陷害、非法搜查等侵犯公民人身权利的犯罪,侵犯公民民主权利的犯罪,以及由省级以上人民检察院决定立案侦查国家机关工作人员利用职权实施的其他重大犯罪案件进行侦查。

2. 公诉权。公诉权实质上是一种追诉犯罪的权力。按照新刑诉法的规定,除了自诉案件之外,刑事案件一律由检察机关审查决定是否提起公诉。提起公诉的权力,既包括对侦查机关侦查终结的案件进行审查的权力,也包括根据审查结果决定起诉或者不起诉的权力;既包括决定起诉后出庭支持公诉的权力,也包括对法院的裁判提出抗诉的权力。由于犯罪是对法律及其所建立的社会秩序最为严重的破坏,对犯罪行为提起公诉,自然是保障法律被遵守、维护法律尊严的活动。检察机关作为国家的法律监督机关,对犯罪案件提起公诉,也就理所当然地成为其最基本的职权之一。

3. 诉讼监督权。检察机关对公安机关的侦查活动和人民法院的刑事审判、死刑复核、死刑执行活动实施法律监督,是我国公诉制度的鲜明特色。检察机关对诉讼活动的监督主要包括四个方面:一是对刑事案件立案侦查活动的监督;二是对审判活动的监督;三是对裁判结果的监督;四是对裁判的执行情况的监督。这四个方面是从诉讼阶段的角度划分的,都涉及法律的正确适用和执行问题。从诉讼权能的角度看,诉讼监督权又可分为抗诉权(上诉权)、批准逮捕权、检察建议权和检察纠正权。[①] 诉讼监督权是检察机关法律监督的重要内容,也是检察机关的基本职权之一。

除了上述三个方面的主要职权外,检察机关还享有其他方面的职权,如批准逮捕和决定逮捕权,即对公安机关提请批准逮捕的犯罪嫌疑人的审查批准逮捕和对直接立案受理的案件决定逮捕的权力;司法解释权,即最高人民检察院对在检察工作中具体运用法律的问题进行解释的权力;对叛国案、分裂国家案以及严重破坏国家的政策、法律、政令统一实施的重大犯罪案件行使检察权和法律赋予检察机关的其他监督职权。

---

① 参见邓思清:《检察权研究》,北京大学出版社 2007 年版,第 349 页。

二、检察权的性质

(一) 相关的争论观点

所谓检察权的性质,是指检察权在国家权力结构中所处的地位以及在国家权力划分中的归属,是决定其在国家管理活动中所起作用的根本属性。① 有关我国检察权的性质问题,近十几年来,学术界争议颇多,出现了各种不同的观点,②归纳起来,主要有以下四种:一是"法律监督权说",认为我国的检察权属于法律监督权,其依据是宪法规定了我国的检察机关是法律监督机关。因此,从根本上说,我国检察机关的检察权就是法律监督权,它是国家权力结构的重要组成部分。我国宪法将法律监督权赋予检察机关的目的是实现国家权力的监督制衡,将检察权定位为法律监督权是建设中国特色社会主义的现实需要,同时也是由社会主义制度的本质和我国的国体、政体所决定的。二是"司法权说",认为检察权与司法权具有相似的属性,从本质上说,检察权是司法权的一种,并认为我国的司法权是由审判权和检察权构成的。③ 三是"行政权说",主张将检察权归属于行政权,其理由是检察权具有某些行政权的属性,如检察机关的组织体系与领导体制和行政机关相同,"检察一体化"的运作方式具有明显的行政特征;同时,检察权不具有司法权所具有的被动性、中立性和终局性等特性。④ 四是"双重属性说",认为检察权兼具行政权和司法权的双重属性,可以将之称为"特殊的行政权"或"准司法权",因为检察权既带有一定的独立性和裁断性等司法权的特征,又具有

---

① 参见邓思清:《检察权研究》,北京大学出版社2007年版,第23页。

② 有关检察权性质的探讨,可以参见龙宗智:《论检察权的性质与检察机关的改革》,载《法学》1999年第10期;谢鹏程:《论检察权的性质》,载《法学》2000年第2期;陈卫东:《我国检察权的反思与重构——以公诉权为核心的分析》,载《法学研究》2002年第2期;等等。

③ 参见谭世贵:《论司法独立与媒体监督》,载《中国法学》1999年第4期。

④ 参见郝银钟:《检察权质疑》,载《中国人民大学学报》1999年第3期;李德海:《论司法独立》,载《法律科学》2000年第1期;等等。

上命下从和组织性等行政权的特征。[①]

上述四种说法各有道理，但相比之下，还是将检察权定位为法律监督权更加符合我国的具体国情。因为我国的检察机关与其他国家的检察机关所拥有的权力并非完全相同，而是具有自身的独特性，且司法权、行政权的划分是三权分立体制下的一种模式，与我国人民代表大会制的政治体制也不吻合。事实上，对检察权性质的不同理解和定位不仅直接影响到我国检察机关在国家宪政体制中的地位，也直接影响到我国对检察权的配置问题。因此，我国的"检察权不是本来意义上的行政权，也不是完整意义上的司法权，更不是两种权力的简单混合"[②]。在我国，检察权是宪法赋予检察机关行使检察职责所拥有的各种权力的总称，对我国检察权的性质进行合理的分析和理解，将其称为"法律监督权"，有助于对这一权力的准确解读与运行，也有助于对检察官法律属性的定位与把握。

（二）检察权的行政特色

从检察权的行使方式看，我国的检察权带有比较明显的行政色彩，主要表现在：一是我国的检察机关普遍实行类似行政机关的权力结构模式和管理模式，上级有指挥领导下级的权力，下级则有听命服从上级的义务。检察权的组织体制和"一体化"的运作方式具有行政特性，如检察长和上级检察官有权处理属于下级检察官办理的案件，承办案件的检察官如中途退出也不中断和影响案件的查办程序和效果，出庭支持控诉时也可以替换检察官而不影响案件在诉讼法上的效果。这种上下级阶层式领导关系和职务的可替换性集中体现了检察权的行政色彩。二是检察权中的某些权能带有鲜明的行政特性。如职务犯罪侦查权，在行使的时候，不仅具有明确的目的性，而且具有严密的组织性，必须强调侦查效率和效果，侦查人员在行使职权时需要组织一定的侦查力量执行周密的侦查行为。这与公安机关

① 参见陈兴良：《从"法官之上的法官"到"法官之前的法官"——刑事法治视野中的检察权》，载《中外法学》2006 年第 6 期。

② 卢建平主编：《检察学的基本范畴》，中国检察出版社 2010 年版，第 47 页。有关检察权性质的各种争议及对不同观点的分析与评价，也可参见该书的第 40—49 页。

对刑事犯罪案件的侦查并无任何本质上的不同。职务犯罪侦查权所具有的目的性和组织性也表现出了明显的行政特性。①

（三）检察权的司法特色

尽管我国的检察权在组织运行形式和权能方面带有较浓的行政色彩，但是社会主义国家的检察机关已经完全从行政组织系统中分离出来，在国家体制中与行政机关处于平行的地位，检察机关与行政机关已无任何组织上的联系，行政权力不能从组织上对其进行牵制。② 因此，并不能因此而认为我国的检察权就属于行政权，因为从其实现的司法价值和公诉权的本质看，它又具有明显的司法性。检察权的根本价值目标是实现司法公正和社会正义，这与审判权的最终目标是一致的。检察机关启动诉讼程序是整个刑事诉讼体系的一部分。检察官在审查起诉时，具有很强的独立性，对是否作出起诉或者不起诉决定享有独立的判断权。作为代表国家利益的公诉人，检察官在刑事诉讼程序中，执行职务而适用法律时，必须履行客观义务原则，按照自我负责和自主办案的司法准则行事。这无疑又体现了检察权的司法权特性。

我国的检察权既具有行政权的色彩，又带有明显的司法权的特性；既具有法定性和权威性的特点，又具有主动性和倾向性的特征，总的说来是一种程序性的权力。③ 与此相联系，作为检察权的行使主体，我国检察官的法律属性也同时具有行政性和司法性的特性，其双重性的特征是由检察权的特殊性质所决定的。有关检察官法律属性的观点争议总是与检察权的性质定位之争紧密相连，离开了检察权，检察官就成了一个空洞的符号。将我国的检察权定位为法律监督权，相应地，我国的检察官就成为法律监督官员，被归入了司法官的行列，与法官一样代表国家行使职权，其履行职责的终极目标是实现公平正义。

---

① 参见胡宗智：《论检察权的规范配置与合理运行机制》，载《第九届全国检察理论研究年会优秀论文集》，2008 年 4 月。

② 参见徐益初：《司法公正与检察官》，载《法学研究》2000 年第 6 期。

③ 参见夏黎阳、黄维智：《再论中国检察权》，载《第九届全国检察理论研究年会优秀论文集》，2008 年 4 月。

第三节　检察机关职能之比较

一、两国现行检察职能之比较

从世界范围看，检察机关作为在整个刑事诉讼活动中起着承上启下作用的环节，其作用是举足轻重的。尽管各国检察机关的职权大小不同，但大多数刑事案件在警察机关侦查后，都是由检察机关提起公诉，交由法院审判的。从总体上看，大陆法系国家的检察制度与英美法系国家的检察制度在职能上有着明显的不同，前者的职能要远大于后者。我国检察机关的职能与大陆法系国家比较相近。从以上的详细阐述中也可以看出，我国检察机关的职能远大于澳大利亚检察机关的职能，这是由一国政体及对检察权的定位所决定的。澳大利亚属于英美法系国家，历史上，其刑事案件的起诉权由警察行使。随着社会的发展和大众对侦诉一体化的强烈不满，澳大利亚才于 20 世纪 80 年代中期成立专门的、独立的起诉机构（the Prosecution Service）。从英文本身的含义上，也可看出其主要职能是对刑事案件进行审查、提起公诉。这样的机关，从某种程度上说，虽与我国的检察机关相似，但职能却大不相同，这也是由其历史传统、文化背景和司法制度等不同因素共同作用的结果。相比之下，我国的检察机关被定位为专门的法律监督机关，经过数十年的发展和完善，已显示出自身的优越性和特殊性，这是适应我国国情并经过理性选择的必然结果。但是，因两者都是惩治犯罪的中间环节，其最大的相同之处为都是国家的公诉机关，主要负责刑事案件的起诉工作。两者的不同之处主要表现在以下几个方面：

（一）职能范围不同

澳大利亚的检察机关，无论是联邦一级的还是州一级的，作为纯粹的公诉机关，其核心职能是审查、提起公诉。相对而言，澳洲检察机关的职能比较单一。为了实现这一目的，各州的检察机关制定了全面而详细的起诉准则，以指导检察官的具体起诉工作。如新南威尔士州的《起诉准则》,就是将起诉政策中所涉及的各个方面的内容进行具体细化阐释,从而准确地适用到检察官的工作中。如公正问题、迅速审判问题、指控实践问题,以及案件筛选、证据开示等与提起公诉相关的内容,都会在准则中作出详细规定。

尽管澳大利亚检察机关的基本职能是公诉,但不同级别的检察机关的职能并非完全相同。[①] 如联邦一级的最高检察机关——澳大利亚检察总署,是一个政策发布中心和协调机构,其主要职责是为公众提供高质量的法律服务和法律政策建议。尽管总署下设的法律实践部也负责一些与总检察长、联邦和各机构有关的重要诉讼,但主要是澳大利亚政府律师地方办公室介入的上诉案件,而且其主要职责是提供与宪法、公法和制定法有关的解释及相关问题的完善建议或对策,同时还对立法动议包括法律草案的合宪性问题进行审查并提出意见,以及为大臣们和各部门提供法律建议等。作为总署的下属派出机构,设在各州及地区首府的 AGS 办公室,其人员占法律实践部的 70% ,其主要职能是负责处理民事诉讼案件,管理重要的商业事务、财产的取得及处理、土地租借、合同等方面的工作。

各州的检察总署代表政府,负责审查和起诉在最高法院和地区法院审理的可起诉犯罪(根据新南威尔士州法律),审查和提起此类诉讼在任何法院的上诉,以及作为答辩人对此类案件在任何法院的上诉进行应答。各地方检察机关的主要职责是负责本地区的日常起诉工作,每个办公室都配有皇家检察官、事务律师以及相应的行政工作人员。

相比之下,我国的检察机关,作为专门的法律监督机关,其主要职能有提起公诉、职务犯罪的侦查、诉讼监督等,自然要广泛得多。与澳洲的检察机关相似,在我国,不同级别的检察机关行使的职能也并非完全相同。如我国的最高人民检察院,其主要职能为:领导地方各级人民检察院和专门人民检察院的工作;对全国性的重大刑事案件行使检察权;对各级人民法院已经发生法律效力的判决和裁定,如

---

① 各机构所承担的具体职能详见第二章的有关内容。

发现确有错误，按照审判监督程序提出抗诉；依法对监管改造场所的活动实行监督；依法对民事诉讼、行政诉讼实行监督；对检察工作中具体应用法律的问题进行司法解释；制定检察工作条例、细则和规定；管理和规定各级人民检察院的人员编制；等等。地方各级人民检察院则行使上述各项检察职能，但像司法解释权以及制定检察工作条例、细则和规定等带有方针性、政策性、指导性的职能，则仅属于最高人民检察院。

（二）检察官的独立性问题

尽管澳大利亚检察机关的职能比较单一，但作为检察官，却是独立的，而且享有比较大的自由裁量权。例如，皇家检察官有权独立决定是否起诉案件，检察长虽可以就案件的起诉工作对皇家检察官提出指导，但不能对某一具体案件提出任何指导意见。在很多方面，皇家检察官就是一位独立的律师，只不过用检察长的名义而已。又如，在指控协商制度中，皇家检察官可以根据案件中的证据情况，决定是否提议与被告人进行指控协商，是否启动指控协商程序。在协商过程中，最后也是由检察官决定是降格指控还是减少指控。因此，尽管从性质上说，澳大利亚的检察官也如英美法系其他国家的检察官一样，被定位为行政官员，但在司法实践中，其工作的行政色彩并不太浓，而是具有很大的独立性，享有相当大的自由裁量权。

相比之下，我国的检察机关虽拥有较多的职能，但强调的是检察机关的独立，而不是检察官的独立。在司法实践中，我国的检察官所拥有的自由裁量权是很少的。即便是法律上明确规定的轻罪不起诉权，也要经过层层审批，先是案件的承办人员提出不起诉的意见，接着经科处讨论，然后报主管的检察长审批，由检察委员会决定。因此，作为检察官个人，仅享有不起诉的建议权。将检察官定位为职务而非官署，在我国虽有一定的合理性，但检察官缺乏应有的独立性，所享有的自由裁量权也远远不如英美法系国家的检察官。[①] 另外，

① 有关检察官的自由裁量权问题，因涉及刑事政策和诉讼理论问题，本书将设专节进行讨论。

在司法实践中，由于片面追求诉判一致，并将其作为衡量检察官办案水平高低的标准，致使越来越多的检察官沾沾自喜于自己的谨慎，奔忙于与法院、公安的协调之中，使批捕、起诉工作机械地沦为刑事诉讼的“传送带”。[①] 这种现象须引起决策者的高度重视。尽管现阶段在我国将独立行使检察权定位于“检察院独立”具有一定的合理性，但有必要将检察官独立作为未来检察制度发展的一个方向。

二、检察权的合理配置问题

自1978年恢复重建以来，我国的检察机关已走过了三十多个春秋。在改革开放成为时代主旋律的大背景下，全国检察机关围绕建设中国特色社会主义检察制度这一主题，以充分发挥在构建和谐社会中的职能作用为目标，几十年来，进行了许多艰辛而有益的探索。从主诉检察官制度、量刑建议权制度，到人民监督员制度、认罪轻案快速审制度等，这些改革征途上的一步步摸索，无疑有助于推进检察体制的全面改革，同时也有助于加强检察机关的公信力。但是，总的说来，这些改革措施基本上是在现行体制的法律框架内进行的工作层面的机制创新，并没有触及检察体制中的根本性问题。目前，我国的检察改革已到了关键时候，笔者认为，要想真正取得实效，必须从检察权的合理配置入手，从改革的重点、难点上下工夫，否则隔靴搔痒式地改革某些表面上的问题，最终还是无济于事的。本节主要从宏观上探讨检察权的合理配置问题。

检察权作为检察机关或检察官所享有的权力的总称，是国家的一项重要权力，尤其是在我国的宪政体制下，是与立法权、行政权相平衡的三大权力之一，其在实现司法公正、维护社会正义的过程中发挥着举足轻重的作用。如何认识和界定检察权的性质、内容和法律地位，以及如何科学合理地配置检察权等问题，既涉及国家权力配置的重大理论问题，也关系到检察权的作用能否发挥和检察改革的方

① 参见潘祖全等：《中西方检察文化与检察制度比较研究》，载潘祖全主编：《检察实践中的思考》（第二辑），中国检察出版社2008年版，第15页。

向等重大现实问题。我国检察机关的职权与世界上大多数国家检察机关的职权大不相同，尤其是英美法系国家的检察机关，如澳大利亚等。数十年来，学术界对我国检察权的性质以及检察权的合理配置问题展开了热烈讨论。为了使检察权中各项权能的设置更加符合司法资源合理配置与有效运行的要求，以便顺利实现刑事诉讼的目的和价值，必须以科学的眼光审视我国检察机关的职权问题，而不是一味地强调我国检察机关的特殊性，同时还应对检察权的运行现状进行实证考察，方能发现问题之所在，并提出一些切实可行的完善建议。

所谓检察权的合理配置，简而言之，是指我国的检察机关应当享有哪些权力，以及享有这些权力的正当性和合理性问题。检察权配置合理与否直接影响到司法公正的实现。总的说来，目前我国检察权的配置有其合理性和科学性，但无可否认的是，在司法实践的运行中确实存在着不少问题，其原因既有立法上的不健全，也有执法中的不规范因素，还有对检察机关的法律监督职能认识不够清楚、不够全面的缘故。根据我国宪法及相关法律的规定，目前检察机关主要享有以下几项职权：刑事案件侦查权，即对贪污贿赂犯罪，国家机关工作人员的渎职犯罪，国家机关工作人员利用职权实施的非法拘禁、刑讯逼供、报复陷害、非法搜查等侵犯公民人身权利和民主权利的犯罪，由人民检察院立案侦查，也就是通常所说的职务犯罪侦查权；批准和决定逮捕权；公诉权；诉讼监督权（包括立案监督权、侦查监督权、审判监督权、执行监督权）；以及司法解释权等。在这些权能中，争议最大的是批捕权、职务犯罪侦查权和民事公益诉讼的起诉权三个问题。下文将从现行检察权设置的原因与运行现状入手，对这三个问题进行着重分析和论证。

（一）现行检察权设置的历史原因

从历史上看，我国现行检察权的设置来源于苏联模式，其指导思想是列宁关于一般监督权的理论，他主张将“法律监督权从一般的国家权力中分离出来，成为继立法权、行政权和司法权之外的第四种相对独立的国家权力”，并强调“检察长的唯一职权并必须做的事情只有一件，监督全共和国对法制有绝对一致的了解，既不顾任何地方上的差别，也不受任何地方上的影响"①。因此，我国检察权从设计之初就与西方国家的三权分立模式有着很大差别，因国家权力配置的指导思想不同，由此而形成的国家各机构的设置自然也不具有对等性和可比性。三权分立设置的理念是通过立法权、司法权和行政权三者之间的分立和制衡，以达到互相制约和监督的目的。在我国的人民代表大会制度下，根据我国宪法的规定，检察机关是专门的法律监督机关，同时又肩负着提起公诉的职能。因此，根据现行法律的规定，目前检察机关行使的主要职权有：职务犯罪侦查权、起诉权、诉讼监督权等。相应地，各级检察机关通常都会设立以下几个部门（以南京市院为例）：反贪局、侦查监督处（批捕处）、公诉处、反渎职侵权局、控申检察处、民事行政检察处、监所检察处、预防处、法律政策研究室、人民监督员办公室，以及相应的服务部门，如办公室、干部处、宣传处、教育处、老干部处等。总之，我国的检察机关是以法律监督为载体，以公诉活动为核心，以维护公平正义为目标，行使法律赋予它的各项职责。

（二）现行检察权配置中存在的问题

检察权是检察机关开展各项活动、行使各项职权的依据。要科学合理地配置检察权，首先要解决的是如何配置司法职权问题。司法职权的配置涉及三个方面的问题："首先，司法权在中央与地方之间的配置问题，即如何将国家统一的司法权配置到地方；其次，不同性质部门之间的司法职权配置问题，即公安机关、检察机关、法院、司法局之间的机构设置、权限划分以及相互关系问题；三是相同性质的不同层级之间的司法权配置以及一个机构内部之间司法职权的配置问题。"②从这三个方面审视我国的检察权，当下我国的检察权配置在以下三个方面存在着一些问题：

① 列宁：《论"双重"领导和法制》，载《列宁全集》（第43卷），人民出版社1987年版，第195页。

② 陈卫东：《优化司法职权配置 建设公正司法制度》，载《法制日报》2007年12月9日。

1. 出现了严重的地方化现象。由于我国检察机关的经费在很大程度上依赖当地政府,检察长和副检察长的提名权都在地方党委,这就使某些地方的检察权出现了一定程度的地方化倾向,严重阻碍了检察官依法独立公正地行使检察权。

2. 在检察权的行使中,行政化色彩浓厚,失去了司法权的特性。多年来,在检察机关内部实行的是行政化的管理模式,检察官与其他工作人员没有任何区分。在待遇上,只有行政级别的提升才能获得更高的薪水,使得检察机关的所有人员都挤在做官这一座"独木桥"上,这显然不利于检察权高效公正地运转。

3. 法律监督的空泛化使检察权的行使失去了实效性。尽管宪法规定我国的检察机关是专门的法律监督机关,但检察机关实际所享有的职权远少于法律监督机关应有的职权,如法律授权的范围不能满足维护法制统一的要求,法律规定的监督手段也不能适应法律监督的需要等。[①] 检察权是国家的公权力,其行使必须要有法律上、制度上的保障,要优化配置检察权,也必须从法律层面进行完善。

根据现行法律的规定,目前我国检察机关所享有的具体职能主要有:一是公诉权;二是批准或决定逮捕权;三是职务犯罪侦查权;四是对刑事诉讼、民事审判和行政诉讼活动的监督权;五是法律赋予的其他职权,如司法解释权、特种案件检察权、对劳动教养机关活动的监督权、参与社会治安综合治理、预防犯罪等职权。这些职能既是检察机关从事各项检察活动的权力,也是检察机关实施法律监督所必须履行的职责。从多年的检察实践看,这基本上是符合我国当前国情的。但是,这些职能并没有得到充分发挥,其中一个重要原因就是"一些法律规定过于笼统和原则,导致监督手段不充分,监督程序不具体,缺乏可操作性,监督力度不到位,有的规定甚至与宪法定位不协调"[②]。

为了优化配置我国的检察权,强化检察机关的法律监督职能,近

---

① 参见张智辉:《检察权研究》,中国检察出版社 2007 年版,第 313—315 页。
② 孙谦主编:《中国检察制度论纲》,人民出版社 2004 年版,第 355—356 页。

些年来,有学者提出,应从以下几个方面进行完善:一是完善职务犯罪侦查监督制约机制;二是增强刑事诉讼法律监督的效力;三是完善检察机关对民事、行政诉讼的法律监督;四是增强法律监督的组织保障;五是完善检察人员的管理体制;六是完善检察机关经费保障体制;七是改革完善派出检察机构。[①] 这一观点主张对检察机关拥有的各项职能进行全面的改革和完善,表明了其对我国检察制度未来发展的憧憬,但要真正落实到具体的改革行动上,还必须抓住改革的重点和难点,只有有的放矢,才能取得预期效果;也只有抓住主要矛盾,花大力气解决难点问题,各方面的改革才能顺利进行。[②] 下面重点讨论批捕权、职务犯罪侦查权以及民事公益诉讼问题。

(三) 批捕权的合理配置问题

近几年来,随着刑事司法领域冤假错案的不断披露,学者们开始审视我国刑事司法程序设计的科学性和合理性,其中负有公诉职责的检察机关同时享有批捕权问题更是备受争议。为了合理地配置司法资源,有效地实现司法运作的最终目的——公平与效率,充分发挥检察机关在侦查阶段的法律监督功能,有必要重新考察逮捕这一强制措施在司法实践中的多重作用,认清逮捕与羁押之间的关系以及造成羁押率居高不下和超期羁押的痼疾久治难愈的真正原因,从而为科学地配置检察权中的批捕权问题提供充分的理论基础和现实根据。

1. 设置批捕权的作用

逮捕是剥夺人身自由最严厉的一种强制措施,是为了保障刑事诉讼的顺利进行而设置的。批捕权,简言之,是指检察机关对侦查机关提请批准逮捕的犯罪嫌疑人进行审查并决定是否予以逮捕的权力,它是我国检察机关目前所拥有的主要职能之一。诚然,世界各国因其所具有的政治经济制度、历史文化传统和民族心理特征等各方面因素的不同,再加上各国的宪政制度、司法制度和诉讼制度的差

① 参见孙谦主编:《中国检察制度论纲》,人民出版社2004年版,第355—401页。

② 有关我国检察改革的重点和难点问题,将在“检察体制改革”一章予以展开论述。

异，不同国家的检察制度呈现出各不相同的特色，在批捕权的设置上也并非千篇一律，尽管大多数国家是由法院或者法官行使批捕权。从设计批捕权的初衷看，主要是对行政权中的追诉权进行制约，以防止侦查机关滥用逮捕权而侵犯公民的人身权利和人身自由，以保证逮捕决定的合法性和合理性，从而实现诉讼活动顺利进行与人权保障的统一。[①] 从本质上说，批捕权的行使是对侦查活动的法律监督。由于我国的检察机关是法定的法律监督机关，因此从应然层面看，检察机关行使批捕权应起到以下几方面的作用：(1) 对逮捕的理由和必要性进行审查，以确保逮捕措施的合法性和正当性；(2) 对行政机关的追诉权进行制约，以防权力被滥用；(3) 通过审查批捕，以便及时发现侦查机关在侦查活动中出现的漏洞，保证办案质量；(4) 对侦查活动是否合法进行监督，以保证所取得证据的合法性，以便为案件的起诉工作打下扎实的基础。因此，行使批捕权的目的是搞清楚侦查机关提请的逮捕是否存在“合理的根据”、是否有逮捕的必要，从而使侦查机关能够正确地适用逮捕措施。但是，从司法实践看，检察机关在行使批捕权的过程中，并没有如所期望的那样充分发挥出上述几个方面的应有作用，相反却存在不少问题，其原因也是多方面的。

2. 批捕环节存在的主要问题及原因

(1) 理解逮捕条件存有偏差

根据我国现行《刑事诉讼法》的规定，批准逮捕必须同时具备三个条件，即有证据证明有犯罪事实、可能判处徒刑以上刑罚以及有逮捕必要，三者缺一不可；否则，哪怕有证据证明行为人实施了非常严重的犯罪，也可不适用逮捕措施。如对于某涉嫌杀人罪的行为人，若根据具体情况判断其没有明显的人身危险性，采取取保候审或监视居住等强制措施足以保障诉讼活动顺利进行的，可以不适用逮捕措施。但是，实践中，通常的做法是：一旦出现“有证据证明有犯罪事实，可能判处徒刑以上刑罚的”的情况，就不考虑有没有逮捕的必要

① 参见朱孝清：《中国检察制度的几个问题》，载《中国法学》2007 年第 2 期。

而批准逮捕，导致在多数案件中犯罪嫌疑人都被逮捕，使逮捕在各种强制措施中成为“主角”，而逮捕的结果必然是长时间的羁押。

逮捕措施在司法实践中的普遍适用，无形中提高了取保候审等其他强制措施适用的门槛，导致只有某些有钱、有势、有关系的人才能申请到取保候审，而一般人要想得到取保候审的待遇，即便符合法律的规定，也很难如愿实现。[①] 这种“以羁押为原则，以取保为例外”的审前模式，不仅不利于保障犯罪嫌疑人的人权，而且增加了国家为羁押支付的大量的人力、物力，同时也为滋生司法腐败提供了土壤。

（2）检察机关对侦查活动监督乏力

人民检察院是国家的法律监督机关，依法对刑事诉讼实行法律监督。人民检察院在审查逮捕工作中，如果发现侦查机关的侦查活动有违法情况，应当通知侦查机关纠正，对侦查机关的侦查活动是否合法进行监督。但是，在整个刑事诉讼过程中，公检两家的配合胜于制约。在共同打击犯罪的使命以及“惩罚犯罪，有罪必究”价值取向的指导下，不少检察机关对侦查部门在收集证据的过程中出现的侵犯人权的现象熟视无睹。

另外，不少基层检察院在工作中把“有罪必罚，宁可错究，亦不放纵”奉为指南，片面地强调打击的力度和刑罚的政治功能，一旦发现犯罪行为，为防止犯罪嫌疑人隐匿、逃跑，能逮捕的就先抓起来再说；在共同犯罪案件中，不管参与者的行为和情节如何，一律以同案犯对待；在有罪无罪证据并存，不能定案的情况下，宁可用足法律所规定的延长期限也不肯放人；对一些证据不足的案件，为追求快捕率而不惜损害犯罪嫌疑人、被告人的合法权益而满足社会的应急之需，[②]结果就造成了杜培武案（云南省昆明市）、聂树斌案（河北省石家庄市）、佘祥林案（湖北省荆门市京山县）、蒙上焯案（海南省琼海市）、丁志权案（黑龙江省大兴安岭地区塔河县）、胥敬祥案（河南省

---

① 参见刘仁文：《陈久霖为何当庭才收监》，载《新京报》2006年3月25日。

② 参见肖建生、肖玉华：《“有逮捕必要”应真正成为逮捕的必要条件》，2006年第七届全国检察理论研究年会论文。

周口市鹿邑县)等许多恶性冤假错案的产生,引起了社会各界的强烈反响和广泛关注。这些典型错案的酿成虽与整个中国的司法体制、办案人员的执法观念以及办案手段等诸多因素密切相关,但在批捕程序上把关不严,无法对侦查活动中的违法行为进行有效监督,也是出现这些错案的一个不可忽视的原因。事实上,这些案件都曾经过批捕程序,要是我国的批捕权配置合理,将批捕与羁押互相分离,即便在批捕阶段没有把握准确,在随后不时审查继续羁押的合理性时也会有更多的机会发现案件中存在的问题,从而有效地防止冤假错案的发生。

(3) 保护人权观念淡薄

逮捕的实施是为了使刑事诉讼活动得以顺利进行,以剥夺犯罪嫌疑人的人身自由,限制其人权作为代价,保障大多数人的人身自由和财产不受肆意侵犯,但其也有可能因被人为地利用或错误地使用而成为侵犯人权的"杀手锏"。[①] 在我国的司法实践中,长期以来,司法机关"往往单纯地强调逮捕是保证诉讼、惩罚犯罪的重要手段,而未充分考虑逮捕应兼顾司法权威和人权保护"[②],经常出现"不该批的批了"、"不该捕的捕了"等现象。在"重打击、轻保护"观念及"有罪推定"思想的影响下,执法机关的一贯做法是先把人抓起来再说。事实上,几百年前,刑事社会学派的创始人李斯特就认为,刑罚的目的是保护个人的生命、身体、财产、自由、名誉的利益,保卫国家的存在、安全和统治利益。也就是说,刑罚是以预防再犯防卫社会为目的的。只有"法益保护"或"社会防卫"才是刑罚的目的和刑罚的正当化根据。[③] 因此,作为强制措施的逮捕,其适用也应具有合法性和正当性。用之不当,无疑会给被错捕的个人及整个社会带来灾难性的影响及严重的后果。司法实践中,受错误的执法观念的指导,错捕现

---

① 参见孙谦:《逮捕论》,法律出版社 2001 年版,第 127 页。

② 肖建生、肖玉华:《"有逮捕必要"应真正成为逮捕的必要条件》,2006 年第七届全国检察理论研究年会论文。

③ 参见马克昌主编:《近代西方刑法学说史略》,中国检察出版社 1996 年版,第 196 页。

象较多，司法的权威性和信任度也因此大大下降。

司法实践中，造成“不该捕的捕了”的另一重要原因是司法机关以批捕率高、批捕人数多衡量打击犯罪的成效。尤其是在“严打”中，在一片“从快”声中，检察人员为了不在检察环节贻误案件，且对犯罪嫌疑人的社会危险性难以判断，以及考虑公检两家的工作关系，降低批捕条件，屈从于非理性的舆论与民愤，只要有犯罪事实或逮捕后不至于赔偿的就批准逮捕，以此体现打击犯罪的力度，结果将不该捕的捕了，造成了执法上的偏差，严重地侵犯了犯罪嫌疑人的人权。

逮捕工作中的上述问题造成了逮捕措施的滥用，而滥用所带来的恶劣后果也是多方面、多层次的：从社会角度看，必然造成看守所在押犯罪嫌疑人的陡然增多，极大地提高了诉讼成本，造成司法资源的不必要浪费；从嫌疑人方面看，其一旦被逮捕，就失去了人身自由，在精神上和肉体上都遭受极大的伤害，其人权也受到侵犯，同时也不利于犯罪嫌疑人自己去搜集有利于自己的辩护资料和证据；从案件本身说，也不利于司法公正的实现。

另外，将不必逮捕的犯罪嫌疑人关进看守所难免造成“交叉感染”，与同室被羁押的其他犯罪嫌疑人进行犯罪经验、作案手段方面的交流，其弊远大于利。尤其对于青少年犯罪嫌疑人而言，其负面效果更是明显。最后，作为刑事诉讼中最为严厉的强制措施，逮捕理应与其他措施配套使用，才能获得其最大的效益。“任何国家的刑罚体系，都是由各种刑罚方式有机配置而成，以便发挥控制犯罪的最佳效果。由于每个国家控制犯罪的资源投入总是有限的，所以就要求以最小刑罚成本支出，最大限度地遏制犯罪。”①因此，在现实中，对像逮捕这样严厉的强制措施，应慎用、少用，用得恰如其分，以便真正发挥其预防犯罪以及使刑事诉讼顺利进行的功能。

3. 可能的出路：逮捕与羁押在程序设计上的分离

分析我国在逮捕环节存在的问题不难发现，其中很多问题并不是批捕权本身的配置造成的，而是缘于制度设计上相关环节的缺失。

---

① 陈兴良：《本体刑法学》，商务印书馆2001年版，第82—83页。

与西方国家对逮捕措施的审查相比,我国的法律规定还是比较严格的,但由于我国的逮捕与羁押程序合二为一,嫌疑人一旦被逮捕就意味着被无限期地羁押;而在西方国家,逮捕只是强制嫌疑人到案的一种手段而已,只会带来较短时间的人身监禁。例如,在普通法系国家英国和美国,逮捕分为有证逮捕和无证逮捕两种。有证逮捕需经治安法官的审查批准才能执行,而无证逮捕则由警察或普通民众直接实施。意大利规定司法警察拥有对现行犯的直接逮捕权,对现行犯以外的其他嫌疑人的逮捕则由检察官批准决定。德国将逮捕分成两种,即由检察官和警察自行实施的"暂时逮捕"和由法官发布羁押命令之后实行的逮捕。在日本,将逮捕分为"通常逮捕"、"紧急逮捕"和"现行犯的逮捕"三种,其中只有"通常逮捕"才由警察、检察官提出申请后,再由法官审查并决定是否批准逮捕。①

由此可见,西方国家对逮捕的适用是分不同情况采用不同程序的,只有较为正式的逮捕才规定适用司法审查模式;而在紧急情况下,尤其是针对现行犯,则大量适用无证逮捕的模式。与此同时,西方各国将逮捕和羁押规定为两个独立的程序,适用不同的条件,进行两次独立的司法审查。另外,出于打击犯罪和侦查的需要,对逮捕的审查出现越来越多的例外情况,很多大陆法系国家将初步侦查阶段的逮捕或拘留大多作为侦查活动的一部分,而无须经司法官员的授权。例如,《法国刑事诉讼法》第 63 条规定:"司法警察因侦查所必需,可以拘留第 61 条和第 62 条所规定的人员一名或者若干名,并且在最短时间内报告共和国检察官。拘留上述人员不得超过 24 小时。"②《意大利刑事诉讼法典》第 380 条、第 381 条也分别规定了"必须当场逮捕"、"可以当场逮捕"两种不需要报公诉人批准即可当场

---

①　参见陈瑞华:《问题与主义之间——刑事诉讼基本问题研究》,中国人民大学出版社 2003 年版,第 162 页。

②　转引自何家弘、张卫平主编:《外国证据法选译》(上卷),人民法院出版社 2000 年版,第 370 页。

实施逮捕的情况。[1] 同时，该法第 386 条第 3 款规定："如果不存在第 389 条第 2 款规定的情况（即发生拘留或逮捕错误等应立即释放被逮捕人或被拘留人的情况），司法警察和警员应尽快将被逮捕人或被拘留人交给公诉人。在任何情况下，该期限不超过逮捕或拘留后的 24 小时，并移送有关笔录。"[2]

不难看出，上述国家在给予警察自行决定逮捕权的同时，也赋予其一定的义务，即必须尽快将被捕者提交给司法官员，并由司法官员对逮捕的合法性和羁押的必要性进行审查。这属于事后审查的情况。英国和美国的"有证逮捕"或日本的"通常逮捕"则属于事前审查的情况，即先由司法官员对警察、检察官提出的逮捕申请进行合法性和必要性方面的审查，若同意逮捕，就签发逮捕的许可令状，否则就不批准逮捕。

因此，尽管西方各国对逮捕适用的条件及司法审查等规定各有不同，但对逮捕后是否有必要羁押及羁押期限的长短则必须经司法审查程序。这是一个普遍性的规定，而且还要求警察或检察官在逮捕后在尽可能短的时间内将犯罪嫌疑人带到司法官面前。例如，英国《1984 年警察与刑事证据法》第 41 条第 1 款规定："除非符合本条下部分规定及第 42 条、第 43 条规定，一个人在没有被提起指控的情况下不应该被羁押于警察局超过 24 小时。"同时，该法第 42 条第 1 款规定了经合理授权可以延长羁押的情况："负责羁押该人的警察局中具有警长或更高级别的警官有合理的理由相信侦查的进行是勤奋和有效的，该警官可以授权将他羁押至相关时间开始后的 36 小时。"[3]也就是说，根据该法，警察在逮捕犯罪嫌疑人以后自行决定羁押的期限不得超过 36 小时。在美国的大多数州及联邦，如果被逮捕后的嫌疑人在 6 小时之后仍没有被带到法官面前，其供述的自愿性

---

① 参见黄风译：《意大利刑事诉讼法典》，中国政法大学出版社 1994 年版，第 134 页。

② 转引自同上书，第 137 页。

③ 转引自中国政法大学刑事法律研究中心编译：《英国刑事诉讼法》，中国政法大学出版社 2001 年版，第 285—287 页。

就有可能受到怀疑；同时，还要求对被羁押的犯罪嫌疑人尽快举行听审。司法官员在审查羁押的合法性和必要性时，通常都要经过听证或讯问，听取犯罪嫌疑人、辩护人、警察、检察官等的意见或辩论，然后再作出是否羁押及羁押期限的裁决。

20 世纪 90 年代以来，新闻媒体披露的冤假错案越来越多，而这些案件都是经过检察机关的批捕程序的，再加上逮捕工作中存在的种种问题和弊端，一些学者由此对批捕权的性质和归属问题提出了异议。有学者认为，批捕权涉及人身自由、诉讼进程、诉讼目的、诉讼结构等一系列重大问题，将这一重要的司法权力赋予审判机关行使，更具有内在的正当性与外在的合理性。[①] 也有学者认为，“审判机关行使批捕权，有利于实现诉讼目的，又与其诉讼职能相适应”，进而提出“在不改变我国现行法院的体制下，可考虑在全国各基层法院设立司法审查庭，专门负责对侦控机关提请适用的强制性措施的合法性进行审查”。[②] 还有学者提出：“应当在审判前的追诉程序中设立一个不承担追诉职能的中立的司法机构，使其能够对检警机构限制或者剥夺公民基本权益的行为，进行有效的司法授权和司法审查，由此可以在审判前程序中构建起真正意义上的司法裁判程序。……这个所谓中立的司法裁判者，……应当能够参与审判前活动的全过程，并就所有与公民基本权益有关的事项，如逮捕、拘留、取保候审、监视居住、搜查、扣押、窃听、勘验、检查、鉴定、通缉等强制性措施，发布是否许可的令状。”[③]不难看出，对当前检察机关批捕权持异议者多主张我国应该像西方国家那样由法官行使批捕权，将西方国家的做法看成我国构建司法体制、分配各项权能的标准。

事实上，在西方国家，批捕权并非都是由中立的法官行使。但是，不管逮捕是由警察、检察官自行决定执行，还是事先经过司法官批准，在犯罪嫌疑人被逮捕后至带到司法官面前这段时间最长不得

① 参见郝银钟：《论批捕权的优化配置》，载《法学》1998 年第 6 期。

② 参见任寰：《关于在我国刑事诉讼中建立司法审查制度的构想》，载《法学》2000 年第 4 期。

③ 陈瑞华：《从“流水作业”走向“以裁判为中心”》，载《法学》2000 年第 3 期。

超过72小时，如英国规定不得超过36小时，法国规定不得超过24小时，而日本为72小时。此后，必须由法官决定犯罪嫌疑人是继续受到羁押还是被有条件地保释，很少出现像我国这样比较普遍地适用逮捕措施，并且一旦逮捕即羁押几个月甚至几年的现象。“逮捕和羁押的分离实际上可以确保安全与自由、侦查的效率与程序的正义得到合理的平衡。”①因此，我国制度设计上的漏洞是造成目前逮捕工作中出现诸多问题的根本性原因。从某种意义上来说，我国的逮捕实际上是一种变相的羁押决定，与大多数国家的逮捕措施有着本质上的不同。但是，从逮捕本身来说，设置批捕程序，其目的只是对追诉权的制约和监督。从上述介绍中可知，在西方国家，逮捕既有由检察官批准的，也有由司法官批准的，其实质在于分权，以达到权力制衡的目的。批捕权最终由哪个部门行使并非关键问题。

与英美法系国家的检察机关只是单纯的起诉部门不同，我国的检察机关是专门的法律监督机关，因此由检察机关行使批捕权有其合理性和正当性。问题的关键是，逮捕以后是否继续羁押以及羁押期限的长短在国外通常是由司法官决定的，而在我国现行司法体制下，则缺少了这一道必不可少的程序，一旦决定逮捕，就意味着较长时间的羁押。因此，我国的检察机关在审查逮捕的正当性和必要性时，应像西方国家审查羁押的理由和必要性那样谨慎、严格。但是，现实问题是，审查逮捕的法定时间较短。如犯罪嫌疑人已被拘留的，审查逮捕办案期限为7天；犯罪嫌疑人未被拘留的，期限为15天。因此，检察机关不少多年从事批捕工作的人员认为，审查逮捕证据的时间很紧，办案人员不可能有充分的时间对案件进行全面的审查、阅卷、提审犯罪嫌疑人等工作，在不少情况下只能凭借多年的工作经验和娴熟的办案技巧完成这些工作。这也许是书面审查的方式所呈现的局限性。

因此，为了弥补批捕程序上设计的漏洞，在今后再修改《刑事诉

① 陈瑞华：《问题与主义之间——刑事诉讼基本问题研究》，中国人民大学出版社2003年版，第162页。

讼法》时，有必要将批捕程序与羁押程序分开，[①]进一步规定检察机关在批准侦查机关的逮捕申请后，对逮捕后是否有必要继续羁押以及羁押期限的长短等问题应不时进行审查。这一审查程序可以举行听证的方式，让犯罪嫌疑人、辩护人、警察等一起参加并辩论，然后再对羁押的正当性和必要性问题作出决定。这样，有关逮捕程序中出现的种种弊端以及一直困扰检察机关的超期羁押等问题都可以在短时间内迎刃而解。当然，在现行法律尚未修改的情况下，实践中，也有一些基层检察院在尝试如何减少逮捕的可能性，如实施让犯罪嫌疑人交纳赔偿保证金制度等。[②] 但是，这些措施只是权宜之计，并不能从根本上解决批捕中存在的实质性问题。

在我国的司法实践中，逮捕除了立法规定的本意是保证刑事诉讼的顺利进行外，还发挥着更多的作用。如某基层法院的法官说："即便是可能判处三年以下的轻案，起诉到法院后，如果犯罪嫌疑人没有在押，我们也会决定将其逮捕，要不心里就没底。一旦犯罪嫌疑人被关押了，被害人也满意了，调解起来也更加容易。"这是现实中逮捕所起到的多重作用，是坐在书斋里写文章的学者们根本料想不到的。如果正如学者们在修改《刑事诉讼法》时所提出的那样，[③]将逮捕的条件修改为"可能判处三年有期徒刑以上的刑罚"，对现实中的法官们来说，那将是灾难性的后果。[④] 因此，从现实角度看，通过提高逮捕的条件降低逮捕率是不可行的，也许将逮捕与羁押这两个程序相分离才是比较可行的方案。同时，我国的逮捕羁押期限在剥夺人身自由强度上不亚于短期自由刑。在批捕过程中，犯罪嫌疑人既无权对批捕进行质证或提出异议，也无权对批捕决定申请复议复核，整个逮捕制度缺乏透明性，犯罪嫌疑人、被告人的权利得不到充

---

① 2012 年 3 月，我国《刑事诉讼法》的修改未涉及这一问题。

② 参见崔浩等：《撞人不捕 可不是交钱放人》，载《检察日报》2008 年 12 月 24 日。

③ 参见陈光中主编：《中华人民共和国刑事诉讼法再修改专家建议稿与论证》，中国法制出版社 2006 年版，第 378—379 页。

④ 这是 2009 年 4 月底，"认罪轻案快速审"课题组去某县检察院调研，与公、检、法、司数家座谈会时，一线办案人员的心声。

分保障。因此，对逮捕后是否继续羁押的合理性举行听证程序，也是解决此问题的一条出路。

由于逮捕是限制人身自由中最严厉的强制措施，涉及公民的人权问题，当今世界各国都对其作了相当严格的规定。尤其是在那些崇尚自由、注重人权的西方国家，更是强调实施逮捕时程序上的合法性。从权力制衡的角度看，各国都对逮捕这一措施进行有效的制约，且多数国家都由司法官大多是治安法官批准逮捕权，其设置是与三权分立的基本理念相适应的。作为一种制约侦查权的权力，从实质作用来说，只要是不同的机关行使或同一部门不同的人员行使就能达到相互制约的目的。

因此，在我国人民代表大会制度的政治体制模式下，批捕权由不同于侦查机关的检察机关行使，并没有什么不合理的地方。相反，从检察机关作为法律监督机关的职能看，却具有必然性和合理性。从实施逮捕的目的看，主要是为了防止人身危险性大的犯罪嫌疑人逃跑、威胁证人、串供、毁灭证据或再次犯罪等，才采取措施将其置于国家权力的监管之下，以便侦查工作的顺利进行，保障国家对罪犯追诉目的的实现。从保障人权的角度看，在现代刑事诉讼程序中，必须在打击犯罪和保障人权之间取得一种恰当的平衡，对逮捕权进行有效制约以避免公权力恣意侵犯人权，批捕制度也就应运而生。设立批捕制度是有效保障人权的需要。因此，从本质上来说，批捕权是对侦查权的制约，是法律监督权的一部分。在我国目前的司法框架体系下，由负有监督法律准确实施职责的检察机关行使批捕权，可以认为是其进行专门的法律监督、行使监督权的一种方式，即对侦查机关的侦查活动是否合法进行全程有效的监督，从而防止错捕或滥捕。因此，由检察机关行使批捕权具有相当的合理性。检察机关通过审查批捕，可对侦查机关的立案、侦查等活动进行有效监督，以便将法律赋予它的监督权落到实处。总之，一个国家法律制度的设计，无疑与该国的历史和文化有着千丝万缕的联系，其司法资源该如何合理地配置，也应从全局的角度考虑，只有这样才能使制定的各项制度互相协调并顺畅地运转起来，从而实现司法公正的最终目标。

（四）职务犯罪侦查权的合理配置问题

1. 历史原因

在我国，以法律监督的理念为核心，职务犯罪的侦查权由检察机关行使，这也是有历史和文化上的原因的。我国自古就有御史制度，吏治的权力从来都是由专门的部门或人行使的。如封建社会时期的钦差大臣，显然是作为皇帝的代表行使职权的。因此，我们在讨论一国某一制度的存在是否具有合理性时，不应该把外国类似的制度当作参照物，因为各国所走过的历史不尽相同，现实的国情千姿百态；同时，受各国传统文化的影响，各国民众的感受力和承受力也很不相同。任何一种制度的诞生或取消都割裂不了与传统和历史千丝万缕的联系。具体就检察制度而言，绵延了两千多年的监察御史制度无疑可成为我国现代检察制度的渊源。另外，在我国历史上，司法权与行政权是合二为一的。一个地方的行政长官如县令，除了处理日常的行政事务外，还要解决法律纷争。老百姓受了冤屈、邻里之间出现了纠纷，在其他方式无法解决的情况下，就会告到县令那儿，这时的县令就成了定分止争的法官。在整治官吏方面，在封建社会中央集权的君主制下，受皇权直接控制的御史制度和钦差大臣制度发挥了极其重要的作用。因此，有人认为我国目前的检察制度吸收了御史制度的合理内核。[①] 事实上，官吏的腐败与社会上其他类型的刑事犯罪是有着本质差别的，那就是身为朝廷命官，其腐败总是与其职权密切相关，无论是受贿犯罪还是贪污犯罪，都是官员渎职的结果。因此，查处官员的职务犯罪，现行法律规定由检察机关而不是公安机关执行，是有其历史必然性的，也有其现实的合理性。

检察机关享有职务犯罪侦查权，从历史的承继上看，是与我国的传统文化和吏治制度一脉相承的，具有历史的必然性；从现实层面看，检察机关是宪法规定的专门的法律监督机关，在监督各级政府官员是否依法行使职权、尽职尽责方面就负有不可推卸的责任。因此，

---

① 参见程相鹏：《论我国检察权科学配置的立法完善》，2006 年第七届全国检察理论研究年会论文。

职务犯罪的侦查权由检察机关行使,既具有正当性,也具有现实的必要性。正如当年的国家领导人彭真所说:“职务犯罪案件由检察机关来办理是基于检察机关对国家机关和国家工作人员负有监督职责考虑的,并不是作为单纯的侦查分工。”[①]从大众的眼光和民意角度看,人民检察院就是查处贪官污吏的,而法律的规定能否切实地得到执行,民众的认同感和支持度是不容忽视的一个重要因素。职务犯罪毕竟不同于一般的刑事犯罪,这类犯罪的嫌疑人多是社会上有权有势的实权人物,具有社会地位高、智商高、作案手段隐蔽、直接的人身危险性小而对整个社会的危害性大等特点,且长期以来受官本位思想的浸染,认为只有做了官才算走了正道、出人头地。因此,从某种程度上说,这些贪官污吏还是社会中的精英分子,属于主流阶层,他们是知法犯法。对付他们,若用一般的侦查手段和取证方法是根本不会奏效的。因此,由公安机关以外的部门查处就显得更加合理。在目前的情况下,把这一权力交给检察机关行使也就名正言顺了。

最后,从世界范围看,因各国的历史传统和国情不同,检察机关的职权也有大有小。其中,涉及职务犯罪的侦查,既有设立专门的反贪污贿赂局或廉政公署的;也有设立反重大欺诈局的,如英国和新西兰等;还有由检察官指导警察进行侦查的,如法国的检察官就有权指挥所在法院辖区内司法警察或司法警官的一切活动,有权采取拘留措施,享有法律授予司法警官的一切权力和特权。此外,德国的检察官也享有领导指挥警察实施具体的侦查活动的职权,只是在实际运作中多由警察自己决定如何侦查而已。在澳大利亚的南澳大利亚州和维多利亚州,则是由警察机关独占职务犯罪侦查权。采取同样做法的还有加拿大、巴西、瑞士等。[②] 另外,联合国在《关于检察官作用的准则》第15条中也规定了检察官享有对官员犯罪的侦查权:“检察官应当适当注意对公务人员所犯的罪行,特别是对贪污腐化、滥用

---

① 参见《彭真选集》,人民出版社1991年版,第378页。

② See Anti-Corruption Authorities, International Association of Anti-Corruption Authorities, 2006.

权力、严重侵犯人权、国际公认的其他罪行的起诉，以及依照法律授权或当地惯例对这种罪行的调查。”①

由此可以看出，世界各国因其国情和司法制度、国家权力具体配置等方面的不同，究竟由哪一个部门行使职务犯罪侦查权，都是根据各国的具体情况而定的，并没有什么统一的模式，既有由检察机关行使的，也有由警察机关行使的，还有由独立的反腐败机构行使的，甚至有由检察机关、警察机关共同行使的。在我国目前的社会环境下，检察机关享有职务犯罪的侦查权也有其合理性和必然性。因为从制度层面上看，将惩治腐败的权力交给谁其实并不重要，关键是办理案件的人员有没有确确实实的权力，其查处腐败行为的手段是否先进，其采取的配套措施是否合理科学等。如果这些问题都能得到很好的解决，那么惩治的效果也就立竿见影了。至于在现实中，惩治职务犯罪的效果与大众的期望相去甚远，那是由多方面的原因所造成的，其中关键的原因之一恐怕是检察机关的侦查装备、侦查技术和侦查手段极其落后。尤其是在侦破一对一的受贿犯罪案件中，除了采取各种手段获取犯罪嫌疑人的口供外，似乎就别无他法了。这种落后的侦查手段不用说与国家安全部门的水平相比，甚至连公安机关的侦查水平也不及，面对涉案人员群体化、作案过程交织化以及作案手段智能化的职务犯罪自然就显得束手无策了。

近几年来，各方面对检察机关享有职务犯罪侦查权问题多有争议，其主要理由为：一是检察机关本身是法律监督机关，自身就行使职务犯罪侦查权，因缺乏监督和制约，容易侵犯人权，不利于法治建设；二是检察机关的侦查力量单薄，侦查技术装备落后，不利于有效打击职务犯罪等。因此，理论界有学者主张取消检察机关的职务犯罪侦查权，认为公检两家都拥有刑事案件侦查权，浪费了人力、物力和财力，不利于侦查工作的统一指挥及向专业化、科学化方向的发展，也不利于检察机关集中力量搞好法律监督。这种说法有一定的

① 转引自张智辉、杨诚主编：《检察官作用与准则比较研究》，中国检察出版社 2002 年版，第 91—98 页。

道理，目前检察机关侦查部门的装备、设施以及侦查手段等确实比不上公安机关。但是，由于上述职务犯罪的特点，若将职务犯罪案件也交给公安机关侦查，其结果未必就能如人所愿。事实上，职务犯罪由检察机关侦查具有明显的优势，如检察机关所拥有的独立的宪法地位能够确保职务犯罪侦查的顺利进行，检察机关所具备的国家强制力有助于职务犯罪案件的成功侦破，再加上由检察机关侦查职务犯罪是我国的传统做法，检察机关在多年的实践中也积累了丰富的经验，而且职务犯罪由检察机关侦查也是世界各国的通行做法。[①] 但是，为了弥补检察机关在侦查职务犯罪方面的不足之处，相比之下，要是采用大陆法系国家的检警一体化模式，让办理职务犯罪案件的检察官拥有动用警察机关力量的权力，或许是上佳的选择。这样，上述检察机关拥有职务犯罪侦查权的弊端也就不存在了。

因此，持赞成意见的学者认为，检察机关享有职务犯罪侦查权是由检察机关的宪政地位决定的，即检察机关的性质是法律监督机关，同时也是由职务犯罪不同于一般刑事犯罪的特殊性决定的。还有学者认为，检察机关如果没有侦查权作为法律监督的手段，仅就现象纠正违法，则隐藏在重大责任事故背后的严重违法犯罪、索贿受贿问题就永远不可能查清，更谈不上维护法律的尊严了。[②]

另有学者认为，为了强化我国检察机关对职务犯罪的法律监督效果，除了应赋予检察机关指导警察机关如何收集证据的职权外，还应增设对违法违纪干部的建议权。在欧洲各国，这一权力是由国会监察专员行使的。例如，丹麦的国会监察专员就拥对政府各行政部门的建议权，其工作职责是受理公民对行政机关的投诉，也可主动就一般的法律和原则性问题进行调查，重点是保护人权。国会监察专员根据自己的想法决定调查任何一件他认为有意义的案件。这些案件有些来源于公民的投诉，有些则是他自己从报纸上看到的。他有

---

① 参见朱孝清等：《我国职务犯罪侦查体制改革研究》，中国人民公安大学出版社2008年版，第146—153页。

② 参见杨书文：《论职务犯罪侦查与法律监督的关系》，载《人民检察》2005年第11期。

权从行政部门获得必要的文件资料。调查后,在陈述中,他可以表达个人意见,但只能对行政机构提出批评意见,且不具有法律约束力。如他认为法律有问题,可以将这个问题报告国会,但不可以批评国会通过的法律。如政府严重违法,他可以建议国会采取行动,如撤销某个部长,或要求某位政府官员辞职。国会监察专员的管辖范围涉及公共管理的各个部门(无权管辖个人和组织),主要是各个行政部门,包括地方行政机关,但不包括国会和法院。比如,他可以检查监狱状况及警察局扣留的毒品等。①

事实上,这一制度与我国历史上的御史制度、钦差大臣制度非常相似。监督者要想有效地发挥其监督作用,首要条件是必须保持独立性,即这一职位一旦设立以后,就不受任何机关或个人的干涉或制约。例如,丹麦的国会监察专员虽然是由国会任命的,但一旦任命以后,就无权对专员的工作指手画脚。尽管国会如对专员的工作不满意有权解聘,但从没行使过这一权力。因此,丹麦国会监察专员的独立性得到了最大程度的保障,其工作完全不受国会的任何影响。总之,要想充分发挥我国检察机关在职务犯罪侦查中的职能,除了合理配置这一权力及相关的司法资源外,还应保证权力行使时的独立性;否则,法律条文上的权力写得再大,也只是一纸空文而已。

(五)民事公益诉讼问题

在现实社会中,无论是什么问题,总会出现正反两方面的意见。如果是法学问题,则还会出现折中说。对检察机关的民事抗诉权也一样。事实上,无论讨论什么问题,所站的立场不同,其观点及得出的结论自然也会大相径庭。如果涉及具体的法律问题,最为重要的是在现实中是否可行,是否有其存在的合理基础,以及是否符合国情。世上有不少相当不错的制度或做法,在别国运行得非常良好,但如果不顾具体的国情而将其移植到我国,有可能未必行得通。相反,有些制度或做法,尽管西方国家没有,但在我国却能生根发芽,开花

---

① 详情可参见季美君:《丹麦国会监察专员制度及其借鉴意义》,载《人民检察》2006 年第 15 期。

结果。因此，在借鉴的时候，一定要先搞明白一项制度出台的社会背景及实施的具体条件；否则，就算学者们费尽心力地将其写进了法律，在现实中也会被虚置。如1996年修改《刑事诉讼法》时，在学者们的大力推动下，我国的庭审制度引进了英美法系国家的对抗制模式。那么，事隔十多年之后，法庭的审理模式是否真如学者们所期望的那样实现了控辩双方的真正平等？目前，我国的民事抗诉制度多遭人诟病，认为检察机关对民事案件的抗诉损害了法院的司法终审权，也与民事案件当事人双方地位平等、主体意思自治的本质不符等。但是，这些批评显然忽视了我国的司法现实，如法官队伍素质参差不齐，管理体制漏洞百出，执法环境不够理想，在民事案件中事实认定不清、证据不合法、程序不规范的现象比比皆是。如果没有检察机关的介入，在目前的司法体制和执法环境下，法官暗箱操作、徇私舞弊、贪赃枉法的情形恐怕会愈演愈烈。尽管有了检察机关的监督，这种情况也好不到哪儿去，但有监督总比没监督好，至少在实现司法公正的道路上多了一道程序上的保障。

近几年来，随着国有资产的大量流失和公共危害问题的不断出现，理论界对我国目前应当建立民事公益诉讼制度已达成了共识，但对检察机关是否有资格充当民事公益诉讼的原告则仍存在分歧。认为不合适的主要理由是：检察机关充当民事公益诉讼违反了我国原《民事诉讼法》第108条有关民事案件原告资格的规定，即民事案件的原告是“与本案有直接利害关系的公民、法人和其他组织”，而检察机关在公益诉讼案件中与案件不存在直接的利益关系。这种说法确实没错，即现行法律对检察机关可否作为民事公益诉讼的原告没有作出规定。[①] 但是，问题的关键是：在现行法律没有就民事公益诉讼的原告作出明确规定的情况下，谁有资格充当此类案件的原告？谁最为合适？

---

① 值得欣喜的是，2012年8月新修改的《民事诉讼法》增加规定了公益诉讼制度，即对污染环境、侵害众多消费者合法权益等损害社会公共利益的行为，法律规定的机关和有关组织可以向人民法院提起诉讼。但是，法律仍没有明确规定哪些机关可以充当公益诉讼的原告。

首先,从当事人适格理论上看,大陆法系国家中当事人的适格问题起源于德国古代法中的共同共有,其最初含义是指被告的拒绝答辩权,即共同共有人作为正当当事人必须一同起诉;如仅有其中一人或部分人起诉,被告即可抗辩对方不是正当当事人,宣称自己对被告的诉讼请求不予答辩。因此,在民事诉讼中,研究当事人适格问题的主要目的是让那些权利受到侵犯的主体有机会获得司法救济,同时也防止某些不合格的主体滥用诉权以谋取非法利益,继而造成司法资源的浪费,影响司法公正的实现。传统当事人适格理论将适格当事人分为两类,即实质正当当事人和形式正当当事人。后者是指为了维护他人的利益,按照实体法的规定享有诉讼实施权,以自己或他人的名义作为诉讼当事人提起诉讼并参加诉讼,而其本身并不是讼争实体民事法律关系的主体。

形式正当当事人又分为两类:一类是出于维护讼争法律关系私人主体的利益,根据法律的规定,以自己的名义替他人进行诉讼,如遗产管理人、遗嘱执行人等;另一类是为维护不特定主体的利益或国家的公共利益,由某些具有公共职能的主体以自己的名义或者被维护利益主体的名义提起诉讼,此理论在西方国家得到较为普遍的采纳。因此,从传统的诉讼理论看,检察机关作为民事公益诉讼的当事人具有合理性和正当性。

其次,从西方国家的司法实践看,由检察官作为提起民事公益诉讼的原告也具有普遍性,如英、美、德、法、日等国均规定检察官可以在有关公共利益或国家政府财产的公益诉讼中充当原告。①

最后,从我国的具体国情看,作为专门的法律监督机关与国家公权力代表的检察机关,在维护法律的统一实施及国家和公共利益方面无疑负有不可推卸的责任。民事公益诉讼的实质是某些单位或组织的行为侵害了多数人的合法利益,个人作为被害者却因其力量的单薄而无力与这样的违法行为作斗争。检察机关作为国家利益和公

① 参见王德良:《民事公益诉讼中检察机关原告资格研究》,2006 年第七届全国检察理论研究年会参选论文。

共利益的代表,在民事公益诉讼中充当原告就顺理成章了。

检察机关行使民事公诉权主要是根据法律的规定或国家的授权,代表国家利益或社会公共利益,就某些民事公益案件向法院提起诉讼或参与诉讼。从宪法将检察机关定位为法律监督机关看,出于保证法律的统一正确实施的需要,检察机关不仅应对刑事案件进行监督,而且应对民事案件进行监督。检察机关对刑事案件的监督是通过行使批捕权和审查起诉权实现的,其目的是维护社会和国家的利益;而提起民事公益诉讼,同样是出于维护社会和国家利益的需要。

此外,与民事公益诉讼极其类似的,还有行政公诉问题。我国正处于社会转型时期,经济高速发展,城市化进程不断加快,由此而产生的贫富差距、劳动就业、土地征收、房屋拆迁等问题进一步加剧了各种社会矛盾,利益纠纷案件呈高发态势,再加上行政机关滥用职权、渎职、失职等行为更激化了这些矛盾和冲突,给社会带来了巨大的不稳定因素。近几年来,已有一些学者对这一问题进行了研究,探讨行政公诉的范围问题、程序设计问题以及检察机关行使行政公诉权的正当性问题等。① 事实上,有关行政公诉问题,还有许多值得探讨和深入研究的地方。例如,设置行政公诉制度具有哪些现实价值,检察机关是否有权提起行政公诉,其合理性和可行性如何,具体又应如何操作,现实中会遇到什么样的阻力,以及与此密切相关的其他问题等,都有待进一步思考和探索。

(六)如何完善现有的检察权

尽管我国的检察机关拥有广泛的职能,但作为刑事诉讼程序中承上启下的环节,公诉权仍是检察职能中的核心内容。因此,在合理配置检察权时,须遵循两个方面的条件:一是应构建以公诉权为主导的刑事司法审查机制;二是赋予检察官以一定的自由裁量权。具体

---

① 有关行政公诉问题,可参见孙谦:《设置行政公诉的价值目标与制度构想》,载《中国社会科学》2011 年第 1 期;刘拥、刘润发:《检察机关行使行政公诉权的正当性阐释》,载《法学评论》2011 年第 2 期;田凯:《我国行政公诉制度的程序设计》,载《法治研究》2009 年第 5 期;等等。

言之,应从以下几个方面完善检察权的配置:

1. 增设对警察机关侦查的指导权

从最根本上来说,刑事诉讼的目的是打击和惩罚犯罪分子,以维护社会的稳定,保障公民的合法权益不受侵犯。因此,警察机关和检察机关在与犯罪分子的斗争中,应该并肩作战,共同将真正的犯罪分子送上法庭并获得胜诉。在现代诉讼理念下,为更加有效地实现司法公正,在绝大部分案件中,实现侦诉分离是世界各国的普遍做法,但侦查的目的和起诉的目的是一致的。警察破案的目的是将犯罪分子绳之以法,要实现这一目的,就必须有充足的证据证明给法官看,通过正当程序让犯罪分子服法。在法庭上,展示证据,与被告人及其辩护律师唇枪舌剑的是检察官。因此,检察官最了解法庭上需要什么样的证据,由其对警察机关的侦查活动进行指导以便及时收集到必要的、关键的证据,无疑是事半功倍的做法。无论是英美法系国家还是大陆法系国家,警察总是与检察官密切配合,共同做好刑事案件的控诉工作。尤其是美国,警察的出庭率是世界上最高的。大陆法系国家中的德国、法国,其法律明文规定检察官有权指挥警察的调查工作。英国和美国虽无类似的规定,但当案件移送到检察机关审查起诉时,检察官还需要什么样的证据,可以随时吩咐警察进行补充。这是一种事后控制警察机关调查的做法。无论哪一种方式,都比我国的"流水线"作业如三道工序各不相干更合理,也更有效。

2. 实行检察官负责制

所谓检察官负责制,即一个案件在初审时由哪一位检察官负责起诉、在法庭上担任控方的辩护人,此后不论案件上诉到哪一级法院,都由初审时的检察官出庭支持公诉。显而易见,这种做法可以节约司法资源,同时也能增强检察官的责任感。目前普遍的做法是:案子一上诉,中级法院就要由相对应级别的检察机关中的检察官出庭支持抗诉。这样,新接手的检察官又必须从头开始熟悉案件,这无疑要花费相当大的人力和物力。但是,如果作一小小的改革,由原来的检察官将案子负责到底,就可以轻而易举地节省不少司法资源,而且还因其对案件的通彻了解,有利于案件的抗辩和胜诉。

3. 适当扩大检察官的自由裁量权

如果将一个无辜的公民交付审判，即使最终被判无罪，这个公民也得付出沉重的代价。一个人一旦被控告，就必须等待审判，等待中的焦虑和不安自然会如影相随。审判所需的大笔花费对被告人来说也是一笔不轻的负担。有鉴于此，在刑事诉讼程序中，就有必要赋予检察官以一定的自由裁量权。为实现个案的正义，可以根据检察官自己的意志和判断，对具体案件自行选择，作出适宜的处理。

（1）概念及基本理论

所谓检察官的自由裁量权，是指检察官在审查起诉时，赋予检察官以作出起诉、不起诉、酌情起诉以及撤诉的权力。随着社会的发展以及人们对刑罚目的认识的提高，刑事诉讼的目的已不仅仅是惩治犯罪以维护正常的法律和社会秩序，而是在整个刑事诉讼过程中越来越强调正当程序的理念以及保护被告人和被害人的利益。因此，在有效地惩治犯罪以维护社会秩序的同时，为实现个案正义的需要，目前世界各国都赋予检察官以起诉、不起诉和撤诉的自由裁量权。

在起诉历史上，曾出现过起诉法定主义和起诉便宜主义，它们之间的本质区别在于是否赋予检察官以自由裁量权。检察官的自由裁量权直接来源于刑事诉讼中的起诉便宜主义，是检察制度发展的必然产物。① 但是，受刑事古典学派所主张的报应刑论的影响，在刑事诉讼中，追诉的法定主义一直处于独占地位。后来，随着资本主义经济的飞速发展，社会犯罪也急剧增长，刑事古典学派的刑法理论在这一现象面前表现得无能为力，其刑罚的报应刑观也逐渐为近代学派的目的刑观所取代。刑事社会学派所主张的刑罚是以预防再犯、防卫社会为目的的观点逐渐受到人们的青睐。与此观点相适应，在刑事程序法中，起诉便宜主义也随之而生，越来越受到重视并在各国的刑事诉讼实践中得到广泛的应用。尽管各方对“起诉便宜主义”概念的表述略有不同，但其精神实质在于，“法律不要求检察

---

① 参见龙宗智等：《检察官自由裁量权研究》，载张智辉主编：《中国检察》（第8卷），北京大学出版社2005年版，第12—13页。

官将所有的犯罪案件都提起诉讼，而是可以根据案件的具体情况决定起诉还是不起诉”①。

起诉便宜主义赋予检察官以起诉的裁量权，使其能够通过不起诉的决定适时地终结部分已经启动的案件。这无疑有利于提高诉讼效率，节约有限的司法资源，减轻法院的负担，同时也有利于实现程序正义。但是，起诉便宜主义并没有完全取代起诉法定主义，因为刑事起诉是国家恢复法律权威和法律秩序的必要途径，也是国家刑罚权得以实现的必要前提。因此，无论是大陆法系国家还是英美法系国家，也不论其在起诉问题上是以起诉法定主义为原则还是以起诉便宜主义为原则，当代世界各主要国家都兼采起诉法定主义和起诉便宜主义，在一定程度上都赋予检察官以起诉裁量权。

（2）检察官自由裁量权的作用

一般说来，赋予检察官以自由裁量权可以起到以下几个方面的作用：

一是有利于实现个案的正义。这是赋予检察官以自由裁量权的最主要的目的。目前，世界各国的法律制度都设立了一定的自由裁量权，这是为了实现个案正义的需要。正如博登海默所说：“真正伟大的法律制度是这样一些法律制度，它们的特征是将僵硬性与灵活性予以某种具体的、反论的结合。”②在罪刑法定原则的指导下，一切犯罪的定罪量刑都必须根据刑法的规定作出，无论法律的规定多么详细、具体，但成文法本身所具有的僵硬性和滞后性根本无法适应复杂多变的个案的具体情况。为了使法律更加适合个案的处理，使案件的处理结果更能为当事人所接受，换句话说，就是更加有利于个案正义的实现，在司法实践中，有必要赋予检察官以自由裁量权，以便其在审查起诉时能够根据个案的不同情况作出不同处理。

二是有利于节约诉讼成本，提高诉讼效率。诉讼是需要投入大

① 汪建成：《论起诉法定主义与起诉便宜主义的调和》，载《中国人民大学学报》2000年第2期。

② 〔美〕E. 博登海默：《法理学——法哲学及其方法》，邓正来等译，华夏出版社1987年版，第392页。

量人力、物力和财力的活动,没有一定的成本和资源,就根本无法启动诉讼程序。赋予检察官以自由裁量权,让其在审查起诉阶段就能根据案件的不同情况作出不起诉或酌情起诉的决定,能大大减少起诉到法院的案件数量,从而大量节约诉讼成本。另外,由于部分案件在起诉阶段就得到了公正、合理的处理,因而也极大地提高了诉讼效率。效率提高的另一面,也意味着成本的降低。

在当今社会,公正和效率是司法活动所追求的最根本的两大目标,没有公正,效率就成了无本之木;没有效率,公正就大打折扣,因为"迟来的正义为非正义"。因此,检察官自由裁量权的行使能在起诉环节有效地提高诉讼效率,大幅度地降低诉讼成本。这也是美国在20世纪60年代面对案件堆积如山、司法运作不堪重负的情况下,采用辩诉交易处理90%以上刑事案件的缘由。在辩诉交易程序中,美国的检察官享有世界上最广泛的自由裁量权,既可以作出不起诉的决定,也可以只起诉一人所犯数罪中的几个罪或数个犯罪嫌疑人中的某个犯罪嫌疑人,并且这些决定除了在作出起诉决定时会受到来自大陪审团的审查外,几乎不受任何制约。

三是有利于对犯罪嫌疑人的教育和改造。刑事诉讼过程是一个环环相扣的链条,犯罪嫌疑人从被侦查机关审查开始,其日常平静的生活就被打乱,无论是受羁押还是得到保释,他总要承受强大的心理压力,恐惧、焦虑、不安就成了其生活的主旋律。即使到最后法院判其无罪,被告人所遭受到的精神痛苦和所花费的财力也是相当巨大的。因此,若是比较轻微的刑事案件,检察官在审查起诉时就有权对部分案件及时作出结案处理,使被告人的身心免遭巨大的精神压力和财力消耗,从而使其更易真诚悔改,主动补救自己的过错。尤其是那些未成年犯罪人,如对其判处短期自由刑,由于该刑种的众多弊端对未成年人所带来的伤害远大于犯罪所造成的损害,在很多情况下有可能会毁了未成年人的一生,这样就更不利于少年犯的教育改造,同时也将造成司法资源的极大浪费。相反,要是检察官能适时合理地对这些案件作出不起诉的决定,而不是等到法院审判以后再适用缓刑措施,就可有效地避免短期自由刑所带来的弊端,从而使犯罪人能及早地回归社会，走上正常的生活轨道。

四是有利于实现程序公正。起诉这一环节在刑事诉讼程序的运作体系中起着承上启下的作用，前为侦查程序的终结，后为审判程序的开始。因此，起诉环节的公正与否直接影响整个案子的结果是否公正。如果说案子的结果公正与否在某种程度上只有当事人能体会得到，那么程序的公正则是人们都看得见的。所谓"看得见的正义"，说的就是程序公正的重要性。也就是说，在刑事诉讼中，不仅案件的结果要完全符合实体法的规定和精神，即判得正确、公平，而且还应当使人能感受到判决过程的公平性和合理性。赋予检察官以起诉的裁量权，使其能够通过不起诉的决定适时地终结部分已经启动的案件，这无疑有利于提高诉讼效率，同时也因及时地纠正错误的起诉而有利于程序正义的实现。

尽管赋予检察官以自由裁量权具有上述种种作用，但也不可避免地存在自由裁量权被滥用的时候。任何权力失去监督都有可能被恣意滥用。因此，为了对检察官的自由裁量权进行相应的监督和制约，各国又在程序上设计了各种方式监督检察官的自由裁量权，特别是起诉的决定权，如英国刑事诉讼程序中的预审制度、美国的大陪审团审查制度以及德国的强制起诉程序等。这样，一旦出现检察官滥用手中的自由裁量权时，就会有相应的措施进行救济。例如，案件中的被害人或检举人对检察官作出的不起诉决定有异议时，就可以向法官提出申请或向检察机关提出复议等，如法官认为被害人的申请有理由，可以命令检察官起诉；如检察机关经复议认为其申请有理由，可以撤销不起诉的决定而再提起公诉。

在我国，目前对检察官作出的不起诉决定，根据有关法律的规定，有以下两种形式可进行制约：一是复议制度，即公安机关对检察机关作出的不起诉决定不服的，可以提出复议；如果意见不被接受，还可以向上一级检察机关提请复核。被害人和被不起诉人对检察机关的不起诉决定不服的，可以向检察机关提出申诉。检察机关对复议和申诉进行审查后，认为原不起诉决定不恰当的，可以撤销不起诉决定而再提起公诉。二是被害人直接起诉制度，即被害人不服检察机关所作出的不起诉决定的,可以直接向法院起诉。这种权利的行使不受犯罪性质和案件种类的限制,也不必经过法院的裁定,可以有效地遏制检察官对起诉自由裁量权的滥用。

因此,目前在我国,研究如何真正实现检察官的自由裁量权是一个非常迫切的问题。

总之,赋予检察官以自由裁量权是现代各国的普遍做法,是实现司法个案正义的重要手段之一,也是对刑罚目的认识的提高而导致由起诉法定主义原则向起诉便宜主义原则转变的必然结果。“迟来的正义为非正义”,让被告人及时地解除诉讼的拖累,这本身就是实现了个案的正义。由于起诉便宜主义在强调效率的同时兼顾了实体的正义,与起诉法定主义仅仅以实现实体正义为目标相比,自然有其优势之处。因此,当代世界各主要国家都兼采起诉法定主义和起诉便宜主义,在一定程度上赋予检察官以起诉裁量权,以便更加有利于个案正义的实现。

第五章

检察体制改革

在改革成为时代主旋律的年代，各行各业都在不同程度地开展改革运动，尤其是司法体制改革，更是世界各国普遍关心的热门话题。公正和效率，是司法制度的生命力，也是司法改革追求的两大目标。司法公正体现的是法律的公平和正义精神，而司法效率是指尽可能节约诉讼成本，提高诉讼效益，实现法律效果和社会效果的统一。为了实现这两大目标，各国在司法改革过程中，根据各自的具体国情，尽可能地完善司法制度所涉及的方方面面。在刑事诉讼活动中，处于承上启下环节的检察制度对实现司法公正和司法效率起着举足轻重的作用，自然也是司法改革的重要内容。本章主要探讨在司法改革全球化的大背景下，近几年来，世界各主要国家在检察制度方面的改革动态及其主要趋向，并结合笔者多年来对我国检察制度的历史发展与改革实践的思考与研究，以期为我国当前检察制度的进一步改革和完善提供一些有价值的经验与建议。

第一节　外国检察体制改革动态

一、检察体制改革的背景考察

一切事物都处在发展变化之中，正如《周易》中所说的“在天成象，在地成形，变化见矣”。随着社会各方面因素的持续性变迁，即便原本规定得相当完美、与现实需求相吻合的制度，也会随着其他制度和条件的不断变化而需要适时地改革与完善。但是，一个国家的司法制度既不可能脱离本国的经济、文化实际而存在，也不可能与本国的历史传统完全割裂。这些因素就像一只“看不见的手”，调控着司法改革的走向与进程，不管人们是否意识或自觉到。[①] 从 20 世纪 70 年代开始，美国和德国开始了检察改革。80 年代中期，英国和澳大利亚进行了刑事司法改革，将控诉与侦查相分离。英国随之设立了以公诉为基本职能的皇家检察总署。日本与俄罗斯也在 90 年代兴起了全面的司法改革运动。随着欧盟一体化进程的不断加速，并从经济领域渗透到政治、军事、文化及法律等诸多方面，为促进欧共体法律制度的形成，欧洲各国的司法改革更是如火如荼。[②] 可以说，一时间，改革成了时代的主旋律，这无疑是顺应了社会发展的规律和需要。从全球范围内的检察改革动态看，各国在价值追求和具体措施方面存在一定的相似性，同时又因背景和国情的相异呈现出不同程度的差异性。

二、检察权的扩张

检察改革是司法改革的重要组成部分，但因检察机关的职能主要与刑事诉讼相关，因而各国的检察改革多隐含在刑事诉讼改革的议题之中。从渊源上看，现代西方国家的刑事诉讼可以分为大陆法系国家职权主义和英美法系国家当事人主义两大模式。但是，数十年来，两大法系国家的刑事诉讼改革在价值选择上出现了互相吸收、互相融合的趋向，如在最大程度上追求控制犯罪与保障人权的统一，注重控辩关系的平衡与法官作用的适度发挥，关注保护被害人与保

---

① 参见金波、万绍文：《马克思、韦伯社会发展动因理论比较及对司法改革的启示》，载金波主编：《强化法律监督的思考与探索》，中国检察出版社 2008 年版，第 493 页。

② 参见曾二秀：《论欧洲法院在欧洲一体化进程中的作用》，载朱卫国主编：《群星照耀欧洲》（中欧法律和司法合作项目学术论文精选），法律出版社 2003 年版，第 464—467 页。

障被告人权利的平衡，实现公正与效率并重等。①

与这些价值理念的选择相协调，在提高司法效率和办案效能的核心主题下，各国在检察改革方面也采取了相应的措施。如为了提高对犯罪嫌疑人人权的保护，美国、加拿大、日本等发达国家以及欧盟各国都加强了检察工作的规范化、信息化建设。还有一些国家建立了对犯罪嫌疑人讯问的同步录音录像制度。为了更好地打击犯罪、保护社会公共利益，法国、德国、美国等赋予检察机关在民事、行政诉讼中的诉讼权以及社会其他方面的监督检查职责；②同时，也有不少国家赋予检察机关以职务犯罪侦查权，从多方面保障检察官的独立性以排除种种干扰与顾虑，使其能够做到秉公执法。如德国、法国、意大利和俄罗斯的检察机关，不但享有职务犯罪侦查权，而且还规定检察官享有指挥警察侦查的权力，意大利的检察机关甚至可以动用警方的力量；同时，在内部的组织形式上采用集中型垂直领导体制，使职务犯罪的侦查能够体现短、平、快的特点，并保障侦查的公正与高效。③

此外，为了更好地实现司法公正，树立司法权威，许多国家和地区建立和完善了多项制度以监督检察官职权的行使，如日本《检察审查会法》的修改、美国大陪审团制度的完善等。从全球范围看，无论是大陆法系国家还是英美法系国家，都在相当程度上赋予和扩大了检察官的自由裁量权，推崇刑事案件解决方式的多样化。如欧洲国家的恢复性司法、刑事和解、简化审程序，美国的辩诉交易制度，澳大利亚的指控协商制度等，这些改革措施的出台与广泛适用，使检察官拥有了部分刑事案件的裁判权，检察权在总体上呈现出扩张之势。在刑事诉讼程序中，检察机关职权的扩张主要表现在检察官自由裁量权的扩大上。

---

① 参见宋英辉：《两大法系国家刑事诉讼改革中的趋同性》，载《人民检察》2010 年第 11 期。

② 参见甄贞等：《检察制度比较研究》，法律出版社 2010 年版，第 614—616 页。

③ 参见王晓霞：《职务犯罪侦查制度比较研究——以侦查权的优化配置为视角》，中国检察出版社 2008 年版，第 164—165 页。

所谓检察官的自由裁量权，是指检察官在审查起诉时，赋予检察官以作出起诉、不起诉、酌情起诉以及撤诉的权力，其主要目的是实现个案的正义，节约诉讼成本，并提高诉讼效率。① 由于现实中的案件千差万别，在适用公式化的、僵硬的法条或判例时，很有可能导致个案处理的不公平，因而赋予检察官以一定的自由裁量权，让检察官可以根据案件的具体情节和特殊场景，运用自己的意志和判断，对案件作出适宜的处理。这种做法在保障被告人权利的呼声日益高涨、强调刑罚人道主义、促使犯罪人早日回归社会的新世纪，无疑是十分必要的。同时，面对犯罪案件堆积如山、司法资源短缺的现实困境，让所有的案件都经过严格的正当程序进行审理，也只能成为镜花水月般的理想。传统的起诉法定主义因无法适应社会现实的需要而渐渐被起诉便宜主义替代。对不同种类、严重程度不同的案件，采取不同的程序予以分流处理，自然成了改革的应有之题。

在数十年的刑事诉讼程序改革中，无论是大陆法系国家的刑事和解程序，还是英美法系国家的辩诉交易程序，都让相当数量的案件在审查起诉阶段得到了适当的处理或简化。在这些程序中，不但扩大了检察官的自由裁量权，而且也使其发挥着举足轻重的作用。如德国，近些年扩大了不起诉案件的范围，规定轻微犯罪中的协商、处罚令制度以及自白协商等，都可以酌定不起诉；同时，严格的起诉法定原则随着犯罪形势的严峻受到越来越多的例外情况的冲击，在司法实践中，起诉的强制性已大大降低。② 在法国，在提高诉讼效率，使司法程序更加公正这一检察改革目标的指引下，规定了刑事和解与刑事调解两种恢复性司法方法，并于 2004 年 3 月 9 日在《关于使司法适应犯罪发展的法律》中规定将刑事和解程序扩大到所有可能被判处五年以下的轻罪和所有违警罪，使检察官作出不起诉决定的范围更广。另外，同属大陆法系国家的荷兰，其检察官也享有广泛的

---

① 有关检察官自由裁量权的概念、基本理论、两大法系的实践及作用等内容，在本书第四章已有详尽的阐述，这里只概述一个总的趋势。

② 参见何家弘主编，季美君、毛淑玲、袁经义副主编：《检察制度比较研究》，中国检察出版社 2008 年版，第 177 页。

起诉裁量权，可以根据案件的具体情况和公共利益，决定撤销案件、法庭外处理或起诉。若检察官认为证据不足，或出于刑事政策方面的考虑，如犯罪行为轻微，行为人已赔偿了被害人的损失等，就可以撤销案件。法庭外处理是指检察官对某些轻微案件的当事人直接处以罚金，当事人如接受，案件就可以不再起诉到法庭。可见，荷兰检察官在起诉方面的裁量权还是不小的，除了可以决定不起诉案件外，还可以通过处以罚金的方式，对案件作出实质性的处理，而当事人如不接受罚金处罚，案件就被起诉到法庭，没有任何讨价还价的余地。这不同于美国式的"辩诉交易"。

相比之下，美国的检察官享有的自由裁量权是世界上最大的。尽管在实行判例法的美国，法律上并没有规定起诉便宜主义为其起诉的原则，但在辩诉交易程序中，检察官不但可以自行决定应起诉多个犯罪嫌疑人中的哪一个，而且可以决定对某一犯罪嫌疑人的多种犯罪行为应起诉哪几种罪，同时还拥有降格起诉、撤回起诉和拒绝起诉的权力，既可以就指控罪名与被告人和辩护律师商讨，也可以就量刑问题进行协商。在澳大利亚的指控协商程序中，皇家检察官只能协商罪名问题，而不能涉及具体的量刑幅度。但是，检察官有权决定是否启动指控协商程序，还可以同意不再指控某一项罪名，或决定只指控被告人有罪答辩时作出承诺的罪名。

在英国，检察机关的主要职能是提起公诉。为了实现司法的现代化，减少犯罪，确保司法公正，以最终建立一个更加安全的社会作为检察改革的目标，从 1986 年成立皇家检察总署开始，英国就致力于"如何建立一个公正地对待被告人，公正地对待被害人和证人，通过公正司法以服务社会大众，从而获得公众信任这样一个刑事司法体制"[①]，在确保检察官独立的基础上，赋予检察官在决定是否起诉时以较大的自由裁量权，即必须确保检控工作与任何政治利益没有

---

① 英国总检察长戈德史密斯勋爵(the Lord Goldsmith QC, Her Majesty's Attorney General for England, Wales and Northern Ireland)：《英格兰和威尔士检察官在二十一世纪不断变化的刑事司法体制中的作用》，2002 年 9 月在北京的演讲稿。

任何瓜葛，被告人的权利不受侵犯，检察官仅仅根据一个案件的证据是否充分、是否违背公共利益而作出是否起诉的决定。同时，《皇家检察官准则》第2条第3款规定：检察官必须公正、独立、客观，其个人对被告人、被害人或证人的种族、原国籍、性别、宗教信仰、政治观点或性别倾向性的看法不得影响其作出的决定，而且也不应受到任何不适当的或不正当的压力的影响。[①] 身为检察官，他的一个重要职责"就是遵循公平与正义的原则，维持被告人利益、被害人利益和公共利益这三者之间的平衡。作为司法官员，检察官的一举一动都会对公众产生重大影响，进而影响公众对整个司法体系的信任度"[②]。也可以说，"独立是一种心态。它由机构内独立的文化背景和独立行动的历史孕育而成。它可以因训练而得到加强，当然也得益于公开规定的政策和透明的决策程序"[③]。

事实上，在英国，除了皇家检察总署负责起诉大多数刑事犯罪外，还有其他一些机构也享有起诉权，如反重大欺诈局（the Serious Fraud Office）、英国海关（Her Majesty's Customs and Excise）、贸易工业部（the Department of Trade and Industry）、健康安全行政局（the Health and Safety Executive）。虽然它们只是对相关的犯罪进行起诉，但这种起诉权分享的局面在一定程度上无疑会影响起诉的效率，这也是检察改革需要进一步协调和解决的问题之一。2007年5月9日，英国政府对内政部进行改组，成立了内政部、司法部两个独立的部门。从此，英国的刑事司法系统在中央一级由内政部（the Home Office）、司法部（the Ministry of Justice）和总检察长办公室（the Attorney General's Office）三大部门共同负责、密切配合，推进和改革英国

---

① See the Code for Crown Prosecutors, the Crown Prosecution Service, 2000.

② 英国总检察长戈德史密斯勋爵（the Lord Goldsmith QC, Her Majesty's Attorney General for England, Wales and Northern Ireland）：《英格兰和威尔士检察官在二十一世纪不断变化的刑事司法体制中的作用》，2002年9月在北京的演讲稿。

③ 在戈德史密斯勋爵的讲话中，原文为："Independence is a state of mind. It is nurtured by a culture of independence within the organization, and a history of acting independently. It can be reinforced by training, and it is of course assisted by publicly stated policies and transparent decision-making processes."

刑事司法系统的运作，以实现"预防并侦查更多的犯罪，支持更多的被害人和证人，惩罚并救治更多的罪犯"三大目标。[①]

事实上，新时期的检察官除了在自由裁量权方面的权力得到扩大外，在有些国家，其侦查权也得到了一定的扩展，其中最为引人注目的是大陆法系国家的预审法官制度。传统上，作为大陆法系国家典型代表的德国，早在1974年的刑事司法改革中，就废除了预审法官制度，确立了检察官领导和指挥警察侦查的主导地位。但是，法国自1808年《重罪预审法典》设置预审法官制度以来，该制度一直成为其司法体制设计中的一大特色而得以延续。直到2009年1月，时任法国总统萨科奇提出废除该制度，司法委员会于同年9月发布相关改革报告，有关这一制度的存废问题再一次在法国司法界及全社会引起强烈反响，尽管围绕这一制度设计合理与否的争议从来就没有停止过。由于预审法官在法国刑事司法体系中兼任侦查者与裁判者的双重角色，在整个司法体制中的地位举足轻重，这一制度的废除无疑意味着侦查权与审判权的彻底分离已成为司法权发展的必然趋势。

另外，世界各国为了提高指控的成功率，赋予检察官以指挥警察侦查的权力，使检警一体化，以便更加有效地打击犯罪，尤其是有组织犯罪、跨国犯罪等，并逐渐成为新时期的一大发展趋势。例如，荷兰的检察机关就拥有对刑事犯罪的侦查和监督权，实行的是检警一体化体制，侦查活动要在检察官的指示下进行，并对其最终负责，以确保警察在侦查活动中遵守法律的实体和程序性规定。同时，根据办案需要，检察官还可以授权警察使用某些侦查手段，如逮捕未被现场抓获的嫌疑犯等。此外，有些国家甚至为检察机关配置职务犯罪

---

① 目前，三大部门的分工为：内政部领导和监督全国警察局的工作，该部部长为英国警察系统的最高长官；司法部管理法院和宪政事务，以及监狱（the Prison Service）和缓刑工作（the Probation Service），刑事司法改革办公室也设在部内；总检察长办公室负责检察机关的工作，与反重大欺诈局、皇家检察总署、税收和海关检察院（the Revenue and Customs Prosecution Office）、皇家检察院监察室（HM Crown Prosecution Service Inspectorate）、财政法务部（the Treasury Solicitor's Department）一起组成英国的司法官部（the Law Officers' Department）。

侦查权，赋予检察官以强制取证权、技术侦查权与秘密侦查权等，如瑞典、罗马尼亚、日本等。[①] 在我国，近些年来，无论是理论界还是实务界，主张检察机关引导侦查的呼声也日益高涨。但是，检警一体化要求上命下从、左右联动，带有浓厚的行政化色彩，而检察官独立则要求排除外在的一切干预与牵制，两者之间在本质上存在着严重的对抗与冲突。[②] 因此，如何处理好两者之间的关系与平衡，克服检察官独立所带来的职权滥用与弊病，也是检察改革过程中的一大难题。

三、检察权的限制与弱化

数十年来，尽管从总体上看，检察权的扩大是世界各国司法改革中的主要潮流，检察职能的多元化也是检察制度发展的必然趋势，但为了最大限度地实现司法公正，也出现了检察机关的部分职权被限制或弱化的现象。

历史上，在侦查过程中，检察机关享有批准或者决定采用强制性措施的权力。在近几年的改革中，有些国家却将这一权力转移给了法官，由法官行使令状签发权，如德国、法国。另外，在我国台湾地区，在这些年的改革中，检察官的权力也受到了一定程度的限制。例如，根据 2007 年 7 月 11 日公布的"通讯保障监察法"（修正案）的规定，原本由检察官核发通讯检察书的权力，修改为由检察官申请、法官核发，而且经法院驳回后，不得声明不服。[③] 这无疑是对检察官强制处分权的一种削弱。

又如，在俄罗斯，新的《俄罗斯刑事诉讼法》确立了司法审查原则，对检察机关的职权进行了修改，规定搜查住宅或提取物品、限制公民通讯、监听电话等，须经法院决定；同时，还取消了检察机关的刑事审判监督职能，对其监督范围进行了一些限制，虽然这并没有改变

---

① 参见王晓霞：《职务犯罪侦查制度比较研究——以侦查权的优化配置为视角》，中国检察出版社 2008 年版，第 60—67 页。

② 参见陈卫东、李训虎：《检察一体与检察官独立》，载《法学研究》2006 年第 1 期。

③ 参见甄贞等：《检察制度比较研究》，法律出版社 2010 年版，第 620—621 页。

俄罗斯检察机关的法律监督地位。①

尽管赋予检察官以一定的自由裁量权且呈扩大趋势是发展的主流方向，但为了保证起诉决定权的正确行使，防止检察官滥用职权，世界各国又设计了相应的监督和制约措施，如英国的预审程序、美国的大陪审团制度以及德国与日本的强制起诉程序等。② 这自然也是对检察官权力的一种弱化。但是，为了避免错误的、不适当的起诉决定对当事人和国家所带来的不必要的人力、财力资源的浪费，这种弱化和制约又是非常必要的。

总之，检察改革作为司法改革的核心内容之一，世界各国都根据自身的国情、犯罪现状和社会需求，设立了不同的改革目标，采取了多元化的价值选择，并在具体改革措施上各有侧重。检察制度的发展之路，可谓繁花似锦，但最终可能会出现殊途同归的结局。例如，美国的检察制度经历了“从私诉过渡到公诉、从中央集权检察到地方分权检察、从检察官任命制到选举制，检察官职权从有限性到无限制”③的发展过程，最终因检察官在辩诉交易程序中自由裁量权的无限性，以及检察机关的权限为打击恐怖主义而不断扩张，招致了美国民众的广泛批评。但是，在恐怖主义阴影的威胁下，美国的联邦、州与地方检察官在分权、职能等方面又必须重新组合，联邦检察机关的扩权势在必行，为地方邻里维护安全的地方检察机关也需强化，而州检察机关也不想无所作为。面对检察机关面临的种种挑战，美国有学者认为，今后的检察职能改革应实现两大目标：一是消除检察官自由裁量权的恣意妄为；二是建立检察问责制（Prosecutorial Accounta-

---

① 参见赵路译：《俄罗斯联邦检察院组织法》（1995 年 11 月 17 日第 168 号联邦法令颁布，2009 年 11 月 28 日第 19 次修正），载《中国刑事法杂志》2010 年第 5 期。该法第 1 条规定了联邦检察院对各机构的监督职权，还在第三编“检察监督”中规定了监督的对象和检察官的职权。

② 详见季美君：《起诉监督研究》，载《法律科学》2003 年第 6 期。

③ See John Worrall, Prosecution in America: a Historical and Comparative Account, in the Changing Role of the American Prosecutor, Edited by John Worrall and Elaine Nugent-Borakove, the State University of New York, 2008, pp. 5—9.

bility)。[1]

相比之下,才成立十多年的澳大利亚检察机关目前倒没有面临如美国似的种种挑战,这些年来各方面的变化不大,但它也有自己的难题,如支持检察机关运作的经费越来越少,而对工作人员包括检察官的要求却越来越高;在起诉新领域的案件时,必须具备越来越精的专业知识,其所面临的压力也越来越大。[2] 另外,从澳大利亚检察总署近几年办理的案件看,其所面临的难题是案件的涉及面越来越广,如国家安全、反恐怖主义、边境保护、人口走私、贩卖人口、高科技犯罪、严重的有组织犯罪等。实践中,起诉这些重点领域内的案件时,工作相当复杂,而且在很多案件中还涉及十分深奥的法律知识和实践问题,不少犯罪还具有国际性,需要远赴海外调查取证,为了起诉成功,还不得不请国外的证人出庭作证等。[3] 事实上,不管各国的检察机关采取何种改革措施、实现什么样的目的,其最终目标还是离不开公正与效率这两大司法改革的核心主题。

第二节 我国的检察制度改革

一、检察制度改革的指导思想与现实意义

(一)改革的指导思想

新中国成立之初,之所以选择了目前这样的检察制度,是通过学习借鉴苏联的一般监督原理,结合我国的具体国情建立发展起来的。

---

① See Angela Davis, Arbitrary Justice: the Power of the American Prosecutor, New York, Oxford University Press, 2007, p. 180.

② 这是新南威尔士州检察总署的检察长在邮件中回答笔者的问题"What's the recent reform in ODPP and the developing trend?"(新南威尔士州检察总署最近的改革和发展方向是什么?)时所说的话,原话为:"There have been no major recent reforms in our operations. The trend has been for government to give us less and less money with which to operate, which puts increasing demands on staff."另外,2011 年 2 月 17 日,笔者在与新南威尔士州检察总署的常务副检察长 Christopher Maxwell QC 面谈时,他也说到了同样的挑战。

③ See Commonwealth Director of Public Prosecutions: Director's Overview, Annual Report 2009—10, p. IX.

在数十年的发展中,我国的检察制度虽经历了"三起三落的毁灭性灾难和挫折",但历史已经证明这一选择是正确的。在人民代表大会制度的政治体制下,我国的检察制度与西方国家的检察制度相比,具有以下几个方面的优越性:一是我国检察制度在国家宪政体制中具有独特的性质定位。我国宪法规定的检察机关的法律定位既符合当前我国社会主义法治体系建设与发展的潮流,也符合我国司法制度改革和发展的方向。二是我国检察制度的宪政基础是人民代表大会制度,具有广泛的人民性。我国的检察权来自人民,也服务于人民,这种人民主权的观念已成为现代法治国家宪政制度的一个重要组成部分。三是我国检察制度体现了法律监督的本质属性,具有司法的公正性。我国检察机关的法律监督制度具有自身鲜明的特征,其监督具有国家性、专门性、法定性、强制性和广泛性。[①]

由于我国的检察制度既符合具体国情和历史传统,又符合现阶段国体和政体的要求,同时还符合现代法治的发展趋势,不但体现了世界各国检察制度的共性,而且还具有自身的特殊性,因此在深化检察体制改革时,必须遵循以下的指导思想:"高举中国特色社会主义伟大旗帜,以邓小平理论和'三个代表'重要思想为指导,深入贯彻落实科学发展观,按照党的十七大要求,坚持社会主义法治理念,全面贯彻中央关于深化司法体制改革的战略部署,落实'强化法律监督,维护公平正义'的检察工作主题,紧紧抓住影响司法公正的突出问题和制约法律监督能力的薄弱环节,以加强对权力的制约和监督为重点,以促进社会和谐为主线,进一步深化检察体制改革和工作机制创新,充分发挥中国特色社会主义检察制度的优越性,为中国特色社会主义事业提供良好的法律监督保障。"[②]

(二)改革的现实意义

任何制度的产生与发展都不是当权者可以随心所欲地加以选择

① 参见刘莉芬:《中国检察制度的内涵、特色及其优越性》,载《纪念检察机关恢复重建30周年论文集》,2008年7月。

② 最高人民检察院《关于贯彻落实〈中央政法委员会关于深化司法体制和工作机制改革若干问题的意见〉的实施意见——关于深化检察改革2009—2012年工作规划》。

的，它必须综合考虑一国的政治经济制度、社会文化背景、公众的承受能力、现实的运作条件以及世界各国司法改革的发展趋势等诸多因素。尽管我国的检察制度是在社会主义国家的政治经济体制下建立的，具有历史的必然性、合理性和优越性，但随着我国改革开放的不断深化、政治体制改革的不断推进、经济体制改革的不断完成，恢复重建三十多年的检察机关在新时期的发展进程中不断遇到新的挑战。为了适应市场经济的需要以及实现依法治国的宏大目标，新中国成立之初从苏联移植而来的检察制度虽经四部宪法的修改完善，在全国检察机关的共同努力下，检察机关、检察工作和检察队伍建设均取得了长足的发展，但与人民群众对检察机关保障司法公正、惩治腐败的期望相比，仍存在不小差距，检察制度本身也还存在不少问题。

从制度的科学构建以及公平与效率是制度追求的最终价值目标看，目前我国检察制度存在的问题主要表现在：检察权的配置不够合理，领导体制没有理顺，人、财、物管理受制于地方，内部管理行政化倾向严重，检察官素质参差不齐等。因此，自 20 世纪 80 年代以来，改革始终是我国检察工作发展的一个目标要求。检察机关的职能从成立之初的专政作用逐步得到了实质性的调整，通过两法的修改，其在刑事诉讼中的监督职能得到了加强，行使方式也作了调整。1998 年后，检察改革就进入了关键性的阶段。在司法改革成为时代主旋律的大背景下，检察机关开始思考和探索符合检察工作特点的管理体制和工作运行机制，提出了“强化法律监督，维护公平正义”的发展思路。

事实上，“20 年的检察改革实际上是探索和建立我国检察制度的基本框架，完成关于检察机关法律监督的范围、途径、手段、制度、主体等内容的基本建构的发展过程。检察机关的职务犯罪侦查制度、公诉制度、诉讼监督制度等基本定型并构成了法律监督制度的基本内容”[①]。近些年来,社会各界对检察改革给予了极大关注,学者们关注的问题是检察制度的法律地位和制度建设;实践部门的工作人员则更关心检察事业的发展和检察权的有效配置;而人民群众所关心的是如何保障和实现司法公正,遏制司法腐败。如何通过检察改革回应这些要求,无疑是一个重要的问题。“检察体制改革作为司法体制改革的重要组成部分,如何按照中央关于推进司法体制改革的部署,把握正确的方向,明确改革的重点,突破改革的难点,取得改革的实效,关乎能否健全完善中国特色社会主义检察制度,关乎能否建立适应全面建设小康社会、符合社会主义政治文明要求的司法制度,关乎社会主义司法制度能否在保障实现全社会的公平与正义、构建社会主义和谐社会中发挥更好的作用。”[②]

二、检察制度改革的原则与目标

(一) 改革的原则

从检察制度产生的历史背景和发展轨迹看,检察制度与一国的政治体制有着天生的渊源关系。在我国目前的宪政体制下,深化检察改革时,在宏观上,必须遵循坚持党对检察改革的领导、坚持人民检察院的宪法地位、坚持从国情出发、坚持走群众路线以及坚持依法推进等各项原则。由于检察权是检察制度的核心内容,而检察权的运行又必须遵循法治原则、公正原则、依法独立原则、检察一体化原则、公开原则和合理性原则等,因此检察改革的方向也应该有利于这些原则在实践中的执行和落实。为此,笔者认为,检察改革首先应遵循以下几个方面的原则:

1. 以检察权的充分行使为核心

检察权是指检察机关或检察官所享受的各项权力的总称,是国家权力的重要组成部分,同时也是检察制度的核心内容。检察权的

---

① 夏琳:《检察制度在不同政体下的实践模式及我国检察制度之特点》,载《纪念检察机关恢复重建 30 周年论文集》,2008 年 7 月。

② 童建明、万春主编:《中国检察体制改革论纲》,中国检察出版社 2008 年版,第 1 页。

有效行使在国家的法治建设和反腐败斗争中发挥着十分重要的作用。检察机关究竟应享有哪些职权、其机构应如何设立分工、是采用集中型领导体制还是分散型领导体制以及检察官应享有多大的自由裁量权等根本性问题如何合理地予以解决，自然与一国的政治体制和司法制度密切相关，但首先必须以有利于发挥检察权在构建和谐社会、维护社平正义中的作用为标准。由于各国在历史文化传统和司法制度等方面的差异，现今世界各国的检察制度各具特色。我国检察制度的特色主要有：人民检察院既是国家的司法机关，又是国家的法律监督机关；在管理体制上，实行"双重领导、一重监督"的模式；在检察权的行使方式上，采用的是人民检察院依法独立行使检察权；在检察院内部实行检察长统一领导与集体领导相结合的领导体制等①。这些特色虽然是我国检察制度所特有的，但并非所有的特色都是优势。

目前，我国检察权的配置，总的说来有其合理性和科学性，但不可否认的是，在司法实践的运行中确实存在不少问题。其原因是多方面的，既有立法上的不健全，也有执法中的不规范因素，还有对检察机关的法律监督职能认识不够清楚、不够全面之故。根据我国宪法及相关法律的规定，目前检察机关主要享有职务犯罪侦查权、批准和决定逮捕权、公诉权、诉讼监督权以及司法解释权等。在这些权能中，争议最大的是批捕权、职务犯罪侦查权和民事公益诉讼的起诉权三个问题。检察权的配置合理与否直接影响到司法公正的实现。因此，在发展和完善我国现行的检察制度时，必须充分重视我国的具体国情，结合检察工作的实践，从有利于检察官更好地行使检察权、更有效地打击刑事犯罪和保障人权出发，借鉴国外检察制度中相关相融的有益经验，使我国检察权的配置更加科学、合理，使整个检察制度日趋健全、完美。

---

① 参见黄常明：《试析中国检察制度的几个特色》，载《纪念检察机关恢复重建30周年论文集》，2008年7月。

2．重视本土资源的作用

尽管世界各国的审判制度基本相似，但检察制度却具有丰富性和多样性。这不仅可以从检察制度的起源和发展轨迹中找到佐证，而且可以从各国检察制度的基本构架和权力性质上得到证明。各国之所以在检察制度方面存在这么巨大的差异，与其社会制度、政治制度和法律制度紧密相关。但是，这并不是说各国在检察制度方面的具体措施就无法学习借鉴，随着时代的发展和两大法系的不断融合，在如何更加有效地打击犯罪和保护人权以及检察权的运作方面还是有许多可借鉴之处的。不过，从法律移植角度看，在改革我国的检察制度时，只能根据我国原有的诉讼制度和诉讼模式，针对检察制度中存在的相关问题，适当地引进他国制度中某些合理的因素，而不是全盘照抄。“即使能从国外借鉴良好的正式规则，如果本土的非正式规则因为惰性而一时难以变化，新借鉴来的正式规则和旧有的非正式规则势必产生冲突。结果借鉴来的制度可能既无法实施又难以奏效。”①事实上，法律移植是自古至今的一个老话题，但至今仍困扰着那些在法律制度上比较落后的国家。移植过来的西方现代法制并不适合在中国的土壤上生长，早已不是什么新鲜事儿，通常的做法是把“现代法制”看作“一个有待于明天实现的理性，而把本土情境视为存在于今天的一种无可奈何的现实——从而我们面临的便是理性的不能实现和现实的不甘妥协之间的两难困境”②。因此，具体到检察制度，我们在借鉴国外的先进经验时，也应当重视本土资源的作用。新中国的检察制度是在社会主义制度的基础上建立起来的，具有自己的特色和优越性，并经过数十年司法实践的检验和不断完善，已逐渐得到了国际社会和国内的普遍认可与赞同。在我国司法改革开展得如火如荼的大背景下，全国检察机关也积极开展各项改革活动，在借鉴和吸收国外成功经验的基础上，从理论和实践的角度探索改革的路径，迄今为止已积累了相当丰富的实践经验和理论研究成

① 〔日〕青木昌彦：《比较制度分析》，周黎安译，上海远东出版社 2001 年版，第 2 页。
② 苏力：《法治及其本土资源》，中国政法大学出版社 1996 年版，第 II 页。

果，如主诉检察制度、量刑建议权制度、刑事和解制度等。[①] 作为国家专门的法律监督机关，我国的检察机关应在改革中进一步完善自身的特色，并充分发挥自己的优势，如我国的检察权有自己独特的内涵、我国的检察队伍比较庞大等，而不能只看表面现象，根据某个法系或某个国家的模式，把我国的检察机关改革成一个纯粹的公诉机关或者是权力庞大的侦查领导机关。

事实上，一项制度或做法在移植或借鉴之后能否发芽生长，最根本的要看其是否能适应当地的土壤、气候等环境因素。换句话说，就是本国的整个法制环境是否适合新制度或方法的有效运作。例如，历史上，英国的陪审制度也曾被引进到法国，但最终因法国的土壤不适合英国式陪审制度的运作，最终还是被废除了，而目前法国的参审制却运作得很好。世界各国在改革检察制度时也形同此境，对本土资源的重视是最根本的一点，因为“社会的构成在任何时候都不可能只依赖某一个制度，需要的是一套相互制约和补充的制度；这些制度不仅包括成文宪法和法律明确规定的，而且可能更重要的是包括了社会中不断形成、发展、变化的惯例、习惯、道德和风俗这样一些非正式的制度”[②]。

另外，同一法系中不同国家之间相应的制度也并非完全相同，而是大体相同；不同法系之间的制度则差别更大，但都与各自的其他制度相配套、相适应。因此，就制度本身而言，尤其是与各国的传统文化相结合时，并无优劣之分，而只有是否适合之别。有学者认为，检察机关在刑事诉讼中的各项权力都是具体的诉讼程序性权力，与所谓的法律监督机关、法律监督权并不存在必然的关联性。检察机关的基本职能是公诉，检察权在本质上主要表现为公诉权，以公诉权为基本内容的检察权在本质属性和终极意义上属于行政权，应该按照检察机关就是公诉机关的思路改革司法制度，建立以公诉机关为核

---

① 参见刘方：《检察制度史纲要》，法律出版社 2007 年版，第 337—338 页。

② 苏力：《制度是如何形成的——关于马歇尔诉麦迪逊案的故事》，载《比较法研究》1998 年第 1 期。

心、主导的审判前程序。[①] 但是,这种观点在某种程度上忽略了我国宪政制度的特殊性和世界各国检察制度的多样性。诚然,公诉是各国检察机关最主要的职能,但由于各国检察制度在历史和起源方面存在的差异,以及其赖以诞生的社会制度、政治制度和法律制度等方面的不同,不但检察制度的发展过程和形成模式具有多样性,而且现今各国的检察制度呈现出纷繁多样的特点,很难用一个统一的标准对全人类的检察制度作出概括性的评价,也无法用一种权力性质予以定位。[②] 在我国的传统习惯中,向来将检察机关视为司法机关,并将检察官视为维护社会公平正义的主要力量。"在我国设立法律监督机关,既不是共和国开国领袖们的心血来潮,也不是宪法制定者的任意,而是我国的国体、政体、国情和制度传统使然。"[③]因此,在改革和完善我国现行的检察制度时,必须充分重视原有的本土资源。

3. 注意制度的配套性

从历史经验看,无论是宏观制度上的变革,还是微观运作体制上的更改,都必须重视相关制度的配套,否则最完美的改革方案也很难得到有效实施而成为水中月、镜中花。比如,我国《刑事诉讼法》在1996年的改革中吸收了英美法系国家抗辩式诉讼制度中的对抗制因素,但由于在司法实践中缺乏相关的配套制度,如证人的出庭率太低、法官很少当庭宣判等,案卷移送只是从过去的庭审前改变成庭审后而已,[④]并没有真正发挥抗辩式诉讼通过控辩双方的相互询问和质证以更好地发现案件事实的优势和作用。从历史传统和司法实践看,无论是英美法系国家的抗辩式诉讼制度,还是大陆法系国家的职权主义诉讼模式,都是与其整个司法制度相配套的。"一种制度、做法或规则,往往是在其他因素的配合下发挥作用的,离开了与之相配

① 参见陈卫东:《我国检察权的反思与重构——以公诉权为核心的分析》,载《法学研究》2002年第2期。

② 参见刘方:《检察制度史纲要》,法律出版社2007年版,第77—81页。

③ 朱孝清:《中国检察制度的几个问题》,载《中国法学》2007年第2期。

④ 参见陈瑞华:《案卷笔录中心主义——对中国刑事审判方式的重新考察》,载《法学研究》2006年第4期。

套的制度、做法或规则，就很难保持它的价值。”“任何成功的经验都有其生长的特殊土壤和与之相配的条件，离开了特定的历史条件和文化背景，离开了相应的社会基础和人文环境，成功的经验也会把改革引入歧途。单纯强调接轨、照搬，最终会失去民族特色。”[①]因此，在借鉴国外检察制度中的某些具体规定和做法时，首先要明白我国的刑事诉讼制度是在超职权主义模式下引进了英美法系国家庭审中的对抗制因素，与纯粹的抗辩式诉讼制度还存在很大的差距。

值得注意的是，任何诉讼模式的选择都是历史的产物，并不是在某一具体的时间点进行任意选择的结果，而是经过几十年甚至几百年的发展累积而成的，虽然在其形成过程中也不排除诸多偶然因素的巧合。“不同诉讼模式的各组成部分之间彼此相连，从而形成了一套该模式特有的制度逻辑。当一个个具体制度集合而成模式之后，任何一种新制度的加入就不仅要具有抽象的合目的性，同时还必须接受该模式所特有的制度逻辑的检验。在进行制度设计时，后一方面的因素甚至更为重要，而且可能随时充满着风险。”[②]因此，在改革我国的检察制度时，除了应考虑在我国目前的诉讼模式下，一种制度的选择在合目的性的同时，还应与该模式下其他的具体制度之间存在内在的逻辑关系，互相吻合，从而使各制度之间处于和谐状态而能够最大限度地发挥效用。此外，还应考虑在检察机关内部，各部门、各环节之间要相互配合协调，对检察官的选拔、任命、考核、晋升、培训等各方面制度进行完善。这些制度除了要与刑事诉讼程序、整个司法制度相适应外，还应具有内在的合理性，使检察工作步入良性循环的轨道，并让检察官能在一种公平、公正的竞争环境中充分发挥自己的聪明才智，在工作中不断提高自己的业务素质和工作技能，从而有力地推动检察队伍的文化专业结构和整体素质的改善，最终使检察制度在保障社会公平正义、构建和谐社会中发挥强大的职能作用。

---

① 刘立宪、张智辉主编：《司法改革热点问题》，中国人民公安大学出版社 2000 年版，第 12 页。

② 汪建成：《刑事诉讼法再修订过程中面临的几个选择》，载《中国法学》2006 年第 6 期。

（二）改革的目标

通常来说，目标具有激励人们奋斗的作用，合适的目标有助于调动人们的积极性和能动力，成为人们努力拼搏的动力。检察改革的目标自然也不例外。作为目标，既要具有挑战性和吸引力，又要具有可行性和期望力。如何从我国国情出发，设立合适的检察体制改革的目标，却不是一件简单易行的事。合理的目标设计不但有助于各项制度的安排和具体改革措施的选择，而且可以避免改革过程中各种矛盾和冲突，使各种力量能够形成一股合力，从而稳步推进改革，达到预期的目标。由于检察体制改革的目标与我国整个司法体制改革、政治体制改革紧密相连，因而必须坚持正确的政治方向。检察体制改革是司法体制改革和政治体制改革的重要组成部分，与人民民主专政的政权建设、社会的公平正义、人民群众的合法权益和社会的稳定息息相关，从根本上讲，必须坚持四项基本原则，坚持党的领导、人民当家做主和依法治国的有机统一。① 因此，党的十六大报告在“政治建设和政治体制改革”这一部分明确提出：“推进司法体制改革。社会主义司法制度必须保障在全社会实现公平和正义。按照公正司法和严格执法的要求，完善司法机关的机构设置、职权划分和管理制度，进一步健全权责明确、相互配合、相互制约、高效运行的司法体制。从制度上保证审判机关和检察机关依法独立公正地行使审判权和检察权。完善诉讼程序，保障公民和法人的合法权益。切实解决执行难问题。改革司法机关的工作机制和人财物管理体制，逐步实现司法审判和检察同司法行政事务相分离。加强对司法工作的监督，惩治司法领域中的腐败。建设一支政治坚定、业务精通、作风优良、执法公正的司法队伍。”②无疑，这为我国的司法体制改革指明了方向和道路，也提出了需要改革的具体问题和宏观目标。司法体制改革在经过五年的探索和实践后，取得了一定的成效，也积累了相当

① 参见童建明、万春主编：《中国检察体制改革论纲》，中国检察出版社2008年版，第3页。

② 《江泽民同志在党的十六大上所作报告》，http://news.xinhuanet.com/ziliao/2002-11/17/content_693542.htm，2018年8月15日访问。

丰富的改革经验。在原有改革的基础上，党的十七大报告又对司法体制改革提出了更高的要求："深化司法体制改革，优化司法职权配置，规范司法行为，建设公正高效权威的社会主义司法制度，保证审判机关、检察机关依法独立公正地行使审判权、检察权。"[①]尽管报告是针对司法体制改革提出的要求和目标，但无疑也是检察改革的目标，即完善能够保障在全社会实现公平和正义的社会主义检察制度应该成为我国检察改革的总体目标。

事实上，在讨论检察体制改革的目标时，有一个根本性的问题必须先解决：检察改革是在现有的法律框架内的改革，还是应该突破现行的宪法框架的限制，从实现法治及司法规律运行的角度出发，与国际接轨，改革我们目前的检察体制？对此，学术界存在着两种不同的观点。一种观点认为，应考虑到我国国体和政体所具有的特殊性，检察体制改革应在我国人民民主专政的国体和人民代表大会制度的宪政体制内，在坚持宪法确立的检察机关作为法律监督机关的前提下，针对现行检察制度中存在的缺陷进行完善，对不符合社会形势发展的内容进行改革，突破制约检察工作发展的体制性障碍，从而充分发挥检察机关法律监督在保障社会公平正义方面的作用，为全面建设和谐社会提供有力的司法保障。[②] 另一种观点认为，要实现法治，必须挣脱现行宪法体制的束缚，以全球性的开放眼光审视我国的检察制度，从体制上寻求根本性的变革；否则，改革就会存在明显的局限性，只能是工作机制层面的修修补补，难以取得实质性的突破与效果。[③] 这两种观点作为学术争论看起来都有一定的道理，但检察体制改革只是司法体制改革的一部分，而司法体制改革又与一个国家的政治体制密不可分，在目前的国体和政体都无法改变的情况下，在设计检察体制改革的目标时，除了以开阔的眼界广泛了解世界各国

---

① 《中国共产党第十七次全国代表大会文件汇编》，人民出版社 2007 年版，第 30 页。

② 参见陈义兴：《检察实践的理性思维》，中国检察出版社 2008 年版，第 47 页。

③ 参见蒋安杰、李青：《司法改革的现状与前瞻》，载《法制日报》2004 年 10 月 14 日。

的做法和国际通例，以便有选择地学习借鉴国外的司法理念和经验外，更要一切从本国的实际出发，以助于解决检察工作中的现实问题，指导改革的实践。“司法体制改革和检察体制改革因其事关国体、政体和建设社会主义法治国家的现实，事关社会公平正义的实现和人民群众的切身利益，事关社会稳定和国家长治久安，不可能仅仅停留在纸面上和学术沙龙中，而最终是要由政治家根据国情实际进行决策和运用国家权力付诸实践的。”[①]因此，检察改革的总体目标应按照中央有关司法体制改革的总体精神和要求确定，即司法体制改革应当是中国特色社会主义司法体制的自我完善和发展。在确定司法体制改革的目标时，必须从我国的国情出发，符合四项基本原则，符合人民民主专政的国体和人民代表大会制度的政体，符合社会主义现代化司法制度的运作规律。[②]

“我国现行的检察制度是根据宪法和法律所确立的，是以马克思主义关于国家与法的理论为指导，为适应巩固我国人民民主专政的国体和人民代表大会制度的政体的需要，适应惩治犯罪和保护人权的需要，适应维护司法公正和保障法制统一的需要，在充分借鉴、吸收人类法治文明和国内外法治建设有益经验的基础上，经过不断改革探索逐步建立和发展起来的，是新中国在政权建设和法制建设进程中作出的历史性选择。其产生具有科学的理论基础、坚实的政治基础和深厚的实践基础。”[③]因此，总的说来，我国现行的检察制度是符合我国社会主义初级阶段的国情和四项基本原则的，也与我国的政权性质和政治体制相适应，具有内在的合理性和现实的生命力，并且具有自身的特色和优势，自建立以来，已在惩治犯罪、保护人民、维护司法公正等方面发挥了较好的作用，有力地保障了改革开放和社会主义现代化建设的顺利进行。我国的政治体制即人民代表大会

---

① 童建明、万春主编：《中国检察体制改革论纲》，中国检察出版社 2008 年版，第 23 页。

② 参见张述元：《论司法体制改革的原则》，载《中国法学》2004 年第 1 期。

③ 童建明、万春主编：《中国检察体制改革论纲》，中国检察出版社 2008 年版，第 1 页。

制度也具有自身的优势，在理论上既强调权力的横向制约和抗衡（在行政权、审判权、检察权之间），又强调权力的纵向监督和协调（在立法权与行政权、审判权、检察权之间）。这种兼顾民主和效率的国家管理模式有利于克服三权分立模式下议行脱节、互相扯皮的弊病。正如邓小平在谈到我国政治体制的优越性时所指出的："我们实行的就是全国人民代表大会一院制，这最符合中国实际。如果政策正确，方向正确，这种体制益处很大，很有助于国家的兴旺发达，避免很多牵扯。"[①]因此，检察改革的目标应当是：在坚持四项基本原则，坚持党的领导、人民当家做主和依法治国有机统一的前提下，实现中国特色检察制度的自我完善和发展，即按照公正司法和严格执法的要求，针对立法上和实践中实际存在的问题和缺陷，完善检察机关的机构设置、职权划分和管理制度，从制度上保证检察机关依法独立公正地行使检察权，充分发挥检察机关的法律监督职能，惩治司法领域的腐败，建设一支政治坚定、业务精通、作风优良、执法公正的检察队伍，保障在全社会实现公平和正义。

具体说来，目前我国的检察制度还存在以下几个方面的主要问题和缺陷：一是法律监督的职责不具体，监督手段单一，监督范围不全面，如对职务犯罪的侦查手段落后；对诉讼活动中发生的违法行为缺乏了解的机制和渠道以及相应的调查手段；对公安机关不应当立案而立案的现象缺乏监督权等。二是相关的法律程序不完善或过于原则而缺乏具体适用上的可操作性，如新刑诉法对侦查机关立而不侦、久侦不决等行为仍没有作出相应的规定，使检察机关对之进行法律监督缺乏充足的依据；民事诉讼法、行政诉讼法没有对检察机关开展民事、行政监督工作在程序上作出具体规定；法律没有对监督对象必须接受监督作出义务性规定等。三是检察权行使缺乏独立性、浓厚的行政化管理模式以及保障机制不够健全等，如地方党政领导违法干扰检察机关依法办案，办案程序层层审批，官僚化、行政化倾向严重；检察官缺乏独立性和自由裁量权，对检察人员的管理长期以来

① 《邓小平文选》（第三卷），人民出版社1993年版，第220页。

完全套用行政管理模式;检察官缺乏应有的身份保障和特权保障制度,检察经费保障不足等。这些问题的存在严重影响了检察机关工作的有效开展,制约了法律监督职能的充分发挥,作为具体的改革目标,迫切需要在深化检察体制改革中予以解决和实现。正如最高人民检察院前检察长贾春旺所说:"当前,检察机关法律监督能力与维护国家安全、社会和谐稳定的要求,与全社会日益增长的司法需求和人民群众对公平正义的渴求不相适应的矛盾比较突出。要提高法律监督能力,就必须加快推进检察体制和工作机制改革,从根本上解决制约检察工作发展的诸多问题,促进检察机关更好地发挥保障在全社会实现公平和正义的职能作用。"①

三、检察制度改革的重点与难点

(一) 改革的重点

改革,是我们这个时代的主旋律,也是检察工作发展的巨大动力。尽管我国现行的检察制度基本上是符合我国国情以及社会主义现代化建设需要的,但随着改革开放的不断深入,社会经济生活和司法环境的改变,人民群众对通过司法手段维护合法权益和保障实现公平正义的要求的提高,检察工作面临着前所未有的挑战。为更好地迎接这些挑战,数十年来,检察机关进行了许多艰辛的探索,在改革中取得了一定的成效。但是,在总结这些成效时,让人明显地感觉到前些年的检察改革基本上是在现行体制和法律框架内进行的工作层面的机制创新,没有触动制约检察工作发展的深层次问题和体制性障碍。同时,"检察机关的改革与其他部门的改革还存在各自为战、各行其是的现象,缺乏统一协调,没有形成合力"②,在惩治司法腐败方面所取得的成效与党和人民的要求还有不小的差距。因此,深化检察体制改革,促进依法治国,为全面建设和谐社会提供有力的

---

① 转引自柏荣:《检察改革:直击难点谋长远》,载《检察日报》2007 年 9 月 28 日。

② 童建明、万春主编:《中国检察体制改革论纲》,中国检察出版社 2008 年版,第 2 页。

司法保障,已成为实践的需要、时代的要求和人民的愿望。检察机关作为专门的法律监督机关,其根本的任务和职责就是严格执行法律,监督法律的正确实施,维护社会的公平正义。它承载着公众对公平正义的期望和诉求。中央要求司法体制改革从最广大人民群众的根本利益出发,从人民群众反映强烈的司法不公问题入手,从人民群众最不满意的问题改起。因此,深化检察改革的重点是:强化人民检察院的法律监督职能,加强对检察机关自身执法活动的监督制约。具体说来,主要有以下几个方面:

1. 检察权的合理配置问题

检察权是检察机关各项权力的总称,检察机关的一切活动都是围绕如何科学地行使检察权展开的,而检察权的合理配置问题无疑是检察改革中的一大难点。世界各国因对检察机关的定位不同,检察机关所享有的职权也千差万别。但是,总的说来,大陆法系国家的检察机关所享有的职权远大于英美法系国家的检察机关,后者基本是一个纯粹的公诉机关。我国的检察机关在设立时以苏联的检察机关为模板,从职能上看,与大陆法系国家的检察机关更具相似性,但在具体的检察权配置上又存在不少差异。党的十七大报告明确提出,要深化司法体制改革,优化司法职权配置,以保证审判机关、检察机关依法独立公正地行使审判权、检察权。在目前的检察体制改革中,如何顺应历史的潮流,遵循司法运作的规律,科学合理地配置检察权,却成了一个见仁见智的问题。[①]

2. 检察权行使主体的素质问题

检察官是检察机关所具有的各项权能的行使者,是实现公平正义的执行者。检察官素质的高低直接影响着法律监督的水平和执法的效果。目前,我国有检察人员二十多万,素质参差不齐。为了提高检察官的综合素质,必须进行各个方面的改革,如完善检察官的选任制度,改革检察官的管理制度,粗化检察官的等级制度,优化检察官

---

① 详细阐述参见本书第四章的相关内容,这里不再赘述。

的培训制度等。[①]

之所以说我国的检察官管理制度问题也是当前改革的重点之一，其主要原因在于，在检察官的管理问题上，多年来我国采用的是行政化的管理模式，既不符合检察工作的规律，也不利于人才的脱颖而出，缺乏合理性和科学性。有检察官认为："目前，检察官的管理模式行政色彩浓厚，检察人员都走检察官这根独木桥，检察官又走行政职务这根独木桥。这种管理制度，不利于检察队伍的专业化建设，严重制约着检察工作的发展。"[②]为了建立一套科学合理的管理制度，必须对检察官实现分类管理，使其各得其所、各展所长。

3. 检察权运行经费保障问题

尽管检察院是国家的司法机关，但经费保障问题长期以来一直是其面临的一大难题。由于经费短缺问题得不到合理解决，严重制约了检察机关各项职能的有效发挥。经费问题突出表现在两个方面：一是财政拨款的经费太少，不足以满足检察机关履行职责的需要；二是经费缺乏稳定、有效的制度性保障，不少基层检察院的经费多依赖于各级检察长的社会关系，有些穷困地区的检察院领导的大部分精力都放在如何为检察院谋钱上，根本谈不上抓业务建设，这样的局面很难让检察官们全心全意地做到公正执法、维护正义。

鉴于检察工作的艰巨性、复杂性、专业性和重要性，西方国家对检察官的职务保障制度都十分重视，除了规定检察院的经费开支由国家财政全额拨款外，还为检察官提供了切实的人身安全保障和丰厚的物质条件。一般情况下，检察官的工资都要高于同级别的公务员。尤其是俄罗斯，通过立法从组织上、法律上规定国家应为检察官提供特殊的保护。[③]

与国外检察院的经费保障制度相比，我国的检察院不但在业务

① 具体的阐述参见本书第三章的相关内容，这里不再重复。

② 童建明、万春主编：《中国检察体制改革论纲》，中国检察出版社 2008 年版，第 12—13 页。

③ 关于具体的待遇和保障措施，可参见何家弘主编，季美君、毛淑玲、袁经义副主编：《检察制度比较研究》，中国检察出版社 2008 年版，第 240—244 页。

经费上(包括办案经费和装备费)难以保障,而且检察官的工资福利待遇也比较低。为了使检察机关的经费能够得到充足稳定的供给,有学者提出如下解决方案:“除了分地区制定基本保障标准、加大中央专项转移支付力度、严格实行收支两条线等措施外,我们认为,根据检察机关履行职能的需要和检察机关管理体制的特点,目前宜在省级以下检察院实行‘业务经费省级统筹、其他经费分级负担’的检察经费管理体制,即业务经费(包括办案经费和装备费)实行省级统筹;人员经费、行政经费由同级财政保障;基础设施建设纳入同级地方经济与社会发展计划,以地方解决为主,中央和上级财政补助为辅。”①无疑,这种解决方案考虑到了我国目前的具体国情及各地经济发展不平衡的实际情况,具有比较大的可行性,同时也符合中央关于“省级财政部门要结合本地方的实际情况,逐步建立起有效的政法机关的经费保障机制”的政策精神,不失为一个比较稳妥的应急措施。

但是,从行使检察权的本质看,一劳永逸的解决办法还应该是中央财政进行统一的全额拨款,这样才能从根本上解决检察机关的经费保障问题,才能有效地消除经济落后地区的检察院因待遇差而带来的人才流失,同时也有利于摆脱检察机关因经费的地方化而产生的用人问题上的依附性及执法时的畏惧感,从而促进全国检察系统资源的合理分配,提高经费的使用效益。经费问题的解决以及保障检察官享有比较优厚的工资待遇,不但有利于保障检察官独立公正地履行检察权,而且有利于吸引社会上的优秀人才加入检察队伍,最终有利于提高检察人员的素质,加速检察队伍的专业化建设。

(二)改革的难点

在改革开放成为时代主旋律的大背景下,全国检察机关围绕建设中国特色社会主义检察制度这一主题,以充分发挥在构建和谐社会中的职能作用为目标,几十年来,进行了许多艰辛而有益的探索,

① 童建明、万春主编:《中国检察体制改革论纲》,中国检察出版社2008年版,第13页。

从主诉检察官制度、量刑建议权制度，到人民监督员制度、认罪轻案快速审制度等。这些改革征途上的一步步摸索，无疑有助于推进检察体制的全面改革，同时也有助于加强检察机关的公信力。但是，总的说来，这些改革措施基本上是在现行体制的法律框架内进行的工作层面的机制创新，并没有触及检察体制中的根本性问题。目前，我国的检察改革已到了关键时期，笔者认为，要想真正取得实效，必须从检察改革的重点上下工夫，其中有些重点问题也恰恰是改革中的难点问题，因此还必须解决以下几个方面的难点问题：

1. 检察权的优化配置问题

检察权的优化涉及检察权的配置、运行和监督模式等各个方面，这既取决于检察权在国家宪政结构中的位置，也取决于检察机关内部对各项权力的分配和管理。因此，检察权的优化合理配置自然就成了改革中的难点问题。“检察机关的发展不是权力越大越好，关键是在现有权力框架基础上，把现行法律赋予的各项权力行使好，真正把案件办好，尽力实现公平正义的工作目标，这才是一条务实的发展之路。”①

尽管我国的检察机关已经历了五十多年的发展和二十多年的改革创新，但是检察机关的法律监督理论体系尚未真正建立，检察权的合理配置仍未完成，突出表现在法律监督的空间有限、监督的力度微弱、监督的手段贫乏等。为了切实维护司法公正，提高监督能力，在深化检察改革时，就有必要完善法律监督的范围、程序和措施，加强对诉讼活动的法律监督等。为此，可以从两方面着手：一是外部方面的完善，主要是理顺检察机关的外部关系，即通过宏观上的司法体制改革，规范检察机关与执政党、国家权力机关、行政机关及其他司法机关的关系，强化检察机关的法律监督职能，以便在制度上保障检察机关的独立性以及检察权的有效行使；二是内部方面的完善，即从检察机关内部入手，建立符合司法运作规律的检察管理体制，提高监督

① 巩富文、姚宏科：《检察权配置的几个问题》，载《第九届全国检察理论研究年会优秀论文集》，2008 年 4 月。

主体的执法素质，增强发现违法行为的能力，提高纠正违法行为的水平等。具体方案如下：

(1) 外部方面的完善

由于检察权在刑事诉讼程序中是一种承上启下的权力，在检察体制改革中，要完善检察权，就必然涉及公安机关和审判机关的权力，其外部方面的任何变动，势必需要两机关的配合和协调。这也是优化配置检察权成为改革中的难点问题的关键原因。根据最高人民检察院颁发的《工作规划》，完善检察权，应主要从以下几个方面着手：

① 健全对立案和侦查活动的监督

刑事案件在侦查过程中存在的种种问题早已为人们所关注，如刑讯逼供问题、逮捕权的滥用问题等。作为专门的法律监督部门的检察机关如何加强对侦查过程中违法行为的监督，已成为迫切的现实问题。对立案的监督，主要是建立公安机关向人民检察院反馈通知立案案件侦查情况的机制。在侦查过程中，如何把合法性、必要性和适应性原则贯彻到刑事强制措施的适用中，则是一个比较艰难而复杂的问题。刑事强制措施是刑事诉讼制度的重要组成部分，直接关系到当事人的人身权利和财产权利，是一国司法文明和人权保障水平的重要表现。但是，如何完善强制措施，使刑事诉讼中的侦查活动更加规范、文明，不少问题需要从立法层面上解决。

针对实践中存在问题最多也是最严厉的强制措施——逮捕问题，有学者对逮捕制度提出了立法修改方案，建议将原刑诉法中规定的"拘留"的条件修改为"逮捕"，相应地，将原来的"逮捕"修改为"羁押候审"。这样修改的主要目的在于明确逮捕的临时性质，明确逮捕与羁押之间的区别，贯彻捕押分离原则。[①] 另外，也有学者建议，将逮捕分为有证逮捕和无证逮捕，主要理由如下：一是区分有证逮捕和无证逮捕是许多国家和地区通行的做法；二是有效地平衡了

---

① 参见徐静村主编：《中国刑事诉讼法(第二修正案)学者拟制稿及立法理由》，法律出版社 2005 年版，第 56 页。

公民人身自由不受任意侵犯和侦查效率之间的关系。① 但是，新修改的《刑事诉讼法》并没有对此问题作出相应的修改，只是严格限制了采取强制措施后不通知家属的例外情形。事实上，从制度层面上看，为使侦查阶段能恰当有效地适用逮捕措施，就必须将逮捕的行为与羁押的决定分成两个不同的独立程序。这也是世界各国和地区的通行做法。

② 健全对刑事审判活动的监督

刑事公诉是检察机关的主要职权，它与刑事审判制度紧密相关。检察机关作为专门的法律监督机关，在审判活动中如何恰当地履行自己肩负的监督职责，如何完善对刑事审判活动的监督，是非常棘手的问题。多年来，学术界对此展开了热烈的讨论。面对检察机关“既当运动员又当裁判员”的质疑，检察机关必须从理论上阐释对审判活动监督的合理性和正当性，以及公诉职能与法律监督职能的关系。除了理论上的支撑外，还必须通过立法予以落实。从实践看，主要是规范人民检察院调阅审判卷宗，对审判活动中的违法行为进行调查，纠正违法行为，建议更换办案人，提出再审检察建议等监督措施的适用范围和程序；完善检察长列席人民法院审判委员会会议制度和刑事抗诉制度，建立审判监督特殊程序，改革完善刑事再审程序和死刑复核及其法律监督制度等。②

③ 健全对刑罚执行活动的监督

我国的刑罚执行监督存在着监督手段软弱、监督措施乏力、监督程序粗疏等诸多问题，③且在监督中侧重于保障刑罚报复性功能的发挥，相对忽视了对服刑罪犯个人权利的尊重与保护。因此，监狱内虐待体罚罪犯、侵犯罪犯合法权益甚至造成被监管人员伤残或死亡的现象时有发生，同时也限制了检察机关刑罚执行监督功能的有效

---

① 参见田文昌、陈瑞华主编：《〈中华人民共和国刑事诉讼法〉再修改律师建议稿与论证》，法律出版社 2007 年版，第 358—359 页。

② 参见童建明、万春主编：《中国检察体制改革论纲》，中国检察出版社 2008 年版，第 248—285 页。

③ 参见陈坚：《刑事法律监督的立法完善》，载《法学》2006 年第 8 期。

发挥。在现有的法律框架内,检察机关可以考虑创新监督方式,在检察机关内设立监督委员会,其组成人员除了检察机关内部的工作人员外,还可以仿照人民监督员的做法,聘请社会各界愿意参与刑罚监督的人士。

在检察机关内,除设立监督委员会外,还应考虑再设立一个监狱监督局。监督局的工作方式以计划性检查为主,以临时性检查为辅,其组成成员包括管理、卫生方面的专家。这样,在检查监狱的运作状况时,才能及时地发现问题,并能提出有针对性的完善建议。当监督局得到信息,怀疑哪一家监狱在哪些方面存在问题时,可对监狱进行突击性检查。不管是计划性的检查还是临时性的检查,都应写出最后的评估报告。报告的结论应对监狱长的业绩及去留起决定性的作用。①

④ 完善民事行政诉讼监督制度

我国的民事行政诉讼监督制度建立于20世纪80年代末90年代初,是一项有中国特色的司法制度。数十年来的实践证明,民事行政诉讼检察监督是符合我国国情的,为保障司法公正发挥了相当重要的作用。但是,近年来,学术界有人认为民事行政诉讼监督制度特别是民事抗诉制度存在一系列消极作用,主张从根本上废除或弱化这一制度;也有人建议取消审判机关和检察机关启动再审程序的规定。② 事实上,民事抗诉制度的基本内容还是合理的,关键问题是如何针对民事行政诉讼监督中存在的主要问题,如信息不对称、监督方式单一、监督范围有限、民事抗诉范围不清、提起抗诉的程序烦琐等,加以完善,使之更加科学、更加有效地维护司法公正。这是深化检察体制改革中需要考虑的问题。总的说来,可以从以下几个方面加以改革:完善民事行政抗诉程序、改革抗诉案件的再审制度、完善民事

---

① 详细完善的建议可参见季美君:《人性化的监狱管理与刑罚执行监督》,载《国家检察官学院学报》2007年第2期。

② 参见最高人民法院民事诉讼法调研小组编:《民事诉讼程序改革报告》,法律出版社2003年版,第332页。

诉讼监督范围以及建立行政公诉制度等。[1]

（2）内部方面的完善[2]

所谓内部方面的完善，主要是指对现有检察权的自我完善，可以从三个方面着手：① 科学配置权力。从实务层面剖析，检察权可以分为侦查权、公诉权和诉讼监督权三项基本权能，这些权力应由三个互不隶属的机构行使。② 正确运行权力。检察机关的根本职责是行使诉讼监督以实现公平正义，因而检察权的配置和运行应当突出诉讼监督职能，“对外要走出与公安机关和人民法院‘争权夺利’的误区，对内要纠正偏爱自侦而轻视监督性质的监所、民行等部门的偏差，要以是否有利于履行法律监督职责，是否有利于维护公平正义为目标运行、考量各项检察权”。③ 完善内部制约机制。各业务部门在诉讼中应形成真正的相互制约机制，并产生实际的监督控制力，如侦监部门除了监督公安机关的立案侦查活动外，也应对检察机关内自侦部门的立案侦查进行审查，只有这样才能防止检察权的滥用并避免受到“谁来监督监督者”的质疑；同时，还应全面推行并不断完善询问职务犯罪嫌疑人全程同步录音录像制度。

2．检察官管理体制问题

由于受我国几千年来官本位思想的浸染，检察机关内部唯官是上、唯官是从的风气浓厚，身为检察官的人都希望自己在职务上能有所提升。因为只有做了官，手中才有指挥人、控制人的权力，各方面的待遇也才能跟上，如工资级别、住房标准、配车待遇等，几乎所有的切身利益都与官位和级别高低紧密相关。在这种氛围下，如果一个检察官一生到老都只是一名检察官而没有被提拔为什么处长、庭长或检察长之类的，似乎就很难有什么荣誉感和成就感。因为在现实中，要是没有行政级别上的衬托，在日常工作中基本上没有什么发言权和决定权。目前，整个检察工作都带着浓重的行政化色彩，如检委

---

① 有关改革的详细内容，参见童建明、万春主编：《中国检察体制改革论纲》，中国检察出版社2008年版，第295—332页。

② 参见巩富文、姚宏科：《检察权配置的几个问题》，载《第九届全国检察理论研究年会优秀论文集》，2008年4月。

会成员的组成是按行政级别确定的。即便是业务骨干，如果行政上没有达到一定的级别，也是没有资格参加检委会的。同时，由于行政权的强势，基层检委会在讨论时，敬畏权力而不顾法律的奇怪现象时有发生。案件承办者往往会首先考虑领导的意见，然后才是法律的规定。当两者发生冲突时，领导的意见常常会优先得到执行。①

另外，在案件办理过程中，检察官也缺乏应有的独立性和自主权。实践中，案件的办理流程都会有一套严格的行政化审批程序，检察官必须按科(处)长、主管检察长、检察长和上级检察院的意见办理，而不是实行检察官负责制，重视办案人员的个人意见和作用。这种办案程序基本上抹杀了检察权所具有的独立、中立和权威的司法属性，蜕变成纯粹的行政权。检察官由于手中无权，对案件的处理起不了决定作用，在官本位思想严重的国土上，自然得不到普通民众的青睐，其自身的优越感也无从谈起。这与西方国家检察官的地位不可同日而语。如在法国，检察官是“站着的法官”；在澳大利亚，检察官是一个受人敬重和羡慕的职业，其对自己所从事的职业颇具自豪感。

要改变这种管理上的行政化倾向，自然是“说起来容易做起来难”。因为作为既得利益者的官员，一旦改革涉及其切身利益，就很难再进行下去，而检察体制中任何方面的改革都必须得到他们的支持，否则一切都将成为泡影。这也是多年来不少学者提出要改革我国检察官的行政化管理体制，但现实中却仍纹丝不动的根源所在。无疑，这已成了目前检察改革中的一块“硬骨头”，也是改革的难点之一。

3. 检察机关的经费问题

如上所述，检察机关的经费不足、无保障长期以来已成为制约检察机关职能发挥的重要因素。由于各地检察机关的经费在很大程度上依赖于当地的财政，经济上的不独立最终导致检察机关的人事受

---

① 参见巩富文、姚宏科：《检察权配置的几个问题》，载《第九届全国检察理论研究年会优秀论文集》，2008 年 4 月。

制于地方党政机关，也使检察机关在行使职权反腐败时为了自己的生存而有所顾忌。目前，我国检察机关实行的是“分级财政、分灶吃饭”的管理体制，这样就难免会使检察机关的经费受制于同级的财政及当地的领导，得不到有效保障。多数基层检察院的经费不得不依靠各级检察长的社会关系，不确定因素太多，最终导致检察长的精力主要花在经费而不是业务的指导上，同时也使检察机关在行使法律监督职能时难以避免受到地方保护主义的影响。

这种局面不改变，检察机关的法律监督职能就只能成为一种摆设而无法落到实处。但是，经费问题的解决与保障并不是检察机关自身能够解决的，这也是使这一问题成为改革之难点的主要原因。经费问题的彻底解决，必须要国家在整个司法体制改革中统筹兼顾、全盘考虑，从建设公正、高效、权威的社会主义司法制度，保证检察机关依法独立地行使检察权的目标出发，规定由国家财政统一拨款给检察机关。这才是一劳永逸的保障之路。但是，这种改革在目前的国情下是不可能一步到位的。在“分灶吃饭”的财政体制基本不变的情况下，有学者认为可以先实行经费最低保障制度，即高检院会同财政部制定全国统一的检察经费最低保障标准，对市县一级的检察院，必须在预算中实现其最低配给标准。[①] 这不失为解决经费问题的一条可行措施，但要做到这一点，也并不容易，必须有国家的统一协调才行。

四、检察制度改革的路径与方式

推进检察体制改革，我们必须按照中央的要求，从司法工作的实际出发，从消除制约和影响检察机关公正执法、发挥法律监督职能的环节和方面入手，在取得实效上下工夫，切实把中央的精神和要求落到实处，真正发挥检察制度在保障社会公平和正义、构建和谐社会中的职能作用。但是，无论是实现检察改革的总体目标还是具体目标，

---

① 参见巩富文、姚宏科：《检察权配置的几个问题》，载《第九届全国检察理论研究年会优秀论文集》，2008 年 4 月。

都必须通过具体的路径和方式才能实现。检察改革作为司法改革的重要组成部分，与我国的经济体制改革和政治体制改革存在着千丝万缕的联系。

在我国目前的具体国情下，无论是经济体制改革还是政治体制改革，都必须充分考虑我国的现状和人民群众的承受力，都是在社会主义宪法制度大框架内进行的改良和创新，检察改革也不例外。十一届三中全会以来，我国的经济体制改革在从计划经济体制向市场经济体制转型的过程中，逐步形成了具有鲜明的中国特色的制度变迁模式。这种渐进式的改革方式为发展中国家实现经济和社会的现代化提供了新的思路。作为上层建筑的司法体制改革，也必须与经济体制改革相协调、相适应，而且还可以借鉴经济体制中的某些成功经验。有学者将我国渐进式的经济体制改革的模式特点概括为“先农村后城市、先增量后存量、先试验后推广、先局部突破后整体推进”[①]。我国司法体制改革的目标是“优化司法职权配置，规范司法行为，建设公正高效权威的社会主义司法制度，保证审判机关、检察机关依法独立公正地行使审判权、检察权”。当前，在我国经济体制转型变革的时代背景下，检察机关在实践中遇到了一系列的难点、热点问题，对检察机关的法律监督能力提出了前所未有的挑战和考验，深化检察改革已成为当前检察工作的重要议题之一。作为司法体制改革重要组成部分的检察改革，在路径和方式的选择上，无疑可以从成功的经济体制改革中得到某些启发和借鉴。

（一）改革的路径

检察改革是在社会主义宪政制度的大框架内进行的改良和创新，其目标是通过完善和改革现行检察制度及检察工作机制中存在的问题以完善检察制度，促进检察机关更好地履行法律监督职能，充分发挥我国检察制度的优越性，科学地发展检察事业。检察改革的这种根本性质决定了它在改革方式的选择上必然要强调渐进式，要

① 林岗：《中国的经济改革道路：实质、意义和前景》，载《中国人民大学学报》2009年第1期。

积极稳妥地推进。不过,在具体路径的选择上,并不是掌权者可以任意为之的。这种选择必须与检察改革的本质相适应,同时还要根据改革的具体内容,决定是采取自上而下还是自下而上的路径。但是,不管是什么样的路径,其根本特征必须是渐进式的。从数十年来检察工作实践和改革经验看,我们已经积累了不少经验,明白了不同方面、不同内容的改革应该采取不同的方式,如有些改革必须采取自下而上、先试点后推广的方式,像主诉检察官制度、刑事案件普通程序简化审制度改革等。

1. 自下而上的路径

随着 1996 年《刑事诉讼法》修改的落幕,为了适应新的庭审方式,加强检察官的独立性和责任感,稳定公诉队伍,培养高素质、专家型的检察官的需要,在 20 世纪 90 年代末,一些基层检察院开始摸索改革办案机制,如上海市杨浦区检察院和北京市海淀区检察院等建立的主诉检察官制度、等级公诉人制度等,取得了很好的成效。检控分离机制下的主诉检察官制度更好地理顺了控辩关系,提高了公诉水平,增强了检察官的个人责任心,提高了办案的效率和质量,同时还有助于理顺检警关系,强化对侦查监督制约的力度。① 此外,这些基层检察院在推行主诉检察官制度时取得的成效和发现存在的问题,都为随后几年该制度在全国各地检察机关全面推广提供了必不可少的操作步骤和有益的经验。无疑,这是在检察改革进程中,采取自下而上、先试点后推广路径的典型事例。②

为了提高诉讼效率,节约司法资源,突出打击重点,维护被告人的合法权益,一些基层检察院还探索了刑事案件普通程序简化审制度。这一改革也取得了初步的成效,如使司法资源的配置更加合理,缓解了司法资源的不足,明显地提高了诉讼效率,同时还有助于弥补原刑诉法规定的适用简易程序的局限性等。但是,这项改革也遇到

① 参见《海淀区检察院关于主诉检察官制度改革的探索与实践》,载孙力主编:《检察前沿与改革探索》,中国检察出版社 2008 年版,第 349—358 页。

② 但是,2012 年 3 月我国《刑事诉讼法》再修改时,并没有将这一改革成果立法化。

了一些问题，如对“先定后审”的忧虑、对简化度的把握、配套措施的完善等。因此，仍需要在实践中不断地探索和完善，在理论上也需要进一步的论证。这是任何一项改革措施在进程中都会遇到的，因为无论哪一方面的改革都不是孤立进行的，只有在相应的措施都配套的情况下，才能顺利地推进并取得预期的效果。一旦各方面的条件都具备了，各基层检察院的改革经验就能成为上层决策的依据和推广的动力。

2. 自上而下的路径

尽管在检察改革过程中，有不少改革的具体内容是通过基层检察院的试点以自下而上的方式促成的，但绝大多数改革方案的制定和执行还是应该采取自上而下的方式。如最高人民检察院下发的《关于贯彻落实〈中央政法委员会关于深化司法体制和工作机制改革若干问题的意见〉的实施意见——关于深化检察改革2009—2012年工作规划》，对深化检察改革的指导思想、总体目标和重点都作了明确规定，同时还规定了深化检察改革应坚持的五项原则，详细列举了40项主要任务，内容涉及优化职权配置、监督制约制度、宽严相济刑事政策、检察院的组织体系、检察干部管理制度以及检察机关的经费和物质保障制度六个方面，可以说是涵盖了检察机关工作的方方面面。这一工作计划的决策是由检察机关的最高层作出的，各级检察机关必须以此作为改革的指导方向和范围，在具体的工作过程中予以执行和实施。在采取自上而下的改革路径过程中，最需要注意的是上级的指导必须要规范化，否则就会带来下级院疲于应付、改革成效少的后果。例如，近几年来，高检院因各部门都开展改革活动，频繁地启动各种各样的改革方案，使基层院穷于应付，不同程度地影响了具体的业务工作。因此，作为检察机关的领导机构，高检院在对下指导改革时，在坚持党的领导的前提下，应更多地突出司法标准和价值，围绕加强检察权、规范行使检察权，部署全国范围内的工作，突出业务工作的指导而相应地减少综合性的工作,[①]使整个检察机关的改革工作井然有序地稳步推进。同时,多年来的实践表明,"检察制度改革应采取自上而下和自下而上相结合的路径,片面强调任一路径都不具有现实合理性。这既是由法治生成的多元路径所决定的,也是被我国现行的检察改革实践所证明的"[②]。

(二) 改革的方式

1. 改革方式的选择

如上文所述,我国的检察改革"是政治体制和司法体制改革的重要组成部分,具有很强的政治性、政策性和法律性,必须在党中央的统一领导下,坚持党的事业至上、人民利益至上、宪法法律至上,按照社会主义法律理念和中央关于深化司法体制改革的总体部署,自上而下、积极稳妥地推进"。在具体改革过程中,"既要鼓励各级人民检察院在现行法律框架内进行工作机制改革创新,又要坚决维护宪法和法律的尊严与权威。凡是与现行法律改革规定有冲突的改革措施,都要先按照法定程序提请立法机关修改相关法律规定,然后再行实施。比较重大复杂的改革,经报请中央同意后可以先行试点"[③]。从这些改革的原则中可以看出,在目前我国的国情下,检察改革只能是在社会主义宪政体制下进行的完善与创新,而且应该采取渐进式的方式。之所以要采取这样的方式,其主要理由为:

(1) 从检察制度的特色看,我国的检察制度属于中国特色社会主义制度的一部分。从性质上讲,它既是国家的法律监督机关,又是司法机关;在管理体制上,实行的是"双重领导、一重监督",而且检察权行使的方式是检察院独立等。[④] 这些特色又与我国的政治体

---

① 参见巩富文、姚宏科:《检察权配置的几个问题》,载《第九届全国检察理论研究年会优秀论文集》,2008 年 4 月。

② 孙春雨、张翠松:《检察制度发展改革应处理好的几个问题》,载《人民检察》2011 年第 9 期。

③ 最高人民检察院《关于贯彻落实〈中央政法委员会关于深化司法体制和工作机制改革若干问题的意见〉的实施意见——关于深化检察改革 2009—2012 年工作规划》。

④ 参见黄常明:《试析中国检察制度的几个特色》,载《第九届全国检察理论研究年会优秀论文集》,2008 年 4 月。

制、经济体制密切相关。检察制度是一个历史的范畴。不同历史阶段和不同社会结构下的检察制度形成的司法环境、传统基础和文化背景各不相同,不同的检察制度既有共性也有差别。在完善检察制度时,既要遵循一般规律,又必须从国情出发,切忌照搬别国的做法。

（2）从检察改革的目的看,我国的检察改革是在司法改革的大背景下展开的,其目的是更好地满足广大人民群众对司法的期望,实现全社会的公平与正义。这既是改革的根本动力,也是改革的目的。改革的结果成功与否,是以能否更好地履行检察职能、有利于公平与正义的实现衡量的。在整个世界都处在法律演进的潮流中,并不是必须将整个制度进行天翻地覆的变革,才能实现全社会的公平与正义。事实上,一个制度的改革应该在稳定与变革中取得恰当的平衡,使内部与外部的制度相互促进,以保证社会的稳定与和谐,只有这样才能使改革稳步向前推进。

（3）从检察改革的目标看,无论是具体目标还是总体目标,都是为了适应社会政治经济和文化发展的需要,其最终目标是实现法律能量的最大释放,使法律在整个社会规范中具有极大的权威。为了实现这一宏大的目标,并不是一分热血、三分激情就能一蹴而就的,相反必须立足我国检察制度的现状,借鉴国外检察制度中的合理因素,才能使我国的检察改革不断向纵深方向发展,在实现一个个具体目标的基础上迈向最终目标。

我国的检察改革必须全面考虑自身的特色、改革的目的以及总体目标等多方面因素,这些因素决定了检察改革的步子不能太快,而必须一步一步稳步地前进。如上所述,检察改革只是司法改革的一部分,它需要国家在更高层面上的统筹兼顾,而不是各个部门各自为政,甚至为了部门的利益争权夺利。从20世纪90年代开始,检察改革就被司法改革的浪潮席卷,受到了法学家和实务界的普遍关注。数十年来的改革实践证明,无论是向西方法律发达国家学习,还是基层检察院的试点改革,渐进式的改革方式都是最佳的选择,因为“改革的思路和路径的选择是值得称道的,在改革的过程中不仅关注道理宏大的价值的实现，更注意把它与不弃微末的制度与程序结合起来”①。

2. 渐进性方式的特点

十一届三中全会以来，我国的改革开放经历了三十多年，经济体制已从计划经济成功地转向了市场经济，并形成了具有鲜明的中国特色的制度变迁模式，而这种改革模式的重要特色之一就是渐进性。与此同步，我国的检察机关已恢复重建三十多年，社会主义法律体系和法律部门的基本框架已经建立。在目前情况下，要深化司法体制改革，就不可能根据某个国家检察制度的模式改革我国的检察制度。从世界范围的检察制度看，不同宪政制度下的检察制度也存在着明显的不同，如英美法系国家的检察制度模式是以权利为主线，检察职能主要是提起公诉，检察官当事人化；而以权力为主线的大陆法系国家的检察制度下，检察机关的职权很大，除了侦查职能外，还有权指挥司法警察的具体侦查活动，检察官的地位高于当事人。因此，我国的检察改革以本土化为基点，在借鉴国外检察制度中的合理因素时，应充分考虑本土宪政结构与法律文化的兼容与整合，并寻求普遍性真理与我国本土资源的最佳结合点。如上所述，我国的检察改革必须在社会主义政治制度和宪政体制的框架内采取渐进式的方式进行，此种方式的改革具有以下几个方面的特点：

（1）必须从整个司法系统的高度设计改革方案。在研究和推进检察改革时，必须处理好几大关系：检察体制与宪政体制的关系、隐形程序与法律规则的关系、打击犯罪与维护公正的关系、检察一体化与检察官独立作用的关系以及检察机关与侦查机关的关系等。② 这些关系预示着检察改革的定位和方向。在推进改革的过程中，检察权的优化和完善在不少方面涉及其他国家机关的权力和利益，如果处理不好这些关系，检察改革就会遇到重重困难而举步维艰，所谓的

① 高一飞：《我国检察改革应当处理的五大关系》，http://www.lawtime.cn/info/lanwen/qitalw/2006102659994.html，2009 年 9 月 3 日访问。

② 同上。

改革目标也就成了泡影。2009年，吴邦国在其报告中指出，深化政治体制改革，是不断推进包括人民代表大会制度在内的社会主义政治制度的自我完善和发展，要积极借鉴人类社会创造的文明成果包括政治文明的有益成果，但绝不照搬西方那一套，绝不搞多党轮流执政、“三权分立”、两院制。[①] 因此，在我国目前的“一府两院”制下，检察机关作为法律监督机关，与政府、法院平行，肩负维护国家法制统一实施的重任，具有很高的法律地位，而存在的缺陷是缺乏相应的权威。要改变这一现状，就必须借继续推进司法体制改革的“东风”，对法律监督的外延进行明确界定，同时从制度上赋予检察机关相应的监督权威和手段。

（2）必须统筹兼顾，从全国范围考虑改革的步骤。我国是一个幅员辽阔的大国，各地基层检察院的情况千差万别，在推进检察改革时，必须从各地基层院的实际出发，而不能搞“一刀切”。例如，在侦查职务犯罪案件中，讯问犯罪嫌疑人时，推行全程同步录音录像制度。从制度本身看，自然具有合理性和必要性，而且对经济发达的东部沿海地区的检察机关来说，在经费上也不成问题；而对西部欠发达地区的检察机关而言，就有点勉为其难。试想，在检察官的工资都有可能被拖欠的困境下，怎么会有经费去搞全程同步录音录像的改革？因此，无论哪一项改革，上级检察机关在部署时，都应充分考虑基层院的执行力和承受力；否则，改革就会半途而废，难以实现预期的目标。

（3）必须充分重视试点工作的经验和成果。如上所述，我国的经济体制转型采取的是渐进式的改革方式，与此相对应的是激进式改革，虽然两者只有一字之差，但其区别不在于转型的方式和速度，不在于它们是温和的还是激烈的，也主要不是由对市场化的速度、方式和次序的不同认识和安排造成的，而在于是改良还是“革命”。这里的“革命”，是指对社会主义宪法秩序的颠覆，是指用资本主义制

① 参见2009年3月9日全国人大常委会委员长吴邦国在全国人大常委会上的工作报告。

度取代社会主义制度。[①] 与经济体制改革相适应，我国的检察改革也应采取渐进式。事实上，改革方式的选择并不是任意的，而是由改革的性质决定的。既然检察改革是在社会主义宪政制度下对现有检察制度的完善，就必须重视先试点后推广的方式。十多年来，部分改革项目在试点运作中取得了良好的效果，如主诉检察官制度、刑事案件普通程序简化审制度等。试点工作表明，我国的主诉检察官制度不但在法理上具有合理性，而且符合检察活动的特征和要求以及司法运作的规律。因此，通过总结试点工作的经验和存在的问题，进一步完善这一制度后，就可以向全国检察机关推广试行。

第三节　我国检察体制改革的具体措施

本节所探讨的检察体制改革的具体措施，主要从刑事诉讼的几个环节入手，从侦查、起诉、审判和刑罚执行几个方面进行分析，为加强检察机关的法律监督提出一些切实可行的完善措施或方案。

一、侦查监督问题

（一）引言

近几年来，随着越来越多的恶性冤假错案的披露，[②]尤其是那些涉嫌杀人的大案，如黑龙江省的石东玉案、河南省的赵作海案等，社会各界反响强烈，刑事案件中的刑讯逼供现象也引起了民众的广泛关注。在这些冤假错案中，犯有刑讯逼供罪的警察虽一个个被判入狱而得到了应有的惩罚，但随之而来的问题是：为何刑讯逼供、暴力取证等违法侦查现象在我国如此普遍且多年来屡禁不绝？更让人难以置信的是，这些冤假错案都是经过检察机关的批捕、起诉程序并经审判机关审判的，有的甚至还经过了上诉程序。为何一个清白无辜

---

① See J. Kornai, Highway and Byway, Cambridge, Mass.: MIT Press, 1995.

② 有关刑事错判的证明标准问题，可参见何家弘：《刑事错判证明标准的名案解析》，载《中国法学》2012 年第 1 期。

的人就成了杀人凶手而含冤入狱十几年？难道真的是整个警察队伍的素质低下、思想觉悟不高所致？尽管产生刑事错案的原因错综复杂，且具体个案都有自己的特殊情况，但从目前披露出来的错案看，绝大部分案件的被告人都曾遭到过刑讯逼供，刑讯逼供几乎成了刑事错案的一个标签。因此，这里就以众所周知的佘祥林涉嫌杀妻案为例，仅分析侦查过程中存在问题最多的逮捕问题以及民愤最大的刑讯逼供问题，[①]并在此基础上以改变侦诉关系观念为切入点，为完善侦查监督制度提出一些相应的切实可行的具体建议。

（二）案例分析

佘祥林，湖北省京山县雁门口镇何场村人，系京山县公安局马店派出所原治安巡逻队员，因涉嫌杀死妻子而被刑事拘留。他曾两次被宣告“死刑”，后因证据不足而逃过“鬼门关”。后他被京山县人民法院以故意杀人罪判处有期徒刑 15 年，剥夺政治权利 5 年。但是，2005 年 3 月 28 日，被佘祥林“杀害”达 11 年之久的妻子张在玉突然现身。此错案带来的直接后果为：除了佘祥林本人在监狱里蹲了 11 年之久外，他的母亲因儿子含冤入狱不久就愤而去世，而刚上初中的女儿因此而辍学，其兄因为其四处奔走上诉而被关押 41 天，整个家庭遭到了毁灭性的打击，处于支离破碎的境地。

从上述案情简介看，此案在侦查过程中，公安机关先后采用了监视居住、刑事拘留和逮捕等各种强制措施，逮捕后，从审判、上诉、发回重审、补充侦查直至最后被京山县法院以故意杀人罪判处 15 年有期徒刑，上诉至荆门市中级人民法院被驳回，维持原判。在这长达 4 年近 5 个月的时间里，身为犯罪嫌疑人的佘祥林被一直关押而失去了人身自由。发人深省的是，经过了这么多道程序，司法人员竟然没有发现本案中的犯罪嫌疑人原本是清白无辜的。“虽然误判在任何国家、任何司法制度下都不能完全避免，但不断重复的悲剧却已然成

---

① 为了尊重和保障人权，有效遏制刑讯逼供现象的发生，新修改的《刑事诉讼法》规定了一系列措施，如完善辩护制度、不得强迫自证其罪、确立非法证据排除规则、建立讯问全程录音录像制度等。这些措施将有助于规范侦查人员的取证行为，提高我国保障犯罪嫌疑人人权的水平。

为司法难以承受之痛。”①限于篇幅，此处不想全面讨论错案产生的多方原因以及在侦查过程中所暴露出来的种种问题，仅就本案中最具普遍性的逮捕问题和刑讯逼供问题作一些探讨和分析。

1. 逮捕问题

逮捕是最严厉的强制措施，其目的主要是防止人身危险性大的犯罪嫌疑人逃跑、威胁证人、串供、毁灭证据或再次犯罪。但是，在司法实践中，侦查人员认为逮捕是防止犯罪嫌疑人妨碍刑事侦查最有效的手段，一旦“有证据证明有犯罪事实、可能判处徒刑以上刑罚的”，就不考虑有没有逮捕的必要而提请逮捕。检察机关出于配合的需要，本着共同打击犯罪的使命，以及在“惩罚犯罪、有罪必究”的价值取向的指导下，通常都会批准侦查部门的逮捕要求。从最高人民检察院工作报告中的统计数据看，最近三年全国检察机关的刑事案件批捕率均高达90%左右。其结果自然是：在多数案件中，犯罪嫌疑人都被逮捕，使逮捕在各种强制措施中唱了“主角”，而且逮捕的结果就是长时间的羁押。②

2. 刑讯逼供问题

从目前已披露的冤假错案看，这些案件中的被告人几乎都曾遭受过刑讯逼供的“待遇”。正如佘祥林一案在被媒体报道以后，佘祥林在其一份长达30页的申诉材料中写道：“我遭到残酷的毒打、体罚，刑讯逼供、诱供长达10天11夜。”“公安分成几组审讯我，不让睡觉，当时我看什么都是重影的。”③

不可否认，在世界各国的历史上，都曾有过用肉体折磨或刑讯逼供的方法获取被告人口供的时期。④ 但是，随着社会的不断进步，各

① 参见《司法细节关乎每个人的命运，避免佘祥林悲剧重演》，载《新京报》2005年4月3日。

② 参见徐静村、潘金贵：《我国刑事强制措施制度改革的基本构想》，载《甘肃社会科学》2006年第2期。

③ 贾云勇：《聚焦：湖北佘祥林冤案后 他们的命运被完全改变》，载《南方都市报》2005年4月5日。

④ 参见何家弘：《刑事司法的八大发展趋势》，载《享受法缘》，法律出版社2005年版，第281页。

国的司法越来越走向文明。当今世界绝大多数国家都明文禁止采用刑讯逼供的手段获取犯罪嫌疑人的口供，对犯罪嫌疑人的人权保护也越来越受到重视。因为尊重人权和保护人权是一国刑事司法文明进步的标准，而对处于弱势地位的犯罪嫌疑人、被告人的人权保护在某种程度上更能体现出一国人权的保护水平。我国的法律也早已明令禁止在问讯中采用刑讯逼供的方法，而且排除用刑讯逼供的方法或威胁、欺骗、引诱等手段获取的言词证据以遏制此类现象的发生。但是，刑讯逼供现象仍如韭菜一般割了又生，生生不息，具有顽强的生命力。迄今为止，已有不少专家学者从不同的角度对刑讯逼供现象进行了分析，如从社会学的角度分析社会各阶层对刑讯逼供的容忍度，①从经济学角度分析刑讯逼供一本万利的收获等。毋庸置疑，这些都是刑讯逼供现象屡禁不止的原因。不过，如何从制度上采取措施以使整个审讯过程透明化、公开化，或许才是医治刑讯逼供这一久治难愈的“毒瘤”的良策，因为只有阳光能照射到的地方，才会有文明的萌芽。

（三）立法上的完善

1. 应树立侦查必须为公诉服务的观念

在司法实践中，由于受历史传统和文化观念的影响，我国的侦查机关向来都处于强势地位。即便是通过刑讯逼供等非法手段破了案，案件还没有起诉到法院，侦查部门承办案件的警察们就早已立功受奖了，且不管该案件在检察院起诉到法院以后会是什么样的后果。因此，有人将我国公、检、法三家的关系用一句比较通俗的话比喻：“公安机关是做饭的，检察院是端饭的，法院是吃饭的。”端饭的无论做的是什么饭都毫无选择地端到桌上，而吃饭的不管这饭做得好不好吃，哪怕是夹生饭，也只能无可奈何地吃下去。这就是那么多恶性的冤假错案在经过侦查、起诉和审判等数道程序甚至几经反复后仍会一路错到头的根源所在。要改变这种“侦查中心主义”的诉讼格局，首先必须从理论上理清侦查权与公诉权的关系，从而才能正确把

① 参见吴丹红：《角色、情境与社会容忍》，载《中外法学》2006年第2期。

握侦查监督权的性质、地位和作用，进而在立法上明确侦查监督工作的内容和实现的路径。

从权能的起源上看，公安机关是行政部门，其所拥有的是行政上的管理权，它的权力是政府管理社会职能的一部分。众所周知，我国的公安队伍非常庞大，机构繁杂，装备精良，像人口流动、户籍变迁等与社会管理、安居乐业有关的事都由公安机关办理。相应地，公安机关所拥有的刑事侦查权也是从其管理社会治安的职能中派生出来的。因此，公安机关刑事案件的侦查范围与其所承担的社会治安职能紧密相关。① 这就是在某些西方国家属于犯罪的案件在我国因犯罪的起点比较高而属于违反治安管理条例的案件的原因。公安机关在查处一般违反治安管理的刑事案件的过程中，除了收集证据以为起诉作准备外，还能起到维护社会治安、教育公民遵纪守法的作用。因此，与其所拥有的职能特征相吻合，现行法律规定涉及社会治安秩序的犯罪由公安机关负责侦查，而其他的案件则由检察机关负责侦查。即便是公安机关负责侦查的案件，如果在起诉审查时，检察机关认为证据不充分，可以退回公安机关补充侦查或者自行补充侦查。这就说明了公安机关的侦查权是不完整的，而且不具有终局性。世界各国之所以规定绝大部分的刑事案件由警察机关负责侦查，与其担负的维护社会治安的管理职能相适应，且具有极大的便利性。担负着起诉职能的检察机关是代表国家行使对犯罪的追诉权的。因此，由承担公诉职能的检察机关引导侦查或为侦查机关提供收集证据方面的建议，就自然具有逻辑上的合理性和实践中的必然性，同时也是及时、高效地打击犯罪的需要。有学者提出，在我国，可以建立"合作型"检警关系，此种关系有利于警察和检察官在刑事诉讼过程中发挥各自的作用与特长，确保刑事诉讼的顺利进行。②

从现代刑事诉讼的三角关系看，控、辩、裁三方中的控诉方在我

① 参见保广有：《侦查监督制度的立法完善》，http://article.chinalawinfo.com/Article_Detail.asp? Articleid = 33053，2010 年 4 月 5 日访问。

② 参见张文志：《中国检察制度改革论纲》，法律出版社 2007 年版，第 46—50 页。

国无疑是检察机关。一个案子是输是赢,只有等到检察官在法庭上经过与被告方辩论、对质,由法院判决以后才能下定论。这在世界各国已是一种普遍做法,而绝不像目前我国公安机关惯常做的那样,无论采用什么手段,一旦破了案,就算"胜利"、万事大吉了,而根本不顾检察官在法庭上为证据不足而愁得焦头烂额。且不说在以检警一体化为模式的大陆法系国家,在法律上多规定检察机关是法定的侦查机关,享有完全的侦查权和侦查指挥权;而警察机关只是侦查的辅助机关,警察的侦查要服从检察官的意愿,并且要符合检察官的要求,为检察官的起诉服务。就是在英美法系检警分离的模式下,尽管检察官对警察的侦查工作没有指挥权,但案件一旦在侦查完结后移送到检察机关审查起诉时,如检察官认为缺少哪些必须的证据而需要补充,警察通常都会毫不迟疑地补充侦查并加以收集,因为他们是一条战壕中"并肩作战"的战友,荣辱与共。因此,尽管实践中多由警察负责侦查,但在法庭上,警察通常都会与检察官坐在一起支持公诉,出庭作证。据统计,美国是世界上警察出庭率最高的国家。[①] 因此,不管是检警一体化的模式还是检警分离模式,警察与检察官互相配合、友好合作,携手高效地完成打击犯罪、维护社会安定的大业是世界各国的共识,是法治国家的合理性选择和必然的出路。

从侦查权与公诉权的关系看,侦查是为起诉服务的,起诉是以侦查中收集的证据为基础的。从控告的功能看,它们是辅与主的关系。具体到我国的司法实践,公安机关所承担的侦破案件、收集证据等工作,都是为检察机关的起诉服务的。公安机关虽处在刑事诉讼的起步环节,而且承担着绝大部分刑事案件的侦查任务,但国家的追诉权最终是由检察机关行使的。因此,有人认为,检察机关是唯一的代表国家追究犯罪责任并享有完整的刑事侦查权的机关,而公安机关的

---

① 参见白广亮:《检警关系初探》,http://www.law-lib.com/lw/lw_view.asp? no = 4069,2012 年 8 月 1 日访问。有关检警关系一体化,还可参见龙宗智:《评"检警一体化"兼论我国的检警关系》,载《法学研究》2000 年第 2 期;陈卫东、郝银钟:《侦检一体化模式研究》,载《法学研究》1999 年第 1 期;宋英辉、张建港:《刑事程序中检警关系模式之探讨》,载《政法论坛》1998 年第 2 期;等等。

侦查权是从管理社会治安的政府职能中派生出来的权力。[①] 此种观点听起来虽有点陌生,但确有一定的道理。因为与世界上其他国家的检察机关相比,我国检察机关的地位和作用具有特殊性,它除了肩负起诉的职能外,还拥有职务犯罪的侦查权以及维护法律统一、正确实施的监督责任,尽管在司法实践中因多种因素的影响,这些权能并没有全部得到充分、有效的发挥。这种现象从表面上看,是由于立法上不完善、程序上缺乏可操作性所致,但实质上是因为执法机关在观念上没有理顺侦查权与公诉权之间的关系。如此,结果就造成了近些年来,侦查机关的权力不断地膨胀,警察的气焰也不断地嚣张。在我国的刑事诉讼中,要让承办案件的警察出庭支持公诉异常困难。这种现象不从观念上进行彻底的扭转改变,侦查监督制度的整体运行就永远达不到预期的效果,从而也根本谈不上将目前的"侦查中心主义"模式逐渐转变成现代科学合理的"审判中心主义"模式。

2. 将逮捕与羁押设置为两个不同的独立程序

毋庸置疑,目前我国的逮捕环节存在的问题确实不少,检察机关对逮捕措施的监督也不尽如人意。但是,仔细分析,其中有不少问题并不是逮捕本身造成的,而是由于制度设计上相关环节的缺失。尽管因犯罪的普及性而导致世界各国都设置了逮捕程序,但事实上,我国的逮捕与西方国家的逮捕有着本质的差别。具言之,我国的逮捕包含着两方面的内容,即捕获和一段时间的羁押。换句话说,逮捕的目的就是羁押,羁押是逮捕的必然结果。在西方,无论是在英美法系国家还是在大陆法系国家,逮捕与羁押是两种不同的程序。行使逮捕权时,因具体情形不同,警察可自行决定或得到治安法官的准许;而逮捕后是否有必要继续羁押,则需要司法官进行独立的审查,有的还要听取犯罪嫌疑人及其辩护人与控方的意见后才作出决定,有的甚至每星期都要由法官对是否有继续羁押的必要进行审查。由于在制度设计上对侦查程序的控制比较完善,西方国家很少出现超期羁

① 参见保广有:《侦查监督制度的立法完善》,http://article.chinalawifo.com/Article_Detail.asp? Articleid=33053,2010 年 4 月 5 日访问。

押现象。

因此,在制度层面上,为使侦查阶段能恰当有效地适用逮捕措施,就必须将逮捕的行为与羁押的决定分成两个不同的独立程序。犯罪嫌疑人被逮捕后是否有必要继续被羁押,应重新进行独立的司法审查并获得批准。鉴于目前逮捕的批准权是由检察机关行使的,为节约司法资源,避免重复劳动起见,羁押的批准权也可由检察机关行使,但应与负责起诉的人员分开,免得出现为了自己审查起诉的方便而滥用羁押批准权的现象。[①]

3. 在审查批捕时规定提审犯罪嫌疑人制度

逮捕是侦查过程中各种强制措施中最严厉的一种,并且由于我国的逮捕与羁押程序合二为一,犯罪嫌疑人一经检察机关批准逮捕,基本上就意味着从此失去了人身自由,难得有被取保候审的机会。但是,我国的刑事诉讼法在规定审查逮捕程序时,并没有像西方国家那样规定在决定是否继续羁押时举行听证会,由审前程序的预审法官主持,让警察、犯罪嫌疑人及其律师都参加并各自阐述自己的理由,而是由检察机关单方进行书面审查,犯罪嫌疑人没有任何的参与权,因此也就相应地失去了一次辩解的机会。如上述佘祥林一案,要是在检察机关批准公安机关提请逮捕的要求时,能让佘祥林及其辩护律师有一次辩解、申诉的机会,也许能及时地发现在侦查过程中发生的屈打成招、编造口供的问题,佘祥林也许就不会蒙冤含屈 11 年之久了。但是,我国 1996 年《刑事诉讼法》第 52 条和第 96 条规定,犯罪嫌疑人、被告人被羁押的,其本人及其法定代理人、近亲属可以为其申请取保候审,并且是向侦查机关提出的;而其聘请的律师在被批准或者决定逮捕前,则不能为其申请取保候审,只有在被逮捕后才享有此权利。因此,检察机关在审查批准逮捕时,就缺乏有效的途径了解取保候审、监视居住或逮捕的必要性等问题,只凭案卷的审查在通常情况下是很难发现实质性问题的。只要没有发现明显的证据不足等问题,检察机关一般都会同意侦查部门的批捕要求,这也是在司

---

① 相关论述可参见本书第四章第三节。

法实践中造成批捕率过高的不可忽视的原因。因此,在修改《刑事诉讼法》时,应明确规定,在审查批准逮捕程序中,检察机关必须提审犯罪嫌疑人,而且提审犯罪嫌疑人的目的不仅仅是核实已收集的证据,进一步调查事实,同时还要听取犯罪嫌疑人及其辩护律师有关无罪、罪轻的辩护理由以及在侦查讯问过程中所受到的非法侵犯其权利如刑讯逼供、违法取证等控告意见。此外,还应规定,犯罪嫌疑人及其聘请的律师在审查逮捕时就享有申请取保候审的权利,以便在决定机关、侦查机关与犯罪嫌疑人、被告人之间形成基本的诉讼结构,使侦查机关与犯罪嫌疑人、被告人在审查决定机关审查批捕的合理性时形成一种制衡关系,从而保证所作出的批准逮捕或是不批准逮捕的决定都具有公正性。①

4. 规定侦查机关在讯问犯罪嫌疑人时实行同步录音录像制度

对侦查讯问实行全程录音录像制度在西方发达国家早已有之,其目的是保障讯问过程的透明化和公正性,以避免在全封闭的讯问环境下警察对犯罪嫌疑人实施刑讯逼供、暴力虐待等行为。这是对侦查权进行有效监督的最佳方法之一。在我国近几年来的司法实践中,不少基层院陆续实行这一制度,并取得了良好的效果。例如,浙江省人民检察院早在 1997 年就已开始探索在讯问犯罪嫌疑人时实行同步的录音录像制度,该院将此工作分三步进行:先是对第一次讯问职务犯罪嫌疑人的最初 12 个小时进行同步录音录像;接着是对侦查讯问全程进行同步录音录像;最后是在案件提请批捕、移送起诉时随案移送侦查讯问全程的同步录音录像,以便接受审查批捕部门、审查起诉部门的审查与监督。据该院的同志介绍,这种方法在保护检察侦查人员方面起到了很好的作用,一旦犯罪嫌疑人在法庭上翻供

① 新刑诉法第 86 条已作出了相应的修改,其规定为:"人民检察院审查批准逮捕,可以讯问犯罪嫌疑人;有下列情形之一的,应当讯问犯罪嫌疑人:(一)对是否符合逮捕条件有疑问的;(二)犯罪嫌疑人要求向检察人员当面陈述的;(三)侦查活动可能有重大违法行为的。人民检察院审查批准逮捕,可以询问证人等诉讼参与人,听取辩护律师的意见;辩护律师提出要求的,应当听取辩护律师的意见。"无疑,这一修改吸收了多年来学者们的研究成果,同时也适应现实的需要,对降低逮捕率具有重大意义。

并反咬侦查人员实施了刑讯逼供行为，一播放全程的录音录像，谎言就不攻自破了。同时，也有学者认为，全程的录音录像还能起到固定证据、提高侦查人员的讯问水平、保护犯罪嫌疑人的合法权益、促进依法文明办案等多方面的作用。① 因此，高检院已决定从 2006 年 3 月 1 日起，在全国检察机关逐步实行侦查讯问全程同步录音录像制度。目前，也有一些公安机关在移送审查起诉的案卷中附上讯问时的录像，供庭审之用，以证明口供来源的合法性。不过，也有学者认为，我国现行的一些录音录像的做法，只是一种"表面文章"，对遏制监督刑讯逼供现象很难起到什么切实的作用，而且这种做法会增加侦查的成本，对那些经费本已短缺的基层公安机关来说，实施起来有相当的难度。② 不过，同为刑事案件的侦查部门，要是存在同样困难的检察机关可以做到，在侦查技术装备上远比检察机关先进、科学的公安机关自然也不应有多少为难之处，关键是看其领导人的决心和推进的力度如何。当然，无论多么完美的制度都是要靠人实施的，因此对操作录音录像技术的人的制约就显得尤为重要。鉴于我国的检察机关是专门的法律监督机关，对侦查机关设立的同步录音录像制度应由检察机关控制，这样就可消除录音录像作假的可能性。③

二、起诉监督问题

（一）起诉监督的法理

所谓起诉监督，是指对检察官作出的起诉和不起诉的决定进行监督，其实质是对检察官在起诉上的自由裁量权的监督。为了实现个案的正义，在刑事诉讼中，目前世界各国都赋予检察官以起诉、不起诉和撤诉的自由裁量权。但是，检察官的自由裁量权应否受到相

---

① 参见朱孝清：《侦查讯问时律师在场之我见》，载《人民检察》2006 年第 10 期。

② 参见吴丹红：《角色、情境与社会容忍》，载《中外法学》2006 年第 2 期。

③ 新刑诉法第 121 条规定："侦查人员在讯问犯罪嫌疑人的时候，可以对讯问过程进行录音或者录像；对于可能判处无期徒刑、死刑的案件或者其他重大犯罪案件，应当对讯问过程进行录音或者录像。录音或者录像应当全程进行，保持完整性。"在讯问犯罪嫌疑人时，是否必须全程录音或者录像，要视案件的不同情况而定，这无疑也是根据我国目前的国情进行的相应修改。

应的监督和制约？滥用这一权力后，应有怎样的救济措施？这些问题在司法实践中没有得到圆满的解答，因而在理论上也有必要作进一步的探讨。

随着社会的发展以及人们对刑罚目的认识的提高，刑事诉讼的目的就不仅仅是惩治犯罪以维护正常的法律和社会秩序，而是在整个刑事诉讼过程中越来越强调正当程序的理念以及保护被告人和被害人的利益。不管是纠问式诉讼模式还是抗辩式诉讼模式，其刑事司法体系都具有两项功能，就像一枚硬币的两面，一面是犯罪控制，而另一面则是正当程序。为了控制犯罪，该体系就必须赋予司法机关以各种权力，如逮捕权、起诉权和审判权等。这些权力是调查、起诉和惩治违反实体法的行为所必需的，也是充分保证民主社会需要的法制和秩序所必不可少的。法律功能中的正当程序则是法治原则的具体化，它要求对法律和秩序的维护不仅是有力和高效的，而且还应该是公正和合法的。因此，在控制犯罪与正当程序之间就存在着一种微妙的平衡关系。一个公正而合理的刑事司法体系就应是不仅能设法实现这种平衡，而且还能保持这种平衡。即一方面，这一刑事司法体系不仅要正常地运转，而且还必须公平地运转；另一方面，这一刑事司法体系不仅要公平地运转，而且还必须正常地运转。[①]

因此，在英、美、德、法实行多年的对起诉进行监督的预审模式的设计上，就体现了西方社会这两种不同的刑事司法价值观的均衡。根据美国著名刑事法学家佩克的刑事诉讼模式理论，实行纠问式诉讼模式的德、法等国，追求的价值目标是犯罪控制；而实行抗辩式诉讼模式的英、美等国，信奉的是正当程序的价值理念。[②] 这两种刑事司法价值观表面上看是相互冲突的，但在公正、秩序、个人自由、人权保护等基本价值观念的支配和制约下，它们在一定程度上又可以互相包容和协调，互相渗透并实现均衡。也就是说，强调高效率的犯罪

① 参见荷兰乌特勒支大学法学院刑法、刑诉法及人权教授 Peter J. Baauw 先生在北京—天津—南宁的讲座：公平审判的权利：判例法探讨，时间为 2002 年 7 月 29 日—8 月 6 日。

② 参见李心鉴：《刑事诉讼构造论》，中国政法大学出版社 1992 年版，第 25 页。

控制，并非全然不顾正当程序；而注重正当程序以保护人权，也并非放弃对犯罪的打击。现代刑事司法体系的设计都极力在这两者之间实现一种有效的、最佳的平衡。

因此，起诉监督的价值取向也主要体现在两个方面：一是犯罪控制的需要。无论哪一国的检察官在审查起诉时，通常总是根据一定的起诉标准作出起诉或不起诉的决定，其中除了考虑已收集的证据是否足以对被告人定罪外，有时还应考虑国家利益问题。因为一旦起诉，作为国家就将付出相应的人力、物力和财力。对被告人来说，一旦遭到起诉，就要为应诉耗费大量的财力和精力，同时还要在精神上承受压力。即便最后被判无罪，无论是被告人还是代表国家的公诉人，都将付出巨大的代价。因此，对起诉的监督，一方面有利于个案在实体上获得公正，使被告人的利益得到充分的保护；另一方面也有利于保护被害人的利益。当该起诉的案件被决定不起诉时，案件中被害人的利益就会受到损害。因此，对起诉权的监督可为被害人提供救济途径，使被害人的利益也能得到相应的保护。二是程序公正的需要。起诉这一环节在刑事诉讼程序的运作体系中起着承上启下的作用，前为侦查程序的终结，后为审判程序的开始。因此，起诉环节的公正与否直接影响整个案子的结果是否公正。如果说案子结果的公正与否在某种程度上只有当事人体会得到，而程序的公正则是人们看得见的。英国有句谚语为“看得见的正义”，说的就是程序公正的重要性。也就是说，在刑事诉讼中，不仅案件的结果要完全符合实体法的规定和精神，即判得正确、公平，而且还应当使人能感受到判决过程的公平性和合理性。[①] 因此，对起诉与否的决定权也应当受到相应的程序上的监督，使其决定过程公开、透明，也便于人们感受到这一决定过程的正当性和合理性。为了实现个案的公平和正义，应当赋予检察官以一定的自由裁量权；而为了防止自由裁量权被滥用，又必须对这一权力进行相应的制约和监督。

历史上，是否在起诉问题上赋予检察官以自由裁量权，是起诉法

---

① 参见陈瑞华：《看得见的正义》，中国法制出版社 2000 年版，第 2 页。

定主义和起诉便宜主义的本质区别。起诉法定主义和起诉便宜主义的产生与人们对刑罚目的的认识是紧密相关的。在19世纪20年代以前，刑事古典学派所主张的报应刑论占主导地位，刑罚要遵循确定性和必定性原则，即刑罚是犯罪的必然后果。刑事古典学派的创始人和最重要的代表人物贝卡里亚认为："对于犯罪最强有力的约束力量不是刑罚的严酷性，而是刑罚的必定性，这种必定性要求司法官员谨守职责，法官铁面无私、严肃认真，而这一切只有在宽和法制的条件下才能成为有益的美德。"①受此观点影响，起诉遵循的是法定主义原则，即有罪必诉，有罪必罚。与此相适应，凡符合起诉条件的，检察官必须起诉而不拥有任何裁量权。"虽然报应刑论也经历了从等量学说到等值学说的演变，但在刑事诉讼中，追诉的法定主义则一直处于独占地位。"②

随着资本主义经济的飞速发展，社会犯罪也急剧增长，刑事古典学派的刑法理论在这一现象面前表现得无能为力，其刑罚的报应刑论也逐渐被近代学派的目的刑观取代。刑事社会学派的创始人李斯特认为，刑罚的目的是保护个人的生命、身体、财产、自由、名誉的利益，保卫国家的存在、安全和统治利益。也就是说，刑罚是以预防再犯、防卫社会为目的的。只有"法益保护"或"社会防卫"才是刑罚的目的和刑罚的正当化根据。③ 刑罚除了惩罚功能以外，还具有教育和预防功能，且强调对犯罪人的特别预防功能。与此观点相适应，在刑事程序法中，起诉便宜主义也随之而生，越来越受到重视并在各国的刑事诉讼实践中得到广泛应用。

起诉便宜主义赋予检察官以起诉的裁量权，可以让被告人及时地解除诉讼的拖累，这本身就是实现了个案的正义。因此，起诉便宜

① 〔意〕贝卡里亚：《论犯罪与刑罚》，黄风译，中国大百科全书出版社1993年版，第59页。

② 汪建成：《论起诉法定主义与起诉便宜主义的调和》，载《中国人民大学学报》2000年第2期。

③ 参见马克昌主编：《近代西方刑法学说史略》，中国检察出版社1996年版，第196页。

主义在强调效率的同时，兼顾了实体的正义，与起诉法定主义仅仅以实现实体正义为目标相比，自然有其优势之处。但是，起诉便宜主义并没有完全取代起诉法定主义，主要原因是对犯罪行使刑罚权是国家恢复法律权威和法律秩序的途径，而刑事起诉是国家刑罚权得以实现的必要前提，所以起诉法定主义有其存在的合理性。由于起诉法定主义决定了案不分大小、罪不分轻重都必须起诉，导致法院被卷宗淹没，给无辜者或不适用于刑罚处罚的犯罪嫌疑人带来极大的诉讼负担，且易使轻微犯罪人遭受短期自由刑的弊害等诸多弊端。[①]因此，"纵观当代各主要国家的刑事诉讼，无不在起诉法定主义的前提下，增加了起诉便宜主义的制度。起诉法定主义一元独占的局面被打破，取而代之的是起诉法定主义和起诉便宜主义的二元并存"[②]。

总的说来，大陆法系国家多以制定法的形式将起诉法定主义规定为刑事诉讼的基本原则，而以起诉便宜主义作为例外和补充。例如，《日本刑事诉讼法》第 247 条规定，刑事案件在符合条件且有必要时，检察官必须起诉。这体现的是起诉法定主义。第 248 条又规定："根据犯罪人的性格、年龄、境遇和犯罪的轻重、情节以及犯罪后的情况，认为没有必要提起诉讼时，可以不提起公诉。"这就明确规定了起诉便宜原则，实行的是"起诉犹豫"制度。与日本不同的是，《德国刑事诉讼法》第 152 条对起诉法定主义作了明确规定："除法律另有规定外，在有足够的事实根据时，检察院负有对所有的可予以追究的犯罪行为作出行动的义务。"因此，在德国，起诉法定主义是原则，起诉便宜主义是例外。在英美法系国家，实行的是判例制度，法律上并没有对起诉法定主义和起诉便宜主义作出明确规定，在司法实践中也是两者并用的。如在美国，由检察官代表国家将符合起诉条件的案件向法院提起公诉，这体现了起诉法定主义。但是，美国

---

① 参见陈岚：《论检察官的自由裁量权——兼析起诉便宜主义原则的确立及其适用》，载《中国法学》2000 年第 1 期。

② 汪建成：《论起诉法定主义与起诉便宜主义的调和》，载《中国人民大学学报》2000 年第 2 期。

的检察官享有广泛的自由裁量权(这在下文将有详细的介绍),不但可以自行决定在有多个犯罪嫌疑人时对哪一个犯罪嫌疑人进行起诉,还可以决定在一个犯罪嫌疑人犯有多种罪行时对哪几种罪进行起诉,同时还拥有降格起诉、撤回起诉和拒绝起诉的权力。例如,在辩诉交易程序中,体现的是起诉便宜主义。这一程序在 20 世纪 60 年代由美国最高法院通过判例确定以后,自 70 年代以来已被广泛运用。目前,美国的刑事案件有 90% 以上是通过辩诉交易程序解决的。因此,可以说,起诉便宜主义实质上是美国刑事追诉的原则,而起诉法定主义则成了例外。①

在我国的刑事诉讼法中,也对起诉法定主义和起诉便宜主义作了适当的规定。通常认为,新刑诉法第 172 条和 173 条的规定体现了起诉法定主义,案件符合第 172 条规定的,检察院必须起诉;符合第 171 条第 4 款和第 173 条规定的,则应当作出不起诉的决定。第 173 条第 2 款关于"酌定不起诉"的规定,又体现了起诉便宜主义原则。不过,我国遵循的仍是大陆法系国家的起诉原则,在刑事诉讼中,起诉法定主义是原则,而起诉便宜主义则是例外的情况。

从上述介绍可以看出,无论是大陆法系国家还是英美法系国家,也不论其在起诉问题上是以起诉法定主义为原则还是以起诉便宜主义为原则,都是其对诉讼价值加以取舍的结果。在大陆法系国家,其传统的立法思想是"报应主义和一般预防主义",②因而起诉法定主义成为普遍原则,而起诉便宜主义成为例外;而在英美法系国家,其追求的是特别预防、效率和个案的正义,因而起诉便宜主义成了起诉的原则,而起诉法定主义则成了例外。

当代世界各主要国家都兼采起诉法定主义和起诉便宜主义,都在一定程度上赋予检察官以起诉裁量权。为了防止检察官对起诉裁量权的滥用,各国又对这一权力作了相应的制约和监督,下面就对起

---

①　参见陈岚:《论检察官的自由裁量权——兼析起诉便宜主义原则的确立及其适用》,载《中国法学》2000 年第 1 期。

②　同上。

诉的制约或监督模式进行阐述。

(二) 起诉监督的模式

1. 英美法系国家的起诉监督程序

(1) 英国刑事诉讼程序中的预审程序

如果将一个无辜的公民交付审判,即便最终被判无罪,也得付出沉重的代价,而国家也要为此付出相当的人力、物力和财力。因此,在刑事诉讼程序中,为了保护无辜者的权利,就有必要对检察官的指控进行审查。这种审查通常由一些中立的机构执行,如大陪审团或者治安法官。大陪审团对检察官的指控进行审查以决定是否起诉,而治安法官则通过预审确认指控是否具有充足的证据而需进一步的审理。

从世界范围看,对起诉进行监督的程序主要有两类:一是预审程序,二是陪审团监督程序。预审程序虽通常出现在大陆法系国家,但在英国也有相类似的预审程序(Committal for Trial),也可称之为“交付审判程序”或“移送审判程序”。设置这一程序的目的是保证治安法官对检察官按照公诉书提起的可数罪(Indictable Offences)案件进行审查,以确定其指控是否具有充分的证据,案件是否有必要移送给刑事法院进行审判,从而保证被告人免受无根据的起诉和审判。预审时,治安法官要召集被告人及其辩护律师、控告人及相关人员到庭,先向被告宣读对他的指控,然后举行听证,对控诉证据进行审查。在审查时,可以传唤被告方提供的证人并对其进行盘问。在原告方对被告提供的证据进行验证后,被告方的辩护律师提出辩护意见,指出指控证据不足的理由。如果治安法官也同意辩护律师的意见,指控就被撤销而不提交刑事法院审判,诉讼就不再继续。如果治安法官认为指控的证据充分,就作出移送刑事法院审判的决定,被告立即被移送,但案卷材料、起诉状要等到所管辖的法院开庭审理三日前才能移送。可见,在这一程序中,法官只对指控的证据是否充分进行审查,而不涉及案件中的被告人是否有罪的问题,审查的结果要么是作出撤销案件的决定,要么是移送刑事法院进行审判。因此,这一程序不是一种审判程序。[①] 目前,在英国,绝大多数的可数罪案件都要经过治安法官的预审程序才能移送刑事法院进行审判。

但是,由于预审程序的存在使案件的结案周期延长(对同样的证据,要在预审和法庭审判这两个阶段进行重复的审查),造成严重的诉讼拖延这一不足之处,再加上治安法官对绝大多数案件都作出移送审判的决定,预审程序在某种程度上就流于形式而缺乏实质性意义。从20世纪80年代开始,对预审程序的改革逐渐引起人们的重视。1987年,英国颁布了《刑事审判法》,设立了移交告知(Notice of Transfer)制度。这一制度规定,在严重、复杂的欺诈案件中,控诉一方不必经过治安法院的审查和批准,就可以直接将案件移送刑事法院进行审判。1991年修订的《刑事审判法》又扩大了移交告知制度的适用范围,即在那些针对儿童的严重伤害和性侵犯案件中,检察官可以不经过治安法官的预审而直接将案件移送刑事法院进行审判,其目的是避免儿童在预审程序中被迫提供证据,且有利于这类案件获得迅速审判。此后,英国在1994年又通过了《刑事审判与公共秩序法》,设立了移交审判(Transfer for Trail)制度,其目的是想以这种类似于"移送告知"的制度取代预审程序。但是,该制度一直没有生效,并为1996年通过的《刑事诉讼与侦查法》所废除。与此同时,该法还规定了一种改良的预审程序,即在预审程序中全部以书面方式审查控诉一方的证据——基本上是控方证人的书面陈述,辩护一方不能像以前一样提出本方的证据并对控方的证人进行交叉询问,但可以向法庭提出要求直接撤销案件的申请。此外,控辩双方仍然可以对案件是否应移送刑事法院进行审判或者撤销案件进行口头陈述。[②]

目前,在英国,预审程序可以分为不审查证据的预审和审查证据的预审两种。前者是治安法官对任何证据不加审查就直接移送刑事

---

① 参见陈瑞华:《在公正与效率之间——英国刑事诉讼制度的最新发展》,载《中外法学》1998年第6期。

② See John Sprack, Emmins on Criminal Procedure, Blackstone Press Limited, 1997, pp. 176—177.

法院审判,其适用的前提条件是:案件的被告人已得到律师的帮助,辩护律师已经获得控诉一方提交的证据复印件,并且认为有充足的证据证明将被告提交刑事法院审判是合理的。后者的适用条件是:案件中的被告人没有获得律师的帮助,或者虽有律师的帮助,但律师认为控诉一方的证据不够充分,不同意将该案件移送刑事法院审判。在这种情况下,控诉一方必须将本方证人的书面证言复印后提交给法庭和辩护方,治安法官据此审查其指控是否具有合理的根据。①

英国近几年来对预审程序进行改革的主要目的是提高诉讼效率。为了达到这一目的,英国在预审程序中取消了传统的"言词预审程序",而全部采用书面预审的方式。尽管这一改革与原先的以"言词预审程序"为特色的制度不相一致,但这并不意味着英国的刑事诉讼制度为了效率而牺牲了程序的公正。因为程序的正义是体现在整个刑事诉讼过程之中的,其中某一环节的稍微变动并未影响其典型的以直接言词为基础的对抗式庭审模式,而且传统的自然正义原则仍然是英国刑事诉讼所应遵循的基本准则。"看得见的正义"也仍然是英国人所信奉的法律格言。②

此外,在英国的皇家检察总署内部,还设立了一个皇家检察监督机构(the Crown Prosecution Service Inspectorate, CPSI)。该机构成立于2000年12月,其目的是:通过监督和评估检察院的工作,向检察长提出建议,以提高检察院的工作效率,保证检察官公正执法。其监督的内容之一是:审查检察院已经处理过的案件,对案件的质量作出评估,如果发现问题,就向检察长提出改进建议。其具体做法是:如果案件的当事人对案件的处理结果不满而提出申请,或者CPSI的监督员发现有重要证据说明案件处理存在问题,或者公众反响强烈,CPSI的工作小组就调取检察院的案卷进行审查,或者询问有关的人员,也可自己进行必要的调查。因此,一旦发现检察官对该起诉的案

---

① See John Sprack, Emmins on Criminal Procedure, Blackstone Press Limited, 1997, pp. 176—177.

② 参见陈瑞华:《看得见的正义》,中国法制出版社2000年版,第2页。

件不起诉，或者不该起诉的案件因偏见或私利而作出起诉的决定，CPSI 就会提出纠正意见。这是英国检察机关内部对检察官起诉权力的监督制约措施，同样有利于防止检察官滥用起诉权力，使案件得到公正的处理。

（2）美国刑事诉讼程序中大陪审团对检察官指控的审查

在美国，对检察官的起诉指控主要由大陪审团审查。美国的大陪审团制度起源于英国。在历史上，这一制度进入英国的刑事程序是在 12 世纪，主要职能是使用传票进行调查。1635 年，在北美殖民地上第一个建立大陪审团的是马萨诸塞，其目的是防止居民或官员滥用起诉权力。第二个建立大陪审团的是 1641 年的弗吉尼亚，其基本职能是对犯罪指控进行调查并决定是否将案件提交审判。[①] 直到美国成为一个国家后，美国宪法采纳了大陪审团制度，这一制度作为审查和调查机构才在这个国家得以很好地建立。在决定政府是否有足够的证据以控告书的形式提起刑事指控方面，大陪审团履行审查的职能。根据联邦宪法第五修正案及各州宪法相类似的规定，重罪指控只能由大陪审团决定是否提交审判。大陪审团依据自己的信息履行调查的职能，并且有权力要求潜在的证人在大陪审团前面对可疑的犯罪举证。

由于大陪审团所具有的双重功能，人们通常认为，大陪审团在刑事审判程序中起着“亦剑亦盾”的作用。作为审查机构，大陪审团起着“盾”的作用，通过拒绝起诉，可以阻止对无辜的人进行错误的或报复性的诉讼。作为调查机构，大陪审团起着“剑”的作用，为国家与犯罪作斗争发挥着其他调查程序无法起到的作用。传统上，大陪审团由 23 人组成（在有些司法辖区仍保留这一传统），挑选方式与小陪审团（由 12 人组成）基本相同，其选任必须通过中立的、非歧视性的程序。大陪审团以其所取得的信息和检察官提交的证据为依据作出判断。如果大陪审团认为存在着证实犯罪的合理依据，就可对某人作出起诉的决定。大陪审团的运作是秘密进行的，目的是保护

---

① 参见何家弘：《美国司法制度的历史渊源》，载《检察日报》2001 年 7 月 26 日。

那些不被起诉的人。证人经宣誓后，在大陪审团面前接受询问。不过，这一程序在大多数辖区通常只适用于对重罪的指控，而不适用于轻罪。大陪审团是一种决定控告而非确定有罪与否的调查团体。如布兰斯堡诉海斯(Branzburg v. Hayes，408 U. S. 665：1972)案所显示的那样，证人要是不向大陪审团提供后者所希望得到的证词，该证人有可能因蔑视大陪审团而被传讯。

美国宪法第五修正案规定，除某些军事案件外，任何人不受死罪或其他被剥夺公民权罪的惩罚，除非经大陪审团提出报告或起诉。这就意味着在联邦刑事案件中，任何潜在的被告人在涉及被剥夺公民权罪(包括所有的重罪)时，如果没有得到大陪审团组成成员的一致同意，就不被起诉。但是，目前在美国，大多数使用大陪审团的州规定，只要2/3或者3/4的多数同意，即可作出起诉决定。起诉书是保护个人免受恣意或不公正追诉的一种设置。大陪审团在审查起诉时所起的这种作用就是为了防止个人遭受审判的压力和巨大的花费。至今，美国仍有32个州至少在某些刑事案件的处理上保留了大陪审团制度，有8个州规定在所有案件中使用大陪审团。

大陪审团对检察官的指控进行审查，主要是看检察官指控某人犯罪是否有合理的依据，同时也确认基于刑事指控而令某人接受审判是否合理。但是，由于大陪审团制度效率低下且花费昂贵，检察官的控状有时替代了大陪审团的起诉书，即通过一种初步听审程序，由检察官向法院直接提起刑事控告。检察官控状的提出要经过宣誓程序，并需提供至少具有合理依据的证据以支持控告。在美国，几乎每一个州都使用检察官控状这种形式起诉轻罪，另外还有一半以上的州也用检察官控状替代大陪审团起诉书。检察官控状将决定合理依据是否存在的权力由大陪审团手中转移到了司法官手中。检察官控状在保护被告免予受恣意审判的同时，其开支也远远低于大陪审团。① 请看下面的案例：

---

① 参见〔美〕彼得·G. 伦斯特洛姆编：《美国法律辞典》，贺卫方等译，中国政法大学出版社1998年版，第173页。

康斯德罗诉美国
350 U. S. 359, 76 S. Ct. 406, 100 L. Ed. 397 (1956)

上诉人康斯德罗被控在1947年、1948年和1949年犯故意逃税罪。控告说上诉人在应纳税的年限内故意错报或少报他与妻子的实际收入。上诉人立即提议审查大陪审团的记录,以便取消起诉书。他在提议中声明,自己坚信在大陪审团面前,没有任何合法而足够的证据可以起诉他,因为他一直如实地申报收入并按时缴税。提议被否定了。在审判时,政府提供的证据试图证明康斯德罗这几年的实际纯收入要超过他申报的收入。为起诉这一案子,政府传唤并查问了144位证人,出示了368件物证,所有的证词和文件都与上诉人及其妻子的生意往来和开支有关。起诉方最后还传唤了三位政府代理人,他们的调查在法庭审判中被用作控告上诉人的证据。他们被允许对已出示的大部分证据进行总结并介绍计算记录,如果计算正确,上诉人及其妻子的实际收入就远远超过他们的申报收入。

上诉人的律师在审判时询问每一位政府证人:是否出现在大陪审团面前?这一交叉质证所产生的结果是,三位调查官员是出现在大陪审团面前的唯一证人。在政府结案后,上诉人再次提出取消起诉,其理由是在大陪审团面前的唯一证据是传闻证据,因为三位官员所作的计算记录所依据的交易资料不是第一手资料。但是,审判法官再次拒绝取消起诉书,并且判处上诉人有罪。上诉法院维持了这一判决。

在这一案件中,上诉人强调的是:(1)仅仅以唯一的传闻证据为基础的起诉书部分地违反了宪法第五修正案关于“任何人不受死罪或其他被剥夺公民权罪的惩罚,除非经大陪审团提出报告或起诉”的规定;(2)如果宪法第五修正案没有确认仅仅以唯一的传闻证据为基础的起诉书无效,那么现在我们就应当为联邦法院设立一条这样的指导规则。[①] 但是,无论是宪法第五修正案还是任何其他宪法性规定,都没有规定大陪审团可以这种证据起诉。大陪审团制度是由早年的英国殖民者带到美国并被美国的建国者吸收到宪法中的。因此,完全有理由相信宪法上所规定的大陪审团基本上是以英国的模式运作的。英国设立大陪审团的根本目的是对被认为犯罪的人在启动刑事审判程序时设置一个公正的方法。大陪审员从民众中挑选,其工作不受僵硬的程序规则和证据规则所牵制。事实上,大陪审团可以按他们自己的认知行事,要是他们认为满意,就可以这样的认知自由地发表看法或作出起诉的决定。尽管大陪审团在决定是否起诉方面的权力很大,但在随后的几年里,大陪审团还是受到了大众的普遍欢迎。在英国,大陪审团保持独立,不受王室或法官的控制。美国宪法采纳这一制度,适用于控告严重的刑事犯罪,是因其作为实现公正的工具具有崇高的地位。美国也像当初的英国一样,其大陪审团是由不懂法律的人组成的,他们不受技术规则的约束,秘密议事,保证没有人会因偏见而受起诉,同时也保证没有人会因享受特权而不受起诉。正如 1927 年英国一位历史学家所说:英国的大陪审团仍可按他们自己的认知自由行事,只要他们乐意这样做。

从这一案例可以看出,大陪审团对指控的审查,主要是看所提供的证据是否能够证明犯罪嫌疑人确实犯了罪,并判断对犯罪嫌疑人进行审判是否合理。如果大陪审团作出决定起诉的依据不具有合理性,犯罪嫌疑人就会表示不服并提起上诉,就像该案的康斯德罗所表现的那样。大陪审团审查指控的目的就是保证无辜的人不受起诉,要是在这一点上做得不公正,那就有违设立大陪审团的初衷了。

在美国,对指控的审查除大陪审团外,还有治安法官的审查。治安法官是通过预审或称“初步听审”(Preliminary Hearing)对检察官的指控是否合理进行审查,其目的在于决定检察官能否确定指控的

---

① Cite from Israel, Jerold H. Yale kamisar and Wayne R. LaFave, Criminal Procedure and the Constitution: Leading Supreme Court Cases and Introductory Text. St. Paul, Minnesota. West Publishing Co. 1989, p.437.

依据合理,从而相信被指控者从事了特定的犯罪行为,继而决定是否应当将被指控者送到上级法院审理。这是政府行政机关或执行部门之外的官员第一次对案件进行的正式审查。初审时,不论是检察机关还是被告人,都可以请求传唤证人,提交自己想提交的证据,还允许他方质证证人。但是,初审不像大陪审团审查程序那样秘密进行,而是向公众开放进行,被告人还有权出庭并可以请律师代理。在美国,不同辖区有不同的初审方式。在有些辖区,初审的作用实际上是甄别掉证据不足的案件——不少案件因证据不足被驳回。在另一些辖区,检察官自己先淘汰那些证据不足的案件。这样,初步听审就只是一种形式,因而通常被放弃。①

总之,初步听审与大陪审团程序一样,都是为了保护被告人免受无根据的指控。

2. 大陆法系国家对检察官自由裁量权的制约和限制

在大陆法系国家,起诉便宜主义是其刑事诉讼原则的例外,不过检察官仍享有对部分刑事案件作出不起诉的决定的权力。总的说来,对检察官不起诉权力的法律控制主要有司法控制、专门组织的控制和检察机关内部的控制三种。

第一种是司法机关的控制。如德国,检察官要对轻罪作出不起诉的决定,必须得到法官的同意。此外,德国还赋予被害人申诉权。当被害人对检察官作出的不起诉的决定不服时,可以向法官提出申请,法官如果认为被害人的申请有理由,可以命令检察官起诉,这被称为“强制起诉程序”。

另外,在具有悠久的大陆法系传统的荷兰,检察官也像美国的检察官一样,独立性很大,有权决定对哪些人、哪些罪进行起诉,同时也有权不经法官的同意作出不起诉的决定。被害人对这一不起诉决定不服的(这种情况很少见,因人们非常信任检察官的决定),可以向法院提出申诉。但是,警察对检察官的不起诉决定不服的,则没有申

---

① 参见〔美〕彼得·G. 伦斯特洛姆编:《美国法律辞典》,贺卫方等译,中国政法大学出版社 1998 年版,第 192 页。

诉权。因为在荷兰,检察官有权控制警察的侦查,并告诉警察应收集哪些证据,然后决定是否起诉。检察官起诉的目的不仅仅是对被告人进行定罪,因检察官是"站着的法官",在整个刑事诉讼过程中必须保持中立的地位,其目标是使案件得到公正的审判,找到案件的事实真相,而不是赢得官司,更不是要让被告人定罪。因此,检察官的作用和地位与辩护律师是完全不同的,尽管在庭审中,双方当事人是平等的,检察官也有权质证证人。辩护律师则只为其当事人的利益着想,当得知不利于被告人的证据时,可以保持缄默而不向法官提出。保守当事人的秘密是辩护律师的职责。检察官则应客观公正地行事,要是知道有利于被告人的证据,就必须向法官提出,否则就会违反检察官的职业道德。检察官说是代表国家的利益,但这一利益既包括政府的利益,也包括生活在法治国家中的公民的利益。因此,荷兰的检察官具有双重的作用,实际上既不代表国家的利益,也不代表被告人的利益,而是尽可能客观地行事。①

第二种是专门组织的控制。在日本,也有与德国相类似的强制起诉程序。日本也允许告发人在不服检察官的不起诉决定时,向法院提出交付审判的请求。法院一旦同意,案件就可以直接进行审判。这时,法院就指定律师代替检察官出庭支持公诉。但是,这种准起诉程序只限于对《日本刑法》第 193 条至第 196 条及《破坏活动防止法》第 45 条规定的公务员滥用职权罪所作出的不起诉决定。此外,日本的检察审查会也可以对检察官的自由裁量权进行制约。该审查会在二战以后成立,其运作程序为:经被害人申请或者审查会多数成员投票表决,审查会就可以对检察官的不起诉决定进行审查。经审查后,如认为检察官的不起诉决定是不恰当的,审查会就以书面形式建议检察官提起公诉。但是,这一建议不具有任何法律约束力,检察官不一定会采纳。②

---

① 参见荷兰恩海姆上诉法院副检察长 Peter J. Cremers 先生在北京—天津—南宁所作的讲座:《检察官与人权》,时间为 2002 年 7 月 29 日—8 月 6 日。

② 参见陈岚:《论检察官的自由裁量权——兼析起诉便宜主义原则的确立及其适用》,载《中国法学》2000 年第 1 期。

第三种是检察机关内部控制模式。这种模式主要是指被害人或者检举人不服检察官的不起诉的决定时，可以向检察机关提出复议。检察机关经复议认为其申请有理由时，可以撤销不起诉的决定而再提起公诉。我国检察机关的做法就属于这种模式。（下文将有详细的讨论。）

当检察官决定起诉时，大陆法系国家的预审与英美法系国家的预审有较大的不同。在德国，预审程序只适用于重罪案件。对由联邦最高法院、联邦高等法院管辖的第一审刑事案件，检察官应向管辖的法院申请预审调查。对由陪审法庭管辖的案件，检察官则可酌情作出预审或不预审的决定。但是，被诉人自己提出预审申请并得到法院同意的，就必须对案件进行预审。在德国，预审由管辖法院的调查审判官实施。但是，开庭后，该审判官不得担任案件的主审法官，以防对案件形成预断。联邦调查法院的预审审判官由院长从本院、地方长官或其他法院指定，也可以指定具有预审资格的人代理调查审判官，承担一部分预审调查业务。经预审后，如果认为指控证据充分，应交付审判，预审审判官就将案卷退回检察官，由检察官再向有管辖权的法院正式提起公诉，管辖法院受理后就直接开庭。[①]

但是，也有德国的专家认为，在德国不存在真正意义上的预审制度，德国在20世纪70年代已废除了预审法官制度。现行的做法是：在正式开庭审判前，庭审的法官对由检察官提起的公诉案件进行审查，通常情况下只进行程序性的审查，尽管法律上规定要进行程序性和实质性两方面的审查。经审查，决定不起诉的，如检察官有不同意见，可以向上一级法院提起上诉。在这种情况下，上一级法院一般会同意检察官的意见，到底有罪没罪，审一审就知道了。这一程序与其他国家的预审程序所不同的是，对非法证据的排除是由正式审判时的法官作出决定，而不像别的国家在预审程序中就加以排除。此外，在这一程序中，也不召集控辩双方进行答辩。德国的检察官可以作出无条件终止诉讼的决定和有条件终止诉讼的决定。前者适用的对

---

① 参见张旭：《公诉审查程序改革的选择》，载《法学研究》1996年第2期。

象为:行为人罪过小、最高刑罚为一年以下自由刑或应处罚金的轻微犯罪。后者的适用条件为:在轻罪案件中,犯罪嫌疑人同意终止诉讼,并同意检察官提出的处罚决定。处罚措施有:罚金、赔偿、社区劳动服务以及支付赡养金等。检察官对轻微的案件拥有决定不起诉的权力,但如果被害人认为决定不当,可以向法院申诉,法院认为其申诉有理的,就可以命令检察官起诉,这被称为“强制诉讼程序”。在多数案件中,检察官在作出有条件的终止诉讼时不必经法庭的同意。①

另外,值得一提的是,德国的检察官在是否起诉问题上享有较大的自由裁量权。与其他大陆法系国家的检察官不同,德国的检察官具有双重身份,既是政府官员,又是司法人员。检察官在刑事案件中行使侦查权和公诉权。所有刑事案件的侦查程序、侦查环节和侦查方案都是由检察官决定和制定的,具体的侦查任务由警察局执行。在刑事案件的侦查中,警察必须服从检察官的指挥,否则就是渎职。这是法律上所作的规定。但是,在司法实践中,从20世纪70年代开始,检察机关基本上已不再充当立法者赋予它的“侦查程序的主持人”角色,其工作重点已经演变成决定是否中止刑事诉讼程序或起诉,而且检察官有权作出中止刑事诉讼的案件已扩大到中等严重程度的犯罪。检察机关在作出中止刑事诉讼的决定时,拥有独立的权力,无须征得法官的同意。如果违法行为的后果轻微,或者违法行为的事实不构成最低的刑罚处罚,检察机关就可以作出中止诉讼程序的决定。目前,在德国,有70%的案件是完全可以由检察院单独处理的,而不必有法院的参与。

荷兰的预审制度也与德国的基本相似。

法国的预审制度则更加特别。要说明这一特别之处,还需从法国的刑事侦查程序说起。法国的刑事侦查分为初步侦查和司法侦查两个阶段。初步侦查是指司法警察在发现犯罪后立即进行的侦查活

① 参见2002年9月4日—6日“第三批欧盟法官和检察官培训人员总结研讨会”上,柏林区(高级)法院审判长Peter Faust的讲演。

动。由司法警察单独进行的侦查仅限于现行的轻罪案件(对于非现行的轻罪案件,司法警察一般必须在检察官的直接领导和指挥下进行初步侦查活动)。在侦查过程中,司法警察可以采取一些紧急性的侦查措施,如搜查、扣押和拘留等。对于重罪案件,原则上必须由检察官或预审法官负责侦查活动。司法警察一旦发现现行的重罪案件,必须向检察官报告。检察官一旦接受初步侦查,就享有司法警察所享有的侦查权。同样,预审法官如接受侦查活动,也享有司法警察所享有的侦查权。在由检察官或预审法官负责侦查的重罪案件中,司法警察就成为检察官或预审法官的助手,并接受前者的指挥和领导。在初步侦查结束后,检察官根据案件的侦查情况,决定是否提起司法侦查程序。司法侦查通常称为"正式侦查"或"预审",相当于立案。一般情况下,重罪案件和大多数轻罪案件都需进入司法侦查程序。刑事案件立案以后,其侦查活动就由专门的预审法官主持实施。预审法官可以根据检察官的要求,对司法警察的侦查工作进行指导。司法警察是预审法官的助手和辅助者,而预审法官是侦查活动的指挥者、领导者和直接实施者,原则上检察官就退出该案的调查。预审法官的预审程序通常根据检察官发布的令状或被害人的申请而启动。在初级预审阶段,预审法官的权力很大,他可以实施侦查活动中所需要的各种强制措施,如搜查、扣押、逮捕、羁押、司法管制以及通讯截留等;同时,作为司法官,他还可以依职权应司法警察或检察官的申请或自行发布上述各种强制措施的许可令状。①

在侦查过程中,预审法官会根据检察官的指控申请,初步审查指控是否成立,构成犯罪的则进一步分类为违警罪、轻罪和重罪。属于违警罪和轻罪的案件,预审法官将其移送违警法院和轻罪法院的驻院检察官,准备正式起诉。违警法院内不设驻院检察官的,由警方担任公诉人。属于重罪案件的,预审法官发出移送令,并将案卷材料移送上诉法院的起诉庭,由该庭审查并决定是否提起公诉。这一程序

① 资料来源于中国—欧盟法律和司法合作项目第四批法官和检察官在2002年9月19日—12月15日期间在欧盟各国学习时所作的讲座,笔者有幸担任翻译而得之。

被称为“第二级预审程序”。经审查,认为应当起诉的,起诉庭在发出批准起诉令后,可以直接向重罪管辖法院起诉,也可以交由管辖法院的驻院检察长起诉。接到起诉后,法院就直接开庭审理而不再进行预审。因此,在法国,预审法官只对违警罪和轻罪享有预审决定权,且预审与侦查活动基本上同步进行;而重罪的预审则由上诉法院的审查起诉庭负责。[①] 上诉法院的审查起诉庭还对预审法官的正式侦查活动负有监督和控制的责任,其途径有三:(1) 接受控辩各方不服预审法官的裁定所提起的上诉;(2) 接受预审法官和控辩各方要求宣布某项诉讼行为无效的申请;(3) 在第二级预审程序中对重罪案件的侦查情况进行合法性审查。在审查中,如发现预审法官有违法侦查或违法裁决的情形,上诉法院审查起诉庭的庭长既可以直接作出纠正,也可以宣布无效,同时还可以直接追究预审法官或检察官的纪律责任,甚至可以对其提起诉讼。申请宣布某项程序性行为无效,是上诉法院审查起诉庭对司法警察和检察官的初步侦查以及预审法官的预审进行审查的主要途径。上诉法院审查起诉庭在案件的审查过程中,有权宣布司法警察、检察官或预审法官在侦查过程中所实施的违法行为或非法取得的证据无效。被宣布无效的证据必须被从案卷中撤销,在以后的诉讼活动中,无论是辩护律师、民事当事人的律师还是检察官和预审法官都不得再引用,否则法官、检察官和律师都有可能受到纪律处罚。[②]

法国预审程序除了重罪须经过两次预审这一特点外,另一特点为预审的过程自始至终都有民事当事人的参与。这里的“民事当事人”相当于我国的刑事附带民事诉讼中的当事人,即在刑事案件的预审程序中,认为自己受到重罪或轻罪的侵害,依法向预审法院提出赔偿要求而参加到预审活动中来的当事人,如刑事案件中的被害人。在预审程序中,民事当事人享有如下权利:(1) 聘请律师或要求法院

① 参见张旭:《公诉审查程序改革的选择》,载《法学研究》1996 年第 2 期。

② 参见 2002 年 9 月 4—6 日“第三批欧盟法官和检察官培训人员总结研讨会”上,柏林区(高级)法院审判长 Peter Faust 的讲演。

为其指定律师作为辩护人;(2) 参与主要的调查活动;(3) 不服预审法官所作出的裁定的,有权提出上诉;(4) 对不利于自己的某一诉讼行为或证据,可以申请上诉法院宣布无效等。

此外,在预审程序中,对预审法官所作出的所有裁定,检察官都有权提出上诉,而被告人和民事当事人则只能对法定的事项提出上诉。上诉法院审查起诉庭在开庭审理各上诉请求时,通常会召集检察官、被告人及其辩护人、民事当事人及其辩护人一起参加审理,各自阐述意见和理由。经审理,上诉法院审查起诉庭可以作出维持或撤销原裁判的决定。根据具体情况,上诉法院审查起诉庭也可以要求预审法官继续进行侦查活动,或任命新的预审法官重新进行侦查活动,还可以直接代替预审法官进行侦查活动。此外,法国的检察官对轻罪案件拥有作出无条件的终止诉讼和有条件的终止诉讼的权力。有无条件的划分标准为:在作出终止诉讼决定的同时,是否给被告人以一定的处罚。有条件的终止诉讼是法国在 1999 年 6 月 23 日作出的规定,其适用条件为:(1) 犯罪行为须处以最高刑为 3 年以下的监禁、25,000 法郎的罚金或 60 小时社区劳动服务;(2) 须经法庭的同意;(3) 听取被害人的意见,并让被害人获得全部赔偿。①

最后,值得一提的是,法国的预审法官的权力太大,既有侦查权,又有司法决定权,同时还缺乏有效的司法审查机制。在司法实践中,所有涉及公民人身自由、财产权益的强制性措施实际上都由预审法官作出决定。因此,从 20 世纪 90 年代开始,要求改革预审制度的呼声越来越高。2000 年 6 月,法国政府对预审制度作出了改革,将批准审前羁押的权力交给专门的法官行使,该法官被称为“自由与扣押法官”。预审法官的权力则局限在程序的调查过程中。

自由与扣押法官的权力主要有:(1) 有权发布传票、拘留证、逮捕令等强制被告人到案并暂时剥夺其人身自由,但应马上讯问,且羁押的时间不得超过 24 小时。(2) 对被控犯了重罪或可能被判处两

---

① 资料来源于中国—欧盟法律和司法合作项目第四批法官和检察官在 2002 年 9 月 19 日—12 月 15 日期间在欧盟各国学习时所作的讲座。

年以上有期徒刑的轻罪的被告人,有权决定实施预防性羁押。但是,在作出决定前,必须召集检察官、被告人及其辩护人同时到场,听取双方的陈述和意见后才发布附有理由的羁押令。同时,被告人在诉讼的每一阶段都有权要求自由与扣押法官对其羁押措施重新加以审查,还可以就羁押的合法性问题直接向上诉法院审查起诉庭提出上诉。在诉讼过程中,自由与羁押法官可以依职权或检察官的要求释放在押的被告人。从 1993 年开始,控辩各方都可以就立即释放被羁押者问题直接向上诉法院提出上诉。羁押时间超过四个月的被告人没有受到法官讯问的,可以直接请求上诉法院审查起诉庭予以释放。通常情况下,受轻罪指控的被告人被羁押时间不得超过四个月,有法定特殊情况的,可延长到六个月或八个月;而受重罪指控的被告人被羁押时间通常不得超过一年,有法定特殊情况的,可延长到两年。在决定采取羁押措施前,自由与扣押法官必须在至少四天前告知被告人有权准备辩护。但是,法国的预审法官制度最终于 2009 年被废除了。[①]

与法国的预审制度相似的国家还有西班牙和比利时。西班牙法律规定,检察官对案件拥有侦查权,可指挥警官调查取证,也可自行调查取证,但侦查工作由预审法官全权负责。案发后,检察官要毫不迟延地指挥警察进行调查,抓捕犯罪嫌疑人,同时还要及时报告预审法官。在预审法官介入以后,检察官就听从其指挥,并协助调查。警察在侦查过程中需要采取强制措施时,须先报告检察官,再由检察官向预审法官提出并由后者作出决定。

从上述介绍可以看出,无论是英美法系国家还是大陆法系国家,对刑事诉讼中的公诉案件都实行预审制度,其目的是对检察机关的起诉权进行有效的制约,提高起诉的准确率,最大限度地减少不当起诉对公民的权益所造成的损害。预审是提起公诉和正式开庭审判之间一个必不可少的“过滤器”,是一个中介程序。尽管各国因历史传统、文化背景、价值观念等方面的差异而设计出来的预审程序互不相

---

① 详见本章第一节的相关内容。

同，但为了保证这一程序的公正性，预审工作通常都由中立的法官承担。同时，为了避免先判后审的弊病，各国的预审法官都不得再担任案件正式开庭审理的法官。这种设计既有效地发挥了预审防止不当起诉的功能，又有效地防止了预审法官的预断。为了充分发挥预审这一“过滤器”的作用，预审的内容不仅涉及起诉的形式要件，如起诉状是否符合法定的格式、法院是否有管辖权等，而且更加侧重于提起指控的证据是否确实充分、应否交付审判等实质内容。由于预审程序在整个刑事诉讼程序中起着不可替代的作用，为了提高诉讼效率，近几年来，各国的预审程序也处在不断的改革和完善之中。

（三）我国对检察官不起诉权力的法律控制

根据我国新刑诉法的规定，检察机关对公安机关侦查终结的案件，在审查起诉的过程中有权作出不起诉的决定。学界通常认为，不起诉的情况分为三种：一是绝对不起诉，即人民检察院对于案件符合刑诉法第 15 条规定的情形之一的，应当作出不起诉的决定；二是相对不起诉，或称“酌量不起诉”，即刑诉法第 173 条第 2 款的规定：“对于犯罪情节轻微，依照刑法规定不需要判处刑罚或者免除刑罚的，人民检察院可以作出不起诉决定”；三是存疑不起诉，是指人民检察院对于证据不足的案件，经过补充侦查，仍认为证据不足的，依法作出不起诉的决定。在这三种不起诉的情形中，第一种是起诉法定主义的体现，第二、三种是起诉便宜主义的体现。检察官的自由裁量权只能运用在相对不起诉和存疑不起诉这两种情形中。对于相对不起诉的适用条件，学界存在着分歧意见：一种意见认为，犯罪情节轻微是适用相对不起诉的前提条件，“有罪不诉”的范围仅限于轻微犯罪，“较为彻底地排除了基于刑事政策的考虑和刑罚目的的需要，参照被告人主观恶性和社会危险性大小而适用不起诉决定的可能性”[①]。另一种意见认为，犯罪情节轻微只是不需要判处刑罚的前提条件，而不是免除刑罚的前提条件，不论情节是否轻微，都可以适用

① 参见鲁兰：《不起诉制度利弊析》，载《中外法学》1996 年第 5 期。

相对不起诉。[①] 尽管学术观点上存在分歧，但在司法实践中，相对不起诉的适用条件为：一是犯罪情节轻微。二是依照刑法规定不需要判处刑罚或者免除刑罚，认为"不需要判处刑罚"与我国《刑法》第37条的规定"对于犯罪情节轻微不需要判处刑罚的，可以免予刑事处罚"是相一致的；而"免除刑罚"主要是指我国《刑法》中规定的可以免除刑罚的情况。[②] 存疑不起诉的适用条件是：在程序上，要求人民检察院在审查起诉中，对证据不足的案件，先退回公安机关补充侦查，同时还应经过检察委员会的讨论，才可以作出不起诉的决定；在实体要件上，是证据不足，即证据没有达到证明标准"确实、充分"的要求。证明标准的界定是一个非常复杂的问题（本书着重讨论对起诉的监督问题，有关证据的证明标准问题的争论就不赘述）。不过，根据新修改的《人民检察院刑事诉讼规则》第404条的解释，属于证据不足的有下列三种情况：一是犯罪构成要件事实缺乏必要的证据予以证明的；二是据以定罪的证据存在疑问，无法查证属实的；三是据以定罪的证据之间、证据与案件事实之间的矛盾不能合理排除的；四是根据证据得出的结论具有其他可能性，不能排除合理怀疑的；五是根据证据认定案件事实的过程不符合逻辑和经验法则，得出的结论明显不符合常理的。

对检察官作出的不起诉决定，根据有关法律的规定，目前有以下两种形式可以进行制约：一是复议制度。即公安机关对检察机关作出的不起诉决定不服的，可以提出复议；如果意见不被接受，还可以向上一级检察机关提请复核。被害人和被不起诉人对检察机关的不起诉决定不服的，可以向检察机关提出申诉。检察机关对复议和申诉进行审查后，认为原不起诉决定不恰当的，就撤销不起诉决定而再提起公诉。二是我国新刑诉法规定，在有被害人的案件中，被害人对不起诉决定不服的，可以直接向法院起诉。这种权利的行使不受犯

---

① 参见汪建成：《论起诉法定主义与起诉便宜主义的调和》，载《中国人民大学学报》2000年第2期。

② 参见张穹主编：《公诉问题研究》，中国人民公安大学出版社2000年版，第350—351页。

罪性质和案件种类的限制,也不必经过法院的裁定,可以有效地遏制检察官对起诉自由裁量权的滥用。但是,它在一定程度上有损于国家公诉权的权威,同时也会因被害人滥用起诉权而增加法院的负担。

经调研了解到,在司法实践中,我国检察官实际所拥有的不起诉的裁量权是很少的。据某省院对2009年刑事和自侦案件的统计:受理61,642件、107,979人,不起诉的案件为1,479件、2,206人,不起诉率为2.4%(人)。其中,普通刑事案件为1,402件、2,097人,不起诉率为2.27%(人)。从这些统计数字可以看出,与欧盟主要国家相比,我国司法实践中对轻罪不起诉的要求过严,这不利于提高诉讼效率。据从事起诉工作多年的同志介绍,造成不起诉率低的原因主要有:一是检察机关担心如果不从严掌握轻罪不起诉的条件,以后可能会丢掉轻罪不起诉这一权力。二是人们的观念问题。公安机关辛辛苦苦侦查终结的案件,要是在检察院审查起诉时作出不起诉的决定,就想当然地认为其中有问题,一起案子在检察院手中搞来搞去搞没了,不但当事人不理解,其他的群众也难以理解。因此,在通常情况下,就尽可能地作出起诉的决定而不是不起诉的决定,除非这起案子实在是不符合起诉的标准,才不得不作出不起诉的决定。在作出不起诉的决定之前,还要经过层层审批,先是案件的承办人员提出不起诉的意见,接着经科处讨论,然后报主管检察长审批,由检察委员会决定。总之,要对一起案子作出不起诉的决定是非常不容易的。三是检察工作的指导思想问题。检察院方面认为,如果不起诉率太高,就会将矛盾的焦点集中在检察院,不利于检察院开展工作,因此就尽可能地将案子送出去。四是我国的检察官不具有独立的地位。即便是在实行主诉检察官制度的检察院,主诉检察官所拥有的权力也是相当有限的。尽管在我国的法律条文中也规定了检察官在起诉问题上享有较大的自由裁量权,但在实际工作中,这一自由裁量权是非常有限的。因此,有人说,目前在我国要研究的最迫切问题是如何真正实现检察官的自由裁量权,而不是对检察官的自由裁量权如何进行有效制约的问题。但是,实际上,这两个问题相辅相成,是同样重要的。

目前,通过检察改革,全国有80%以上的公诉部门实行主诉检察官制度。这种制度还处在探索阶段,至今仍没有一个统一的实行标准以指导主诉检察官如何开展工作。因此,各地的主诉检察官所拥有的权力不太一样。有的地方,主诉检察官的权力比较大,对于起诉的案件有权独立作出决定,而作出不起诉的案件则需要经过小组讨论并报主管检察长批准。但是,有的地方,主诉检察官的权力很小,无论是作出起诉还是不起诉的案件,其都无权独立作出决定,需经小组讨论并经主管检察长批准。尽管主管检察长的批准只是一个形式而已,但程序上还是非走不可。还有的地方规定,主诉检察官只对某几类案件有权决定是起诉还是不起诉,除这些案件外,其余的案件就需要集体讨论并经主管检察长的批准。不过,这种不统一的局面是暂时的,最终还是应该走向统一,否则同样的案件在不同的地方处理,其结果就有可能大不相同。实行主诉检察官制度的目的是让检察官拥有更多的自主权,以便权责到位,提高工作效率,避免以前那种众人一起决定而出了差错却无人承担责任的弊端。因此,总的说来,这一制度是可行的,且检察官独立也是世界各国通行的做法。问题是:检察官独立以后,在我国现行的体制和司法腐败比较严重的背景下,如何有效地监督检察官的权力,使其能客观公正地作出起诉或者不起诉的决定?笔者认为,除了新刑诉法已经规定的监督方式如复议和申诉制度外(因这些制度都是通过检察机关内部制约实现的,通常情况下很难产生有效的制约),还可以采用以下两种方式:一是在主诉检察官作出起诉或者不起诉的决定前,听取被告辩护律师的意见。俗话说"兼听则明",尽管因辩护律师的职责是维护被告人的利益,其意见中有可能掺杂着故意为被告人开脱罪责的成分,但主诉检察官可以综合各方面的证据和情况进行分析,从而辨清真伪,让其为自己作出起诉还是不起诉的决定提供有分量的参考。如果主诉检察官为了办案方便或出于其他原因不听取辩护律师的意见,辩护律师可以向法院起诉以维护自己的这一权利。二是在主诉检察官作出不起诉的决定以后,应由法院主持举行一次公开听证程序,让公安机关、被告人及其辩护律师、被害人一起参加,各自陈述自己的意见,从而由中立的、不偏不倚的法官作出维持主诉检察官的不起诉决定还是重新作出起诉的决定。这一听证程序对于由检察机关自行侦查的案件,如贪污、贿赂和渎职犯罪的案件特别管用。因为对这些案件,上述复议和申诉都失去了效用,基本上处于无制约的状态。但是,这类侵犯国家和公共利益的犯罪,其社会危害性有时远远大于其他种类的犯罪,一旦检察官滥用起诉裁量权,又没有有效的救济措施,其后果就更加严重。尽管目前在检察院内部也存在着部门之间的制约,但这种制约的效果是不尽如人意的。因此,在这方面,我们应该借鉴国外的有益做法,让主诉检察官的不起诉决定都得到中立的、无利益牵涉的法官的同意,这样就可以有效地预防检察官对自由裁量权的滥用。在我国,新刑诉法所规定的对检察官起诉裁量权的制约主要体现在公诉案件和有被害人的案件上。尽管这种制约在司法实践中难以切实地执行,但至少还存在着这种制约。对于由检察院自行侦查的案件,目前则还没有这样的规定和制约。

此外,为避免错误的、不适当的起诉决定给当事人和国家所带来的不必要的人力、财力资源的浪费,对检察官作出的起诉决定也应像国外一样,经过预审程序的过滤才可以正式起诉,而预审程序的设计在扬长避短方面无疑也可以借鉴国外成熟而有效的做法。具体说来:一是预审程序不但要作形式上的审查,更为重要的是,为了发挥预审筛滤公诉、防止误诉的作用,必须对案件进行实质内容上的审查,即审查其起诉的证据是否有力、充分;二是为了防止庭审法官的预断,在设计预审程序时,必须规定预审的法官不再担任正式庭审时的法官。如能切切实实地做到这两点,就既能发挥预审的"过滤器"作用,又能避免预审程序有可能带来的先判后审的弊端。要达到这一目的,就必须对我国目前的公诉审查程序进行必要的改革。在改革时,既要借鉴国外的有益做法,更应结合本国的司法实践。

三、刑事审判监督问题

从整个刑事诉讼程序看,审判是实现司法公正的最主要阶段。现代国家的刑事审判是通过刑事诉讼的正当程序,以实现国家的刑罚权,同时达到惩治刑事犯罪和保障被追诉者合法权益的双重目的。但是,审判能否真正做到公正与效率并重,在实际运作过程中,需要借助一定的机制和制约程序,否则司法腐败就难以避免。为此,身为法律监督专门机关的检察机关对审判活动及生效判决进行有效的监督,就成了诉讼监督过程中至关重要和关键的环节。“刑事审判监督的实质是刑事案件庭审活动的监督制约机制,是人民检察院对刑事审判活动及司法裁判是否符合法定程序和法定标准进行审查监督,发现并纠正违反诉讼程序及诉讼标准的诉讼行为和司法裁判,保障庭审活动严格按照正当程序有序进行,保证刑事审判权正确行使的专门活动。”①但是,在理论上,如何解决“既当运动员,又当裁判员”的问题?在实践中,如何改变疲软、乏力、无效的监督现状?这无疑是当前检察改革中首先要面对的两大难题。鉴于近几年来有关目前刑事审判监督制度存在的困惑、弊端及相应的解决对策和出路等方面的论文已有不少,②为免赘述,此处仅着重探讨刑事审判中的死刑复核监督问题。③

（一）引语

近几年来,随着媒体对越来越多的有关死刑的冤假错案的披露,社会各界反响强烈,最高人民法院遂宣布收回地方各高院对目前部分死刑案件的死刑核准权。一时间,死刑复核问题成了理论界和实

① 向泽选:《法律监督原理》,群众出版社 2006 年版,第 173 页。

② 参见向泽选:《刑事审判监督机制论》,载《政法论坛》2008 年第 1 期;王建中:《刑事审判监督问题初探》,载《河北法学》2010 年第 2 期;陈柏新、李静、陈柏安:《公诉权与法律监督的关系》,载《法学》2006 年第 12 期;石献智:《全方位加强对刑事审判的法律监督》,载《检察日报》2010 年 2 月 8 日;周莉宁:《刑事审判监督存在的问题及解决对策》,http://www.bjjc.gov.cn/bjoweb/minfo/view.jsp? DMKID = 217&XXBH = 18861,2010 年 11 月 9 日访问;邓楚开:《论我国检察机关对刑事审判的监督》,载中国检察理论研究所编:《检察理论研究集粹》(第二届全国检察理论研究年会论文集),中国检察出版社 2001 年版;等等。

③ 有关本部分内容,笔者曾撰写过《论死刑复核法律监督制度的立法完善》一文并发表在《人民检察》2006 年第 24 期上。当时提出的数条立法建议中,只有“死刑案件复核应当讯问被告人以及复核后如何处理”已规定在新诉讼法中,其余的仍具有现实意义而有待进一步完善,故为保留当年的思考痕迹,此处基本保持了原貌,只对涉及的相应条款数作了小修改。

务界讨论的热门话题。死刑作为对犯罪分子生命的剥夺，其残酷性和不可挽回性决定了世界各国对之适用都非常慎重。自从贝卡里亚在其《犯罪与刑罚》中首次对死刑的效用提出质疑并倡导废除死刑以来，迄今为止，世界上已有一半以上的国家在法律或实践中废除了死刑，[①]而且废除死刑的运动和呼声仍在不断地高涨。我国虽因多方面的原因，废除死刑的条件尚不成熟，目前死刑仍有继续存在的必要性和合理性，但坚持少杀、慎杀与防止错杀一直是我国的基本刑事政策。因此，出于实现司法公正和保护人权的需要，在死刑复核程序中如何加强法律监督就显得尤其必要。笔者试图从实践出发，在阐述死刑复核法律监督的必要性以及复核程序中所存在的问题的基础上，为检察机关如何介入死刑复核程序提出一些切实可行的建议。

（二）死刑复核法律监督之必要性

从检察机关的职能看，因法律监督是检察机关的重要职责，新刑诉法第 8 条规定："人民检察院依法对刑事诉讼实行法律监督。"因此，人民检察院对整个刑事诉讼活动是享有监督权的。具体说来，人民检察院不仅对刑事侦查、一审、二审程序有权进行监督，而且应对死刑复核程序、再审程序和刑罚执行程序进行监督，以确保法律的正确适用和司法公正的实现。但是，长期以来，因法律没有规定对死刑复核进行监督的具体的、可操作的程序，检察机关对死刑复核案件的监督可以说一直是软弱无力的。

从保障人权的需要看，尽管死刑向来被认为是打击犯罪、惩治犯罪分子最具威慑力的手段，但死刑复核程序还具有保障被告人人权的功能。随着社会的不断发展，世界各国对人权的保障越来越重视，而且从某种程度上说，对弱者和犯罪分子的人权保护水平更能体现一国人权保护的现状及水平。因此，任何人的生命权都不得被随意剥夺，慎用死刑已成为国际社会的共识。我国新刑诉法第 240 条规定："最高人民法院复核死刑案件，应当讯问被告人，辩护律师提出

① 转引自陈光中：《论我国死刑审判程序之改革》，载周国均、陈卫东主编，白岫云副主编：《死刑复核程序专题研究》，中国方正出版社 2006 年版，第 3 页。

要求的，应当听取辩护律师的意见。在复核死刑案件过程中，最高人民检察院可以向最高人民法院提出意见。最高人民法院应当将死刑复核结果通报最高人民检察院。”作出这一规定，是为了保证死刑适用的合法性和合理性，多加一道程序以确保对犯罪分子适用死刑的准确无误。检察机关从保障刑事法律的正确适用及死刑复核结果的公正性出发，介入死刑复核程序，不是代表国家行使对犯罪的追诉权，而是行使法律监督职责，以限制国家公权力对人权的侵犯，从而更加有效地保护犯罪嫌疑人的人权，使审判机关对其适用死刑具有正当性和必要性。

从司法实践看，近几年来，全国各大媒体不断披露出来的恶性冤假错案引起了社会各界的高度关注，如杜培武案和佘祥林案等，人们随之对死刑的滥用及复核程序所起的真正效用产生了怀疑。据有关资料统计，自 2003 年以来，最高人民法院在核准死刑案件时，依法改判死缓或无期徒刑的占报请核准案件的 22.03%，因事实不清、证据不足发回重审的占 7.21%；而各高级人民法院在复核死刑案件时，依法改判死缓或无期徒刑的占 38.14%，发回重审的为 4.44%。[①] 由此可见，在司法实践中，因各地适用死刑的标准不统一、把握不严等问题而导致滥用死刑的现象极为严重。死刑复核程序的设置原本是保护被告人合法权益的最后一道屏障，但由于立法上的缺失，长期以来，死刑复核程序都是由法院单方面采用书面、秘密的方式进行，这种做法很难发现案件中所存在的事实上的错误。[②] 因此，为确保死刑适用的准确性，出于现实的需要，也应对死刑复核程序进行有效的法律监督。

从权力制衡的角度看，权力的分工和权力之间的平衡是预防权力腐败最有效的手段。现行的死刑复核程序由人民法院单独操作，再加上我国法官的整体素质有待提高，案件的判决易受党政机关、社

① 参见范建绥：《死刑复核程序中的检察监督探讨》，2006 年第七届全国检察理论研究年会论文。

② 参见郑景青：《死刑复核法律监督研究》，2006 年第七届全国检察理论研究年会论文。

会舆论及被害人等多方面因素的干扰和影响，难免会出现权力被滥用的现象，从而使死刑复核程序失去了原有的权利救济的司法功能。因此，为了有效地防止法官在死刑复核时徇私舞弊、滥用职权，除了需要加强法官的自律和法院的内部监督外，更有必要引入来自检察机关的外部监督力量，从制度上保证死刑判决的慎重和公正。有学者认为："尽管死刑复核程序必须特殊化，但是也应当具有一般诉讼程序共同的特点，即至少应当具有诉讼化的特征。"这既是诉讼程序系统和谐的需要，也是事实发现的需要，更是实现程序正义价值的需要。①

（三）死刑复核法律监督所面临的问题

1996年《刑事诉讼法》第202条只规定了死刑复核的组织，而对复核的内容、方法、期限、复核后的处理以及检察机关如何对之进行监督等都未作出相应的规定。因此，在司法实践中，目前的死刑复核程序从法律监督角度看，已存在的及将面临的问题如下：

一是立法上规定不完善。由于立法上对死刑复核案件的程序规定不够完善，目前检察机关基本上没有介入死刑复核程序。尽管在宪法上规定我国的检察机关是专门的法律监督机关，在刑事诉讼法中也规定检察机关有权对刑事诉讼活动进行法律监督，但因没有具体的、可操作的监督程序和方法，这些原则性的规定在死刑复核程序中根本就无法适用。其结果是，目前的复核程序常以秘密的、不公开的书面审的方式进行，无论是控诉方还是辩护方，都无法参与其中表达自己的意见。复核程序几乎成了法院内部类似行政机关的业务报批手续而不带任何诉讼的色彩。身为法律监督机关的人民检察院主要是通过出庭支持公诉及对有错误的裁判提出抗诉的方式对人民法院的审判工作进行监督，因而也就失去了对死刑复核程序应有的监督。即使发现在死刑复核中存在某些违法的情况，或有可能导致错误适用死刑的情形，也无法及时提出违法纠正意见。因为死刑复核

① 参见汪建成：《冲突与平衡——刑事程序理论的新视角》，北京大学出版社2006年版，第268—270页。

一旦被通过，法院必须在7天内交付执行，而司法实践中很多法院往往是接到死刑复核通知后马上着手执行，[①]从而使冤魂永无叫屈的日子。毋庸置疑，目前这种由法院独家对人命关天的死刑复核程序进行“暗箱操作”的做法，既违背了现代刑事诉讼中控辩双方应平等对抗、法官居中裁判的理念，缺乏程序上应有的公正，不利于司法公正的实现和被告人合法权益的保护，也使复核程序失去了应有的功能和价值，不能体现“慎杀、少杀”的设计初衷，还使该制度本身也陷入名存实亡的困境。[②]

二是法律监督途径匮乏。根据现行《人民法院组织法》的规定，人民检察院检察长有权列席同级法院的审判委员会会议。在司法实践中，各级法院的合议庭通常会将一些重大疑难复杂案件提交给本院的审判委员会进行讨论。因此，在最高人民法院复核死刑案件时，一些重大疑难复杂的死刑案件也会在审判委员会的会议上得到讨论。这是目前检察机关能够介入死刑复核案件的唯一途径。但是，因诸多因素的影响，此途径也经常被搁置不用，事实上失去了应有的监督功能。

三是法律监督部门的归属不明确。在死刑复核权全部收归最高人民法院集中行使后，最高人民法院就成了死刑复核的唯一主体。为应对这一举措，最高人民法院在其内部增设了三个庭，并扩招人员负责死刑案件的复核工作。相应地，对死刑复核程序的法律监督自然也应由最高人民检察院行使。这应该不成问题，但关键问题是：在最高人民检察院内部，应由哪个部门具体执行监督职责？[③] 从高检院目前的机构设置看，现存的各部门都有自己固定的日常工作和必须履行的职责，而对死刑案件复核的监督无疑需要投入大量的人力、

---

① 参见薛舒平：《论检察机关对死刑复核的法律监督》，2006年第七届全国检察理论研究年会论文。

② 参见屠晓景：《论死刑复核制度的改革方向——兼论死刑复核制度中的法律监督问题》，2006年第七届全国检察理论研究年会论文。

③ 2007年，经最高人民检察院党组研究决定，设立了死刑复核检察工作办公室，此为一厅级临时机构，下设综合处和业务处。

物力，若没有一个特定的部门专司死刑复核案件的法律监督职责，恐怕很难发挥法律监督的真正功效，其结果难免重蹈监督乏力的覆辙。

四是从事死刑复核法律监督的检察人员需重新调整。毫无疑问，死刑案件的复核程序是关系到被告人生死的大事，对专业性和责任心的要求都很高，一旦错判，人头落地就再也不能复生。因此，鉴于死刑案件的严重性，为充分发挥检察机关的法律监督职能以确保死刑适用的正确性，切实执行"慎杀、少杀"的刑事政策，从事死刑复核程序法律监督的检察人员必须具有较强的业务素质和丰富的工作经验，同时还应在思想上树立轻刑化的观念，消除对死刑的迷信和依赖心理。因为死刑问题不仅仅是一个法律问题，也是一个政治问题和社会问题。[①] 最高人民法院是通过招聘的方式聚集这样的人才的，而在最高人民检察院内部要一下子召集这样全面的、高素质的人才也不是轻而易举的。

（四）死刑复核法律监督之完善

尽管从以上论述中可以看出检察机关对死刑复核程序进行监督非常必要，但由于现行法律只是笼统地规定检察机关有权对整个诉讼活动进行法律监督，而如何对属于刑事诉讼程序一部分的死刑复核程序进行监督则只字未提。原刑诉法第202条只规定："最高人民法院复核死刑案件，高级人民法院复核死刑缓期执行案件，应当由审判员三人组成合议庭进行"，而没有进一步详细规定：以什么方式进行复核，如是书面的还是开庭的？公诉人和辩护人是否应该参加？审判员是否应当会见被告人？（新刑诉法第240条第1款已明确规定："最高人民检察院复核死刑案件，应当讯问被告人，辩护律师提出要求的，应当听取辩护律师的意见。"）最高人民检察院却只有提出意见的权力。因此，如何有效地发挥检察机关的监督效果就成了一大难题。为了适应时代发展的需要，加强和完善检察机关对死刑复核程序的法律监督，以最大限度地实现死刑复核程序的社会价值和法律价值，在法律未规定我国的审判程序实行三审制之前，笔者认

① 参见龙宗智：《收回死刑复核权面临的难题及其破解》，载《中国法学》2006年第1期。

为,在死刑复核程序上可作以下几个方面的修改:

1. 立法上的完善

(1) 应明确规定死刑复核的方式及监督的途径

对最高人民法院应采取何种形式进行死刑复核,已有不少专家学者提出了见仁见智的观点。例如,有人建议采取诉讼式开庭审理的复核方式,为辩护方提供充分的权利保护和救济的机会。[①] 也有人主张,在死刑复核程序中应当保障法官的中立性,让控辩双方进行充分的辩论,使法院在正确认识案件事实的基础上对案件作出裁判,以保证程序的公正性和结果的公正性。[②] 还有人认为,为了最大限度地保障社会公共权益和被告人的合法权益,死刑复核程序可以尝试引入控诉方。但是,最高人民检察院的法律监督部门不能作为控诉方出庭,而是由省级人民检察院的公诉部门出庭支持公诉,以便保障法律监督的客观性。[③]

笔者基本上赞成第三种意见,这是从应然层面考虑的,其理由如下:一是死刑复核程序应尽可能采用开庭或举行听证的方式,因为只看案卷材料很难发现问题,除非案卷的制作水平极其低劣。因此,为了避免复核程序成为摆花样的空架子,而是切切实实地成为一道保障法律正确适用和犯罪嫌疑人人权的屏障,就应采取举行听证或开庭审理的方式进行复核。因为程序的透明是实现公正的必要条件,"公开是审判程序的生命,是公平和正义的保证"[④]。二是出于真理越辩越明的常识,只有在庭审中让控辩双方有充分的辩护机会,中立的裁判者才能明白其中的是非曲直,才能充分地了解案件的事实真相并据此作出公正的判决。三是可以考虑由在一审中担任控诉方的公诉人继续担任死刑复核程序中的控诉方,因其对案件的事实有全

---

① 参见冀祥德、夏雯雯:《死刑复核程序理论反思》,载《山东公安专科学校学报》2003 年第 3 期。

② 参见赵秉志、时延安:《慎用死刑的程序保障》,载《现代法学》2004 年第 4 期。

③ 参见胡敏等:《死刑复核法律监督研究》,2006 年第七届全国检察理论研究年会论文。

④ 刘计划:《质疑死刑复核权的程序功能——以最高人民法院收回死刑核准权为切入点》,载《法商研究》2005 年第 6 期。

面的了解,可以更好地行使公诉职能,同时也有助于节约司法资源。不论案件上诉到哪一级,都由初审时的检察官担任控诉方,这是美国检察制度的特色之一,其优点也是显而易见的。我国在死刑复核程序中也不妨作一尝试。

但是,从实然层面看,鉴于现阶段我国每年被判处死刑案件的绝对数及有限的司法资源,最高人民法院不可能在复核所有的死刑案件时都以开庭或听证的方式进行。从诉讼经济原则出发,对那些案情简单、事实清楚、证据确凿、适用法律准确且控辩双方无原则性争议的案件,最高人民法院在复核时也可以采取书面审的方式。但是,法律上明确规定,对控辩双方对关键的事实问题有争议的死刑案件,在复核时应举行听审或公开审理,被告人有权聘请律师,担任控诉职能的检察机关同时派一审时的公诉人和法律监督人员参加,控辩双方各自申述自己的意见。复核庭在听取控辩双方的意见后,如发现双方对案件中的关键事实存在明显分歧,就应到被告人关押地进行听审。这种设计尽管有时会延长复核的时间,增加诉讼的成本,但因死刑复核涉及人命关天的问题,为了实现司法公正而牺牲一些效率,也未尝不可。[①]

对最高人民法院采取开庭或听证程序的方式进行复核的案件,最高人民检察院作为法律监督部门,可以通过以下方式参加死刑复核程序:在开庭复核前,调阅案卷材料,认为有必要的,可以会见本案中的被告人、辩护人,听取他们的辩护意见;在开庭复核时,派人参加复核程序,对复核程序是否合法进行法律监督,如发现最高人民法院有不当行为,提出《纠正违法行为通知书》加以纠正;复核程序结束后,出具书面意见书,对该案的被告人是否适用死刑发表意见,以供最高人民法院进行死刑复核时参考。[②] 通过复核前查阅案卷材料、会见被告人及其辩护律师,复核中参加庭审,复核后提出书面意见的

---

① 参见陈光中:《论我国死刑审判程序之改革》,载周国均、陈卫东主编,白岫云副主编:《死刑复核程序专题研究》,中国方正出版社 2006 年版,第 7 页。

② 参见郑景青:《死刑复核法律监督研究》,2006 年第七届全国检察理论研究年会论文。

方式，最高人民检察院可以有效地介入最高人民法院的死刑复核程序，同步行使法律监督职能，以确保死刑适用的正确性和必要性。对由高级人民法院复核的死缓案件，省级人民检察院可参考上述最高人民检察院监督死刑复核程序的做法。对最高人民法院以书面审的方式进行复核的死刑案件，最高人民检察院则以不同的方式进行监督，即在查阅案卷、提审被告人的基础上，以书面的形式向复核法院阐明自己的意见以及是否适用死刑的事实和法律依据，并对违反诉讼程序的行为提出纠正意见。

（2）应扩大列席审判委员会会议的成员范围

目前，在司法实践中，对那些重大疑难复杂的死刑案件的复核，最高人民法院会提交审判委员会讨论。根据现行《人民法院组织法》的规定，最高人民检察院检察长有权列席此类审判委员会会议。但是，通常情况下，检察长对具体案件并不太了解，且因公事繁忙，不可能每次必到。因此，如果分管的副检察长及对案情比较清楚的专管死刑复核的负责人也可列席这样的讨论，就有助于在法律监督时提出比较有针对性的意见，从而确保死刑案件适用的准确性。笔者建议，应及时修改《刑事诉讼法》、《人民检察院组织法》和《人民法院组织法》等，规定在最高人民法院审判委员会讨论重大疑难的死刑复核案件时，最高人民检察院分管死刑的副检察长及专门从事死刑复核工作的负责人也可以列席，并可以发表自己的意见。[1]

此外，为保证检察机关能够及时地启动监督程序，应规定人民法院在终审判决作出后报请复核的同时，将判决书或裁定书的副本送检察机关备案审查。因为死刑案件一旦作出判决或裁定就自动进入复核程序，非如此，检察机关很难准确把握介入监督的时间。[2]

---

① 参见胡敏等:《死刑复核法律监督研究》,2006 年第七届全国检察理论研究年会论文。

② 参见薛舒平:《论检察机关对死刑复核的法律监督》,2006 年第七届全国检察理论研究年会论文。

2. 机构上的完善

为了配合最高人民法院对所有死刑案件的复核工作，在最高人民检察院内部是增设一个厅还是一个处？[①] 究竟哪一种做法更合适？对此，学者们有不同的观点。我国检察机关的职能不同于英美法系国家的检察机关，它同时肩负着刑事追诉职能和法律监督职能。在一审时，检察机关的主要职能是行使追诉权；而在死刑复核程序中，检察机关的介入主要是为了行使法律监督职能。因此，有学者建议，为了使检察机关更好地履行其法律监督职责，有必要将法律监督职能与刑事追诉职能相分离，由专门的部门行使对死刑复核案件的法律监督权。[②] 笔者认为，在目前总体机构不变的情况下，与最高人民法院的做法相似，可在公诉厅下增设一个处，[③]同时抽调高素质的检察人员从事这项专业性很强的工作，以便充分发挥检察机关的法律监督功能及其价值。这种做法操作起来比较容易，有利于节省人力、物力，同时也便于人员的调动和安排。此外，如果死刑案件能够逐年减少，该处的工作人员在多年后还可顺理成章地从事公诉工作。

但是，在目前死刑案件的绝对数还比较大的情况下，该处的主要职责是从事死刑复核案件的监督工作，具体说来：(1) 在最高人民法院对死刑复核案件举行听证会或开庭审时，派员参加并提出控方的意见；(2) 对最高人民法院采用书面方式复核的案件，负责查阅案卷材料，并出具法律监督意见书，同时监督死刑复核人员是否存在违反

---

① 2007 年，根据实际工作需要，最高人民检察院为加强死刑复核检察工作，经院党组研究决定，设立了死刑复核检察工作办公室，为厅级临时机构，承担最高人民检察院对最高人民法院死刑复核活动的法律监督。其主要职责是：审查死刑复核案件；列席最高人民法院审判委员会会议的相关准备工作；对死刑复核活动中违反法定程序行为的监督；对死刑复核活动中涉嫌职务犯罪行为的查处；完成院领导交办的其他工作任务。该办公室下设综合处和业务处。

② 参见胡敏等：《死刑复核法律监督研究》，2006 年第七届全国检察理论研究年会论文。

③ 这是笔者 2006 年思考这一问题时的设想。目前，2007 年最高人民检察院设立的死刑复核检察工作办公室正履行着相关的职能。

法律规定的行为，如接受贿赂、不执行回避等情况。[①]

当今世界，沉重的死刑话题已成为各国及世界人权组织关注的热点。因此，借最高人民法院收回死刑复核权之良机，改革和完善我国的死刑复核程序，加强检察机关对死刑复核程序的有效监督，从程序上保障死刑适用的公正性、合理性和准确性，不但表明了我国对生命权的尊重和敬畏，而且有利于改变我国在国际社会上的形象，同时也有助于实现和谐社会的远大目标。

四、刑罚执行监督问题

刑罚执行是实现刑罚目的的重要阶段，是刑法真正发挥其威慑力不可缺少的组成部分。刑罚执行得恰当与否直接影响到刑罚功能的发挥及对犯罪人人权的保护。刑罚执行监督与侦查监督、审判监督共同构成了检察机关刑事诉讼监督的基本框架，对保障刑事诉讼目的的最终实现具有不可忽视的作用。由于制度设计上的缺陷、立法规定上的不完善以及操作层面上的种种原因，从目前的司法实践看，我国在刑罚执行监督上确实存在不少问题，致使犯罪人的人权得不到应有的保障，刑罚执行的效果也不尽如人意。管窥司法制度比较完善的英国是如何对监狱的运行及刑罚的执行进行有效监督的，对提高我国刑罚执行监督的能力和水平，或许可以开阔思路和视野。限于篇幅，这里仅讨论对监狱日常监管活动的监督。

（一）英国监狱制度的现状及其监督方式

1. 英国监狱制度简况[②]

目前，在英格兰和威尔士共有 138 所监狱，其中 127 所是国营监狱，另外 11 所为私营监狱。最大的监狱可容纳 1,400 多人，最小的监狱只能关押近 100 人。根据 2006 年 5 月 5 日前的统计，这些监狱

① 参见胡敏等：《死刑复核法律监督研究》，2006 年第七届全国检察理论研究年会论文。

② 这里所说的“英国”仅包括英格兰和威尔士，相关的资料来源于 Mike Newell 先生在 2006 年 6 月中英刑罚执行监督制度研讨会上的发言。Mike 先生在其执业生涯中曾担任过 31 年的监狱长，现为伦敦皇家学院国际监狱研究中心的研究顾问。

共收押76,890名犯人,男性与女性分监收押,未成年人与成年人也分别关押。英国每年拨给监狱的总预算为24亿英镑,而关押犯人的成本在21亿英镑左右。每年关押一名犯人的平均成本在28,000英镑以内,高度戒备条件的监狱花费的成本相对较高,每年关押一名犯人所需平均成本为40,455英镑左右;成本最低的是开放式监狱,每年关押一名犯人的平均成本为18,874英镑。有意思的是,与监狱收押犯人的成本相比,英国全职工作者的年平均工资为23,000英镑。

截止到2006年3月底,英国监狱系统共有48,607名工作人员,其中有33,000名为监管人员。工作人员的工资占到监狱总花费的80%左右。以每10万人中被关押的犯人所占比例看,英格兰和威尔士的犯人比例在西欧各国中是最高的。2004年,英国和威尔士的收监率为141:10万,而德国和意大利分别为98:10万和100:10万。

从上述数字可以看出,收押犯人是一件费钱费力的事,而且罪犯在监狱里被关押一段时间之后,其悔悟改造的效果如何,还是一个未知数。英国一名内政大臣曾说过:“监狱只是一种使坏人更坏的昂贵的方式。”[①]因此,我们应当非常谨慎地运用关押这一手段惩治那些具有社会危害性的人。

总的说来,英国监狱的管理非常人性化。监狱在收押犯人时,要对犯人的危险程度进行评估。监狱开设了第一夜咨询中心,在里面,新来的犯人可以得到帮助并接受观察,从更多的细节上对其人身危险性进行考察。在对罪犯进行各方面的评估之后,针对不同类型的犯罪和罪犯,监狱制订相应的服刑计划。计划包括文化教育、戒毒治疗、亲子教育等多种多样的活动,并以“人道主义的精神照看他们”,把犯人作为一个个体予以尊重,公正地、始终如一地对待他们。

英国监狱的日常管理制度包括劳动、教育、体育活动等。《监狱规则》第31条规定:“定罪的犯人每天要从事不超过10个小时的有益劳动,并且安排他们在牢房外可能的地方与其他人一起劳动。”劳动可以得到相应的报酬。另外,针对最近25年来毒品犯罪成为犯罪

---

① 转引自Mike Newell先生的讲稿。

增多最主要原因的实际情况，监狱帮助毒品罪犯制订帮教计划，通过监禁和解毒、心理辅导以及释放后社会支持等一系列措施，以帮助毒品罪犯。实践表明，在监狱里戒毒要比在社会上戒毒容易得多，通常需要差不多两年的时间才有希望彻底地戒毒。

2. 监督方式

近几年来，英国政府为了提高监狱工作的成效，尽可能地降低监管的成本，采取了一系列措施，对监狱的日常监管工作进行考评、检查和监督。这些措施可以分为内部检查和外部监管两个方面。

（1）内部检查

内部检查主要通过重要行为指标的实现与否、各项标准的考核以及整体行为的评估进行衡量。英国监狱对所有工作都设立了行为标准，共有 61 个总的标准和 13 类安全标准。在每一标准下，又设一系列的基线，如 13 类安全标准包括了 750 基线，比如饮食、人员管理、隔离、健康和安全、临时释放安排、卫生保健、自杀预防等。在每一个监狱，都有一个内部监管部门，这个部门每两年就要对所有的标准审查一次。在一些重要方面，比如隔离，每 6 个月就要审查一次。在高度戒备的监狱，所有的安全标准每年都要审查一次。

根据内部监管要求，监狱长要提交一份报告和行为计划，然后监管部门会根据一个全国统一的标准进行评估。任何一项分数低于 66% 的都会被要求立即采取相应措施，并报告给地方当局。大多数评估超过 80% 的就是优秀等级。对于高度戒备的监狱，各项安全指标必须超过 90% 才能被认定为优秀。

（2）外部监管

在英国，不管是国家经营的监狱还是私人经营的监狱，每隔两年都要接受一次外部检查，而高度戒备的监狱每年都要接受一次检查。根据监狱规模的大小，检查要持续两到三周。检查的结果将决定监狱长是继任还是离职。尽管这种检查活动既费时又耗力，但毫无疑问，达标式的监管活动对监狱的行为还是发挥着巨大的影响。目前，对监狱的外部监管有很多方式，如地方独立监管委员会、监狱和缓刑问题申诉专员、皇家监狱监督院、欧洲委员会以及欧洲预防酷刑委员会等。

① 独立监管委员会

每个监狱都设有一个独立监管委员会,该委员会由社会上12—20名业外人士组成。他们来自各行各业,包括商业、公共非官方部门及地方官员。尽管他们不拿报酬,但都很重视自己的监管权。他们天天都在监督监狱,每天至少有一名成员会去视察监狱。他们每月召开一次会议,监狱长通常要向会议提交一份报告,对发生在监狱内的一些突发事件作出解释。

监管委员会成员有权自由出入监狱,并花很多时间与犯人和工作人员交谈。任何犯人都可要求会见监管委员会成员并投诉,而且投诉的事情将得到独立的调查。监管委员会成员有许多法定的职责:当犯人被隔离超过24小时时,他们必然会行使权力;对所有接受处罚的犯人开放;至少一个月就要检查一次监狱,多的时候是每星期检查一次;必须检查厨房、卫生所以及隔离间。如发生严重事件,不论是白天还是晚上,监狱都必须通知监管委员会成员,他们会马上到监狱考察如何处理问题。

尽管监管委员会没有管理权,但如果一个监狱长不听取委员们的意见,那是很愚蠢的做法。因为监管委员会每年要向内政大臣提交一份报告,且报告会公之于众,可从互联网上下载。如果监狱长对监管委员会提出的问题不予理睬,监管委员会就会向地区当局、监狱总长或部长反映。就这一意义而言,独立监管委员会被看作部长的耳朵和眼睛,在监狱监管方面发挥着重要作用。

② 监狱和缓刑问题申诉专员

监狱和缓刑问题申诉专员(the Prisons and Probation Ombudsman)接受所有在押犯人和缓刑犯人的投诉。申诉专员希望申诉人在向其申诉之前,首先用尽其他正常的申诉方式。申诉专员将通过专业调查人员进行独立调查,并针对申诉内容提供一份书面答复。如果申诉专员同意申诉人的意见,就会提出一系列解决问题的方案,并呈报给监狱总长,而监狱总长总会接受申诉专员的意见。

对每一例发生在监狱内的在押人员死亡事件,不管是自然死亡还是非自然死亡，申诉专员都要进行调查。当然，死因最后要由验尸官确定。申诉专员的报告包括一系列程序方面的完善建议，这将降低类似事件的发生率。

内政部长可以指派申诉专员调查其他一些事情。如2002年，申诉专员就负责调查了一起发生在私营移民中心的大骚乱。申诉专员每年会发布一份包括个案在内的年度报告，在网上可以查到。但是，为了保护个人隐私，报告通常会隐去当事人的姓名。

③ 皇家监狱督察院[①]

曾担任了三十多年监狱长的Mike Newell认为，这是所有外部监管形式中最重要的一种。因为监狱自身的监督机制年复一年地运作，其对目标的实现、预算及各项标准进行测试，在很大程度上会流于形式，很少能在细节上涵盖监狱生活的每一方面，尽管近几年来监狱系统引进了“监狱生活质量评估”这一概念。

英国皇家监狱督察院（Her Majesty's Inspectorate of Prisons）成立于1981年，其成立的目的不是从整体上对监狱进行检查，而是侧重于监狱的条件及罪犯的待遇，尤其是与人权问题紧密相连。督察总长应从未在监狱工作过，从事过其他职业的都可以，任期为五年，且可续签合约。

皇家监狱督察院开发出一套评估监狱真正成效的方法和标准，并已在实践中被证明是合适的、可行的。根据世界卫生组织所使用的定义，应从四个方面检查所谓的“健康监狱”：罪犯或被羁押人是否被关押在安全的地方；其人格是否得到尊重；其是否能够从事有目的的活动；其是否有准备地回归社区。

为了对这四个方面作出有效评估，皇家监狱督察院制定并发表了一套明确、详细而透明的检查标准，称之为“期望”（Expectations）。该标准涵盖监狱生活的各个方面，从收押到释放，包括对教育、卫生以及实质性的规定。皇家监狱督察院所发表的文件还包括在检查时

① 此处的资料来源于英国皇家监狱督察院督察总长Anne Owers在2006年6月中英刑罚执行监督制度研讨会上的发言。

要收集的用来评估的证据。针对不同的关押对象，皇家监狱督察院制订出不同的“期望”标准，如青少年、移民和女性罪犯等。

一般情况下，皇家监狱督察院对每一家成年人监狱在五年内至少检查两次，一次是全方位的检查，一次是后续检查，目的是看看自己的建议是否得到采纳。对那些关押弱势群体的监狱，如青少年监狱或移民监狱，检查更频繁一些，通常是每三年两次。这只是检查的底线。身为督察总长，无须事先通知，有权随时对任何监狱进行全方位的检查。如果得到的信息表明某所监狱有问题，督察员就会很快进行重新检查。这些信息可能来源于上一次的检查、罪犯或其律师的来信、监狱服务或私人合同签订者的关心以及报纸上的报道等。事实上，监狱长们都知道，督察员在没有通知的情况下随时可能出现在监狱大门口——这也是对封闭的、与世隔绝的监狱世界的最有效检查。

但是，大多数的全面检查都是事先通知的。监狱在知道以后，趁机对照“期望”检查和提高其工作程序及政策。在每一次通知检查前，皇家监狱督察院的研究人员会去监狱进行一次秘密的问卷调查，被调查的罪犯都是随机选择的。对于所问的问题，监狱里的监管人员无从知晓。皇家监狱督察院已在这方面建立了一个庞大的数据库，凭此可以对类似监狱里的罪犯反应作出预测，同时在日常工作中还可以对不同种族和国家中的情况进行比较研究。

问卷调查是检查的起点。检查队通常有五位核心人员，外加几位卫生及实务操作方面的专家。检查通常为一个星期左右，他们对监狱里的教育和训练以社区里的学校或大学的标准作出评估，卫生方面也以社区的卫生规定为标准平等地作出职业性、专业性的检查。

检查的第四天，督察总长或副督察总长要亲自到监狱里去看看、聊聊，翻翻文件。这可以让他们对监狱有一个总的印象，或者对督察员所发现的问题提出补充或质疑，并将最终的检查结果简要地告诉监狱长。最后，所有的检查报告都要发表，报告包括行动建议部分，分主要建议、其他建议和家务管理意见（Housekeeping Points）。主要建议是监狱必须解决的一些重要问题，而其余的是一些比较小的问题，监狱长可以很容易地解决。报告发表三个月内，监狱必须制订出行动计划，表明是否接受各项建议，并告知什么时候执行。在司法实践中，督察院97%的建议全部地、部分地或主要地被各监狱接受，没被接受的建议大多涉及要求提供更多的资源或关押更少的罪犯等方面。

毫无疑问，这种检查方式不仅有效地评估了监狱做了什么，而且还评估了监狱是如何做的。因此，监狱长将检查组提交的评估意见视为最大的成就，一份好的报告就是对监狱运行方式的认可和赞美。对大多数监狱长来说，每五年一次的测试及随之而来的一系列的检查要比每年提交的目标项目重要得多。更为重要的是，这一检查结果还能决定一个监狱长的去留。通常，在不好的检查结果公开前，监狱长就已经被调离。这些检查报告，尤其是负面的报告公开时，往往会吸引全国范围内媒体的关注。因此，对监狱长来说，为期一周左右的检查并不是一段轻松的时间，而且监狱与检查组的关系也有可能因此而变得紧张。

检查组往往是根据在那一段时间内只看到过一次的现象就对监狱作出评判，这对监狱长来说可能有点不公平。因为有时检查组光临的时候，可能正好遇上监狱的过渡期，或者监狱因一些严重问题的发生而无法正常地运行，或者监狱正过分超员而仍在努力地达标。此外，监狱监管的失败是因为设施问题还是国家的问题，也取决于观察员的判断。总的来说，监狱长们十分清楚哪些是他们的问题，哪些是超出他们的能力而自身无法矫正的问题。不过，作为督察员，在检查中还是能发现那些监狱、政府及监狱长在罪犯的管理上疏于管理的地方，这对提高和改进监狱的管理无疑是一帖很重要的催化剂。另外，这种检查还能肯定监管人员的工作业绩，帮助寻找解决难题的方法。

皇家监狱督察院对监狱日常监管活动的监督有两种方式，即事先通知的（或称为“计划性的”）检查与临时性的检查。这两种检查差别很大，各有作用，但力度不同。计划性检查时，通常在12个月前，监狱长就得到了通知，监狱就开始着手做大量的准备工作：检查上次检查出的所有问题是否已得到矫正;通过研究已知的检查项目,系统地检测监狱的现状及运行情况等。因此,有些监狱长认为,有如此长的时间可以准备,不达标是没有理由的。

临时性检查是不可能有任何准备的。在一个星期左右的时间里,监狱处于紧张的压力中,呈现的是一种毫无防备的、纯自然的状态。对监狱长而言,这种感觉就像重要人物突然造访你家,而你没有机会使你的家表现出最佳的状态。当然,如果能够成功地通过一次临时性检查,监狱长就会感到非常自豪。事实上,监狱长也希望在自己管理的监狱里,所有的犯人都得到尊重并被体面地对待,大家互相关心、团结友爱,所有工作人员都能感受到自身的价值,并在各个方面都很出色。但是,实际上,即使他们全力以赴,有时也有事与愿违的情况出现,健康监狱检查的结果可能令人非常失望——尽管这对于持续地改善监狱的条件很重要。事实上,监狱长与督察总长的目的是一致的,通过他们的共同努力,英国监狱里的罪犯和工作人员的生活条件正在逐步地得到改善。

作为欧盟的成员国,英国的监狱还要受到欧洲委员会和欧洲预防酷刑委员会的监督。欧洲委员会成立于1949年,其目的是促进欧洲国家之间在法律和政治方面的合作。1998年,英国通过《人权法案》将《欧洲人权公约》吸收为国内法。欧洲委员会根据《欧洲人权公约》的规定,从尊重人权角度对英国监狱的人权状况进行了有效的监督。在过去许多年里,受《欧洲人权公约》的影响,英国的监狱发生了很多变化。如罪犯的选举权问题、监狱长在犯人被宣判的刑期之上另加28天的权力问题,都因违反《欧洲人权公约》相关规定而得到了修正。

欧洲预防酷刑委员会则通过直接访问欧盟各成员国的监管场所预防酷刑问题的发生,其代表团可以随意进入任何监管场所,并有权在监管场所内部自由活动。他们可以自由地采访被剥夺人身自由的罪犯。2004年3月,该委员会到英国考察,严厉批评了英国对恐怖分子的监管处置。他们对嫌疑犯不定期和无正当理由的监禁提出了抗议,认为这样的处置方式将会给嫌疑犯的身心造成极大的伤害,并且会导致嫌疑犯受到不人道的、可耻的对待。这次考察后，英国的许多程序都有所改变，并且根据要求还将继续改变。2005 年 11 月，该委员会再次访问英国，考察了两个监狱、一个精神病院和一个警察局。这种监督也是非常有效的。

（二）我国对监狱日常监管活动的监督现状及存在的问题

从上述英国对监狱日常监管活动的外部监督中，我们可以发现英国对罪犯的人性化管理、人道主义精神的对待、个性化的服刑计划和帮教计划以及对罪犯人权保障的重视。为了使高投入低产出的监狱运作更具成效，更符合现代文明的要求，英国监狱除了内部自身对各项指标进行经常性考核外，还有五大机构的外部监督。这些机构从表面上看，并无任何强制的执行力。但是，借助于媒体和公众舆论的强大力量，任何外部监督机构对监狱的管理、运作及对待罪犯方面等问题所提出的改进建议，监狱长都会自觉地接受。在这些外部监督方式中，有些是英国作为欧盟的成员国所受到的特有监督，有些则可以为我国所借鉴。

我国的刑罚执行监督存在着监督手段软弱、监督措施乏力、监督程序粗疏等诸多问题，[①]且在监督中侧重于保障刑罚报复性功能的发挥，相对忽视了对服刑罪犯个人权利的尊重与保护。因此，监狱内虐待体罚罪犯、侵犯罪犯合法权益甚至造成被监管人员伤残或死亡的现象时有发生，同时也限制了检察机关刑罚执行监督功能的有效发挥。学者们出谋划策，也多强调如何加强对监狱内渎职行为的发现、调查和惩治，以及检察机关如何有效地参与减刑、假释的裁定程序并发挥法律监督机关的作用，[②]但对监狱日常监管活动的监督没有引起足够的重视。事实上，罪犯是否受到人道主义对待、其人权是否得到保障，这些都在监狱的日常监管中实现。可以这么说，对监狱日常监管活动的监督，理应成为刑罚执行监督工作的主要内容。

---

① 参见陈坚：《刑罚法律监督的立法完善》，载《法学》2006 年第 8 期。

② 参见李忠诚：《刑罚执行与监督功能研究》，载张智辉、谢鹏程主编：《中国检察》（第三卷），中国检察出版社 2003 年版，第 569 页。

在我国,检察机关对监狱的刑罚执行监督主要有两种方式:(1) 日常性监督工作,主要是向监狱、看守所派驻检察室或者派出检察院,对监管场所的执法活动进行现场直接监督。这种监督方式的优点是显而易见的,即可以随时随地发现监狱内的各种违法违纪行为。但是,由于派驻的检察人员与监管人员朝夕相处,日久天长,难免会出现“同化”现象,碍于情面,派驻监督的效果因此大打折扣。(2) 适时开展专项检察活动,即检察人员集中时间、力量对刑罚执行机关和监管场所的执法活动进行专项检察监督。如 2003 年在全国范围内开展的清理和纠正超期羁押专项活动,收效很大。但是,这种专项治理行动犹如一股飓风,气势凶猛,来得快,去得也快,边清边超、前清后超等现象依然存在,其监督的效果远不如所期望的那样。

(三) 解决问题可能的出路

对比中英两国对监狱日常监管活动的监督方式和成效,我国的派驻检察室(院)及专项检察活动不如英国监狱的外部监督那样更具科学性和实效性。如英国的独立监管委员会和皇家监狱监督院,这些年在提高罪犯的生活条件、人道主义待遇以及推进监狱的制度性改革方面发挥了重要的作用。从计划性的检查和临时性的检查中,他们所发现的监狱的实际状况有时连那些负责监狱的运行和管理的人员都不知道,而且这种检查结果深得公众的信任。尤其是皇家监狱督察院,被视为公众的眼睛和耳朵,尽管他们并不总是想看到或听到监狱里正在发生什么。与此同时,这些报告还能引起政治家们的注意,可以给他们施加压力,从而作出决策,为监狱提供更多的资源,以改善监狱的不良运作及罪犯的生活条件。尽管由于司法体制和政治制度的不同,一国监狱的整体管理和运作方式很难全盘移植到另一国,但某些行之有效的具体做法还是可以在变通以后有所借鉴的。从我国的国情出发,笔者认为,在以下两个方面可以加强检察机关对监狱日常监管活动的法律监督:

1. 在检察机关内部设立监督委员会

我国法律虽然规定了检察机关对监狱的监督职能,但因缺乏具体的可操作程序,致使检察机关很难发现监狱内发生的违法违纪、侵犯人权等行为,其所提出的书面纠正意见也难以发挥应有的作用。在现有的法律框架内,检察机关可以考虑创新监督方式,在检察机关内部设立监督委员会,其组成人员除了检察机关内部的工作人员外,还可以仿照人民监督员的做法,聘请社会各界有心从事刑罚监督活动的人士。在职能上,可赋予监督委员会一定的权力,比如可随时走访监狱、随意与罪犯交流等,并将所见所闻写成报告或发布到互联网上,同时可提交给地方当局、司法部部长、最高人民检察院检察长乃至全国人大常委会。尽管这种监督从法律上说没有强制性,但因其透明度高、传播面广、影响大,其监督效果会大不相同。

2. 设立独立的监狱监督局

这是与监督委员会相配套的机构。如英国的皇家监狱督察院与监督委员会,两者的工作方式大相径庭,后者是通过经常性的走访监督监狱,前者是通过有计划的检查或突然袭击式的临时检查发现监狱中存在的问题。通过监狱监督员的眼睛评估监狱的状况,其对监狱运行情况的监督效果绝不亚于我国的专项检察活动。有人认为,监狱监督员根据那一段时间里所看到的情况对监狱作出评估,这对监狱长来说有失公平。但是,如果一个监狱的日常监管活动能经得起突然袭击式的检查,则表明监狱平时的工作做得扎实、有序,监狱长也觉得光彩。

因此,笔者认为,在检察机关内部除设立监督委员会以外,还应考虑再设立一个监狱监督局。监督局的工作方式以计划性检查为主,以临时性检查为辅,其组成成员包括管理、卫生方面的专家。这样,在检查监狱的运作状况时,才能及时地发现问题,并能提出有针对性的完善建议。当监督局得到信息,怀疑哪一家监狱在哪些方面存在问题时,可对监狱进行突击性检查。不管是计划性的检查还是临时性的检查,都应写出最后的评估报告。报告的结论应对监狱长的业绩及去留起决定性的作用。

值得注意的是,无论是独立的监督委员会还是监狱监督局,若要真正对监狱的日常监管活动起到有效的监督作用,其首要条件是监督机构必须独立,它不能依附于监狱或与监狱监管人员一起工作和生活。二是经费独立，即监督人员的工资、工作、升迁等各个方面都与监狱相脱离，这样就不会因自身利益受制于监狱而不敢说、不敢管。三是监督人员应拥有随时随地走访监狱、介入监狱的权利，无论什么时候都无须得到监狱管理机构或人员的同意或批准，就如同英国的独立监管委员会的委员和皇家监狱督察院的督察员那样。只有具备随时接触监狱的可能性，才有可能随时发现问题。四是作为监督人员，还应享有与罪犯随意交谈的自由。因为监狱的监管和运作情况如何，以及哪些地方存在问题，生活在其中的罪犯是最了解、最有发言权的，而且他们本人也是最关心自己的生活环境及所受到的待遇的。因此，监督人员只有与罪犯的关系密切，能听到他们的真言实话，才能真正了解监狱，从而做到有的放矢地监督。总之，只有在上述四个条件同时满足的情况下，从事监狱日常监管活动监督的工作人员才能根据事先制定的各项标准对监狱内所发生的一切作出独立的、准确的评估，并对之进行切实有效的监督。

五、小结

在目前世界各国的司法改革开展得如火如荼的大背景下，我国的检察改革在充分借鉴其他司法发达国家的有益经验的同时，必须立足现阶段国情，坚持中国特色。即这种改革是在社会主义宪政制度下的自我完善和发展，除了必须坚持党的领导以及从国情出发、走群众路线以及依法推进等基本原则外，还要遵循有利于检察权的充分行使、重视制度的配套性等具体原则。设立合适的改革目标，有助于调动各方面的积极性和能动力，可以成为检察人员努力拼搏的动力。为了实现改革的总体目标，即按照公正司法和严格执法的要求，针对立法上和实践中实际存在的问题和缺陷，完善检察机关的机构设置、职权划分和管理制度，从制度上保证检察机关依法独立公正地行使检察权，充分发挥检察机关的法律监督职能，惩治司法领域的腐败，建设一支政治坚定、业务精通、作风优良、执法公正的检察队伍，保障在全社会实现公平和正义，必须有效地细化改革的具体目标，使检察权能够按照社会主义司法规律的独有路径运作。

从科学地配置检察权的应然角度看,目前我国检察体制改革的重点是检察权的合理配置、检察权行使者素质的提高以及保障检察权运行的经费问题。在完善这些重点问题时,还应该集中力量解决检察改革中的难点问题,如检察权配置的优化问题、检察机构的重整问题以及检察管理体制问题等。由于我国检察制度具有自身的特殊性和优越性,因此必须在坚持社会主义法治理念的前提下,采取与社会主义经济体制改革和政治体制改革相协调的步骤,以自上而下与自下而上相结合的路径,以渐进式的方式,积极稳妥地推进检察改革。只有这样,才能逐步实现检察改革的初衷,使我国的检察制度更具特色、更趋完美,亦更适应时代发展的需要。

结　语

制度的改革

“现代化”是当前人类面临的共同话题，而发展中国家在探索现代化道路时，总是或多或少地存在对西方模式进行模仿的痕迹。在这一历史背景下，强调走“中国道路”便具有特殊意义。“它意味着我们要去探索一种既遵循现代化建设的一般规律，但又异于西方现代化而具有中国特色的现代化建设道路，也意味着要去挖掘促进中国成功背后所蕴涵的‘中国逻辑’。”[①]因此，我国当前的检察改革必须以立足本国国情为前提，充分考虑各制度之间的配套与衔接，适当借鉴国外司法制度发达国家的相关经验，逐步完善我国的检察制度与工作机制，使具有中国特色的检察制度能够更好地为实现全社会的公平正义发挥自己的职能作用。

事实上，从世界范围看，“作为司法制度的一部分，检察制度具有卓异的多样化的特色，肇因于政治文化、历史传统、民族特性等社会、人文因素，世界范围内几乎难以找到完全一致的检察制度，各国检察制度或貌合神离，或形殊神似，呈现五光十色、丰富多彩而又纷繁复杂、千差万别的面貌”[②]。也就是说，不但各国检察官所拥有的职权大不相同，而且检察机关的机构设置也差别甚大。例如，意大利

---

① 韩庆祥、张健：《中国特色社会主义建设实践的内在逻辑与发展趋向》，载《中国社会科学》2012 年第 3 期。

② 甄贞等：《检察制度比较研究》，法律出版社 2010 年版，“前言”第 3 页。

的检察机关就设在审判机关内，其组织制度与审判机构的组织制度完全平行对应。[①] 英国的皇家检察总署虽直到20世纪80年代中期才成立，但全国的检察机关却是按地域划分而自成一体的独立机构。与此相类似的是澳大利亚检察机关的机构设置。同样是联邦制的美国，其检察机关的职能、机构、规模等却五花八门、异常复杂。客观地说，世界上并没有什么统一的检察机关模式。尽管相对而言，大陆法系国家检察机关的职权要远大于仅以公诉为主要职能的英美法系国家的检察机关，但说到某一特定国家，究竟哪种模式甚或赋予检察机关以多大的职权才合适，自然要视一国的具体国情及司法传统而定，同时还要遵循司法权的发展规律，需统筹兼顾并适应时代发展的需要。

具体到我国当前的检察制度与工作机制的进一步深化改革，关键一点是要清醒地认识到我国现阶段所处的社会发展形态。当今世界正处于一个急剧变革的历史时期。“近年来，美国次贷危机引发的席卷全球的世界性经济危机，显示出世界多极化和经济全球化的深刻变化，一超多极的格局虽未根本改变，但美国的霸权已日渐式微，以中国为代表的新兴经济体和平发展的力量正在逐步壮大，以中国特色社会主义为旗帜的社会主义正在走出一条中国式的成功之路，中国特色社会主义日益显示出旺盛的生命力。”[②]与之相适应，作为我国司法制度重要组成部分的检察制度，也必须以服务于正处在社会转型期的有特色的社会主义经济和构建和谐社会为最高宗旨，走有中国特色的社会主义检察制度之路，绝不能以某一国或某一法系的检察制度模式为标准而削足适履，如是否应强化检察机关的法律监督职能[③]、是否应设置行政公

① 参见何家弘主编：《检察制度比较研究》，中国检察出版社2008年版，第198页。

② 王伟光：《深入研究中国发展道路和发展经验 丰富和发展马克思主义社会形态理论》，载《中国社会科学》2011年第1期。

③ 近年来，有关法律监督的论文不少，主要可参见蒋德海：《论我国法律监督的政治和法治价值》，载《华东政法大学学报》2011年第4期；蒋德海：《检察体制改革须坚持和完善法律监督》，载《法学》2007年第9期；张智辉：《法律监督三辨析》，载《中国法学》2003年第5期等。

诉制度①、是否应建立检察案例指导制度②等，都应立足于目前我国的国情，充分考虑我国社会主义道路的历史独特性和司法制度的中国特色，③自觉遵循司法制度发展的普遍规律，在深入调研和了解实践需要的基础上，有的放矢地健全和完善中国特色社会主义检察制度。

① 有关设置检察机关行政公诉制度问题，可参见孙谦：《设置行政公诉的价值目标与制度构想》，载《中国社会科学》2011 年第 1 期。

② 有关建立检察案例指导制度，可参见左卫民：《检察机关构建案例指导制度评析》，载《人民检察》2012 年第 2 期；孙谦：《建立刑事司法案例指导制度的探讨》，载《中国法学》2010 年第 5 期。

③ 有关中国特色社会主义司法制度的特色内涵，可参见虞政平：《中国特色社会主义司法制度的“特色”研究》，载《中国法学》2010 年第 5 期。

附录一　澳联邦检察总署组织机构图

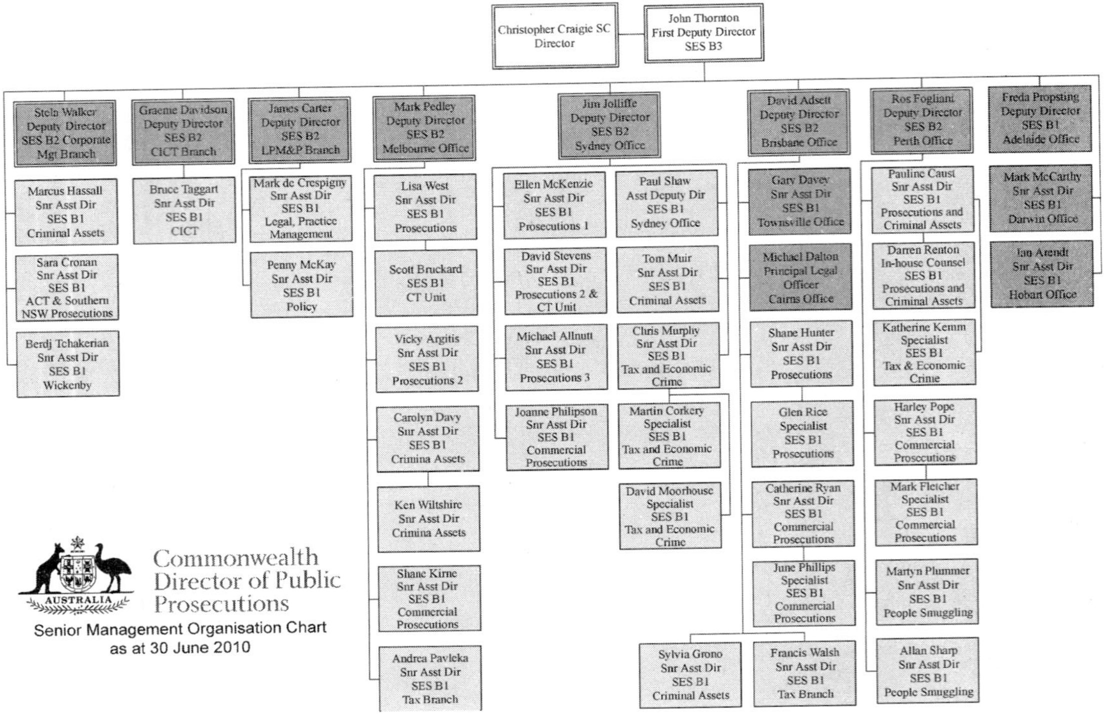

附录二　南澳检察总署组织机构图

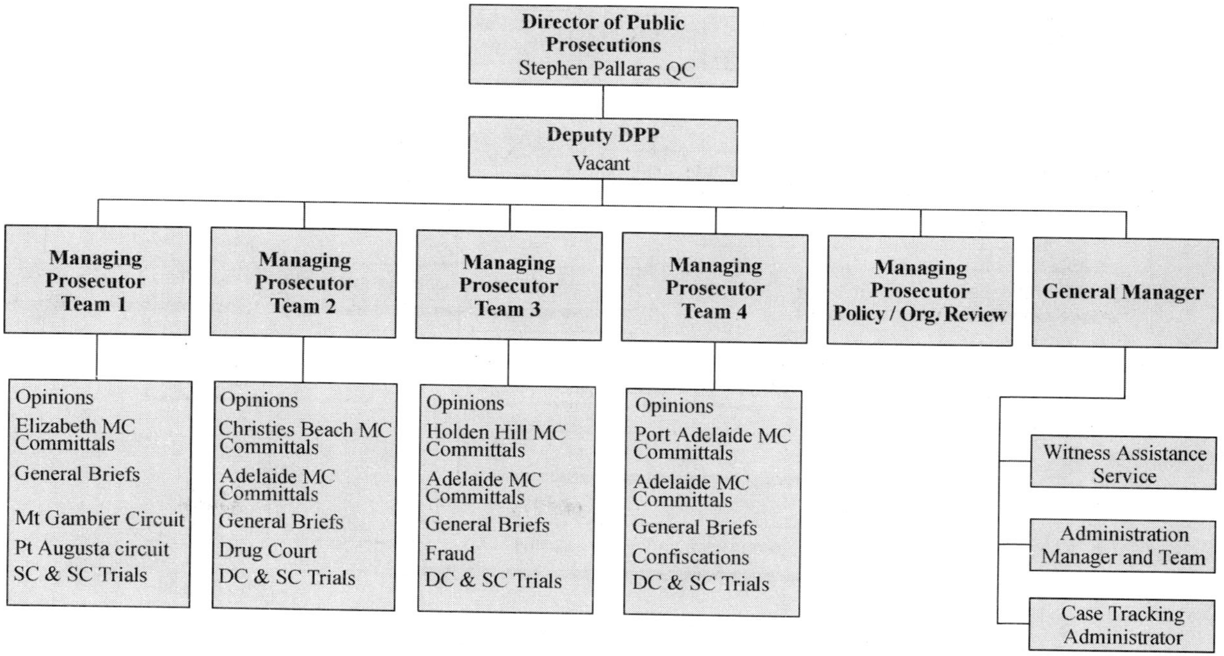

附录三　新南威尔士州检察总署组织机构图

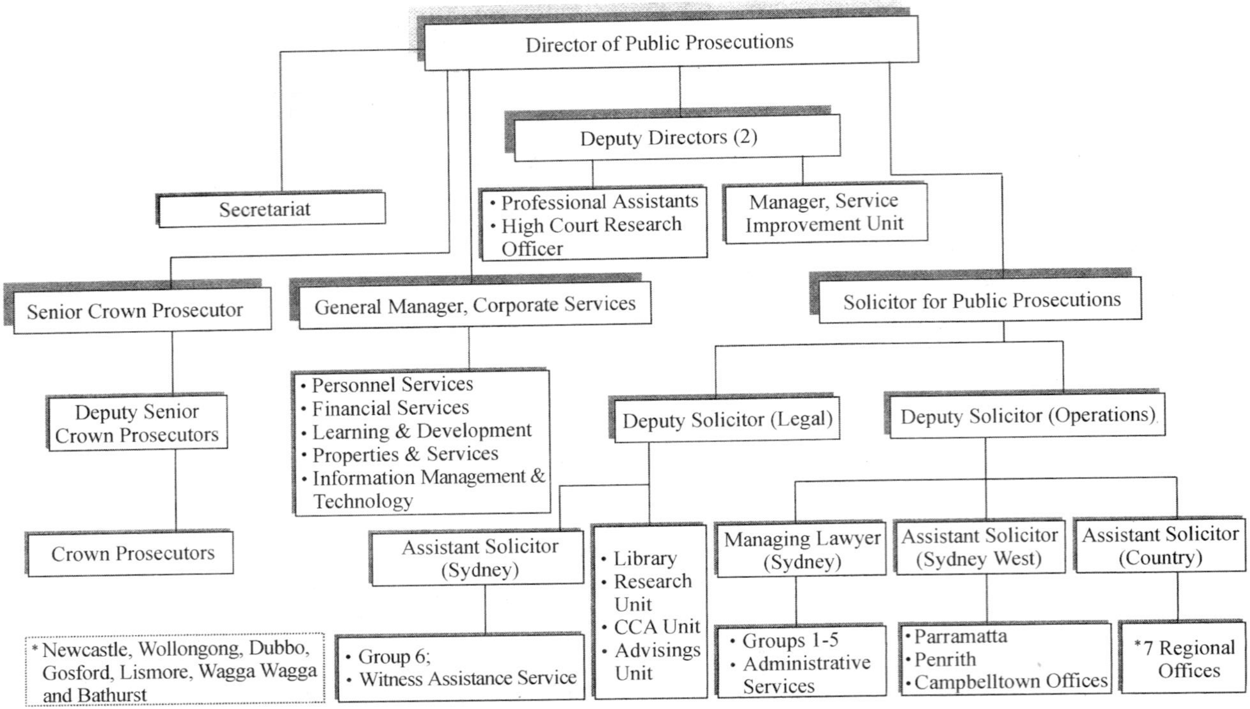

附录四　大检察官组织机构图

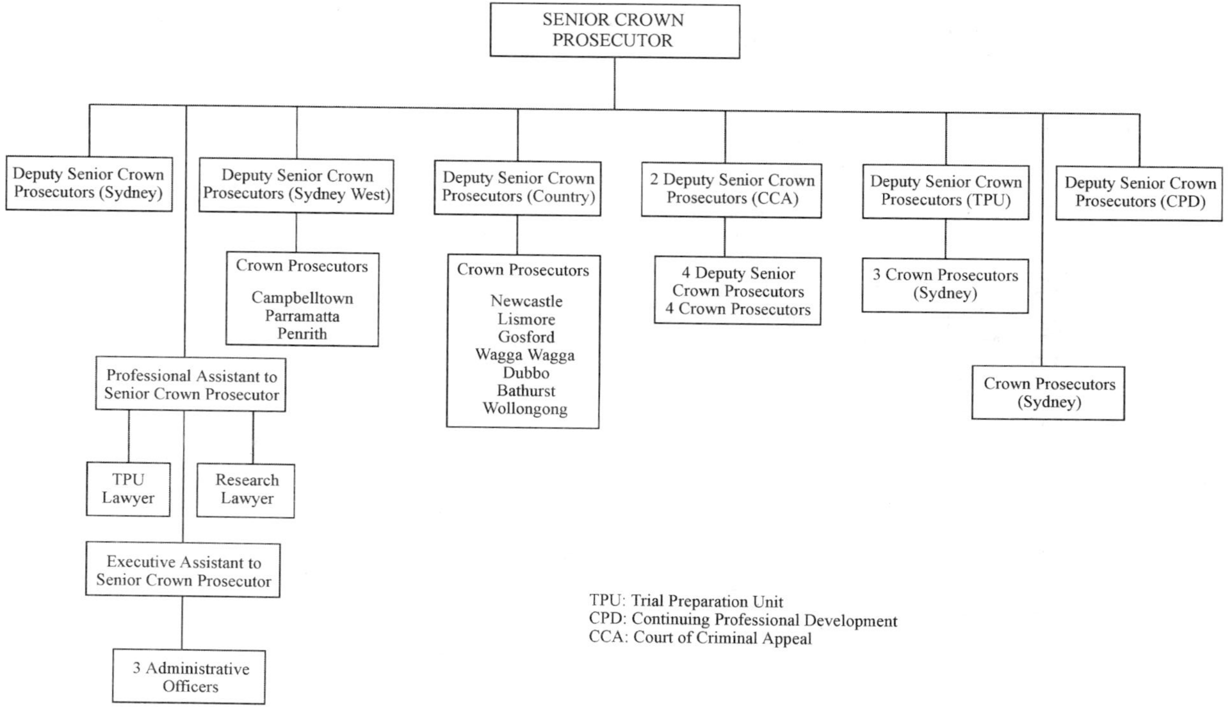

附录五

澳联邦检察总署起诉政策（原文）

Prosecution Policy of the Commonwealth

Guidelines for the Making of Decisions in the Prosecution Process

The Hon. Robert McClelland M.P.
Parliament House
Canberra ACT 2600

FOREWORD

In February 1986 the then Attorney-General presented to the Parliament a Statement prepared by the Office of the Director of Public Prosecutions setting out the guidelines to be followed in the making of decisions relating to the prosecution of Commonwealth offences. That document, the *Prosecution Policy of the Commonwealth*, reflected the significant changes to the Commonwealth prosecution process effected by the *Director of Public Prosecutions Act 1983*. The *Prosecution Policy of the Commonwealth* was revised in 1990 and has recently been reviewed and revised again.

Although this revised version of the *Prosecution Policy of the Commonwealth* deals with some new areas, including victims, mental health of the alleged offender and prosecution disclosure, in most respects it represents a refinement of the 1986 and 1990 Statements.

The test in the *Prosecution Policy of the Commonwealth* in relation to the decision to commence or continue a prosecution remains the same and this test is contained in the Prosecution Policies of all the Australian States and Territories.

The *Prosecution Policy of the Commonwealth* will continue to serve two main purposes. The first is to promote consistency in the making of the various decisions which arise in the institution and conduct of prosecutions. The second is to inform the public of the principles upon which the Office of the Director of Public Prosecutions performs its statutory functions.

Robert McClelland
Attorney-General of Australia

Table of Contents

General Principles

The Prosecution Policy of the Commonwealth provides guidelines for the making of decisions regarding the prosecution process.

The Policy is a public document based on the principles of fairness, openness, consistency, accountability and efficiency that the Office of the Director of Public Prosecutions (DPP) seeks to apply in prosecuting offences against the laws of the Commonwealth.

The Policy does not attempt to cover all questions that may arise in the prosecution process and the role of the prosecutor in their determination. It is sufficient to state that throughout a prosecution the prosecutor must conduct himself or herself in a manner which will maintain, promote and defend the interests of justice. In the final analysis the prosecutor is not a servant of government or individuals - he or she is a servant of justice.

It is also important not to lose sight of the fact that prosecutors discharge their responsibilities in an adversarial context and seek to have the prosecution case sustained. Accordingly, while that case must at all times be presented to the Court fairly and justly, the community is entitled to expect that it will also be presented fearlessly, vigorously and skilfully.

The Policy will be reviewed regularly, and any changes will be made public.

1. Introduction

1.1 On 5 March 1984 the *Director of Public Prosecutions Act 1983* (the Act) came into operation. It established an Office of the Director of Public Prosecutions (DPP) controlled by the Director of Public Prosecutions (the Director)

1.2 The Act effected a number of significant changes to the Commonwealth prosecution process. Perhaps the most significant change is the effective removal of the prosecution process from the political arena by affording the Director an independent status in that process. The Attorney-General as First Law Officer is responsible for the Commonwealth criminal justice system and remains accountable to Parliament for decisions made in the prosecution process, notwithstanding that those decisions are now in fact made by the Director and lawyers of the DPP, subject to any guidelines or directions which may be given by the Attorney-General pursuant to section 8 of the Act. Such guidelines or directions may only be issued after consultation with the Director, and must be published in the Gazette and tabled in each House of the Parliament. Although the power under section 8 may be exercised in relation to particular cases, in his second reading speech to the Director of Public Prosecutions Bill the then Attorney-General, Senator Evans QC, indicated that it would be very unusual for that to be done in relation to a particular case. Directions under section 8 occur very rarely and have not been provided in relation to a particular case.

1.3 The Act has also ensured that there is a separation of the investigative and prosecutorial functions in the Commonwealth criminal justice system. Prosecution decisions will be made independently of those who were responsible for the investigation. If a prosecution is commenced by arrest and charge, once it has been referred to the DPP, the decision whether to proceed with that prosecution is made by the DPP.

1.4 The DPP seeks to meet standards of fairness, openness, consistency, accountability and efficiency in prosecuting offences against the laws of the Commonwealth and in meeting these standards maintain the confidence of the public it serves.

1.5 The DPP has regional offices in New South Wales, Victoria, Queensland, Western Australia, South Australia, Tasmania and the Northern Territory. Prosecutions in the Australian Capital Territory for offences against Commonwealth law are conducted by DPP Head Office.

2. The decision to prosecute

Criteria governing the decision to prosecute

2.1 It has long been recognised that not all criminal offences must automatically result in a criminal prosecution. The resources available for prosecution action are finite and should not be wasted pursuing inappropriate cases, a corollary of which is that the available resources are employed to pursue with appropriate vigour those cases worthy of prosecution.

2.2 The decision whether or not to prosecute is the most important step in the prosecution process. In every case great care must be taken in the interests of the victim, the suspected offender and the community at large to ensure that the right decision is made. A wrong decision to prosecute or, conversely, a wrong decision not to prosecute, both tend to undermine the confidence of the community in the criminal justice system.

2.3 It follows that the objectives previously stated - especially fairness and consistency - are of particular importance. However, fairness need not mean weakness and consistency need not mean rigidity. The criteria for the exercise of this discretion cannot be reduced to something akin to a mathematical formula; indeed it would be undesirable to attempt to do so. The breadth of the factors to be considered in exercising this discretion indicates a candid recognition of the need to tailor general principles to individual cases.

2.4 The initial consideration in the exercise of the discretion to prosecute or not prosecute is whether the evidence is sufficient to justify the institution or continuation of a prosecution. A prosecution should not be instituted or continued unless there is admissible, substantial and reliable evidence that a criminal offence known to the law has been committed by the alleged offender.

2.5 When deciding whether the evidence is sufficient to justify the institution or continuation of a prosecution the existence of a bare prima facie case is not sufficient to justify the prosecution. Once it is established that there is a prima facie case it is then necessary to give consideration to the prospects of conviction. **A prosecution should not proceed if there is no reasonable prospect of a conviction being secured.** In indictable matters this test presupposes that the jury will act in an impartial manner in accordance with its instructions. This test will not be satisfied if it is considered to be clearly more likely than not that an acquittal will result.

2.6 The decision as to whether there is a reasonable prospect of a conviction requires an evaluation of how strong the case is likely to be when presented in Court. It must take into account such matters as the availability, competence and credibility of witnesses and their likely impression on the arbiter of fact, and the admissibility of any alleged confession or other evidence. The prosecutor should also have regard to any lines of defence which are plainly open to, or have been indicated by, the alleged offender and any other factors which in the view of the prosecutor could affect the likelihood or otherwise of a conviction. This assessment may be a difficult one to make, and of course there can never be an assurance that a prosecution will succeed. Indeed it is inevitable that some will fail. However, application of this test dispassionately, after due deliberation by a person experienced in weighing the available evidence, is the best way of seeking to avoid the risk of prosecuting an innocent person and the useless expenditure of public funds.

2.7 When evaluating the evidence regard should be had to the following matters:

(a) Are there grounds for believing the evidence might be excluded bearing in mind the principles of admissibility at common law and under statute? For example, prosecutors will wish to satisfy themselves that confession evidence has been properly obtained. The possibility that any evidence might be excluded should be taken into account and, if it is crucial to the case, may substantially affect the decision whether or not to institute or proceed with a prosecution.

(b) If the case depends in part on admissions by the defendant, are there any grounds for believing that they are of doubtful reliability having regard to the age, intelligence and apparent understanding of the defendant?

(c) Does it appear that a witness is exaggerating, or that his or her memory is faulty, or that the witness is either hostile or friendly to the defendant, or may be otherwise unreliable?

(d) Has a witness a motive for telling less than the whole truth?

(e) Are there matters which might properly be put to a witness by the defence to attack his or her credibility?

(f) What impression is the witness likely to make on the arbiter of fact? How is the witness likely to stand up to cross-examination? Does the witness suffer from any physical or mental disability which is likely to affect his or her credibility?

(g) If there is conflict between eye witnesses, does it go beyond what one would expect and hence materially weaken the case?

(h) If there is a lack of conflict between eye witnesses, is there anything which causes suspicion that a false story may have been concocted?

(i) Are all the necessary witnesses available and competent to give evidence, including any who may be abroad?

(j) Where child witnesses are involved, are they likely to be able to give sworn evidence?

(k) If identity is likely to be an issue, how cogent and reliable is the evidence of those who purport to identify the defendant?

(l) Where two or more defendants are charged together, is there a reasonable prospect of the proceedings being severed? If so, is the case sufficiently proved against each defendant should separate trials be ordered?

This list is not exhaustive, and of course the matters to be considered will depend upon the circumstances of each individual case, but it is introduced to indicate that, particularly in borderline cases, the prosecutor must be prepared to look beneath the surface of the statements.

2.8 Having satisfied himself or herself that the evidence is sufficient to justify the institution or continuation of a prosecution, the prosecutor must then consider whether, in the light of the provable facts and the whole of the surrounding circumstances, the public interest requires a prosecution to be pursued. It is not the rule that all offences brought to the attention of the authorities must be prosecuted.

2.9 The factors which can properly be taken into account in deciding whether the public interest requires a prosecution will vary from case to case. While many public interest factors militate against a decision to proceed with a prosecution, there are public interest factors which operate in favour of proceeding with a prosecution (for example, the seriousness of the offence, the need for deterrence). In this regard, generally speaking the more serious the offence the less likely it will be that the public interest will not require that a prosecution be pursued.

2.10 Factors which may arise for consideration in determining whether the public interest requires a prosecution include the following non-exhaustive matters:

(a) the seriousness or, conversely, the relative triviality of the alleged offence or that it is of a 'technical' nature only;

(b) mitigating or aggravating circumstances impacting on the appropriateness or otherwise of the prosecution;

(c) the youth, age, intelligence, physical health, mental health or special vulnerability of the alleged offender, a witness or victim;

(d) the alleged offender's antecedents and background;

(e) the passage of time since the alleged offence when taken into account with the circumstances of the alleged offence and when the offence was discovered;

(f) the degree of culpability of the alleged offender in connection with the offence;

(g) the effect on community harmony and public confidence in the administration of justice;

(h) the obsolescence or obscurity of the law;

(i) whether the prosecution would be perceived as counter-productive, for example, by bringing the law into disrepute;

(j) the availability and efficacy of any alternatives to prosecution;

(k) the prevalence of the alleged offence and the need for deterrence, both personal and general;

(l) whether the consequences of any resulting conviction would be unduly harsh and oppressive;

(m) whether the alleged offence is of considerable public concern;

(n) any entitlement of the Commonwealth or other person or body to criminal compensation, reparation or forfeiture if prosecution action is taken;

(o) the attitude of the victim of the alleged offence to a prosecution;

(p) the actual or potential harm, occasioned to an individual;

(q) the likely length and expense of a trial;

(r) whether the alleged offender is willing to co-operate in the investigation or prosecution of others, or the extent to which the alleged offender has done so;

(s) the likely outcome in the event of a finding of guilt having regard to the sentencing options available to the Court;

(t) whether the alleged offence is triable only on indictment;

(u) the necessity to maintain public confidence in the rule of law and the administration of justice through the institutions of democratic governance including the Parliament and the Courts;

(v) the need to give effect to regulatory or punitive imperatives;

(w) the efficacy, as an alternative to prosecution, of any disciplinary proceedings that have been found proven against the alleged offender to the extent that they encompass the alleged offence; and

(x) the adequacy in achieving any regulatory or punitive imperatives, of relevant civil penalty proceedings, either pending or completed, and whether these proceedings may result, or have resulted, in the imposition of a financial penalty.

The applicability of and weight to be given to these and other factors will depend on the particular circumstances of each case.

2.11 As a matter of practical reality the proper decision in many cases will be to proceed with a prosecution if there is sufficient evidence available to justify a prosecution. Although there may be mitigating factors present in a particular case, often the proper decision will be to proceed with a prosecution and for those factors to be put to the Court at sentence in mitigation. Nevertheless, where the alleged offence is not so serious as plainly to require prosecution the prosecutor should always apply his or her mind to whether the public interest requires a prosecution to be pursued.

2.12 In the case of some offences, the legislation provides an enforcement mechanism which is an alternative to prosecution. Examples are the customs prosecution procedure under the *Customs Act 1901* and the administrative penalties that can be levied under various taxation Acts. The fact that a mechanism of this kind is available does not necessarily mean that criminal proceedings should not be instituted. The alleged offence may be of such gravity that prosecution is the appropriate response. However, in accordance with paragraph 2.10(j) above, the availability of an alternative enforcement mechanism is a relevant factor to be taken into account in determining whether the public interest requires a prosecution.

2.13 A decision whether or not to prosecute must clearly not be influenced by:

(a) the race, religion, sex, national origin or political associations, activities or beliefs of the alleged offender or any other person involved;

(b) personal feelings concerning the alleged offender or the victim;

(c) possible political advantage, disadvantage or embarrassment to the Government or any political group or party; or

(d) the possible effect of the decision on the personal or professional circumstances of those responsible for the prosecution decision.

2.14 A prosecution should only proceed in accordance with this Policy. A matter which does not meet these requirements, for example, a matter which tests the law but which does not have a reasonable prospect of conviction, should not be proceeded with.

Prosecution of juveniles

2.15 The welfare of the juvenile must be considered when prosecutorial discretion is exercised in relation to an offence alleged to have been committed by a juvenile. Prosecution of a juvenile should always be regarded as a severe step, and generally speaking a much stronger case can be made for methods of disposal which fall short of prosecution unless the seriousness of the alleged offence or the circumstances of the juvenile concerned dictate otherwise. In this regard, ordinarily the public interest will not require the prosecution of a juvenile who is a first offender in circumstances where the alleged offence is not serious.

2.16 In deciding whether or not the public interest warrants the prosecution of a juvenile regard should be had to such of the factors set out in paragraph 2.10 as appear to be relevant, but particularly to:

(a) the seriousness of the alleged offence;

(b) the age and apparent maturity and mental capacity of the juvenile;

(c) the available alternatives to prosecution, such as a caution, and their efficacy;

(d) the sentencing options available to the relevant Childrens Court if the matter were to be prosecuted;

(e) the juvenile's family circumstances, particularly whether the parents of the juvenile appear able and prepared to exercise effective discipline and control over the juvenile;

(f) the juvenile's antecedents, including the circumstances of any previous caution the juvenile may have been given, and whether they are such as to indicate that a less formal disposal of the present matter would be inappropriate; and

(g) whether a prosecution would be likely to have an unduly harsh effect on the juvenile or be inappropriate, having regard to such matters as the vulnerability of the juvenile and his or her family circumstances.

2.17 Under no circumstances should a juvenile be prosecuted solely to secure access to the welfare powers of the Court.

2.18 The practice of the DPP is for any decision to proceed with a prosecution in respect of a juvenile to be made by a senior lawyer.

Choice of charges

2.19 In many cases the evidence will disclose an offence against several different laws. Care must therefore be taken to choose a charge or charges which adequately reflect the nature and extent of the criminal conduct disclosed by the evidence and which will provide the Court with an appropriate basis for sentence.

2.20 In the ordinary course the charge or charges laid or proceeded with will be the most serious disclosed by the evidence. Nevertheless, when account is taken of such matters as the strength of the available evidence, the probable lines of defence to a particular charge, and the considerations set out later in this Policy under Mode of Trial, it may be appropriate to lay or proceed with a charge which is not the most serious revealed by the evidence.

2.21 Under no circumstances should charges be laid with the intention of providing scope for subsequent charge negotiation.

2.22 A decision concerning a choice of charge may arise where the available evidence will support a charge under both a provision of a specific Act and an offence of general application, such as under the Criminal Code. The decision in relation to which offence should be charged in this circumstance is made in accordance with paragraphs 2.19 and 2.20.

2.23 A number of judgments have highlighted the need for restraint in laying conspiracy charges. Whenever possible, substantive charges should be laid. However, there are occasions when a conspiracy charge is the only one which is adequate and appropriate on the available evidence. Where it is proposed to lay or proceed with conspiracy charges against a number of defendants jointly, those responsible for making the necessary decision must guard against the risk of the joint trial being unduly complex or lengthy, or otherwise causing unfairness to defendants.

Consent to prosecution

2.24 A small number of Commonwealth Acts provide that a prosecution for an offence under the Act cannot be commenced or, if commenced, cannot proceed except with the consent of the responsible Minister or some specified officer. There are a variety of reasons for the inclusion of such consent requirements in legislation, but all are basically intended to ensure that prosecutions are not brought in inappropriate circumstances.

2.25 The Director has been authorised to give consent to prosecutions for offences under a number of Acts. In appropriate cases the power to give consent has been delegated to senior DPP lawyers where that course has been available.

2.26 Often the reason for the requirement for consent is a factor which will ordinarily be taken into account in deciding whether to prosecute. For example, consent may be required to ensure that mitigating factors are taken into account or to prevent prosecutions in trivial matters. In such cases the question of consent is really bound up in the decision whether to prosecute. In some cases the consent provision will have been included as it was not possible to define the offence so precisely that it covered the mischief aimed at and no more. Other cases may involve a use of the criminal law in sensitive or controversial areas, or must take account of important considerations of public policy. In appropriate cases the decision whether to consent to a prosecution is made after consultation with a relevant department or agency.

2.27 Mention should be made of those prosecutions which require the consent of a Minister or some officer other than the Director or a DPP lawyer. Although there are unlikely to be any differences of view between the person authorised to give consent and the DPP on a question whether a prosecution is required in the public interest, it is clearly desirable that there be prior consultation with the DPP where there appear to be difficult questions of fact or law involved.

3. The institution and conduct of Commonwealth Prosecutions

3.1 As a general rule any person has the right at common law to institute a prosecution for a breach of the criminal law. That right is recognised in section 13 of the *Crimes Act 1914* (Cth). Nevertheless, while that is the position in law, in practice all but a very small number of Commonwealth prosecutions are instituted by Commonwealth officers.

3.2 The decision to initiate investigative action in relation to possible or alleged criminal conduct ordinarily rests with the department or agency responsible for administering the relevant legislation. The DPP is not usually involved in such decisions, although it may be called upon to provide legal advice. The DPP may be consulted where, for example, there is doubt whether alleged misconduct constitutes a breach of Commonwealth law.

3.3 The DPP does not investigate allegations that offences have been committed. Investigations are carried out by the Australian Federal Police (AFP) or another Government investigation agency or agency with investigative capabilities ("investigative agency"). The DPP may provide advice to the investigative agency on legal issues during the investigation.

3.4 If as a result of the investigation an offence appears to have been committed the established practice (subject to the exceptions referred to in paragraphs 3.5 and 3.6 below) is for a brief of evidence to be forwarded to the DPP where it will be examined to determine whether a prosecution should be instituted and, if so, on what charge or charges. Although an AFP or other Commonwealth officer has authority to make the initial decision to prosecute, the Director has the responsibility under the Act to determine whether a prosecution, once commenced, should proceed. It is therefore generally desirable wherever practicable that matters be referred to the DPP prior to the institution of a prosecution.

3.5 Inevitably cases will arise where it will be necessary and appropriate that a prosecution be instituted by way of arrest and charge without an opportunity for consultation with the DPP. However, in cases where difficult questions of fact or law are likely to arise it is most desirable that there be consultation on those issues before the arrest provided the exigencies of the situation permit. The decision to arrest is a decision of the investigating official.

3.6 Most Commonwealth prosecutions are conducted by the DPP. However, there are a few areas where Commonwealth agencies conduct summary prosecutions for straight-forward regulatory offences by arrangement with the DPP. This policy will be observed by those agencies in the conduct of such prosecutions and the DPP will be consulted when difficult questions of fact or law arise.

3.7 If an investigation has disclosed sufficient evidence for prosecution but the department or agency concerned considers that the public interest does not require prosecution, or requires some action other than prosecution, the DPP should still be consulted in any matter which involves alleged offences of particular seriousness. The DPP should also be consulted whenever a department or agency has any doubt about what course of action is most appropriate in the public interest. The decision to refer a matter for prosecution is a matter for the investigative agency concerned.

3.8 In deciding whether or not a prosecution is to be instituted or continued and, if so, on what charge or charges, any views put forward by the AFP, or the department or agency responsible for the administration of the law in question, are carefully taken into account. Ultimately, however, the decision is to be made by the DPP having regard to the considerations set out earlier.

3.9 Pursuant to section 6(1) of the Act the Director may either institute summary or committal proceedings in the Director's own name or carry on such proceedings that have been instituted by another. In virtually all cases the DPP in fact carries on proceedings in which an AFP or other Commonwealth officer is the informant or complainant as the case may be. Only in exceptional cases will summary or committal proceedings be instituted in the Director's own name.

3.10 The Act does not in fact require that a prosecution, once commenced, must be carried on by the Director. Nevertheless, it is most unusual for that not to happen in the case of a prosecution instituted by an AFP or other Commonwealth officer, except in the limited circumstances mentioned above. The Director possesses sufficient statutory powers to assume control of prosecutions sought to be carried on by others.

3.11 Mention should be made of a prosecution for a Commonwealth offence instituted by a State or Territory public police officer. While ordinarily Commonwealth prosecutions should be carried on or, if necessary, taken over by the Director, there are exceptions to that general rule. If a person has been charged with both State/Territory and Commonwealth offences it may be appropriate for the matter to remain with the State/Territory authorities. That will require consideration of:

(a) the relative seriousness of the State/Territory and Commonwealth charges;

(b) the degree of inconvenience or prejudice to either the defendant or the prosecution if the prosecution is split; and

(c) if the charges are to proceed on indictment, any arrangements between the Director and the relevant State/Territory authorities making provision for a joint trial on an indictment containing both Commonwealth and State/Territory counts.

There may also be cases where the balance of convenience dictates that a prosecution for a Commonwealth offence should remain with State/Territory authorities notwithstanding that no State/Territory charge is involved, for example, where a prosecution relates to a minor Commonwealth offence brought in a remote locality and it would be impracticable for a DPP lawyer to attend.

4. Control of prosecutions for a Commonwealth offence

Introduction

4.1 Under the Act the Director is given a supervisory role as to the prosecution of offences against Commonwealth law, and is empowered to intervene **at any stage** of a prosecution for a Commonwealth offence instituted by another. In particular, pursuant to section 9(5) of the Act the Director may take over a proceeding instituted by another person for commitment or for summary conviction. Having taken over the proceeding the Director may continue it as the informant or decline to carry it on further. This provision encapsulates in a statutory form one of the main purposes in establishing the DPP - that the decision whether and how a prosecution proceeds should be made by the DPP independently of those who were responsible for the investigation.

Discontinuance of a prosecution instituted by a Commonwealth officer

4.2 This section is concerned with discontinuing a proceeding for either summary conviction or committal for trial. The discontinuance of a proceeding on indictment is dealt with later in this Policy.

4.3 The final decision whether or not a prosecution proceeds rests with the DPP. Consistent with the objective of ensuring that only fit and proper cases are brought before the Courts, the DPP will discontinue a prosecution if appropriate.

4.4 Where a prosecution is instituted by an AFP or other Commonwealth officer in circumstances where there was no prior consultation with the DPP, that decision should be reviewed as soon as practicable after the case has been referred to the DPP.

4.5 However, it is important that cases should be kept under continuous review whether or not there was consultation with the DPP prior to the institution of the prosecution. New evidence or information may become available which makes it no longer appropriate for the prosecution to proceed.

4.6 Whenever the DPP is contemplating discontinuing a prosecution the practice is for the DPP to first consult the AFP or responsible department or agency. In this regard, the independence of the DPP in the prosecution process does not mean that those who investigated the matter should be excluded from the decision-making process. Indeed, where the DPP is contemplating discontinuing a prosecution close liaison is vital to the maintenance of a harmonious relationship between the Office and the relevant Commonwealth agency. Of course, the extent of that consultation will depend on the circumstances of the case in question, and in particular on the reasons why the DPP is contemplating discontinuing the prosecution. If it is considered the available evidence is insufficient, it can be expected the AFP or responsible department or agency will accept the DPP's assessment of the evidence, and the consultation will be largely confined to the prospects of obtaining additional evidence. On the other hand, the AFP or responsible department or agency can legitimately expect to have its views taken into account if discontinuance on public interest grounds is contemplated. The more finely balanced the factors involved, the greater is the need for discussion. In determining the public interest the views of the victim may also be taken into consideration if those views are available and if it is appropriate to take those views into account.

Intervention in a private prosecution

4.7 In a formal sense all prosecutions in the summary Courts are private prosecutions, even if the informant holds an official position. For the purposes of the following paragraphs a private prosecution means any prosecution where the informant is a private individual as distinct from a police officer or some other official acting in the course of a public office or duty.

4.8 The right of a private individual to institute a prosecution for a breach of the law has been said to be "a valuable constitutional safeguard against inertia or partiality on the part of authority" (per Lord Wilberforce in *Gouriet -v- Union of Post Office Workers* [1978] AC 435 at 477). Nevertheless, the right is open to abuse and to the intrusion of improper personal or other motives. Further, there may be considerations of public policy why a private prosecution, although instituted in good faith, should not proceed, or at the least should not be allowed to remain in private hands. The power under section 9(5) of the Act therefore constitutes an important safeguard against resort to this right in what may be broadly described as inappropriate circumstances.

4.9 The question whether the power under section 9(5) should be exercised to take over a private prosecution will usually arise at the instance of one or other of the parties to the prosecution, although clearly the Director may determine of his or her own motion that a private prosecution should not be allowed to proceed. Alternatively, some public authority, such as a government department or agency, may be concerned that to proceed with the prosecution would be contrary to the public interest and refer the matter to the Director.

4.10 Where a question arises whether the power under section 9(5) should be exercised to intervene in a private prosecution, and the private prosecutor has indicated that he or she is opposed to such a course, the private prosecutor will be permitted to retain conduct of the prosecution unless one or more of the following applies:

(a) there is insufficient evidence to justify the continuation of the prosecution, that is to say, there is no reasonable prospect of a conviction being secured on the available evidence;

(b) there are reasonable grounds for suspecting that the decision to prosecute was actuated by improper personal or other motives, or otherwise constitutes an abuse of the prosecution process such that, even if the prosecution were to proceed it would not be appropriate to allow it to remain in the hands of the private prosecutor;

(c) to proceed with the prosecution would be contrary to the public interest - law enforcement is necessarily a discretionary process, and sometimes it is appropriate for subjective considerations of public policy, such as the preservation of order or the maintenance of international relations, to take precedence over strict law enforcement considerations;

(d) the nature of the alleged offence, or the issues to be determined, are such that, even if the prosecution were to proceed, it would not be in the interests of justice for the prosecution to remain in private hands;

(e) the nature of the charges do not disclose an offence under any Commonwealth law; or

(f) the Court in which the private prosecutor has commenced proceedings has no jurisdiction.

4.11 A private individual may institute a prosecution in circumstances where he or she disagrees with a previous decision of the DPP. If, upon reviewing the case, it is considered the decision not to proceed with a prosecution was the proper one in all the circumstances, the appropriate course may be to take over the private prosecution with a view to discontinuing it.

4.12 In some cases the reason for intervening in the private prosecution will necessarily result in its discontinuance once the Director has assumed responsibility for it. In this regard, once the decision is made to take over responsibility for a private prosecution the same criteria should be applied at all stages of the proceeding as would be applied in any other prosecution being conducted by the DPP.

4.13 If it is considered that it may be appropriate to intervene in a private prosecution, it may be necessary for the DPP to request police assistance with enquiries before a final decision can be made whether or not to do so, and if so, whether or not to continue the prosecution. In addition, pursuant to section 12 of the Act, the person who instituted or is carrying on the private prosecution can be required to furnish to the Director a full report of the circumstances of the matter the subject of the proceeding together with other relevant information or material.

5. Victims of Crime

5.1 It is important in all prosecution action that victims are treated with respect for their dignity.

5.2 In the context of this Policy, a victim of crime is an identified individual who has suffered harm as the direct result of an offence or offences committed against Commonwealth law or prosecuted by Commonwealth authorities. 'Harm' includes physical or mental injury, emotional suffering or economic loss.

5.3 This Policy provides for the views of any victims where those views are available, and where it is appropriate, to be considered and taken into account when deciding whether it is in the public interest to:

(a) commence a prosecution:
(b) discontinue a prosecution;
(c) agree to a plea negotiation; or
(d) decline to proceed with a prosecution after a committal.

5.4 The DPP will also comply with the DPP's *Victims of Crime Policy* in its dealings with victims.

6. Some other decisions in the prosecution process

Undertakings under section 9(6), 9(6B) or 9(6D) of the DPP Act

6.1 This section is concerned with the broad considerations involved in deciding whether to give an accomplice an undertaking under the Act in order to secure that person's testimony for the prosecution.

6.2 A decision whether to call an accomplice to give evidence for the prosecution frequently presents conflicting considerations calling for the exercise of careful judgment in the light of all the available evidence. Inevitably, however, there will be instances where there is a weakness in the prosecution evidence that makes it desirable, or even imperative, to call an accomplice for the prosecution if that accomplice appears to be the only available source of the evidence needed to strengthen the weakness.

6.3 In conjunction with the question whether to call an accomplice the question may arise whether that accomplice should also be prosecuted. In this regard, unless the accomplice has been dealt with in respect of his or her own participation in the criminal activity the subject of the charge against the defendant, he or she will be in a position to claim the privilege against self-incrimination in respect of the very matter the prosecution wishes to adduce into evidence. Where, however, an accomplice has been given an undertaking under the Act that undertaking will override what would otherwise be an allowable claim of privilege.

6.4 As a general rule an accomplice should be prosecuted irrespective of whether he or she is to be called as a witness, subject of course to the usual evidentiary and public interest considerations being satisfied. Upon pleading guilty the accomplice who is prepared to co-operate in the prosecution of another can expect to receive a reduction in the sentence that would otherwise have been appropriate. Such a reduction may be substantial. However, this course may not be practicable in all cases.

6.5 In principle it is desirable that the criminal justice system should operate without the need to grant any concessions to persons who participated in alleged offences in order to secure their evidence in the prosecution of others (for example, by granting them immunity from prosecution). However, it has long been recognised that in some cases granting an immunity from prosecution may be appropriate in the interests of justice.

6.6 An undertaking under the Act will only be given provided the following conditions are met:

(a) the evidence that the accomplice can give is considered necessary to secure the conviction of the defendant or is essential to fully disclose the nature and scope of the offending and that evidence is not available from other sources. In this regard, the stronger the case without the evidence the accomplice can give, the less appropriate it will be to grant an undertaking to the accomplice; and

(b) the accomplice can reasonably be regarded as significantly less culpable than the defendant.

6.7 The central issue in deciding whether to give an accomplice an undertaking under the Act is whether it is in the overall interests of justice that the opportunity to prosecute the accomplice in respect of his or her own involvement in the crime in question should be foregone in order to secure that person's testimony in the prosecution of another. In determining where the balance lies, account should be taken of the following matters:

(a) the degree of involvement of the accomplice in the criminal activity in question compared with that of the defendant;

(b) the strength of the prosecution evidence against the defendant without the evidence it is expected the accomplice can give and, if some charge or charges could be established against the defendant without the accomplice's evidence, the extent to which those charges would reflect the defendant's criminality;

(c) the extent to which the prosecution's evidence is likely to be strengthened if the accomplice testifies - apart from taking into account such matters as the availability of corroborative evidence, and the weight that the arbiter of fact is likely to give to the accomplice's testimony, it will also be necessary to consider the likely effect on the prosecution case if the accomplice does not come up to proof;

(d) the need to assess whether the prosecution's evidence is likely to be strengthened if an accomplice testifies, which requires the prosecution to consider a range of factors, including examination of corroborative evidence; assessment of the weight the fact finder will place on the evidence; and an assessment of whether the evidence itself is cogent, complete and truthful;

(e) the likelihood of any weakness in the prosecution case being strengthened other than by relying on the evidence the accomplice can give (for example, the likelihood of further investigations disclosing sufficient independent evidence to remedy the weakness);

(f) whether there is or is likely to be sufficient admissible evidence to substantiate charges against the accomplice, and whether it would be in the public interest that the accomplice be prosecuted but for his or her preparedness to testify for the prosecution if given an undertaking under the Act; and

(g) whether, if the accomplice were to be prosecuted and then testify, there is a real basis for believing that his or her personal safety would be at risk while serving any term of imprisonment.

6.8 Where an accomplice receives any concession from the prosecution in order to secure his or her evidence, for example, whether as to choice of charge, or the grant of an undertaking under the Act the terms of the agreement or understanding between the prosecution and the accomplice should be disclosed to the Court and to the defence.

6.9 In the course of an investigation the investigative agency may identify a participant in the criminal activity under investigation as a person who is likely to be of more value as a prosecution witness than as a defendant. Thereafter the investigation may be directed to constructing a case against the remaining participants based on the evidence it is expected this person will give. Unless for some reason it is not practicable to do so, the investigative agency should always seek advice from the DPP as to the appropriateness of such a course. This will minimise the potential for an otherwise meritorious prosecution being abandoned as a consequence of the Director deciding that it would not be in the interests of justice to grant the accomplice an undertaking under the Act in order to secure his or her testimony.

6.10 Annexure B to this Policy and the Memorandum of Understanding between the Australian Competition and Consumer Commission and DPP make provision with respect to the circumstances in which the DPP will consider applications for immunity in respect of the offences in sections 44ZZRF and 44ZZRG of the *Trade Practices Act 1974* (including a relevant ancillary liability offence). Annexure B and the Memorandum of Understanding deal with applications for immunity by the first participant in the cartel activity to seek immunity. Subsequent applications for immunity will be dealt with in accordance with this Policy.

Mode of trial

6.11 Where an indictable offence can be determined by a Court of summary jurisdiction the prosecution plays a major role in the decision as to mode of trial; indeed, under some Acts the request or the consent of the prosecution is a pre-condition to summary disposition.

6.12 In determining whether or not a case is appropriate for trial on indictment regard should be had to:

(a) the nature of the case, and whether the circumstances make the alleged offence one of a serious character;

(b) any implied legislative preference for a particular mode of trial;

(c) the adequacy of sentencing options and available penalties if the case were determined summarily;

(d) any delay, cost and adverse effect upon witnesses likely to be occasioned by proceeding on indictment;

(e) in situations where a particular type of criminal activity is widespread, the desirability of a speedy resolution of some prosecutions by proceeding summarily in order to deter similar breaches;

(f) the greater publicity, and accordingly the greater deterrent effect, of a conviction obtained on indictment;

as well as such of the criteria relevant to the decision whether to prosecute as appear to be significant.

6.13 The prosecution's attitude on the question of mode of trial should be made and communicated to the defendant and the Court at the earliest possible stage.

Charge negotiation

6.14 Charge negotiation involves negotiations between the defence and the prosecution in relation to the charges to be proceeded with. Such negotiations may result in the defendant pleading guilty to fewer than all of the charges he or she is facing, or to a lesser charge or charges, with the remaining charges either not being proceeded with or taken into account without proceeding to conviction.

6.15 The considerations in this section in relation to charge negotiations should be read with reference to the general principle in paragraph 2.21 that under no circumstances should charges be laid with the intention of providing scope for subsequent charge negotiations.

6.16 Charge negotiation is to be distinguished from private consultations with the trial judge as to the sentence the judge would be likely to impose in the event of the defendant pleading guilty to a criminal charge. As to such consultations the Full Court of the Supreme Court of Victoria in *R -v- Marshall* [1981] VR 725 at 732 said:

Anything which suggests an arrangement in private between a judge and counsel in relation to the plea to be made or the sentence to be imposed must be studiously avoided. It is objectionable because it does not take place in public, it excludes the person most vitally concerned, namely the defendant, it is embarrassing to the Crown and it puts the judge in a false position which can only serve to weaken public confidence in the administration of justice.

6.17 Negotiations between the defence and the prosecution are to be encouraged, may occur at any stage of the progress of a matter through the Courts and may be initated by the prosecution. Negotiations between defence and the prosecution as to charge or charges and plea can be consistent with the requirements of justice subject to the following constraints:

(i) the charges to be proceeded with should bear a reasonable relationship to the nature of the criminal conduct of the defendant;

(ii) those charges provide an adequate basis for an appropriate sentence in all the circumstances of the case; and

(iii) there is evidence to support the charges.

6.18 Any decision whether or not to agree to a charge negotiation proposal must take into account all the circumstances of the case and other relevant considerations including:

(a) whether the defendant is willing to co-operate in the investigation or prosecution of others, or the extent to which the defendant has done so;

(b) whether the sentence that is likely to be imposed if the charges are varied as proposed (taking into account such matters as whether the defendant is already serving a term of imprisonment) would be appropriate for the criminal conduct involved;

(c) the desirability of prompt and certain dispatch of the case;

(d) the defendant's antecedents;

(e) the strength of the prosecution case;

(f) the likelihood of adverse consequences to witnesses;

(g) whether it will save a witness, particularly a victim or other vulnerable witness from the stress of testifying in a trial;

(h) in cases where there has been a financial loss to the Commonwealth or any person, whether the defendant has made restitution or arrangements for restitution;

(i) the need to avoid delay in the dispatch of other pending cases;

(j) the time and expense involved in a trial and any appeal proceedings;

(k) the views of the referring department or agency; and

(l) The views of the victim, where those views are available and if it is appropriate to take those views into account.

6.19 The prosecution should not agree to a charge negotiation proposal initiated by the defence if the defendant continues to assert his or her innocence with respect to a charge or charges to which the defendant has offered to plead guilty.

6.20 Where the relevant legislation permits an indictable offence to be dealt with summarily, a proposal by the defence that a plea be accepted to a lesser number of charges or a lesser charge or charges may involve a request that the proposed charges be dealt with summarily and that the prosecution either consent to or not oppose (as the legislation requires) summary disposition of the matter. Alternatively, the defence may indicate that the defendant will plead guilty to an existing charge or charges if the matter is dealt with summarily. While the decision of the prosecution in respect of such a request should be determined having regard to the above considerations, reference should also be made to the considerations set out earlier under Mode of Trial.

6.21 A proposal by the defence that a plea be accepted to a lesser number of charges or a lesser charge or charges may include a request that the prosecution not oppose a defence submission to the Court at sentence that the penalty fall within a nominated range. Alternatively, the defence may indicate that the defendant will plead guilty to an existing charge or charges if the prosecution will not oppose such a submission. The prosecution may consider agreeing to such a request provided the penalty or range of sentence nominated is considered to be within acceptable limits to a proper exercise of the sentencing discretion.

Declining to proceed further after commitment

6.22 After the defendant has been committed for trial the question may arise, either on the initiative of the DPP lawyer involved in the prosecution or as a result of an application by the defence, whether the defendant should be indicted, or, if an indictment has already been presented, whether the trial on that indictment should proceed. In this regard, pursuant to section 9(4) of the Act the Director may decline to proceed further in the prosecution of a person under commitment or who has been indicted.

6.23 Notwithstanding that a committal order has been obtained, events may have occurred after the committal that make it no longer appropriate for the prosecution to proceed. Alternatively, the strength of the prosecution case may have to be reassessed having regard to the course of the committal proceedings. Where a question arises as to the exercise of the power under section 9(4), it is determined on the basis of the criteria governing the decision to prosecute set out earlier in this Policy. In the normal course the AFP or relevant department or agency is consulted before any decision is made. In determining the public interest the views of the victim may also be taken into consideration if those views are available and if it is appropriate to take those views into account.

6.24 A defence application that the Director decline to proceed further in the prosecution may be based on the fact that the offence charged is a relatively minor one and does not warrant the time and expense involved in a trial on indictment. Such an application is most unlikely to receive favourable consideration if the alleged offence is one that could have been determined summarily but the defendant refused to consent to the matter being dealt with in that way.

6.25 Where a decision has been made not to proceed with a trial on indictment, that decision will not be reversed unless:

(a) significant fresh evidence has been produced that was not previously available for consideration;

(b) the decision was obtained by fraud; or

(c) the decision was based on a mistake of fact;

and in all the circumstances it is in the interests of justice that the decision be reversed.

6.26 Where a trial has ended with the disagreement of the jury consideration should always be given to whether the circumstances require a retrial, and whether a second jury is likely to be in a better position to reach a verdict. The seriousness of the alleged offence and the cost to the community and the defendant should be taken into account. If it is decided to proceed with a retrial and the second jury also disagrees, it will only be in rare and exceptional circumstances that the defendant will be required to stand trial a third time.

6.27 Special mention should be made of no bill applications addressed to the Attorney-General. Shortly after the establishment of the Office the then Attorney-General indicated that such applications should be determined by the Director and further stated that he would consider such applications addressed to him following an earlier refusal by the Director only in exceptional circumstances, and only after consultation with the Director. This practice has been invariably followed.

Ex-officio indictment

6.28 Pursuant to section 6(2D) of the Act the Director "may institute a prosecution of a person for an indictable offence against the laws of the Commonwealth in respect of which the person has not been examined or committed for trial".

6.29 The holding of committal proceedings, and the committal of the defendant for trial, are not by law obligatory steps in the prosecution of an indictable offence. For example, committal hearings are no longer held in Tasmania and Western Australia, although the prosecution in those States is required to meet stringent pre-trial disclosure obligations. In other jurisdictions, committals have taken on a less substantial, paper form. Nevertheless in practice almost all prosecutions on indictment are preceded by a committal of the defendant for trial. The following paragraphs set out the criteria applied by the DPP in determining whether the circumstances of a particular case are such as to justify a departure from the usual course.

6.30 A decision to indict in the absence of prior committal proceedings will only be justified if any disadvantage to the defendant that may thereby ensue will nevertheless not be such as to deny the defendant a fair trial. Further, such a decision will only be justified if there are strong and powerful grounds for so doing. Needless to say, an ex-officio indictment should not be presented in the absence of committal proceedings unless the usual evidentiary and public interest considerations are satisfied.

6.31 It should be noted that where an ex-officio indictment is presented in the absence of committal proceedings the defendant will be provided with disclosure in accordance with the Statement on Prosecution Disclosure.

6.32 On the other hand, a decision to indict notwithstanding the defendant was discharged at the committal proceedings will not constitute as great a departure from accepted practice. The result of committal proceedings has never been regarded as binding on those who have the authority to indict. The magistrate may have erred in discharging the defendant, and in such a case the filing of an ex-officio indictment may be the only feasible way that that error can be corrected. Nevertheless, a decision to indict following a discharge at the committal proceedings should never be taken lightly. An ex-officio indictment should not be presented in such cases unless it can be confidently asserted that the magistrate erred in declining to commit, or fresh evidence has since become available and it can be confidently asserted that, if that evidence had been available at the time of the committal proceedings, the magistrate would have committed the defendant for trial.

Prosecution appeals against sentence

6.33 The prosecution right to appeal against sentence should be exercised with appropriate restraint. In deciding whether to appeal, consideration is to be given as to whether there is a reasonable prospect that the appeal will be successful. Factors which may be considered include whether:

(a) the sentence is manifestly inadequate;

(b) the sentence reveals an inconsistency in sentencing standards;

(c) the sentence proceeded on the basis of a material error of law or fact requiring appellate correction;

(d) the sentence is substantially and unnecessarily inconsistent with other relevant sentences;

(e) an appeal to a Court of Appeal would enable the Court to lay down some general principles for the governance and guidance of sentencers;

(f) an appeal will enable the Court to establish and maintain adequate standards of punishment for crime;

(g) an appeal will ensure, so far as the subject matter permits, uniformity in sentencing; and whether

(h) an appeal will enable an appellate Court to correct an error of legal principle.

6.34 A prosecution appeal against sentence should also be instituted promptly, even where no time limit is imposed by the relevant legislation. Undue delay by the prosecution in the institution of an appeal may render oppressive the substitution of an increased sentence, and the appeal Courts have indicated on numerous occasions that in such cases they will not intervene although the prosecution's appeal is otherwise meritorious.

7. Mental health of the alleged offender

7.1 Issues concerning the mental health of the alleged offender may arise in considering the commencement and conduct of a prosecution. This Policy provides that in determining whether the public interest requires a prosecution, factors which may arise for consideration include the intelligence, mental health or special vulnerability of the alleged offender. Where these factors arise for consideration, other factors that may also arise for consideration in determining whether the public interest requires a prosecution include the seriousness or relative triviality of the alleged offence, the need for general and/or specific deterrence and whether the alleged offence is of considerable public concern.

7.2 The issue of unfitness to be tried is usually raised with the Court by the defence. However, the issue can also be raised by the defendant personally or the prosecution. In the unusual circumstances where there is an obvious fitness issue and it is not raised by the defence then it should be raised by the prosecution.

8. Prosecution Disclosure

8.1 The Statement on Prosecution Disclosure is a publicly available document produced by the DPP concerning prosecution disclosure. The requirements imposed by the Statement on Prosecution Disclosure will be complied with, subject to any laws which are applicable in the prosecution of Commonwealth offences, by the DPP in conjunction with investigative agencies in prosecutions conducted by the DPP.

附录六

澳联邦检察总署起诉政策（全译文）

目录

指控协商

在预审后拒绝继续进行

当然的起诉

对量刑的上诉

7. 所谓的犯罪者的心理健康问题

8. 控方的证据开示

总则

联邦起诉政策(the Prosecution Policy of the Commonwealth)为在起诉过程中如何作出决定提供指导。

本政策是以澳大利亚联邦检察总署(DPP,简称“检察总署”)在起诉违反联邦法律的犯罪过程中所追求的公正性、公开性、一致性、负责性和高效性原则为基础制定的,是一份公开的文件。

本政策并不试图涵盖在起诉过程中以及检察官在作出决定中发挥作用时可能出现的所有问题。足以宣称的是,通过起诉,检察官必须确保自己的行为能够维护、促进和保障公正的利益。从最终的结果分析,检察官既不是政府的奴仆,也不是个人的奴仆,他或她应是公正的奴仆。

在对抗式审判过程中,不能忽视检察官履行职责并追求起诉案件的可持续性这一事实。这一点也是重要的。因此,无论何时,案件必须公平地、公正地提交给法院,公众有权期待案件是由无所畏惧的、精力充沛的且经验丰富的检察官处理的。

本政策会不时地受到审查,而且任何修改都会公布于众。

1. 介绍

1.1 《1983年检察长法》(简称《检察长法》)于1984年3月5日实施。它建立了检察总署,该署实行检察长负责制。

1.2 《检察长法》给联邦的起诉程序带来了许多重要变化。也许,最重要的变化是有效地消除了政治因素对起诉过程的影响,在这一过程中,赋予检察长以独立的地位。总检察长,作为法律官员的一把手,对联邦刑事司法系统负责,并就起诉过程中作出的决定对议会负责,尽管无论是根据准则的规定,还是其根据《检察长法》第 8 章的规定作出的指示。这些决定目前事实上是由检察长和检察总署的律师们作出的。此类准则或指示只有在与检察长商量后才可以发布,且必须在公报上发表,并在议会的两院中予以列表。尽管根据第 8 章的规定,这一权力可以在特定的个案中行使。当时的总检察长、议员埃文斯(女皇法律顾问)在关于《检察长议案》的第二次书面讲话中,表明这种权力的行使极少会用在特定的个案中。第 8 章规定的指令几乎没有发生过,也没有适用在特定的个案中。

1.3　《检察长法》也确保了在联邦刑事司法系统中,侦查功能与起诉功能的分离。起诉决定的作出独立于负责侦查的那些人。如果起诉是以逮捕和指控开始的,一旦移送到检察总署,是否继续进行诉讼的决定就由检察总署作出。

1.4　在起诉违反联邦法律的犯罪过程中,检察总署追求的标准是公正性、公开性、一致性、负责性和高效性,在实现这些标准的过程中,维护其所服务的公众的信任。

1.5　检察总署在新南威尔士州、维多利亚州、昆士兰州、西澳大利亚、南澳大利亚、塔斯马尼亚和北部地区设有地方办公室(Regional Offices)。在澳大利亚首都地区,违反联邦法律的犯罪由检察总署的总部负责起诉。

2. 决定起诉

关于决定起诉的标准

2.1　并不是所有的刑事犯罪都必须自然而然地要以刑事起诉而告终,达成这一共识经历了很长时间。可用于起诉活动的资源是有限的,不应浪费在不合适的案件上,其必然的结果是应以合适的精力将可获得的资源用在起诉那些值得起诉的案件上。

2.2　在起诉过程中,决定是否起诉是最为重要的一步。在每一起案件中,必须对被害人、犯罪嫌疑人和公众的利益给予极大的关注,以最大限度地确保所作出的决定的正确性。无论是作出起诉的错误决定,还是作出不起诉的错误决定,都会损害公众对刑事司法系统的信任。

2.3　前面所说的目标——特别是公正性和一致性,尤其重要。但是,公正性并不意味着软弱,一致性也不意味着僵化。这种自由裁量权的行使标准不能简化为与某种数学公式相类似。事实上,试图这么做也是难如人愿的。在行使自由裁量权时,应考虑案件的全部事实,公正地予以分辨,并将普遍原则适用于个案。

2.4　在行使自由裁量权,决定起诉还是不起诉时,首先要考虑的是是否有足够的证据证明启动起诉或继续诉讼是合理的。除非有可采纳的、充足的、可靠的证据表明所谓的犯罪者已经实施了违反法律的犯罪,否则起诉就不应启动或继续进行。

2.5　在决定是否有足够的证据证明启动起诉或继续诉讼是合理的的时候,仅仅有证据初步确凿的案件的存在是不足以判断起诉的合理性的。一旦确定有证据初步确凿的案件,随后就有必要考虑所谓的犯罪者认罪的可能性。如果合理的认罪的可能性得不到保障,诉讼就不应该继续进行。在可起诉案件中,这一检验标准是假设陪审团会根据其得到的指导公正地作出判断。如果一个案件,显而易见,所谓的犯罪者被判有罪的可能性更大,这一检验标准就不适用。

2.6　当案件被提交给法院,决定是否有合理的认罪可能性时,应对案件的证据强弱进行评估。必须考虑这些问题,如证据的可得性、证据能力、证人的可信性及其给事实裁判者可能留下的印象,以及任何声称的认罪的可采纳性及其他证据等。检察官还应考虑辩护的各种可能性,不管是清楚地表明的,还是已经暗示的,还有所谓的犯罪者以及在检察官看来可能影响定罪或不能定罪的其他一切因素。这种评估可能是很难作出的,而且当然从来也不能确保起诉的成功。事实上，有些起诉会失败是不可避免的。但是，一个人在恰当地思考之后，经过对可获得的证据的评估，理智地适用这一检验标准是寻求避免冒险地起诉一个无辜者以及无谓地浪费公共资金的最佳方法。

2.7 在评估证据时，应考虑以下这些问题：

(a) 根据普通法和制定法中有关的可采性原则，记住是否有合理的理由认为该证据有可能被排除？比如，检察官希望自己彻底弄明白认罪证据是恰当地获得的。但是，对任何证据都有可能被排除的可能性应加以考虑。如果这一证据对案件来说是至关重要的，将可能实质性地影响起诉与否或者是否继续诉讼的决定。

(b) 如果案件部分地依靠被告人的认罪，在考虑到被告人的年龄、智力以及其显而易见的理解力时，是否有合理的理由认为其可靠性值得怀疑？

(c) 证人是否显得夸大其词，或者他或她的记忆是错误的，或者证人对被告人怀有敌视的或友好的态度，抑或甚至是不可靠的？

(d) 证人是否存有动机，不想说出全部的真相？

(e) 证人所说的某些事情是否恰好可能被被告方用来攻击他或她的可信性？

(f) 证人会给事实裁判者留下什么印象？证人会怎样面对交叉询问？证人是否在身体上或心理上存在某种不稳定性而可能影响他或他的可信性？

(g) 如果亲眼所见的证人之间存在冲突，是否会超出人们的期待，因而大大地削弱案件的可信度？

(h) 如果亲眼所见的证人之间没有冲突，是否有什么事引起怀疑，那虚假的故事可能是编造的？

(i) 是否所有的证人都能出庭并有能力作证，包括可能在国外的证人？

(j) 要是涉及儿童证人，其是否有可能提供宣誓证据？

(k) 如果身份是一个问题，那些据以辨别被告人身份的证据是否富有说服力且可靠？

(l) 要是有两位或更多的被告人一起受到指控,是否有合理的可能性将诉讼程序分开？如果是,对每位被告人是否应安排独立的审判,且每一个案件都能得到充分的证明？

这一罗列的单子并没有穷尽一切情况。当然,考虑问题时,还要根据个案的具体情况。但是,这一介绍表明,尤其是在界线模糊的案件中,检察官必须透过陈述的表面看清其本质。

2.8　在检察官满意地认为有充足的证据可以判断起诉或继续起诉是合理的时,他或她随后必须考虑的是:根据可证明的事实以及案件的所有相关情节,公共利益是否要求进行起诉？其规则是:并不是所有引起当局注意的案件都必须予以起诉。

2.9　在决定公共利益是否要求起诉时,需要恰当地予以考虑的那些因素会因具体案件的不同而不同。但是,许多公共利益因素会对继续诉讼的决定产生影响,也有一些公共利益因素的运行有利于诉讼的进行(例如,犯罪的严重性、威慑的需要)。从这一点看,通常说来,犯罪越严重,公共利益要求其不予起诉的可能性就越小。

2.10　在考虑公共利益是否要求起诉的因素中,包括以下内容,但并非全部:

(a) 严重性,或者相反,所谓的犯罪相当轻微或者只是“程序性”的;

(b) 减轻或者加重情节,影响起诉的合适性,或者相反;

(c) 所谓的犯罪人、证人或被害人的年轻、年龄、智力、身体健康状况、心理状况或者特殊的弱点等;

(d) 所谓的犯罪人的前科及其背景;

(e) 在考虑所谓的犯罪情节时,犯罪后的时间跨度以及犯罪是什么时候被发现的;

(f) 与犯罪相连,所谓的犯罪者的可责备程度;

(g) 在执行司法中,对社区和谐和公众信任度的影响;

(h) 法律的过时或模糊问题;

(i) 起诉是否将会产生反作用,如给法律带来坏名声;

(j) 起诉可替换措施的可得性及其功效;

(k) 所谓的犯罪的普遍性及威慑的需要,包括个人的和公众的;

(l) 定罪的任何结果,其后果是不是太过严厉而不公平;

(m) 所谓的犯罪是否引起公众的极大关注;

(n) 如果起诉行为已经启动,就要考虑联邦或其他人或其身体在刑事赔偿、恢复或者没收方面的任何权利;

(o) 所谓的犯罪的被害人对起诉的态度;

(p) 对个人来说,实在的或潜在的危害;

(q) 审判可能要花费的时间和费用;

(r) 所谓的犯罪者是否愿意在侦查或起诉中与其他人合作,或者所谓的犯罪者在这方面的合作程度;

(s) 如果裁判是有罪的,法院可以选择的刑罚种类,其可能的结果是什么;

(t) 所谓的犯罪是否只能以起诉书的形式审判;

(u) 在法治社会中,以及通过民主政府的各个机构,包括议会和法院,在执行司法中维护公众信任的必要;

(v) 实行调整性(regulatory)或惩罚性规则的必要;

(w) 功效、作为起诉的替换措施、针对所谓的犯罪者已经适用的任何训诫性程序在多大程度上涵盖了所谓的犯罪;以及

(x) 实现调整性或惩罚性规则的充分性,以及相关的民事处罚程序,不管是未决的还是已决的,这些程序是否可能导致或者已经导致经济上的强制性处罚。

上述因素及其他因素的适用及分量,都要视每个案件中的具体情节而定。

2.11 在司法实践中,事实上,在许多案件中,如果可获得的证据能充分地证明起诉是合理的,合适的决定就是继续进行诉讼。

在某一特定案件中可能存在减轻因素,通常的做法是继续进行诉讼,将那些减轻因素提交给法院,在量刑时予以减轻。尽管如此,当所谓的犯罪,显而易见,没有那么严重要求起诉时,检察官应当时刻牢记公共利益是否要求追诉。

2.12 针对某些犯罪,立法规定了替换起诉的执行办法。例如,

《1901年海关法》规定的海关起诉程序，以及各种税法规定的可以扣押的行政处罚。事实是：可以采取这种办法并不必然意味着刑事诉讼就不应该被提起。所谓的犯罪有可能是如此严重，合适的做法就是提起诉讼。

但是，根据上述2.10(j)的规定，替换执行办法的可得性是考虑决定公共利益是否要求起诉的一个相关因素。

2.13　决定是否起诉必须绝对不受以下因素的影响：

(a) 所谓的犯罪者或相关的任何其他人的种族、宗教、性别、国籍或者政治团体、活动或信仰；

(b) 与所谓的犯罪者或被害人的个人情感；

(c) 政府或任何政治集团或党派可能存在的政治优势、劣势或困境；或者

(d) 负责起诉决定的个人或者其执业环境对决定可能产生的影响。

2.14　起诉应当只根据本政策进行。如果案件没有达到这些要求，比如案件符合法律的规定，但没有合理的定罪可能性，就不应该继续起诉。

对青少年的起诉

2.15　如果所谓的犯罪是由青少年实施的，在行使起诉裁量权时，必须考虑青少年的健康问题。应毫无例外地认为，起诉一位青少年是严肃的一步。一般说来，相当严重的案件如果不符合起诉的要求，就可以采用其他方法处理，除非所谓的犯罪的严重性或相关青少年的客观环境完全相反。从这一点看，通常情况下，当所谓的犯罪的情节并不严重时，公共利益并不要求起诉一位初次犯罪的青少年。

2.16　在决定公共利益是否有必要起诉一位青少年时，除了应考虑2.10中所规定的那些相关因素外，还应特别考虑：

(a) 所谓的犯罪的严重性；

(b) 青少年的年龄、表现出来的成熟程度以及心理能力；

(c) 可采用的起诉的替换措施，比如警告，以及它们的功效；

(d) 如果案件已被起诉,与儿童法庭相关的可采用的刑罚方法;

(e) 青少年的家庭环境,尤其是其父母是否显得能干,并准备采取有效的管束方法,且能控制住该青少年;

(f) 青少年的前科情况,包括该青少年以前可能受到过的任何警告情况,以及那些情况是否表明对目前案件的不太正式的处理是不恰当的;以及

(g) 考虑到青少年的弱点以及其家庭情况,起诉是否可能给该青少年造成不恰当的严厉后果或者是不合适的。

2.17 起诉一位青少年,无论如何,应确保其能得到法庭权力的福利保护。

2.18 在检察总署的司法实践中,任何与青少年有关的继续进行诉讼的决定必须由一位资深律师作出。

指控的选择

2.19 在许多案件中,证据会表明某一犯罪同时违反了数部不同法律的规定。

因此,必须仔细地考虑选择一个或数个指控,并能充分地反映证据所揭示的犯罪行为的本质及危害程度,这将给法院在量刑时提供合适的依据。

2.20 通常情况下,所提出的或继续进行的一个或数个指控是证据揭示的最为严重的犯罪行为。但是,在考虑到可获得证据的说服力、辩护方对某一特定指控可能提出的辩护意见以及本政策随后在审判模式中规定的注意事项等问题,提出或继续进行的指控不是证据揭示的最为严重的犯罪行为可能是合适的。

2.21 无论如何,提出的指控应当与随后打算提供的指控协商范围相一致。

2.22 有关指控选择的决定可能会出现,可获得的证据既支持符合特别法规定的某一指控,又符合普通法规定的某一犯罪,比如根据《刑法典》的规定。在这种情况下,与此类犯罪有关的指控决定应根据2.19和2.20的规定作出。

2.23 许多判决曾强调对共同指控进行限制的必要性。只要有可能，应当提出实质性的指控。但是，会出现共同指控是可获得的证据能够证明的唯一充足而合适的指控的时候。当提议对共同犯罪的许多被告人提起或继续进行共同指控时，作出必要的决定时必须避免这样的风险，即共同审判所造成的不合适的复杂化，或者延长审判时间，或者给被告人带来不公平的后果。

同意起诉

2.24 有一小部分联邦法律规定，根据法律的规定，不能启动某一犯罪的起诉，或者如果启动了，不能继续进行，除非得到负责的部长或某一特定官员的同意。在立法中规定这一同意的要求出于多方面的原因，但是所有的理由在本质上都是为了确保起诉不会在不合适的情境下发生。

2.25 根据一些法律的规定，检察长已被授权同意对某些犯罪的起诉。在合适的情况下，这一同意的权力可以委托检察总署内资深的律师行使，只要这一做法是可行的。

2.26 要求同意的理由常常是在考虑是否决定起诉时一个常见的因素。例如，同意可能要求确保将减轻因素考虑在内，或者在无关紧要的事情上阻止起诉。在这种情况下，同意的问题确实与是否起诉的决定密切相关。在某些情况下，同意的规定将包括在内，因法律不可能将犯罪规定描述得那么准确而涵盖可能带来的所有危害，且毫无遗漏。其他情况可能会涉及刑法在那些敏感或者有争议领域的适用，或者考虑到公共政策的重要事项。在某些合适的情况下，是否同意起诉的决定会在经与相关的部门或机构商量后作出。

2.27 应当注意的是，除了检察长或者检察总署的律师外，予以同意才能起诉的人可能是某一部长或特定官员。尽管出于公共利益的考虑，得到授权的个人与检察总署之间在作出是否同意起诉这一问题上不可能产生什么不同的观点。显而易见，理想的做法是：一旦出现事实或所涉法律方面的难题，应先与检察总署协商。

3. 联邦起诉的提起与进行

3.1 作为一条基本原则，普通法规定任何人都有权利对违反刑法的行为提起诉讼。这一权利规定在《1914 年犯罪法》（联邦）第 13 章中。但是，这只是法律上的规定，在司法实践中只有一小部分的联邦起诉是由联邦官员提起的。

3.2 启动侦查行为的决定与可能的或者所谓的犯罪行为有关，通常取决于负责实施相关法律的部门或机构。检察总署通常不介入这样的决定，尽管可能应要求而提供法律建议。检察总署可能与之进行商讨，比如所谓的不当行为是否违反联邦法律等。

3.3 检察总署不侦查已经实施的所谓的犯罪。犯罪的侦查由澳大利亚联邦警察局（AFP）或者另一政府侦查机构或有侦查能力的机构（“侦查机构”）实施。检察总署可以为侦查机构就侦查过程中出现的法律问题提供建议。

3.4 如果侦查的结果表明已经实施了犯罪，司法实践中的做法是（除了本章下面 3.5 和 3.6 规定的例外情况外）：将证据提交给检察总署，由检察总署审查决定是否应当提起诉讼，如果应当，就提出是什么指控或哪些指控。尽管联邦警察局的警官或其他联邦官员有权作出最初的起诉决定，但检察长有职责根据法律的规定决定是否起诉，如果已经启动，就决定是否应当继续进行。因此，通常情况下，合适且可行的做法是：在提起诉讼前，将案件提交给检察总署。

3.5 不可避免的情况总会发生，即诉讼以逮捕的方式启动，而指控却没有机会与检察总署进行协商。这种情况是不可避免的，也是恰当的。但是，当出现事实或法律方面的难题时，最为理想的做法是：只要危急的情况允许，在逮捕前应就这些问题进行协商。逮捕的决定是由侦查官员作出的。

3.6 大多数的联邦起诉由检察总署进行。但是，在一些领域，那些简单的制定法的犯罪，根据检察总署的安排，由联邦机构进行简易起诉。那些机构在提起此类诉讼时，应遵循本政策的规定，当出现事实或法律方面的难题时，与检察总署进行协商。

3.7　如果侦查已表明有充足的证据提起诉讼，但相关的部门或机构认为公共利益不要求起诉，或者采取其他行动而不是起诉，仍应就所谓的犯罪所涉及的问题，特别是严重性问题，与检察总署进行协商。无论何时，就公共利益而言，当某部门或机构对采取哪一种行动是最合适的产生疑问时，检察总署应当与之协商。涉及起诉的决定是侦查机构应关心的事情。

3.8　在决定是否提起诉讼或继续进行诉讼时，如果是，要提出哪一指控或哪些指控。联邦警察局提出的任何观点，或者负责执行司法的部门或机构提出的问题，都会得到细致的考虑。但是，先前提出的各项内容最终都是由检察总署作出决定的。

3.9　根据《检察长法》第6章6(1)的规定，检察长既可以以自己的名义提起简易程序或者预审程序，也可以继续进行由他人提起的此类程序。从本质上说，检察总署继续进行诉讼的所有案件都是由联邦警察局的警察或其他联邦官员作为案件的侦查者或申诉者的。唯一例外的情况是，检察长以自己的名义提起简易诉讼或者预审程序。

3.10　事实上，《检察长法》并不要求起诉，一旦启动，必须由检察长继续进行。因此，除了上述几种有限情况外，起诉由联邦警察局或其他联邦机构的官员提起是极不寻常的，也不会发生。检察长拥有足够的制定法上的权力控制由其他人进行的诉讼。

3.11　应当注意的是，违反联邦法的犯罪由州或地区的官员提出起诉的情况。通常情况下，如果有必要，联邦的起诉应当由检察长继续进行或者接管，但也存在一些例外情况。如果一个人同时被指控犯了州/地区和联邦的犯罪，案件留在州/地区当局处理是合适的。这要求考虑以下事项：

(a) 州/地区和联邦指控相对的严重性；

(b) 如果起诉分开，不方便的程度、对被告人或诉讼的歧视程度；以及

(c) 如果起诉是以起诉书的方式进行，在检察长和相关的州/地

区当局之间作出安排，决定根据起诉书中所包括的联邦和州/地区提出的罪状进行共同审判。

这样的情况也会出现，出于平衡方便的考虑，联邦犯罪的起诉应由州/地区当局进行，尽管并不涉及州/地区的指控。例如，发生在一个偏远地区的轻微的联邦犯罪，要由检察总署的律师提出起诉就是不切实际的。

4. 对联邦犯罪起诉的控制

介绍

4.1　根据《检察长法》的规定，检察长对违反联邦法律的犯罪的起诉享有监督作用，有权在任何阶段介入由他人对联邦犯罪提起的诉讼。特别是根据《检察长法》第9章9(5)的规定，检察长可以接管另一个人为简易程序或预审程序提起的诉讼。接管后，检察长可以作为负责侦查者继续进行诉讼或者拒绝继续下去。以制定法的形式作出这一概括性规定的主要目的之一是建立检察总署——是否起诉以及如何起诉的决定应由检察总署独立于负责侦查者作出。

中止由联邦官员提出的起诉

4.2　这一章涉及诉讼中止问题，不管提起的是简易程序还是预审程序。由起诉书提起的诉讼中止问题随后会在本政策中提及。

4.3　检察总署享有是否继续进行诉讼的最终决定权。与所追寻的目标相一致，只有合适的、恰当的案件才会被提交给法院；如果合适，检察总署会中止某一诉讼。

4.4　在起诉是由联邦警察局的警察或其他联邦官员启动的情况下，事先又没有与检察总署协商，在案件被移交给检察总署后，该决定的可行性问题应受到审查。

4.5　但是，案件应受到不间断的审查，不管其在启动起诉前是否与检察总署进行过协商。这一点是十分重要的。可以获得的新证据或者新信息可能使继续进行诉讼变得不恰当。

4.6　无论何时,检察总署在考虑中止诉讼时,司法实践中的做法是:检察总署先要与联邦警察局或者负责的部门或机构协商。在诉讼过程中,检察总署的独立性并不意味着负责侦查案件的人应被排除在作出决定的过程之外。事实上,检察总署在考虑中止诉讼时,密切的联系对保持检察总署与相关的联邦机构之间的和谐关系是至关重要的。当然,这种协商的程度视具体案件中存在问题的情况而定,尤其是检察总署在考虑中止诉讼的理由时。如果认为可获得的证据不够充分,就可以期待联邦警察局或者负责的部门或机构接受检察总署对证据的评估。另一方面,如果因考虑公共利益的原因而中止诉讼,联邦警察局或者负责的部门或机构可以合法地要求对其观点予以考虑。所涉及的各方面的因素越得到较好的平衡,就越需要讨论。在决定公共利益时,如果可以得到被害人的观点,且对这些观点予以考虑是合适的,也可以将这些观点考虑在内。

介入私诉

4.7　从正式意义上说,在简易审判庭审理的所有起诉都是私诉,即使起诉者拥有官方的职位。在下文中所提到的私诉,其含义为起诉者是个人,以便与警察或其他官员在诉讼过程中代表政府部门或职责相区别。

4.8　个人拥有对违反法律提起诉讼的权利曾被认为是“反对当局的惯性或偏见的一项有价值的宪法保障”(Lord Wilberforce in Gouriet-v-Union of Post Office Workers[1978] AC435 第 477 页)。然而,权利可能被滥用,或者掺杂了不恰当的个人或其他动机。另外,可能出于公共政策方面的考虑,私诉不应继续进行,或者至少不应允许其留在私人手里,尽管其启动是出于善意的。因此,《检察长法》第 9 章 9(5) 所规定的权力为反对行使这一权利提供了重要保障。这可能被广泛地描述为不恰当的情况。

4.9　问题是:是否应该行使第 9 章 9(5) 所规定的权力以接管私诉?在当事人的一方或另一方提起诉讼时,常会产生这样的问题,尽管检察长可以出于自己的意愿明确地决定不应允许进行私诉。作为选择,某一公共机构,比如某一政府部门或机构,可能考虑的是继续进行诉讼将会与公共利益相冲突,并将此案提交给检察长。

4.10　当出现是否应该行使第9章9(5)所规定的权力以介入私诉这一问题时,私人起诉者如果表明他或她会接受这样的案件,将被允许继续进行起诉行为,除非出现一种或数种下列情况:

(a) 没有充足的证据证明继续诉讼是合理的,也就是说,已获得的证据不能确保有定罪的合理性;

(b) 有合理的理由怀疑决定起诉是受不恰当的个人或其他动机促成的,或者相反,已构成滥用诉讼程序,如果是这样,即使诉讼继续进行,允许其留在私人起诉者手里是不合适的;

(c) 继续进行诉讼与公共利益背道而驰——执行法律必须是一个自由裁量的过程,有时考虑公共政策的主观事项优先于严格地执行法律是合适的,比如维护秩序或者维持国际关系;

(d) 所谓犯罪的性质或需要决定的问题,是这样的事情:即使诉讼要继续进行下去,但将其留在私人手里是不符合公正的利益的;

(e) 指控的性质不能体现联邦法律规定的犯罪;或者

(f) 私人起诉者已向法院提起诉讼,而该法院没有管辖权。

4.11　个人可以提起诉讼,在他或她不同意检察总署先前的决定的情况下。如果在审查案件后,在任何情况下,认为不继续进行诉讼的决定是正确的,合适的做法可能是接管私诉并予以中止。

4.12　在某些情况下,介入私诉的理由将必然地导致私诉的中止,一旦检察长认为有责任这么做。在这一点上,一旦作出接管私诉的决定,其所适用的标准,在诉讼的任何阶段,都应与检察总署进行的任何其他诉讼一样。

4.13　如果认为介入私诉可能是合适的,在最终作出是否需要这么做的决定前,检察总署可能有必要向警察提出咨询帮助。如果是这样,还要决定是否需要继续诉讼。同时,根据《检察长法》第12章的规定,可以要求提起私诉或者继续进行私诉的那个人向检察长提供案件情况的全文报告,包括诉讼的主题以及相关的其他信息和资料。

5. 犯罪的被害人

5.1　在所有诉讼活动中，重要的一点是要尊重被害人，维护其尊严。

5.2　根据本政策的上下文，犯罪的被害人是指作为违反联邦法律或者受到联邦当局起诉的某一犯罪或数个犯罪的直接后果而遭受伤害的身份确定的个人。“伤害”包括身体上或心理上的损害、感情上的痛苦或经济损失。

5.3　本起诉政策规定了被害人的观点，如果这些观点是适用的，只要是恰当的，在考虑决定公共政策问题时应予以考虑：

（a）开始起诉时；

（b）中止诉讼时；

（c）同意指控协商时；或者

（d）在预审后，拒绝继续进行诉讼时。

5.4　在处理被害人问题时，检察总署也遵守《检察总署犯罪政策的被害人》（the DPP's Victims of Crime Policy）的规定。

6. 起诉过程中的其他一些决定

《检察长法》第9章9（6）、9（6B）、9（6D）规定的承诺

6.1　本章涉及在决定是否需要给同案犯以《检察长法》规定的承诺，以保障其在起诉过程中予以作证而涉及的各种事项。

6.2　根据能获得的所有证据，进行细致判断，决定是否需要同案犯为起诉提供证据时，经常会出现冲突问题。但是，不可避免的是，总会出现起诉证据存在弱点的情形。如果这位同案犯是唯一可获得的能够弥补弱点的证据来源，就会期望，或者是迫切的，他或她为起诉提供证据。

6.3　与是否要同案犯作证相关的问题是：是否要对该同案犯进

行起诉？在这一点上，除非同案犯在针对被告人指控的主罪上，就他或她自己参与犯罪活动的行为已经受到处理，当诉讼希望引出证据时，关于这一案件，他或她可以声明反对自证其罪以保护自己。但是，依据《检察长法》的规定，已经给同案犯以承诺的，该承诺将会优先于正当的特权声明。

6.4　一般情况下，同案犯应受到起诉，不管他或她是否被要求充当证人，当然是在证据和公共利益方面都具有说服力的。在作有罪答辩时，该同案犯打算与另一个案件的起诉合作，就可以在将要作出的合适的量刑上予以减轻。这种减轻可能是实质性的。但是，这种做法并不是在所有的案件中都是切实可行的。

6.5　原则上，理想的做法是：为了在起诉其他人时可以收集证据，刑事司法系统应当在无须给那些参加了所谓的犯罪的人以任何让步（例如，对他们免除起诉）的情况下运作。但是，在某些情况下，免除起诉对公正的利益来说可能是合适的，这一点是经过长期的司法实践才达成共识的。

6.6　《检察长法》中规定的承诺只能在满足以下条件时才可以作出：

（a）对确保被告人的定罪来说，同案犯能够提供的证据被认为是必不可少的，或者对全面揭露犯罪的性质和范围是至关重要的，而且这一证据无法从其他途径得到。就这一点而言，在没有同案犯提供证据的情况下，案件的证据越充足，给同案犯以承诺就越不合适；而且

（b）可以合理地认为同案犯的罪行远轻于被告人。

6.7　在决定是否给同案犯以《检察长法》中规定的承诺时，核心问题是：从公正利益的总体看，由于同案犯参与犯罪的问题仍在考虑之中，为了确保在起诉另一人时能获得他或她的证言，对其进行起诉的机会应优先考虑。在决定其中的平衡问题时，应考虑以下几种情况：

（a）与被告人相比，同案犯在仍在考虑之中的犯罪活动中参与犯罪的程度；

（b）如果没有期待中同案犯可以提供的证据，针对被告人的起

诉证据的说服力；如果没有同案犯提供的证据，针对被告人的某项或某些指控能够成立，这些指控在多大程度上能反映被告人犯罪的严重性；

(c) 如果同案犯予以作证，起诉的证据会强化多少——除了考虑可获得的确凿证据、事实裁判者可能给同案犯证言的分量外，如果同案犯不出庭作证，还有必要考虑起诉案件可能出现的结果；

(d) 如果同案犯予以作证，需要对起诉证据可能得到的加强进行评估，这要求起诉方考虑一系列的因素，包括对确凿证据的审查，事实发现者对证据分量的评估，以及对证据本身是否具有说服力、是否完整及真实的评估；

(e) 已得到加强的起诉案件可能存在的弱点，而不是依赖同案犯能够提供的证据（例如，进一步侦查，找出充足的、独立的证据以弥补弱点的可能性）；

(f) 是否存在或可能存在充足的、可采纳的证据以支持对同案犯的指控，要不是他或她准备为起诉作证，如果依据《检察长法》的规定给予承诺，而对同案犯进行起诉，是否符合公共利益的要求；以及

(g) 如果同案犯被起诉，随后又予以作证，在服刑期间，是否有真正的理由相信他或她的人身安全会有危险。

6.8　当同案犯从控方得到减刑以确保他或她的证据时，比如对指控的选择或者依据《检察长法》所作出的对承诺的允许、在控方和同案犯之间签订的协议或相互间的理解，是否应当披露给法庭或者被告方。

6.9　在侦查过程中，侦查机构可能会认为将刑事活动的某一参与者当作控方的证人比当作被告人更有价值，因此希望以这个人将提供的证据为依据，侦查可能转变方向，对其余的参与者进行立案。除非出于某种理由，这样做是不切实际的。侦查机构应毫无例外地就这一做法的恰当性向检察总署寻求建议。这将会减少值得称赞的起诉被取消的可能性，这种取消是由于检察长认为允许给同案犯以《检察长法》规定的承诺确保他或她的证言是不符合公正利益的。

6.10　本起诉政策的附录B以及澳大利亚竞争与消费者委员会和检察总署之间签订的《谅解备忘录》规定，出现《1974年贸易实践法》第44章44ZZRF和44ZZRG中规定的相关犯罪情况（包括相关的从属的债务犯罪）时，检察总署将适用免除处罚。附录B和《谅解备忘录》所处理的免除处罚，适用于第一次参加卡特尔活动以寻求免除处罚的人。随后申请免除处罚的，将根据本政策处理。

审判模式

6.11　可起诉犯罪可能由简易审法庭审理，控方在决定审判模式时会发挥主要作用。根据一些法律的规定，控方所提出的要求或同意是简易审的前提条件。

6.12　在决定一个案件是否以起诉书的形式进行审理时，应考虑以下情况：

(a) 案件的性质，以及是否有情节使所谓的犯罪具有严重的特征；

(b) 某一特定审判模式在立法上隐含的任何优先权；

(c) 如果案件被即时审结，刑罚种类及可处罚的充足性；

(d) 以起诉书的形式进行审理可能造成的任何迟延、花费以及证人所产生的反作用；

(e) 在某一特定类型的犯罪活动具有普遍性的情况下，为了阻止类似犯罪的发生，理想的做法是通过简易程序快速处理这些诉讼；

(f) 知名度越高，相应地，通过起诉书的形式审判获得定罪，所产生的遏制效果越好。

与此同时，与决定是否起诉相关的此类标准就显得十分重要。

6.13　控方对待审判模式问题的态度应当尽可能在最早的阶段作出并告知被告人和法庭。

指控协商

6.14　指控协商是指在辩护方与控方之间就继续诉讼的指控所涉及的协商。这种协商可能导致被告人对少于他或他所面临的指控，或者更轻的指控或更少的指控进行有罪答辩，剩下的指控或者不再继续进行，或者不考虑在定罪程序之内。

6.15　本节所涉及的与指控协商相关的各项规定应与第2章2.21所规定的"无论如何，提出的指控应当与随后打算提供的指控协商范围相一致"这一基本原则一起解读。

6.16　指控协商与审判法官就其可能判处的刑罚问题所进行的私下协商完全不同。关于这种协商，维多利亚州最高法院合议庭①在R-v-Marshall [1981] VR 725第732页说道：

> 在法官和辩护律师之间就有罪答辩或要判处的刑罚问题所作的任何私下协商的建议必须刻意地予以避免。这是令人反感的，因为这不是公开进行的，它排除了最为重要的相关人即被告人。这对政府来说是令人尴尬的，并将法官置于错误的位置。在司法执行中，这可能只会削弱公众的信任度。

6.17　在辩护方和控方之间的协商应受到鼓励，可以发生在案件起诉到法院过程中的任何阶段，且可以由控方提出。在辩护方和控方之间就某一指控或数项指控所进行的协商，其有罪答辩可能与公正的要求相一致，如果遵守以下的限制条件：

(i) 继续进行的指控与被告人的犯罪行为在性质上应有合理的联系；

(ii) 从案件的所有情节看，那些指控为合适的量刑提供了充足的依据；以及

(iii) 有证据支持指控。

6.18　任何是否同意指控建议的决定必须考虑案件的所有情节及其他相关事项，包括：

(a) 被告人是否愿意在侦查中或者起诉其他人时予以合作，或者被告人合作的程度；

(b) 根据建议，如果指控有所变化（考虑到被告人是否已服了

---

① 译者注：原文为"the Full Court of the Supreme Court of Victoria"。the Full Court是维多利亚州最高法院中设立的一个受理上诉案件的法庭。

一段时间刑期等),对所涉及的犯罪行为来说,可能判处的刑罚是否合适;

(c) 案件得到立即、迅速处理的满意度;

(d) 被告人的前科;

(e) 起诉案件的说服力;

(f) 证人出现相反后果的可能性;

(g) 是否有可能挽救证人,特别是被害人或其他在审判作证时感到有压力的弱势证人;

(h) 在那些已经对联邦或某人造成经济损失的案件中,被告人是否已予以赔偿或安排赔偿;

(i) 为了避免给其他悬而未决的案件造成迟延的需要;

(j) 审判中所涉及的时间和花费,以及任何上诉程序;

(k) 相关部门或机构的观点;以及

(l) 被害人的观点,当这些观点可以获得时,而且如果将这些观点考虑在内是合适的。

6.19 控方不应同意由辩护方提出的指控协商建议,如果被告人继续声称他或她对其已打算进行有罪答辩的某一指控或数项指控是无罪的。

6.20 当相关的立法允许可起诉犯罪以简易方式处理时,辩护方提出通过有罪答辩得到较少的指控或较轻的一项或数项指控的建议可能涉及一个要求,即所建议的指控将以简易方式处理,而控方也同意或不反对(根据立法的要求)以简易方式处理这一案件。或者,辩护方可能表明被告人将对现有的一项指控或数项指控作有罪答辩以换取案件以简易方式审理。控方在作出有关这一要求的决定时,应当对上述事项予以考虑,同时还应考虑先前依据审判模式确定的事项。

6.21 辩护方提出通过有罪答辩得到较少的指控或较轻的一项或数项指控的建议可能包括这一要求,即控方不反对将量刑在所提议的范围内处罚这一辩护意见提交给法庭。或者,辩护方可能表示被告人将对现有的一项或数项指控进行有罪答辩,如果控方不反对这一意见。控方可以考虑同意这一要求，只要认为所提议的量刑范围或处罚是在恰当地行使量刑自由裁量权时可接受的范围内。

预审后拒绝继续进行

6.22　在被告人被预审后，可能出现这样的问题，即被告人是否应受到起诉，或者如果已提交起诉书，以起诉书为依据的审判是否应继续进行。这些问题既有可能是检察总署的律师就起诉作出的提议，也有可能是辩护方申请的结果。

6.23　尽管已得到审判的命令，在开始审判后，所发生的事件会使继续进行诉讼变得不再合适。或者，在审判过程中，对起诉案件的证据的说服力可能不得不重新加以评估。但是，在行使第9章9(4)规定的权力时，应以本起诉政策前面规定的决定起诉的标准为依据。通常情况下，作出任何决定前，检察总署会与联邦警察局或相关的部门或机构进行协商。在考虑公共利益问题时，如果可以得到被害人的观点，且如果将这些观点考虑在内是合适的，应考虑被害人的观点。

6.24　在检察长拒绝继续进行的诉讼中，辩护方的申请可能以指控的犯罪事实相对较轻，或者以起诉书方式提起的审判不能保证其时间和花费这样的事实为依据。这一申请极有可能得到有利的考虑，如果所谓的犯罪已得到简易程序的审理，但是被告人拒绝同意此案以这种方式加以审理。

6.25　一旦决定案件不以起诉书的方式继续进行审理，该决定不能被推翻，除非：

(a) 出现了重要的新证据，该证据先前没有得到考虑；

(b) 决定是以欺骗的方式获得的；或者

(c) 决定是以错误的事实为依据作出的；

同时，在任何情况下，只有出于公正利益的考虑，决定才能被推翻。

6.26　当审判的结果与陪审团的决定不相一致时，就应考虑是否要求重审，第二个陪审团是否有可能更有利于作出判决。同时，还应考虑所谓的犯罪的严重性、公众的花费以及被告人的情况。如果决定再审,第二个陪审团还是不同意,要求被告人进行第三次审判的情况极为少见,而且属于例外情况。

6.27 需要特别指出的是,从没有发生过向总检察长提出议案申请的情况。在检察总署成立后不久,当时的总检察长就表明这样的申请应由检察长作出,同时还进一步表明,只有在检察长拒绝这一例外情况且与检察长协商以后,他才会考虑提交给他的此类申请。司法实践中,向来遵守这一做法。

当然的起诉

6.28 根据《检察长法》第 6 章 6(2D)的规定,检察长“可以对某人违反联邦法的可起诉犯罪提起诉讼,如果此人没有受到调查或审判”。

6.29 举行预审程序以及对被告人的审判进行预审,不是法律规定的起诉可起诉犯罪的必经程序。例如,在塔斯马尼亚和西澳大利亚不再举行预审听证,尽管在这些州起诉要严格履行审前开示义务。在其他管辖区,预审更多地是以文件的形式进行,而非实质性的。然而,在司法实践中,几乎所有以起诉书形式提起的起诉都要先对被告人的审判进行预审。下面几条规定了检察总署认为特定案件的情况应区别于普通程序是否合理时应适用的标准。

6.30 以起诉书的形式进行起诉的决定,只有在没有先前的预审程序时,才被认为是合理的,如果对被告人不利的任何因素可能因此而得到考虑且不会因此类事情而让被告人得不到公正的审判。同时,只有具备充足的理由这么做时,该决定才被认为是合理的。没有必要说,在缺乏预审程序的情况下,只有在常规证据和公共利益两方面的考虑都得到满足时,才可适用当然的起诉程序。

6.31 应当注意的是,根据《起诉开示声明》,应为被告人提供证据开示而没有预审程序时,才适用当然的起诉程序。

6.32 另一方面,虽然被告在预审程序中没有受到指控,以起诉书的形式进行起诉的决定并不带来与可接受现实之间的巨大差别。预审程序的结果从来不被认为对有权进行起诉的人产生约束力。治安法官可能会错误地决定不指控被告人。在这样的案件中，当然的起诉决定可能是纠正这一错误唯一可行的办法。因此，在预审程序中没有受到指控后，以起诉书的形式进行起诉的决定从来不应受到轻视。在这些案件中，当然的起诉不应适用，除非可以自信地断言，治安法官在拒绝起诉时犯了错误；或者新的证据已可获得，而且可以自信地断言，如果在预审程序时那一证据已经获得，治安法官就会对被告人进行审理。

对量刑的上诉

6.33　控方对量刑的上诉权在行使时应受到恰当限制。在决定是否上诉时，应考虑上诉成功是否有合理的可能性。需要考虑的因素包括：

（a）量刑是否明显不足；

（b）量刑是否与量刑标准不相一致；

（c）量刑是否以错误的法律资料或事实为依据作出，需要以上诉予以纠正；

（d）量刑是否没有必要在实质上与其他相关的刑罚不相一致；

（e）向上诉法院提出的上诉是否可能促使法院为管理和指导量刑规定一些基本原则；

（f）上诉是否能让法院为处罚犯罪确立并维护充足的标准；

（g）上诉能否就所涉及的主要内容确保量刑的一致性；以及

（h）上诉是否能促使上诉法院纠正法律原则上的错误。

6.34　控方对量刑的上诉也应立即提出，尽管相关的立法并没有在时间上作出限制。控方在提起上诉时不恰当的迟延可能会导致新增加的量刑在替换措施方面的不公平。上诉法院曾多次表明，在这种情况下，他们也不会予以干涉，尽管除此之外，控方的上诉是值得赞许的。

7. 所谓的犯罪者的心理健康问题

7.1 在考虑启动和进行起诉时,可能会出现所谓的犯罪者的心理健康方面的问题。本政策规定,在决定公共利益是否要求起诉时,需要考虑的因素应包括所谓的犯罪者的智力、心理健康或特殊的弱点。除了考虑这些因素外,还有其他因素也可能需要考虑,包括所谓的犯罪的严重性或相关的琐事,一般的以及/或者特定的威慑的需要,以及所谓的犯罪是否引起公众的广泛关注。

7.2 在法庭上,辩护方通常会提出审判的不恰当性问题。但是,这个问题也可能由被告人本人或控方提出。在极为少见的情况下,要是辩护方没有提出明显的恰当性问题,就应当由控方提出。

8. 控方的证据开示

8.1 《控方证据开示声明》是一份由检察总署发布的可以公开获得的文件,它涉及控方的证据开示问题。检察总署在由其进行的诉讼中,根据起诉联邦犯罪可适用的法律,与侦查机构一起共同达到《控方证据开示声明》中所规定的要求。

(译者:季美君)

附录七

本书作者与本书主题相关的著作

第一部分 关于澳大利亚检察制度的讨论

1.《澳大利亚法官的任命》、《澳大利亚法官的作用》,载刘立宪、谢鹏程主编:《海外司法改革的走向》,中国方正出版社 2000 年版。

2.《澳大利亚检察总署》,载《检察日报》2001 年 6 月 12 日。

3.《澳大利亚的宪法制度》,载《检察日报》2001 年 7 月 2 日。

4.《澳新南威尔士州检察院》,载《检察日报》2001 年 9 月 27 日。

5.《澳大利亚的检察制度》,载《人民检察》2004 年第 1 期。

6.《澳大利亚司法体制》,载何家弘主编:《中外司法体制研究》,中国检察出版社 2004 年版。

7.《澳大利亚检察制度》,载何家弘主编:《检察制度比较研究》,中国检察出版社 2008 年版。

8.《澳大利亚指控协商制度透视》,载《华东政法大学学报》2011 年第 3 期。

9.《澳大利亚检察制度简介》,载《当代检察官》2011 年第 3 期。

第二部分 关于中国检察制度的讨论

1.《量刑建议权与公诉权》,载《法制日报》2001 年 8 月 5 日。

2.《走出推行量刑建议制度的认识误区》,载《检察日报》2001 年 8 月 10 日。

3.《量刑建议权专版》,载《检察日报》2001 年 10 月 2 日。

4.《起诉监督研究》,载《法律科学》2003 年第 6 期。

5.《量刑建议权制度研究》,载孙谦主编:《检察论丛》第 8 卷,法律出版社 2004 年版。

6.《量刑建议权制度与刑事司法公正》,载《法学家》2004 年第 3 期。(获第四届全国检察机关精神文明建设“金鼎奖”三等奖,2006 年 12 月)

7.《起诉监督研究》,载中华人民共和国最高人民检察院外事局编:《中国与欧盟刑事司法制度比较研究》,中国检察出版社 2005 年版。

8.《论死刑复核法律监督制度的立法完善》,载《人民检察》2006 年第 24 期。

9.《侦查监督制度的立法完善》,载陈光中、汪建成、张卫平主编:《诉讼法理论与实践》(2006 年卷),北京大学出版社 2006 年版。

10.《人性化的监狱管理与刑罚执行监督》,载《检察官学院学报》2007 年第 2 期。

11.《检察官的自由裁量权及其作用》,载《中国刑事法杂志》2008 年第 2 期。

12. 何家弘主编:《检察制度比较研究》,中国检察出版社 2008 年版。(任第一副主编)

13.《检察官选任制度研析》, 载《中国司法》2010 年第 3 期。

14.《论批捕权的合理配置》,载《中国司法》2011 年第 10 期。(获首届“司法行为 · 东岳论坛”三等奖,2010 年 6 月)

15.《检察官制度》,载朱孝清、张智辉主编:《检察学》,中国检察出版社 2010 年版。

16.《当代中国的检察改革》,载卢建平主编:《检察学的基本范畴》,中国检察出版社 2010 年版。

主要参考文献

一、著作及译著类

1.《列宁全集》(第43卷),人民出版社1987年版。
2.《彭真选集》,人民出版社1991年版。
3.《三国志·魏志·管宁传》。
4. 卞建林主编:《〈中华人民共和国人民检察院组织法〉修改专家意见稿》,中国检察出版社2006年版。
5.〔意〕贝卡里亚:《论犯罪与刑罚》,黄风译,中国大百科全书出版社1993年版。
6. 陈光中主编:《中华人民共和国刑事诉讼法再修改专家建议稿与论证》,中国法制出版社2006年版。
7. 陈兴良:《本体刑法学》,商务印书馆2001年版。
8. 陈义兴:《检察实践的理性思维》,中国检察出版社2008年版。
9. 陈瑞华:《看得见的正义——刑事诉讼基本问题研究》,中国法制出版社2000年版。
10. 陈瑞华:《问题与主义之间》,中国人民大学出版社2003年版。
11. 陈国庆:《检察制度原理》,法律出版社2009年版。
12.《邓小平文选》(第三卷),人民出版社1993年版。
13. 邓思清:《检察权研究》,北京大学出版社2007年版。
14. 何家弘、南英主编:《刑事证据制度改革研究》,法律出版社2003年版。
15. 何家弘主编:《外国证据法》,法律出版社2003年版。
16. 何家弘主编:《中外司法体制研究》,中国检察出版社2004年版。

17. 何家弘、张卫平主编:《外国证据法选译》(上卷),人民法院出版社 2000 年版。
18. 何家弘:《享受法缘》,法律出版社 2005 年版。
19. 何家弘主编:《刑事司法大趋势——以欧盟刑事司法一体化为视角》,中国检察出版社 2005 年版。
20. 何家弘主编,季美君、毛淑玲、袁经义副主编:《检察制度比较研究》,中国检察出版社 2008 年版。
21. 何家弘主编:《证据学论坛》(第七卷),中国检察出版社 2004 年版。
22. 黄风译:《意大利刑事诉讼法典》,中国政法大学出版社 1994 年版。
23. 金波主编:《强化法律监督的思考与探索》,中国检察出版社 2008 年版。
24. 李心鉴:《刑事诉讼构造论》,中国政法大学出版社 1992 年版。
25. 刘立宪、张智辉主编:《司法改革热点问题》,中国人民公安大学出版社 2000 年版。
26. 刘方:《检察制度史纲要》,法律出版社 2007 年版。
27. 刘佑生、石少侠主编:《检察官职业素养》,中国检察出版社 2010 年版。
28. 刘佑生、石少侠主编:《科学发展与法律监督》,中国检察出版社 2010 年版。
29. 卢建平主编:《检察学的基本范畴》,中国检察出版社 2010 年版。
30. 罗结珍译:《法国新刑法典》,中国法制出版社 2003 年版。
31. 马克昌主编:《近代西方刑法学说史略》,中国检察出版社 1996 年版。
32. 〔美〕彼得 · G. 伦斯特洛姆编:《美国法律辞典》,贺卫方等译,中国政法大学出版社 1998 年版。
33. 潘祖全主编:《检察实践中的思考》(第二辑),中国检察出版社 2008 年版。
34. 〔日〕青木昌彦:《比较制度分析》,周黎安译,上海远东出版社 2001 年版。
35. 钱弘道:《英美法讲座》,清华大学出版社 2004 年版。
36. 沈德咏主编:《刑事证据制度与理论》,法律出版社 2002 年版。
37. 苏力:《法治及其本土资源》,中国政法大学出版社 1996 年版。
38. 孙谦:《逮捕论》,法律出版社 2001 年版。
39. 孙谦主编:《中国检察制度论纲》,人民出版社 2004 年版。
40. 孙谦主编:《中国特色社会主义检察制度》,中国检察出版社 2009 年版。
41. 孙力主编:《检察前沿与改革探索》,中国检察出版社 2008 年版。
42. 邵明:《民事诉讼法理研究》,中国人民大学出版社 2004 年版。
43. 田文昌、陈瑞华主编:《〈中华人民共和国刑事诉讼法〉再修改律师建议稿与论证》,法律出版社 2007 年版。

44. 童建明、万春主编:《中国检察体制改革论纲》,中国检察出版社 2008 年版。
45. 王桂五主编:《中华人民共和国检察制度研究》,中国检察出版社 2008 年版。
46. 王桂五:《王桂五论检察》,中国检察出版社 2008 年版。
47. 汪建成:《冲突与平衡——刑事程序理论的新视角》,北京大学出版社 2006 年版。
48. 〔英〕温斯顿·丘吉尔:《英语民族史》(第四卷:伟大的民主),薛力敏、林林译,林葆梅校,南方出版社 2004 年版。
49. 魏武:《法德检察制度》,中国检察出版社 2008 年版。
50. 向泽选:《法律监督:理念、机制与改革》,中国检察出版社 2011 年版。
51. 徐静村主编:《中国刑事诉讼法(第二修正案)学者拟制稿及立法理由》,法律出版社 2005 年版。
52. 杨兆龙:《杨兆龙法学文集》,法律出版社 2005 年版。
53. 于萍主编:《检察官管理制度教程》,法律出版社 2003 版。
54. 中国检察理论研究所编:《检察理论研究集粹》(第二届全国检察理论研究年会论文集),中国检察出版社 2001 年版。
55. 张鸿巍:《美国检察制度研究》,人民出版社 2009 年版。
56. 张穹主编:《公诉问题研究》,中国人民公安大学出版社 2000 年版。
57. 张智辉、杨诚主编:《检察官作用与准则比较研究》,中国检察出版社 2002 年版。
58. 张智辉:《检察权研究》,中国检察出版社 2007 年版。
59. 周振雄编著:《美国司法制度概览》,上海三联书店 2000 年版。
60. 张文志:《中国检察制度改革论纲》,法律出版社 2007 年版。
61. 甄贞等:《检察制度比较研究》,法律出版社 2010 年版。
62. 朱孝清等:《我国职务犯罪侦查体制改革研究》,中国人民公安大学出版社 2008 年版。
63. 朱孝清、张智辉主编:《检察学》,中国检察出版社 2010 年版。
64. 闵钐、薛伟宏编著:《共和国检察历史片断》,中国检察出版社 2009 年版。
65. 童建明主编:《新刑事诉讼法理解与适用》,中国检察出版社 2012 年版。

二、中文论文

66. 柏荣:《检察改革:直击难点谋长远》,载《检察日报》2007 年 9 月 28 日。
67. 保广有:《侦查监督制度的立法完善》,http://article.chinalawinfo.com/Arti-

cle_Detail. asp? Articleid = 33053,2010 年 4 月 5 日访问。

68. 陈坚:《刑事法律监督的立法完善》,载《法学》2006 年第 8 期。
69. 胡敏等:《死刑复核法律监督研究》,2006 年第七届全国检察理论研究年会论文。
70. 陈光中:《论我国死刑审判程序之改革》,载周国均、陈卫东主编:《死刑复核程序专题研究》,中国方正出版社 2006 年版。
71. 陈卫东、郝银钟:《侦检一体化模式研究》,载《法学研究》1999 年第 1 期。
72. 陈卫东:《我国检察权的反思与重构——以公诉权为核心的分析》,载《法学研究》2002 年第 2 期。
73. 陈卫东、李训虎:《检察一体与检察官独立》,载《法学研究》2006 年第 1 期。
74. 陈卫东:《优化司法职权配置 建设公正司法制度》,载《法制日报》2007 年 12 月 9 日。
75. 陈卫东:《构建中国特色刑事特别程序》,载《中国法学》2011 年第 6 期。
76. 陈柏新、李静、陈柏安:《公诉权与法律监督的关系》,载《法学》2006 年第 12 期。
77. 陈岚:《论检察官的自由裁量权——兼析起诉便宜主义原则的确立及其适用》,载《中国法学》2000 年第 1 期。
78. 陈瑞华:《从"流水作业"走向"以裁判为中心"》,载《法学》2000 年第 3 期。
79. 陈瑞华:《案卷笔录中心主义——对中国刑事审判方式的重新考察》,载《法学研究》2006 年第 4 期。
80. 陈瑞华:《在公正与效率之间——英国刑事诉讼制度的最新发展》,载《中外法学》1998 年第 6 期。
81. 陈瑞华:《实物证据的鉴真问题》,载《法学研究》2011 年第 5 期。
82. 陈兴良:《从"法官之上的法官"到"法官之前的法官"——刑事法治视野中的检察权》,载《中外法学》2006 年第 6 期。
83. 程相鹏:《论我国检察权科学配置的立法完善》,2006 年第七届全国检察理论研究年会论文。
84. 崔敏:《为什么检察制度屡受质疑——对一篇重要文章中某些观点的商榷》,载《法学》2007 年第 7 期。
85. 崔浩等:《撞人不捕 可不是交钱放人》,载《检察日报》2008 年 12 月 24 日。
86. 邓楚开:《论我国检察机关对刑事审判的监督》,载中国检察理论研究所编:《检察理论研究集粹(第二届全国检察理论研究年会论文集)》,中国检察出版社 2001 年版。

87. 屠晓景:《论死刑复核制度的改革方向——兼论死刑复核制度中的法律监督问题》,2006 年第七届全国检察理论研究年会论文。
88. 范建绥:《死刑复核程序中的检察监督探讨》,2006 年第七届全国检察理论研究年会论文。
89. 高一飞:《我国检察改革应当处理的五大关系》,http://www.lawtime.cn/info/Lunwen/qitalw/2006102659994.html,2009 年 9 月 3 日访问。
90. 巩富文、姚宏科:《检察权配置的几个问题》,载《第九届全国检察理论研究年会优秀论文集》,2008 年 4 月。
91. 郝银钟:《论批捕权的优化配置》,载《法学》1998 年第 6 期。
92. 郝银钟:《检察权质疑》,载《中国人民大学学报》1999 年第 3 期。
93. 何家弘:《美国司法制度的历史渊源》,载《检察日报》2001 年 7 月 26 日。
94. 何家弘:《证据的采纳和采信——从两个"证据规定"的语言问题说起》,载《法学研究》2011 年第 3 期。
95. 何家弘:《刑事错判证明标准的名案解析》,载《中国法学》2012 年第 1 期。
96. 贺卫方:《不进一个门 不是一家人——统一司法考试的意义》,载《法制日报》2001 年 7 月 9 日。
97. 胡宗智:《论检察权的规范配置与合理运行机制》,载《第九届全国检察理论研究年会优秀论文集》,2008 年 4 月。
98. 黄常明:《试析中国检察制度的几个特色》,载《纪念检察机关恢复重建 30 周年论文集》,2008 年 7 月。
99. 韩庆祥、张健:《中国特色社会主义建设实践的内在逻辑与发展趋向》,载《中国社会科学》2012 年第 3 期。
100. 季美君:《人性化的监狱管理与刑罚执行监督》,载《国家检察官学院学报》2007 年第 2 期。
101. 季美君:《澳洲刑事证据可采性规则透视》,载何家弘主编:《证据学论坛》(第 12 卷),法律出版社 2007 年版。
102. 季美君:《起诉监督研究》,载《法律科学》2003 年第 6 期。
103. 蒋安杰、李青:《司法改革的现状与前瞻》,载《法制日报》2004 年 10 月 14 日。
104. 冀祥德、夏雯雯:《死刑复核程序理论反思》,载《山东公安专科学校学报》2003 年第 3 期。
105. 金波、万绍文:《马克思、韦伯社会发展动因理论比较及对司法改革的启示》,载金波主编:《强化法律监督的思考与探索》,中国检察出版社 2008

年版。
106. 贾云勇:《聚焦:湖北佘祥林冤案后 他们的命运被完全改变》,载《南方都市报》2005 年 4 月 5 日。
107. 列宁:《论“双重”领导和法制》,载《列宁全集》(第 43 卷),人民出版社 1987 年版。
108. 李德海:《论司法独立》,载《法律科学》2000 年第 1 期。
109. 林岗:《中国的经济改革道路:实质、意义和前景》,载《中国人民大学学报》2009 年第 1 期。
110. 刘莉芬:《中国检察制度的内涵、特色及其优越性》,载《纪念检察机关恢复重建 30 周年论文集》,2008 年 7 月。
111. 刘计划:《质疑死刑复核权的程序功能——以最高人民法院收回死刑核准权为切入点》,载《法商研究》2005 年第 6 期。
112. 龙宗智:《中国检察制度近几年运作状态评析》,载《中外法学》1993 年第 5 期。
113. 龙宗智:《论检察权的性质与检察机关的改革》,载《法学》1999 年第 10 期。
114. 龙宗智:《评〈检警一体化〉 兼论我国的检警关系》,载《法学研究》2000 年第 2 期。
115. 龙宗智:《收回死刑复核权面临的难题及其破解》,载《中国法学》2006 年第 1 期。
116. 龙宗智等:《检察官自由裁量权研究》,载张智辉主编:《中国检察》(第 8 卷),北京大学出版社 2005 年版。
117. 龙宗智:《强制侦查司法审查制度的完善》,载《中国法学》2011 年第 6 期。
118. 李忠诚:《刑罚执行与监督功能研究》,载张智辉、谢鹏程主编:《中国检察》(第三卷),中国检察出版社 2003 年版。
119. 鲁兰:《不起诉制度利弊析》,载《中外法学》1996 年第 5 期。
120. 马相哲:《韩国检察制度简介》(下),载《国家检察官学院学报》2006 年第 2 期。
121. 冉云梅:《培训因人而异 知识时时更新——澳洲新南威尔士州检察官培训概述》,载《检察日报》2006 年 11 月 14 日。
122. 任寰:《关于在我国刑事诉讼中建立司法审查制度的构想》,载《法学》2000 年第 4 期。
123. 苏力:《制度是如何形成的——关于马歇尔诉麦迪逊案的故事》,载《比较法研究》1998 年第 1 期。

124. 宋英辉、张建港:《刑事程序中检警关系模式之探讨》,载《政法论坛》1998年第2期。
125. 宋英辉、陈永生:《英美法系与大陆法系国家检察机关之比较》,载《中央检察官管理学院学报》1998年第3期。
126. 宋英辉:《两大法系国家刑事诉讼改革中的趋同性》,载《人民检察》2010年第11期。
127.《司法细节关乎每个人的命运,避免佘祥林悲剧重演》,载《新京报》2005年4月3日。
128. 孙谦:《设置行政公诉的价值目标与制度构想》,载《中国社会科学》2011年第1期。
129. 童建明、熊少敏、张巍:《日本检察人员管理的主要特点》,载《人民检察》2004年第2期。
130. 谭世贵:《论司法独立与媒体监督》,载《中国法学》1999年第4期。
131. 石献智:《全方位加强对刑事审判的法律监督》,载《检察日报》2010年2月8日。
132. 汪建成:《论起诉法定主义与起诉便宜主义的调和》,载《中国人民大学学报》2000年第2期。
133. 汪建成:《刑事诉讼法再修订过程中面临的几个选择》,载《中国法学》2006年第6期。
134. 汪建成:《刑事证据制度的重大变革及其展开》,载《中国法学》2011年第6期。
135. 汪建成:《刑事和解与控辩协商制度的衔接与协调——基于对刑事诉讼法修正案(草案)第274—276条的分析》,载《政法论坛》2012年第2期。
136. 王德良:《民事公益诉讼中检察机关原告资格研究》,2006年第七届全国检察理论研究年会论文。
137. 吴丹红:《角色、情境与社会容忍》,载《中外法学》2006年第2期。
138. 吴玲:《俄罗斯司法体制概述》,载《中国司法》2004年第4期。
139. 王建中:《刑事审判监督问题初探》,载《河北法学》2010年第2期。
140. 王伟光:《深入研究中国发展道路和发展经验 丰富和发展马克思主义社会形态理论》,载《中国社会科学》2011年第1期。
141. 徐静村、潘金贵:《我国刑事强制措施制度改革的基本构想》,载《甘肃社会科学》2006年第2期。
142. 向泽选:《刑事审判监督机制论》,载《政法论坛》2008年第1期。

143. 谢鹏程:《论检察权的性质》,载《法学》2000 年第 2 期。
144. 薛舒平:《论检察机关对死刑复核的法律监督》,2006 年第七届全国检察理论研究年会论文。
145. 夏琳:《检察制度在不同政体下的实践模式及我国检察制度之特点》,载《纪念检察机关恢复重建 30 周年论文集》,2008 年 7 月。
146. 夏黎阳、黄维智:《再论中国检察权》,载《第九届全国检察理论研究年会优秀论文集》,2008 年 4 月。
147. 肖建生、肖玉华:《"有逮捕必要"应真正成为逮捕的必要条件》,2006 年第七届全国检察理论研究年会论文。
148. 徐益初:《司法公正与检察官》,载《法学研究》2000 年第 6 期。
149. 杨兆龙:《由检察制度在各国之发展史论及我国检察制度之存废问题》,载《杨兆龙法学文集》,法律出版社 2005 年版。
150. 杨书文:《论职务犯罪侦查与法律监督的关系》,载《人民检察》2005 年第 11 期。
151. 姚莉:《美国证据排除规则的衰变及其启示》,载《法律科学》2012 年第 1 期。
152. 张述元:《论司法体制改革的原则》,载《中国法学》2004 年第 1 期。
153. 张旭:《公诉审查程序改革的选择》,载《法学研究》1996 年第 2 期。
154. 郑景青:《死刑复核法律监督研究》,2006 年第七届全国检察理论研究年会论文。
155. 赵秉志、时延安:《慎用死刑的程序保障》,载《现代法学》2004 年第 4 期。
156. 赵路译:《俄罗斯联邦检察院组织法》(1995 年 11 月 17 日第 168 号联邦法令颁布,2009 年 11 月 28 日第 19 次修正),载《中国刑事法杂志》2010 年第 5 期。
157. 周理松:《法国、德国检察制度的主要特点及其借鉴》,载《人民检察》2003 年第 4 期。
158. 曾二秀:《论欧洲法院在欧洲一体化进程中的作用》,载朱卫国主编:《群星照耀欧洲(中欧法律和司法合作项目学术论文精选)》,法律出版社 2003 年版。
159. 朱孝清:《侦查讯问时律师在场之我见》,载《人民检察》2006 年第 10 期。
160. 朱孝清:《中国检察制度的几个问题》,载《中国法学》2007 年第 2 期。
161. 朱孝清:《检察官客观公正义务及其在中国的发展完善》,载《中国法学》2009 年第 2 期。

162. 朱孝清:《检察的内涵及其启示》,载《法学研究》2010 年第 2 期。

三、外文著作与论文

1. Andrew Palmer, Principles of Evidence, Cavendish Publishing Pty Limited, 1999.
2. Angela Davis, Arbitrary Justice: the Power of the American Prosecutor, New York, Oxford University Press, 2007.
3. Butterworths Concise Australian Legal Dictionary, Edition 2,1998.
4. David Robinson, Speech on "the Prosecution System in New South Wales, Australia", 2004.
5. George Ritzer,Contemporary Sociological Theory and Its Classical Roots: the Basis, Peking University Press, 2004.
6. George Ritzer, Postmodern Social Theory, Peking University Press, 2004.
7. Guinchard, Serge, Institutions Juridictionnelles, Paris: Dalloz 2007.
8. Department of Justice, the Pursuit of Justice: 25 Years of the DPP in Victoria, the Department of Justice, 2008.
9. He Jiahong with Jon R. Waltz, Criminal Prosecution in the PRC and in the USA-A Comparative Study, the China Procuratorial Press,1995.
10. Henry Wade Rogers, Expert Testimony, Fred B. Rothman & Co. , 1991.
11. Howard C. Coleman & Eric D. Swenson, DNA in the Courtroom: A Trial Watcher's Guide, 1994.
12. Ian Freckelton and Hugh Selby, Expert Evidence (Third Edition), Lawbook Co. , 2005.
13. Inns of Court School of law, Criminal Litigation & Sentencing (Sixth Edition), Blackstone Press, 2001.
14. Inns of Court School of law, Evidence(Third Edition), Blackstone Press, 1998.
15. Israel, Jerold H. Yale kamisar and Wayne R. La Fave, Criminal Procedure and the Constitution: Leading Supreme Court Cases and Introductory Text. St. Paul, Minnesota, West Publishing Co. , 1989.
16. James Crawford and Brian Opeskin, Australian Courts of Law(Fourth Edition), Oxford University Press, 2004.
17. J. Kornai, Highway and Byway, Cambridge, Mass. : MIT Press, 1995.
18. John Sprack, Emmins on Criminal Procedure(Ninth Edition), Oxford University

Press, 2002.

19. J. H. Phillip and J. K. Bowen, Forensic Science and the Expert Witness, the Law Book Company Limited, 1989.
20. John Worrall, Prosecution in America: A Historical and Comparative Account, in the Changing.
21. John Worrall and Elaine Nugent-Borakove Edited: Role of the American Prosecutor, the State University of New York, 2008.
22. John Smith, Criminal Evidence, London, Sweet & Maxwell, 1995.
23. Kate Auty and Sandy Toussaint (Editor), Juries in Australia, University of Western Australia Press, 2004.
24. Kerri Mellifont, Fruit of the Poisonious Tree, the Federation Press, 2010.
25. Loi organique n 2007-287 du 5 mars2007 relative au recrutement, a la formation et a la responsabilite des magistrats publiee au Journal Officiel du 6 mars 2007.
26. Margaret Thornton, Dissonance and Distrust—Women in the Legal Profession, Oxford University Press Australia, 1996.
27. Mark Tedeschi, the Role of Crown Prosecutors in the Criminal Justice in Australia, http://www.criminallawbnu.cn/criminal/, August 2, 2006.
28. The Melbourne University: Melbourne University Law Review, Volume 28, number 3,2004; Volume 29, number 1,2005.
29. Neil Vidmar, World Jury System, Oxford University Press, 2000.
30. Nicholas Cowdery QC, Negotiating with the Director of Public Prosecutors, Especially under the Samuels Report, Speech on 15 March 2003.
31. Nicholas Cowdery AM QC, "Negotiating with the DPP", Speech on Legal Aid Commission of NSW Criminal Law Conference 3 August 2006.
32. Nicholas Cowdery AM QC, "the Rule of Law and a Director of Public Prosecution", Speech on 2010 Rule of Law in Australia Conference, 6 November 2010.
33. Pendleton Howard, Criminal Justice in England: A Study in Law Administration, Buffalo, N. Y.: W. S. Hein Co., 1987.
34. P. K. Waight and C. R. Williams, Evidence (Commentary and Materials) (Fifth Edition), LBC Information Services, 1998.
35. Roberts and Zuckerman, Criminal Evidence (1st Edition), Oxford University Press, 2004.
36. Richard G. Fox, Victorian Criminal Procedure, State and Federal Law, Monash

Law Book Co-operative Limited Faculty of Law, 2002.
37. Robert Wilson, the 1995 Uniform Evidence Legislation: CTH, NSW & ACT, Lawbook Company's Nutshell, Sydney: LBC, 1999, 1st ed.
38. Stuart Macintyre, A Concise History of Australia (Second Edition), Cambridge University Press, 2004.
39. The CPS: Evaluation of the National Domestic Violence Training Programme, 2005—2008, http://www.cps.gov.uk.
40. The Code for Crown Prosecutors, the Crown Prosecution Service, 2000.
41. Theodore Frank Thomas Plucknett, A Concise History of the Common Law, Lawbook Exchange Ltd., 5 Edition, May 2001.
42. Victorian Parliament Law Reform Committee, Forensic Sampling and DNA Databases in Criminal Investigations, Ordered to Be Printed Melbourne Government Printer, March 2004.

四、其他资料

1. 胡锦涛:《在庆祝中国共产党成立 90 周年大会上的讲话》,新华网,2011 年 7 月 1 日。
2.《江泽民同志在党的十六大上所作报告》,http://news.xinhuanet.com/ziliao/2002-11/17/content_693542.htm,2008 年 8 月 15 日访问。
3. 全国人大常委会委员长吴邦国在全国人大常委会上的工作报告,2009 年 3 月 9 日。
4.《中国共产党第十七次全国代表大会文件汇编》,人民出版社 2007 年版。
5. 最高人民检察院《关于贯彻落实〈中央政法委员会关于深化司法体制和工作机制改革若干问题的意见〉的实施意见——关于深化检察改革 2009—2012 年工作规划》。
6. 最高人民检察院制定的《"十一五"期间全国检察干部教育培训规划》。
7. 中国政法大学刑事法律研究中心编译:《英国刑事诉讼法》,中国政法大学出版社 2001 年版。
8. 最高人民法院民事诉讼法调研小组编:《民事诉讼程序改革报告》,法律出版社 2003 年版。
9. 监察院监察制度编纂处编:《监察制度史要》,南京汉文正楷印书局 1935 年版。
10.《大清刑事诉讼律》草案及清《各级审判厅试办章程》。

11. 英国总检察长戈德史密斯勋爵(the Lord Goldsmith QC, Her Majesty's Attorney General for England, Wales and Northern Ireland):《英格兰和威尔士检察官在二十一世纪不断变化的刑事司法体制中的作用》,2002 年 9 月在北京的演讲稿。
12. 德国柏林区(高级)法院审判长 Peter Faust 在 2002 年 9 月 4 日—6 日“第三批欧盟法官和检察官培训人员总结研讨会”上的讲演。
13. 荷兰乌特勒支大学法学院刑法、刑诉法及人权教授 Peter J. Baauw 先生在北京—天津—南宁的讲座:“公平审判的权利:判例法探讨”,时间为 2002 年 7 月 29—8 月 6 日。
14. 荷兰恩海姆上诉法院副检察长 Peter J. Cremers 先生在北京—天津—南宁所作的讲座:“检察官与人权”,时间为 2002 年 7 月 29 日—8 月 6 日。
15. 中国—欧盟法律和司法合作项目第四批法官和检察官在 2002 年 9 月 19 日—12 月 15 日在欧盟各国学习时的相关讲座。
16. 澳新南威尔士州检察总署制定的“Prosecution Policy and Guidlines”。
17. Anti-Corruption Authorities, International Association of Anti-Corruption Authorities, 2006.
18. Commonwealth Director of Public Prosecutions: Annual Report 2009—10.
19. 维多利亚州检察总署网站:http://www.opp.vic.gov.au。
20. 南澳大利亚检察总署网站:http://www.dpp.sa.gov.au。
21. 新南威尔士州检察总署网站:http://www.odpp.nsw.gov.au。
22. 英国皇家检察署网站:http://www.cps.gov.uk。

后　记

每年到了嫩芽勃发、百花绽放的季节，也到了自己勤勉研究的问题该收获的时候。几年前，我之所以申请“中澳检察制度比较研究”这一课题，主要是想对国外的一国检察制度进行深入的研究，而不是表面上的泛泛介绍，再加上多年来澳大利亚的司法制度一直是自己关注和研究的重点领域，并在 2005 年时在澳洲做过一年的访问学者，可以比较容易地收集到第一手的最新资料。此外，这也是源于我的澳洲情结。自从十多年前，单位的领导将研究澳大利亚司法制度的任务分配给我后，我就与澳洲结下了情缘。此后，每当参加国外司法制度的课题研究时，同事们都会自然而然地让我撰写澳大利亚部分，而我亦对有关澳大利亚的新闻报道、各类文章特别关注，而不仅仅是法律论文。每当看到有关澳洲的文章，我都会眼睛一亮。澳洲似乎成了我自珍自爱的一块自留地。数年来，除了研究其司法制度外，澳洲独特的自然风光、风土人情等也成了我博文中最重要的主题。有朋友笑言我都成了澳洲文化的义务宣传员了，此话不假。

尽管《中澳检察制度比较研究》是我研究的一个课题，但书中的内容可以说是我十多年来研究中外检察制度的一个总结，部分章节曾在报纸、杂志或书中发表过，如《法律科学》、《法学家》、《华东政法大学学报》、《中国司法》、《人民检察》、《检察制度比较研究》、《检察学》等。十多年前，我将自己的研究兴趣从刑法学转移到检察制度上，尤其是国外的检察制度，一半是迫于工作的压力，一半是看看能否充分发挥自己的外语特长。但是,随着时间的推移,我发现检察制度已渐渐成了自己工作和生活中不可缺少的一部分,一段时间不接触,心里就好像缺少了什么。至此,我终于体味到了“感情是可以培养的”这句话的现实含义,所谓的“日久生情”原来是这么回事呀!

多年来,不少人都对我“安于现状”感到纳闷,遇见了总会忍不住问:“你还在咱们的理论所吗?”也许他们心想:像理论所这么闭塞的地方,怎么可以待那么长时间呢?但是,身在其中的人渐渐地也能感到乐在其中,在这个相当清静而无“丝竹之乱耳”的环境中,安下心来作研究也许是最合适的选择,既可免除上下班的折腾,又能时不时地与国外的专家学者们探讨交流学术问题。

该课题在研究和收集资料的过程中,曾得到单位领导和同事们一如既往的支持与帮助,除了同意将本研究设为重大课题外,还批准我去澳大利亚做博士后课题研究数个月,专门收集有关澳大利亚检察制度方面的资料,让我有机会再次走访考察澳大利亚联邦检察总署、维多利亚州检察总署、新南威尔士州检察总署等。书中的不少内容也是参与他们组织的相关课题“催”出来的成果。特别需要一提的是,我向来敬佩的导师何家弘教授、澳大利亚的导师陈建福教授,这些年来,不但在学术上从不间断地指导牵引着我,而且还为我的课题研究提供各种机会与帮助。在撰写过程中,我惊讶地发现两国检察官们关注的焦点是那么的不同,如我国检察官最为关心的经费问题、办案程序问题、工资保障问题、渎职腐败问题等,澳大利亚的同行们似乎并不在意。另外,本书在等待出版时,适逢我国刑诉法作了许多重大修改,我对相关的内容已尽可能作了相应的完善和补充,但有些地方仍刻意保持原样,以记录自己当时的思考痕迹。

我在考察澳洲检察制度时,一路上遇到了不少热心人,他们是:新南威尔士州检察总署的检察长 Nicholas Cowdery QC 和常务副检察长 Christopher Maxwell QC、维多利亚州检察总署的检察长高级顾问 Carol Stuart 女士、澳联邦检察总署法律执行部副主任 James Carter 先生、法律官员 Meredith Kershaw 女士和资深检察官 David Robinson 先生。他们不但热情接待了我,还对我在写作过程中遇到的有关澳洲检察制度的一系列琐细问题有问必答并及时回复。另外，我在 La Trobe 大学法学院学习研究期间，法学院院长助理 Lisa Jones 向来都是满脸笑意地提供各类帮助，副教授 Christopher Corns 博士和法律图书管理员 Dennis Warren 从不厌烦地奉献自己找资料的经验与心得并与我讨论相关的学术问题，让我在找资料时常常收到事半功倍的效果。再有，一直让我感激不尽的是老房东 Richard Lightfoot 先生和他的妻子 Elizabeth Lightfoot 及其家人，他们不但视我为他们家庭中的一员，为我提供日常生活中的种种便利以及人生经验与智慧上的启迪，而且还慷慨地免收数个月的房租，让我可以安心舒适地住在一套卧室、书房、客厅、厨房等设施一应俱全的房子里从事研究工作。来自上海交通大学的博士研究生彭德雷、山西社会科学院的王宏纲，以及朋友路晓静、陈晓龙、王颖、贾佳和乔红梅等，节假日里有了这些新老朋友时常相伴出游聚会和生活上的诸多关照，让我在异国他乡的生活多了一份热闹与精彩。当然，本书几经周折，最终还是在我向来赞赏的北京大学出版社面世，也得益于杨立范老师的热情支持和王业龙老师、朱彦先生的费心辛苦，在此一并深表感谢！

最后，自然少不了要谢谢我的家人，是他们让我时时深切地感受到自身存在的价值。多年来，年迈的父母康健和家庭成员间的和睦互助，可以说是我人生中的一大福分；女儿张蓁宜自小聪慧独立，在学校德智体全面发展，也省却了我的操心与费神；先生张国卫则常常以编辑的眼光挑剔我撰写的文字与内容，使我的文章更趋完美。尤其是当我一心忙着“做学问”时，就会疏于做美食大餐，先生和女儿却极少抱怨，自始至终笑呵呵地支持我想做的一切！也许是有了家中的这一份支持与温馨，即便外面的世界里出现凄风苦雨、乌云翻滚的日子，自己的心中依然阳光一片，笑容满面。